Südengland

Richtig Reisen

Ingrid Nowel

DUMONT

Inhalt

Südengland – Anleitung zum Glücklichsein

Englishness

Unterwegs in Südengland

Auf dem Weg nach Westen

In Wiltshire – Von Avebury nach Salisbury

Devons Küste – Von Plymouth bis Lyme Regis

Dorsets Küste – Von Weymouth nach Bournemouth

Im Herzen von Dorset – Mit Abstechern nach Somerset

PUNCH & JUDY

Serviceteil

Verzeichnis der Karten und Pläne:

Routen

Stadtpläne

Gärten

Verkehr

Südengland - Anleitung zum Glücklichsein

Englishness

»This royal throne of kings, this sceptered isle,
This other Eden, demi-paradise,
This fortress built by nature for herself,
This happy breed of men, this little world,
This precious stone set in the silver sea,
This blessed plot, this earth, this realm,
This England . . .«
(William Shakespeare, Richard II.)

»Ein Kleinod in die Silbersee gefaßt«; von Kent bis Cornwall ein Urlaubsland voller Überraschungen: wilde Felsklippen, grasfedernde Fernwanderwege entlang der Küste, grüne, einsame Hochmoore, sanfte, weich ondulierte Täler mit kleinen, verschlafenen Weilern, lieblich herausgeputzte alte Marktstädtchen, mediterrane, romantische Fischerdörfer, deren steile Kopfsteinpflasterstraßen sich in den Hafen zu stürzen scheinen; altertümliche Seebäder, die sich in ihren Seltsamkeiten unverdrossen und wacker gegen den gestylten Tourismus zur Wehr setzen; steinzeitliche Geheimnisse wie Stonehenge und Avebury, grüne Hecken- und Feldermosaike, schmalbrüstige Landstraßen, die sich unter dichten Laubtunneln entlangwinden.

Wir begegnen Lawrence von Arabien, den Bergarbeitern in Cornwall, abenteuerlichen Seekapitänen und mutigen Schmugglerbanden. Wir begegnen Winston Churchill, Virginia Woolf und anderen eigenwilligen Künstlercharakteren, die in genialischem Chaos lebten und liebten.

Großartige, frohgestimmte Kathedralbauten lagern auf weitem, offenem Rasengrün, dramatische Abteiruinen in saftigen Grasmulden. Einmalige Gärten und Parkanlagen überwältigen in ihrer Üppigkeit und Fülle, mit Magnolienteppichen, Palmentälern, Azaleenwänden, Rhododendronhainen, Treppenkaskaden und abgesenkten Seenplatten.

Es erwarten uns Dutzende von Landhäusern, Schlössern, Wasserburgen und Herrensitzen – vom blumenüberwucherten, elisabethanischen Cottage bis hin zu imperialen Privatpalästen mit 300 Zimmern, erlesener Kunst und hochadeligen, eigentümlichen Besitzern, die ihre Häuser dem Publikum geöffnet haben.

Die *countryhouses* und Landschaftsgärten stellen, um Evelyn Waugh zu zitieren, »die größte kulturhistorische Leistung der Nation« dar – in ihnen verschmelzen Architektur, Künste, gestaltete Natur und lebendige Familiengeschichte, Privatheit und Öffentlichkeit auf unnachahmliche Weise.

Was nun ist das ganz Andere, welches sind die Wesensmerkmale und Charakteristika dieses Landes, das südländisch und nordisch zugleich ist, auffallend kontrastreich, rückwärtsgewandt und mit freundlich-nachlässiger Grandezza den Rest der Welt bedauert? Drei Dinge sind es, die das Selbstverständnis, das kollektive Bewußtsein, Geschichte, Wirtschaft und Gesellschaft geprägt haben, und sie alle waren seit jeher eng miteinander verzahnt, haben innerlich und äußerlich die Konturen der *English-*

Countryhouses und Landschaftsgärten stellen »die größte kulturhistorische Leistung der Nation dar« (E. Waugh) - Sheffield Park Garden gehört zu den schönsten im Königreich

ness geschaffen: die See, die Monarchie und die Klassenstruktur.

Die See

Schiffahrt, Seehandel, Entdeckungsreisen öffneten dem Inselreich die Tore zur Welt; gleichzeitig mußte sich über Jahrtausende hin zwangsläufig ein insulares Bewußtsein entwickeln. Churchill brachte es auf den Punkt: »Der Kanal ist keine Wasserstraße, sondern eine Weltanschauung.« Und selbst die rege Reisetätigkeit, die neue Kanaltunnelverbindung, der Tourismus hin und her, haben in England zwar kosmopolitische Elemente hervorgebracht und zugelassen, mit Ausnahme von London jedoch keine kosmopolitischen Attitüden. Die Engländer sind konservativ, lieben das, was immer war, eben auch die See, die wilden Küsten, die rauhen Klippen, den Wind, den Meeresgeruch und das Herumdümpeln bei Ebbe und Flut, im Schlick und an den Felsentümpeln. Ihr Land belegen sie liebevoll mit dem weiblichen Pronomen – Great Britain: »She is the jewel in the sil-

Landeskunde im Schnelldurchgang

Die Grafschaften Südenglands von A bis Z:

Avon, Hauptstadt: Bristol, Einwohner: knapp 1 Mio., Fläche 1500 km^2

Berkshire, Hauptstadt: Reading, Einwohner: 800 000, Fläche 1300 km^2

Cornwall mit den Isles of Scilly, Hauptstadt: Truro, Einwohner: 4 500 000, Fläche 3600 km^2

Devon, Hauptstadt: Exeter, Einwohner: 1 Mio., Fläche 7000 km^2

Dorset, Hauptstadt: Dorchester, Einwohner: 550 000, Fläche 2700 km^2

Hampshire (abgekürzt: Hants.) mit Isle of Wight, Hauptstadt: Winchester, Einwohner: 1,5 Mio., Fläche 4200 km^2

Kent, Hauptstadt: Maidstone, Einwohner: 1,6 Mio., Fläche 3700 km^2

Somerset, Hauptstadt: Taunton, Einwohner: 450 000, Fläche 3500 km^2

Surrey, Hauptstadt: Guildford, Einwohner: 1 Mio., Fläche 1700 km^2

Sussex, East Sussex, Hauptstadt: Lewes, West Sussex, Hauptstadt: Chichester, Einwohner: 1,5 Mio., Fläche 3800 km^2

Wiltshire, Hauptstadt: Salisbury, Einwohner 500 000, Fläche 3500 km^2

Ost und West: Südengland, das Gebiet südlich der Autobahnstrecke London – Bristol, umfaßt mit ca. 35 000 km^2 in etwa ein Viertel der Gesamtbodenfläche Englands. Für Urlaubsreisende unterteilt sich der Süden von England in zwei Bereiche: *The West* oder *West Country* und *The Southeast*.

The West oder *Westcounty* umfaßt die Grafschaften Cornwall, Devon, Dorset, Somerset und Wiltshire – bis auf die großen Städte und Badeorte reine, pure

Die zwölf Grafschaften Südenglands:

1 Avon 2 Berkshire 3 Cornwall
4 Devon 5 Dorset
6 East Sussex 7 Hampshire 8 Kent
9 Somerset 10 Surrey
11 West Sussex 12 Wiltshire

(kultivierte) Natur, Landschaft, Klippen, Küstenlinien, die Naturschutzgebiete Dartmoor, Exmoor und Bodmin Moor. Im Süden der *Westcounty* dann herrscht subtropische Üppigkeit mit prachtvollen Gärten und palmengesäumten Promenaden in den Seebädern.

Der Südosten, *The Southeast*, mit den Grafschaften Kent, Surrey, Sussex, Berkshire und Hampshire ist sehr viel dichter besiedelt und von Wohlstand gekennzeichnet. In Kent, Surrey, Sussex sind noch viele Londoner Pendler zuhause, die ihr »wahres« Leben auf dem Lande, in den *Home Counties* nahe London, verwirklichen.

Durch die Fährhäfen und den Kanaltunnel ist der Schienen- und Straßenverkehr deutlich lebhafter als im »wilden« Westen – aber auch hier gibt es Seebäder, herrliche Schlösser, Gärten, niedliche Ortschaften und stille Winkel. Avon und Hampshire, auf Grund der Großstädte Bristol, Portsmouth und Southampton, besitzen ebenfalls eine recht hohe Bevölkerungsdichte.

Staatsform: Das United Kingdom of Great Britain and Ireland mit den Landesteilen England, Wales, Schottland und Nordirland ist eine konstitutionelle Monarchie auf parlamentarisch-demokratischer Grundlage. Das Parlament besteht aus einem Zweikammer-System mit Unter- und Oberhaus. Der amtierende *Prime Minister* steht der Regierung vor; die größten Parteien sind die Konservativen, Tories genannt, die Labour Party und die Liberal-Demokraten.

Hauptstadt mit Regierungssitz und Königshof ist London mit 6,8 Mio. Einwohnern. Die Einwohnerzahl von England allein beträgt knapp 48 Mio.; Südengland ist mit etwa einem Viertel dabei.

Religion: Etwa 60 % der Bevölkerung bekennen sich zur Church of England, der Anglikanischen Staatskirche. Ihr Oberhaupt ist der regierende Monarch, das heißt die Königin; Primas der Erzbischof von Canterbury.

Als zweite Staatskirche gilt die Church of Scotland, die presbyterianische Kirche. Die römisch-katholische Kirche zählt etwa 4 Mio. Mitglieder; 1,5 Mio. Bürger Großbritanniens sind Moslems. Die Zahl der orthodoxen Juden beträgt etwa 500 000. Die 1 Mio. Mitglieder der protestantischen Freikirchen sind überwiegend Methodisten, Unitarier, Baptisten und Quäker. Durch Einwanderung aus den ehemaligen Kolonien gibt es große Religionsgemeinschaften der Buddhisten, Hindus und Sikhs.

Wirtschaft: Englands Süden ist das beliebteste Reiseziel der Briten. Der Tourismus, Dienstleistungsgewerbe, ein bißchen High-Tech-Industrie, ein bißchen Fischerei, Landwirtschaft und die großen Hafenumschlagplätze Bristol, Southampton und Portsmouth sind die Haupteinnahmequellen.

ver sea«, und auch Schiffe werden als weibliche Wesen begriffen . . .

Die Monarchie

Über dem demokratisch verfaßten ›*body politick*‹ der Insel thront im wahrsten Sinne des Wortes die Monarchie; seit über 2000 Jahren wird England, Großbritannien, durch königliche Herrscherhäuser regiert und repräsentiert. Quer durch die Jahrhunderte war das Volk an die Monarchie gebunden – sie, die Bewohner der Insel, mußten in den Krieg ziehen, Steuern zahlen, Land beackern, wirtschaften und Handel treiben im Schatten der Königshäuser: Das bedeutete Not und Elend, Blut und Kriege, aber auch Romanze, Abenteuer, Zeremonien und Festivitäten. Die Monarchie war und ist überall präsent, und wenngleich die Flut an Veröffentlichungen, Fernsehsendungen und Intimklatsch ständig zunimmt, ist doch die Institution der Royalty bisher immer noch unantastbar geblieben.

Als 41. Herrscher nach Wilhelm dem Eroberer wurde im Jahr 1953 Elisabeth II. gekrönt: »... von Gottes Gnaden Königin von Großbritannien und Nordirland und Ihren anderen Königreichen und Gebieten, Oberhaupt des Commonwealth, Verteidigerin des Glaubens ...«

Trotz der politischen Machtlosigkeit ist der Monarch das Oberhaupt des Staates, dem offiziellen Sprachgebrauch entsprechend, *ist* er der Staat, ist Teil der Legislative, Exekutive und Jurisdiktion. Er ist »King/Queen in Parliament«; jedes verabschiedete Gesetz wird, gemäß der Präambel, »durch Seine/Ihre Majestät erlassen«; alle öffentlichen Ämter, vom Lordkanzler bis zum Postboten auf den Äußeren Hebriden, sind Ämter der Krone; jeder behördliche Briefkopf trägt die Aufschrift »His/Her Majesty's Service«, alle großen Gerichtshöfe sind »Crown Courts«, alle Schiffe der Marine sind »His/Her Majesty's Ship (H.M.S.)«, alle Statistiken, Untersuchungen, Regierungs- und Parlamentsveröffentlichungen stammen aus dem größten Verlagshaus Großbritanniens, »His/Her Majesty's Stationary Office (H.M.S.O.)«. Der Monarch ist Oberhaupt der anglikanischen Staatskirche; er kann theoretisch Frieden schließen und Kriege erklären, die gesamte Regierung ernennen oder entlassen, und der Eröffnung der neuen Amtsperiode des Unterhauses steht die Queen vor, zumindest zeremoniell. Die Nationalhymne beschwört das königliche Wohlergehen, »God save the Queen«, und alle Briefmarken tragen, ohne Nennung des Staates, das Portrait der Monarchin, und die roten Postautos der »Royal Mail« sind mit dem Wappen »E II R« geziert: das ›R‹ steht für das lateinische ›Regina‹.

Die Queen erhebt verdiente Personen in den Adelsstand, ernennt die *life peers,* deren Ritter oder Adelswürde mit ihrem Tod wieder verfällt; und Kaufleute, Firmen und Geschäfte werden für ihre untadeligen Produkte als Hoflieferanten innerlich und äußerlich durch das Prädikat »By Appointment of Her Majesty ...« beflügelt. Die zahllosen öffentlichen *engagements* der *family firm,* immer und untadelig von der »Times« angekündigt, mögen schließlich auch den *lower classes* einen Blick auf ein Familienmitglied der *royals* möglich machen: Bei jährlich etwa 3000 Besuchen, Empfängen, Eröffnungen, Wohltätigkeitsveranstaltungen und zeremoniellen Begrüßungen sind die *ruling royals* in der Tat nahezu allgegenwärtig.

In einem Land, das ein Großteil seines nationalen Selbstverständnisses aus dem spielerischen Umgang und der Aufrechterhaltung nur halbdefinierter, quasi-fiktiver gesellschaftlicher Grundwerte und Verhaltensweisen bezieht, in einem Staat, der in all seinen kulturellen Erscheinungsformen die Neigung zum Kompromiß, zum *muddle through,* zur individualistischen Anverwandlung gezeigt hat, stößt Kritik an dem Prinzip einer nach außen scheinbar funktionslosen Monarchie auf taube Ohren und abwehrende Gemüter, der öffentliche Unmut und der Spott in den Medien richten sich gegen die Verhaltensweisen der *younger royals.*

Nach kräftigen Dolchstößen der herumnörgelnden britischen Presse entschied sich die Queen, die reichste Frau der Welt, Anfang 1993 huldvoll, endlich einmal Steuern zu zahlen: Ein notwendiger Abschluß des gräßlichen Jahres 1992, der dem Königshaus Verdruß, Tumulte und einen heftig angeschlagenen Ruf brachte. Im ›annus horribilis‹ trennten sich Prinz Charles und Diana, Prinz Andrew und Fergie (der Zehenkuß!), und der Großbrand auf Schloß Windsor, dem Stammsitz der *Royal Family,* setzte gleichsam ein symbolisches Zeichen der inneren wie äußeren Verheerung. Mit der sprichwörtlichen britischen *stiff upper lip* jedoch wird die Monarchie auch derlei Unbill formvollendet wegstecken.

Das Klassensystem

Mit der Monarchie kamen die *ruling classes,* die Höflinge, die Berater und Getreuen, die Lehnsherren, die Kaste des Hochadels. Aus Spielernaturen und Abenteurern wurden die Ausgezeichneten und Privilegierten – die titulierten Landbesitzer. Die Burg/das Schloß, das *house* bildete das wirtschaftliche und gesellschaftliche Zentrum der ländlichen Bereiche, hinzu kamen juristische Funktionen des *Lord of the Manor,* dem neben Haus, Park und Gärten auch das Dorf oder die Dörfer, das Ackerland, zum Teil ganze Landstriche und Grafschaften gehörten. Unter Wilhelm dem Eroberer wurde England zum ersten Mal in der Neuzeit derartig aufgeteilt; die größte, neue Umverteilung des Landbesitzes erfolgte mit der Auflösung der Klöster durch Heinrich VIII.

Diese Besitzstrukturen haben nicht nur das äußere Bild der Landschaften bestimmt, sondern auch die sozialen Gemeinschaften, die gesellschaftlichen Hierarchien und das englische Selbstverständnis bis auf den heutigen Tag geprägt. Über die Jahrhunderte hin hat sich die *nobility,* die *upper class,* immer äußerst geschmeidig, anpassungsfähig und durchlässig gezeigt. Als sie noch die Fäden der großen Politik in der Hand

Englishness meint immer auch die allgegenwärtigen Fish & Chips

Der Traum (fast) jeden Engländers: ein Cottage auf dem Lande mit üppig wucherndem Garten

hatte, wußte sie mit kalkulierter Wendigkeit und immer in letzter Minute die soziale Revolution durch Reformen zu kappen. Sich ständig durch die Verbindungen mit Bourgeoisie und Geldadel jung haltend und mit nonchalantem Understatement lebenstüchtig, hat die *upper class* munter überlebt – und ist gesellschaftlich immer noch ohne jede Einschränkung tonangebend, obwohl es insgesamt nur 900 *peers and peeresses of the realm* und deren Familienangehörige gibt, darunter der Hochadel mit 26 Herzogtiteln.

Ihre Häuser auf dem Land, die *countryhouses,* und ihre Domänen bilden das Rückgrat ihrer Vermögen, ihres Ansehens und ihrer Überlebensfähigkeit. So sind gewaltige Teile Südenglands in Privatbesitz, Prince Charles gehört die gesamte Duchy of Cornwall. Der zahlenmäßig so geringfügigen *upper class* steht die *middle class* gegenüber, 80 % der etwa 60 Mio. Einwohner Großbritanniens. Hinzu kommt die sehr präsente *working class.*

Die Briten beschäftigen sich mit ausdauernder, geradezu obsessiver Begeisterung mit sich selbst und ihrem Klassensystem. Es ist wie eh und je *alive and well,* es ist außerordentlich kompliziert, und da Physiognomie, Kleidung, Gestik, vor allem aber Aussprache, Akzent und Wortwahl unweigerlich die Klassenzugehörigkeit verraten, kann ihm absolut niemand entgehen. Die jeweiligen Klassen, die sich wiederum in zahlreiche ›Unterabteilungen‹ auffächern, führen völlig unterschiedliche Lebensweisen in abgeschlossenen Zirkeln, die allerdings nach oben hin durchlässig sind. Besonders die *middle classes* wissen genau, wie's geht, die gesellschaftliche Leiter hinaufzuklimmen. Es erfordert schon besondere Fähigkeiten, von der 3. Stufe der *lower-lower-middle class* bis zur 8. Stufe der *upper-middle class* vorzudringen, wenn schon die Anzahl der Knöpfe am Jackett oder die Wortwahl genauestens Auskunft über die Herkunft bietet. Es gibt eine Reihe von humorvollen und spitzzüngigen Büchern, die dieses Phänomen beleuchten. Berühmt wurde Nancy Mitfords Schlagwort von *»U and Non-U«* – *upper class* und *non upper class: U* ist das Wort *loo* für ›Klo‹, die *middle class* sagt *lavatory* und Andy, *the worker,* ›*toilet*‹.

All unsere Vorurteile, unser gesammeltes Halbwissen über die Engländer, stimmen im großen und ganzen – und dann auch wieder nicht. Die *upper class* liebt gut eingetragene, durchgewalkte Tweedbekleidung und besitzt formvollendete Manieren, die mit größter Selbstsicherheit in stilvolle Exzesse der Taktlosigkeit und des Leichtsinns gedreht werden können. Möbel kauft man nicht, man hatte sie schon immer und vererbt sie weiter, und tatsächlich sitzen zahlreiche Vertreter der *landed gentry* zwischen verblichener Pracht in zugigen Herrenhäusern und führen ihre Hunderudel spazieren. Um das undichte Dach notdürftig reparieren zu lassen, verkaufen sie drei weitere Van Dycks. Nasale Verschleifungen bei der Aussprache führen dazu, daß jedermann aufmerksam lauschen muß, um alles zu verstehen, und der exzessive Gebrauch der Passivform ist gleichsam der klassenspezifische Zeigefinger. Unübertroffen in ihren Verschlingungen ist die Äußerung Edith Sitwells: »Of course one wants the people one cares for to see one beautiful and noble, which is what one really is.« Auf der anderen Seite ist die *upper class* dadurch gekennzeichnet, daß sie sich völlig selbstgewiß, deutlich und raumfüllend auch über delikateste Themen äußert – die Prüderie und Ziererei war immer schon ein Zeichen der eher puritanischen *middle classes.*

Die *middle classes* sind ›Nestbauer‹, sorgfältig, moralisch, zurückhaltend. Sie lieben Designer-Küchen, modische Kleidung, die richtigen Schulen für ihre Kinder, und sie sind es, die am wenigsten an ihrem Akzent zu erkennen sind, der oftmals der gesellschaftlichen Mobilität wegen weggeschliffen und aberzogen wurde. Sie sind es, die sich den Traum vom Landleben zu erfüllen sehnen, die in den *home counties* um London herum die Ameisenschar der Pendler bilden. Sie reisen am weitesten, sind am aufgeschlossensten; sie bestimmen Handel, Wirtschaft und Politik, und ihrer eher optimistischen Zukunftsorientiertheit ist die Hinwendung zu Europa zu verdanken.

Die *working classes* sind genauso unbefangen wie die gesellschaftliche Elite. Der Freitagabend im Pub, das Darts-Spiel, Wettbüros, Fernsehen, Fish & Chips, enge Röcke, hochhackige Pumps und Freizeitparks sind ihre Vergnügungen, denen sie laut und selbstsicher nachgehen.

Allen Klassen gemeinsam ist ein unverdrossenes Beharrungsvermögen auf ihren Werten, ein ausgeprägter Individualismus, der mit tiefsitzender Toleranz einhergeht, die eben deshalb als Grundrecht praktiziert werden kann, weil sie durch die geradezu manische Zurückhaltung und Höflichkeit dem anderen gegenüber geschützt wird. Ausgeprägt sind auch Humor, Selbstironie und eine Art ›mentale Sanftheit‹, sich mit dem zu begnügen, was ist – die Klassengesellschaft ist akzeptiert, und jeder wurschtelt neidlos vor sich hin. Allen gemeinsam ist auch die Höflichkeit, die Liebe zu ihrem Land, zu großen Familien, zu frischer Luft, kalten Schlafzimmern, dem Eigenheim, der Königsfamilie, den Sonntagszeitungen, Roastbeef und Yorkshire Pudding, Gärten und Pflanzen, hinreißend albernen Maskeraden, Gesellschaftsspielen und ein Sinn für Zeremonien und Rituale. Und noch eins: Sind Sie im Inselreich angekommen, werden Sie unweigerlich innerhalb der ersten paar Stunden auf ein weibliches Wesen stoßen, das selbst bei Hagelschauern mit bloßen Beinen in

Knightshayes Court, Devon

Riemchensandalen herumstakst, und auf den Mann in sommerlichen Hemdsärmeln – das entspricht dem Hang der Engländer, die Unbillen des Wetters schlichtweg nicht zur Kenntnis zu nehmen, genau wie diese über Jahrhunderte auch beim Häuserbau ignoriert wurden.

Sagen Sie lieber einmal zuviel *thank you* als einmal zuwenig – das würde man Ihnen übelnehmen in einem Land, wo jeder simple Kaufakt mindestens drei Dankeschön verlangt; in einem Land, da die Bedienung *thank you* sagt, wenn sie Ihnen das Verlangte an den Tisch bringt und je nach Klassenzugehörigkeit(!) und blitzschneller Taxierung Ihrer Person der Austausch entweder mit einem *Sir, Madam* oder *luv* für *love* und *guv* für *governor* beendigt wird. Im übrigen hat man sich in England, jedwedes Fettnäpfchen vermeidend, darauf geeinigt, Kellner und Serviererinnen als geschlechtliche und gesellschaftliche Wesen zu neutralisieren und ihnen mit liebgewordener Unbestimmtheit zu begegnen: Will man eben jene Person auf sich aufmerksam machen, ruft man möglichst unauffällig: »Excuse me, please«.

Lesefutter: Über die Fußangeln, in die ein Kontinentaler in England so leicht hineintappen kann, über die Merkwürdigkeiten des Verhaltens und die lieben Gewohnheiten gibt Heinz Ohff sehr amüsant und kenntnisreich Auskunft in seinem Buch »Gebrauchsanweisung für England«.

Countryhouse & Countrylife

Die *countryhouses* in Großbritannien repräsentierten Rang, Einfluß, elegante Lebensart, Kunstsinn, persönliche Freiheit und bis zu ausschweifender Exzentrik reichende individuelle Lebensführung. Die *upper class* hat im Grunde auch die typisch englische *countryside* hervorgebracht: die kultivierte Natur, in

Lanhydrock House, Cornwall

der Weideland, Wiesen, Äcker mit der Gartenlandschaft verschmelzen, die mit ihren lockeren Baumgruppen, Flüßchen, den weiten, rollenden Rasenflächen und den gewundenen Seen irgendwann mit Dorf, Farm und Landwirtschaft in der Ferne verschwindet. Alles war und ist eine Durchdringung von Privateigentum und Gemeindeland, und jeweiliger Mittelpunkt dieser großen und kleinen *estates* ist das *countryhouse,* das Machtzentrum der Region. Aber es war nicht nur das *power house* der Umgebung, sondern immer auch Heimat: Nicht umsonst werden die Anwesen des Hoch- oder kleinen Landadels als *homes* bezeichnet; das Stadthaus in London war immer nur zweitrangige Notwendigkeit. Nur während der Parlaments- und Gerichtssaison, zwischen Mai und August, die die gesellschaftliche *season,* den Reigen der Bälle und Festivitäten mit einschloß, verlegte man den gesamten Haushalt in die Hauptstadt – auch heute noch.

Hinter dem Sammelbegriff *countryhouse* verbergen sich mit britischem Understatement Schlösser, Burgen, Herrensitze und Paläste, die ihrer historischen Entstehungsgeschichte gemäß so verschiedene Bezeichnungen wie *manor, abbey, mansion, villa, hall, castle* oder *palace* in ihrem Namen tragen, und deren anerkannt prachtvollste werden als *stately homes* bezeichnet. Es gibt, die genaue Zahl steht nicht fest, eben weil sie privat sind, ca. 4500 Landhäuser in England, Schottland und Wales; etwa 2000 von ihnen sind auf unterschiedlichste Weise der Öffentlichkeit zugänglich. Der Sonntagsausflug zu einem der *countryhouses* gehört zu den größten Vergnügungen einer jeden Familie. Im letzten Jahr sind insgesamt 45 Mio. Besucher gezählt worden, die durch Saalfluchten getrottet, Kunstwerke betrachtet, einen Herzog in Augenschein genommen, im Landschaftsgarten gepicknickt und in Küchenkatakomben Tee getrunken haben.

Jeder Engländer sieht sich im Grunde seines Herzens als *country gentleman,* und die innere Übereinstimmung und Verbundenheit mit dem *countrylife* hat sich durch die Jahrhunderte hindurch widergespiegelt in Lebensstil, Einrichtungsformen, in Kunst, Literatur, Architektur und Sprachgebrauch. Noch heute ist es Ziel eines jeden Städters, auf dem Land zu leben, zahlreiche Kinder und Hunde zu haben, angeln, reiten und jagen zu gehen und übers Weekend Gäste bei sich aufzunehmen.

1985 fand in der National Gallery in Washington eine weltweit beachtete Ausstellung statt, in der Kunstschätze, die über 20 Generationen hinweg in den Landhäusern Englands gesammelt worden sind, zum ersten Mal als Einheit, nicht aber in ihrer Gesamtheit, gezeigt werden konnten. Der Katalog zu den »Treasure Houses of Britain«, zweimal so dick wie ein Telefonbuch, präsentierte die beeindruckende Pracht und Fülle der Innenausstattungen – Mobiliar, Silber, Porzellan, Skulpturen und exquisite Gemäldesammlungen, die in passend rekonstruierten Räumlichkeiten sich selbst vorstellten. Die Kostbarkeit und kunsthistorische Bedeutung dieser Sammlungen konnten mühelos mit den größten Museen der Welt wetteifern.

All das macht die Faszination erst erklärlich, die das englische Landhaus ausstrahlt: die kollektive Identifikation mit dem ›nationalen Erbe‹, die Verknüpfung, auch Idealisierung, der handgreiflichen Geschichte einzelner Familien mit den eigenen Wünschen nach bescheidenem Glück zwischen Rasen und Blumenrabatte.

Mit der eduardischen Ära ging nach dem Ersten Weltkrieg auch das glanzvolle, üppig-legere Gesellschaftsleben der Landaristokratie – Wochenendparties mit 10 bis 40 Hausgästen, großen Jagden und Bällen – zu Ende. Der erfolgreich verfilmte Roman »The shooting party« von Isobel Colegate läßt die Melancholie jener untergehenden Epoche noch einmal stimmungsvoll aufleben.

Die drastischen Erhöhungen der Erbschaftssteuer nahmen für die Landhausbesitzer lebensbedrohliche Formen an: Zwischen 1918 und 1945 mußten 485 Häuser aufgegeben, zum Teil abgerissen werden, und während des Zweiten Weltkriegs wurde nahezu jedes *countryhouse* für gemeinnützige Zwecke requiriert. Ein erklecklicher Teil des Kleinadels nahm nach außen hin die Züge der noblen Verarmung an; die Söhne sahen sich tatsächlich gezwungen, eine berufliche Tätigkeit auszuüben oder sich irgendwie über die Runden zu bringen; die großen *estates* jedoch fanden neue Lösungsmöglichkeiten, die die kunsthistorischen Schatzhäuser erst ins Licht der Öffentlichkeit und die Manie der Landhausbesichtigungen ins Rollen brachten: Um den Erhalt der Familienanwesen zu sichern, trat eine gewaltige Reduzierung der Erbschaftssteuern erst dann in Kraft, wenn sich die Besitzer der *countryhouses* und *stately homes* verpflichteten, ihre Häuser der Öffentlichkeit zugänglich zu machen – für mindestens 30 Tage im Jahr. (Daher auch die entnervend variationsreichen Öffnungszeiten der Häuser und Gärten). Nancy Mitford bietet in ihrem Roman »Englische Liebschaften« einen köstlichen, lebhaften Einblick in den exzentrischen, chaotischen Haushalt eines verarmten Landadeligen.

Der Marquis von Bath war der erste, der im Jahr 1949 sein Erbe Longleat (s. S. 93 ff.), eines der ältesten und prachtvollsten ›Häuser‹ Großbritanniens, in großem Stil dem breiten Publikum öffnete. Ein damals unerhörter Skandal, der seine Adelskollegen schockierte.

Nichtsdestoweniger folgte 1952 Lord Montagu mit seinem Beaulieu (s. S. 228ff.), 1955 der Herzog von Bedford mit Woburn Abbey: die Anfänge der inzwischen zu einem bedeutenden Wirtschaftsfaktor angewachsenen *heritage industry.* Die Briten, in rückwärtsgewandtem Gleichklang, spinnen sich in ihrer eigenen Geschichte ein – Kritiker sehen mit Grausen, daß der schöne Schein der Vergangenheit sich anschickt, die Wirklichkeit zu überlagern: Jede Woche öffnet ein neues Museum seine Pforten.

Aus der Not jedoch machten die Betroffenen eine Tugend – sie inszenierten sich selbst mit Ironie, Gelassenheit und stilvollem Unernst als Manager ihrer eigenen geschichtsträchtigen Häuslichkeiten – und waren damit außerordentlich erfolgreich. Der Duke of Bedford veröffentlichte gar ein witzig-ironisches Buch mit dem Titel »How to run a Stately Home«.

Zum anderen kam eine gesetzlich verankerte, auf Spenden und Mitgliederbeiträgen gegründete Denkmalschutzgesellschaft zur Rettung, der **National Trust (NT),** der heute größte private Landbesitzer Großbritanniens. Der Trust übernimmt die »Pflege und Erhaltung« von kulturhistorisch bedeutenden Landhäusern, Landschaftsgärten und Naturgebieten. 1995 feierte man landauf, landab den 100. Geburtstag des National Trust, dessen Macht und Beliebtheit weltweit geneidet wird. Dem Trust gehören inzwischen über 500 *countryhouses*, ganze Dörfer, Landstriche und Küstengebiete; die Mitgliederzahl ist mit 2,2 Mio. doppelt so hoch wie die aller britischen Parteien. Zahlreichen unbewohnten Herrensitzen und Schlössern hat der Trust neues Leben eingehaucht, wie z. B. Montacute House (s. S. 219f.), und in Kingston Lacy (s. S. 199ff.) wird dem Besucher die mühselige und sorgfältige Arbeit des Trustes und seiner Spezialisten auch auf hochinteressante Weise vor Augen geführt.

Mit den Besitzern der Anwesen, die sich dem National Trust überantworten müssen oder wollen, werden individuelle Verträge ausgehandelt, die in jedem Fall aber vererbbares Bleiberecht einräumen – den Vogel abgeschossen hat dabei ja wohl der Besitzer von St. Michael's Mount (s. S. 150). Auf diese Weise werden Tradition und Kontinuität gewahrt – und vor allen Dingen die private, intime Atmosphäre eines Familienbesitzes: Dies macht den großen Charme und unverwechselbaren Reiz der englischen Landhäuser aus.

Wie sagte der Duke of Bedford: »People have cars, they want to drive them, they want to drive them somewhere. If you provide excellent loos, good teas und sufficient car parks, something to look at is an advantage, preferably something large – possibly even a vast edifice. A stately home is excellent for this purpose. And it helps to be a Duke . . . I do not doubt that I owe my good fortune to those who come to see my garden, my game reserve, my house, my pictures. On top of it all, *they* say they are grateful to me. ›But for you we could never have seen these pictures . . .‹ I always reply: ›I thank you. But for you I could not go on seeing these pictures myself.‹ «*

Lesefutter: Wenn Sie sich auf Land und Leute einstimmen wollen, sind die knapp gehaltenen Essays von Karl Heinz Bohrer in seinem Band »Ein bißchen Lust am Untergang« immer noch höchst anregend. Einen Querschnitt durch die Erzählliteratur, Kultur und Gesellschaft dieses Jahrhunderts bietet das ›englische Lesebuch‹: »Am Tag, als E. M. Forster starb und andere Erzählungen«, von

Richtig Reisen Tip

Freier Eintritt für Mitglieder – Der National Trust

Die Jahresmitgliedschaft im National Trust kostet 24 Pfund und berechtigt zu freiem Eintritt in die Besitzungen des Trust. Beim Besuch von mehr als sechs bis sieben großen Häusern ist die Mitgliedschaft, die in jeder Trust-Besitzung erworben werden kann, bereits lohnend. National Trust-Besitzungen sind in den Hinweisen zu Öffnungszeiten mit NT gekennzeichnet.

Auch die Mitgliedschaft bei English Heritage (EH), der staatlichen Denkmalpflegeinstitution, berechtigt teilweise zu freiem Eintritt. Sie kostet 17.50 Pfund.

English Heritage, PO Box 1BB, London SW1

The National Trust, 36 Queen Anne's Gate, London SW 1H 9AS

Beide Institutionen gemeinsam geben den Great British Heritage-Paß heraus. Er kostet 115 DM für einen Monat, 80 DM für 14 Tage. Mit dem Paß können Sie die Besitzungen beider Institutionen besichtigen (Bezugsadresse, s. S. 383).

mir herausgegeben. Böse, liebevoll, aufs genaueste beobachtend und glänzend formuliert ist das Reisebuch »The Kingdom by the Sea« von Paul Theroux, der Great Britain einmal umrundet und eine großartige Charakterstudie seiner Wahlheimat geschaffen hat.

Von bestürzender Eindringlichkeit ist das Buch »Was vom Tage übrigblieb« von Kazu Ihijuso: Ein altgewordener, von den Zwängen seiner Rolle innerlich verdorrter Butler läßt sein Leben an sich vorüberziehen.

Für den *Countryhouse*-Fan ein unbedingtes Muß ist der üppig bebilderte Band von Marc Girouard: »Das feine Leben auf dem Lande – Architektur, Kultur und Geschichte der englischen Oberschicht«.

Eine präzise **Bibliographie** des ›Lesefutters‹ findet sich auf S. 395ff.

* »Die Leute haben Autos. Sie möchten damit fahren. Sie möchten damit irgendwohin fahren. Wenn man hervorragende Klos, guten Tee und ausreichend Parkplätze bereitstellt, ist etwas zum Anschauen von Vorteil, vorzugsweise etwas großes, möglicherweise sogar ein riesiges Gebäude. Das stately home erfüllt diesen Zweck aufs Beste. Und es ist durchaus hilfreich, Herzog zu sein . . . Zweifellos schulde ich meinen schönen Besitz denjenigen, die meinen Garten besichtigen, meine Jagd, mein Haus, meine Bilder. Zu allem Überfluß bedanken *sie* sich bei mir. ›Aber wenn Sie nicht wären, hätten wir niemals diese Bilder zu Gesicht bekommen ...‹ Ich sage darauf immer: ›Ich danke Ihnen. Denn wenn Sie nicht wären, würde ich diese Bilder selbst nicht mehr zu Gesicht bekommen.‹ «

Geschichte und Kultur

Vor- und Frühgeschichte

In Südengland hat die Geschichte Großbritanniens ihre deutlichsten Spuren hinterlassen: Die frühesten Zeugnisse menschlicher Besiedlungen finden sich hier, an der Südküste landeten die Invasoren, hier wurden Burgen errichtet, hier liegen die Häfen, von denen aus Seefahrer, Kaufleute und Entdecker das britische Weltreich eroberten.

Die ›eigentliche‹ Geschichte Großbritanniens beginnt mit dem Ende der Eiszeit, als um etwa 6000 v. Chr. das Eis schmolz, die Meeresspiegel anstiegen und England von Kontinentaleuropa getrennt wurde.

Zu den Fischern und Jägern, die sich überall Siedlungsgebiete geschaffen hatten, stießen Hirten- und Bauernvölker aus dem heutigen Westeuropa über den Ärmelkanal auf die Insel vor, und ihre Ansiedlungen und Monumente, die zwischen 4000 und 1500 v. Chr. geschaffen wurden, zählen heute zu den bedeutenden Zeugnissen der Menschheitsgeschichte. Die riesigen Hügelanlagen, von konzentrischen Erdwällen und Gräben umgeben, die *causewayed camps,* finden sich nirgendwo so zahlreich wie in Südengland. Silbury Hill in Wiltshire, Maiden Castle in Dorset, Windmill Hill bei Avebury und Cissbury Ring in Sussex sind die größten Anlagen dieser Art. Daneben sind es die Grabstätten, die *barrows,* zahllose Steinsetzungen, Dolmen und Steinkreise, besonders die von Stonehenge und Avebury, deren Geheimnisse uns heute noch faszinieren und die den Landschaften Südenglands einen unverwechselbaren Reiz, magische Qualitäten, verliehen haben.

Während der Bronze- und Eisenzeit, bis etwa 100 v. Chr., wanderten Kelten, Gälen und Belger nach England ein; Akkerland wurde gepflügt, befestigte Siedlungen wurden angelegt, weitere Hügelforts gebaut. In Cornwall, Devon und auf den Scilly-Inseln wurden Zinn und Kupfer geschürft und Handel getrieben. Eine der eindrucksvollsten prähistorischen Siedlungen ist in Chysauster, Cornwall, erhalten.

Albion – Das römische Britannien

Im Jahre 55 v. Chr. landete Cäsar mit einem Expeditionstrupp in Deal, er unterwarf einige Stämme und verschwand wieder; die systematische Eroberung Britanniens erfolgte erst knapp ein Jahrhundert später, als im Jahre 43 n. Chr. Kaiser Claudius mit seinen Truppen nach Norden vorstieß; sein Feldherr Vespasian unterjochte den Süden der Insel. Die Römer kamen, um zu herrschen, und Herrschaft braucht Strukturen der Macht: Sie gründeten Garnisonen, die später zu blühenden Städten anwuchsen, schufen ein Netzwerk an Verbindungsstraßen, legten quer zur schottischen Grenze den Hadrian's Wall an. *Londinium* war das Macht- und Handelszentrum; im Süden Englands wurden Chichester *(Noviomagus),* Winchester *(Venta),* Canterbury *(Durovernum)* und Bath *(Aquae Sulis)* mit seinen heißen Quellen zu lebhaften, rasterartig angelegten Städten. Exeter *(Isca Dumnoniorum),* heute Hauptstadt von Devon, bildete die westliche Grenzmarkierung des römischen Einflußbereiches – das

wilde, unwirtliche Cornwall blieb den Kelten vorbehalten. Im Süden hatten es die Römer leicht; frühes Christentum, römische Gottheiten und keltische Glaubensformen existierten nebeneinander. Die meisten Stammesfürsten ließen sich von römischer Lebensart und Privilegien beeindrucken; zahlreiche Villen zeugen heute noch von der Kultiviertheit und Eleganz, die die Pax Romana mit sich brachte, wie z. B. Fishbourne Palace und Bignor Villa bei Chichester, das Roman Painted House in Dover oder auch die Thermen in Bath.

Die Pax Romana währte etwa 400 Jahre lang; um 350 aber drangen im Norden Pikten und Schotten ein. Vom germanischen Festland her begannen Angeln und Sachsen seit Beginn des 5. Jh. die Küsten unsicher zu machen, und die Römer bauten gewaltige Festungsanlagen direkt an der See, wie Reculver und Richborough in Kent, Pevensey in Sussex und Portchester in Hampshire – sie existieren heute noch als machtvolle Ruinen, die mit der schroffen Küstenlandschaft und den grünen Hügeln verschmolzen zu sein scheinen. Das Ende der römischen Herrschaft war jedoch keine Überwältigung durch stärkere Gegner, sondern ein strategischer Rückzug: Rom, die Hauptstadt des Imperiums, mußte verteidigt werden, und im Jahr 410 befahl Kaiser Honorius den Abzug aller römischen Truppen aus ihrer nördlichsten Provinz. Britannia war allein und ungeschützt.

The Dark Ages – Angelsachsen, Skandinavier und King Arthur

Für sechs Jahrhunderte fiel nun die Insel in nur gelegentlich aufgehelltes historisches Dunkel, bis die Normannen unter Wilhelm dem Eroberer im Jahr 1066 Britannien ins Licht der Neuzeit rückten

Zeugen der Vorgeschichte: Avebury und Silbury Hill (Wiltshire)

und handgreifliche, sichtbare Zeugnisse vom Aufbruch in ein grundsätzlich anderes Jahrtausend erzählen. Die sogenannten *Dark Ages* waren so düster und barbarisch nicht – der Ausdruck bezieht sich auf die spärlichen historischen Quellen jener Zeit; die »Chronik des Beda« aus dem 7. Jh. und der »Anglo-Saxon Chronicle« aus dem 9. Jh. zählen zu den wenigen verläßlichen Quellen jener bewegten Zeit: Die keltische Bevölkerung konnte den Invasoren, den Angeln, Sachsen und Jüten nicht standhalten; sie zog sich in den Süden der Insel zurück, nach Devon und Cornwall, und aus diesen Rückzugsgefechten, die auch den Untergang einer eigenständigen Kultur und Religion mit sich brachten, entstand der Mythos um König Artus, der in sich sowohl christlich-römische als auch keltische Wesenszüge vereinigt.

Die Vorherrschaft im Inselreich war ungeklärt, und jeder bekämpfte jeden: Die Schotten und Pikten führten Krieg im Norden, die Angeln, Sachsen, Jüten im Süden, Teilkönigreiche wurden gebildet, lösten sich wieder auf. Die Jüten siedelten schließlich in Kent, die Angeln in Anglia, die Sachsen teilten ihre Herrschaftsbereiche in Nord, Süd, Ost und West auf, und noch heute haben die Bezeichnungen Sussex, Essex, Wessex und Middlesex ihre Gültigkeit nicht verloren.

Unter Papst Gregor dem Großen ging es den nordischen Heiden an den Kragen, er entsandte christliche Mönche: Die irischen Mönche kamen vom Nordwesten und bekehrten später auf dem Kontinent, und 597 landete der Benediktiner Augustinus an der sächsischen Küste, bekehrte den König und gründete in Canterbury eine Klosterkirche, die zum ersten Bischofssitz des Landes wurde. Der Bischof von London, Mellitus, hatte es schwer – die Bevölkerung war störrisch, er wurde verjagt, und Canterbury blieb das kirchliche Zentrum des Inselreiches; der Erzbischof von Canterbury ist seither der höchste kirchliche Würdenträger im Land.

Durch die vorerst erfolgreiche Abwehr plündernder Wikinger aus Norwegen und Dänemark gelang es König Alfred aus Wessex (871–899), die Teilkönigreiche zu befrieden und unter seine Herrschaft zu bringen. Die Dänen zogen sich in den Norden zurück – dort galt das *Danelaw*, das Gesetz der Dänen. Im Süden gab es von nun an ein geeintes, angelsächsisches Königreich (ohne Schottland, Wales und Irland). Mit der Christianisierung ging die Alphabetisierung einher, und mit Alfred dem Großen erfolgte eine erste weltliche Neustrukturierung und regional organisierte Verwaltung auf der Grundlage eines schriftlich niedergelegten Gesetzescodex. König Alfred ernannte Winchester neben London zu seiner Hauptstadt. Sein Reich teilte er in *shires* auf, die den heutigen Grafschaftsbereichen wie Wiltshire und Oxfordshire zugrundeliegen. Das urbar gemachte Land, die Dörfer und Marktflecken wurden von den Fürsten der *shires* kontrolliert. Die Angelsachsen haben die Landschaften, die Lebensformen, die Kultivierung der ländlichen sozialen Hierarchien am deutlichsten bestimmt: Die Struktur der Dörfer mit mehreren *common fields,* einem *village green,* Kirche und Kirchhof hat sich bis heute erhalten, wobei erst die Landreformen im 18. Jh. mit den *enclosures* den Gemeindebesitz stark reduzierten. Das Gewohnheitsrecht der Engländer, das *common law,* geht in Ansätzen auf die Angelsachsen zurück, und die großen nationalen Rituale, wie die Salbung des Monarchen, wurden von den Bischöfen der angelsächsischen Zeit festgelegt.

Aber die Dänen gaben nicht auf. Im Jahr 1016 besiegte der dänische Königssohn Canute, Knut, das uneinige Heer der Engländer unter Edmund Ironside und wurde damit König von ›England‹. Aber schon sein Sohn mußte die Herrschaft an das wiedererstarkte Königshaus Wessex abtreten.

Der letzte angelsächsische König, Eduard der Bekenner (1042–1066), war in der Normandie, der Heimat seiner Mutter, aufgewachsen und brachte von dort kulturelle Formen und Werte, natürlich auch die französische Sprache mit, und seinen Höflingen übertrug er die wichtigsten Staats- und Kirchenämter.

In London baute er auf einem sumpfigen Inselchen eine große Abtei für die Benediktinermönche – die erste, im normannischen Stil errichtete Westminster Abbey; er selbst verlegt seine Residenz dorthin, und seither bilden Abtei und Königspalast von Westminster eine Einheit. In Canterbury wird ebenfalls eine prachtvolle normannische Kathedrale errichtet – Eduard war ein frommer Mann. Um die Verteidigung der Küste zu gewährleisten, gründete er die Verbindung der Cinque Ports. Die Hafenstädte Dover, Hastings, Sandwich, Hythe und Romney, später ergänzt um Rye und Winchelsea, erhielten bedeutende Privilegien und Vollmachten. Dafür mußten sie im Gegenzug 57 Schiffe voll ausgerüstet bereithalten und einen Teil der laufenden Kosten tragen. So entstand im Kern die Tradition einer stets angriffsbereiten englischen Flotte, die von den Tudors ausgebaut wurde und die englische Weltherrschaft über die Meere möglich machte. Die Oberaufsicht unterstand dem sogenannten Lord Warden, der auch immer das Amt des Festungsgouverneurs von Dover innehatte. Die Cinque Ports spielten noch eine wichtige Rolle im Hundertjährigen Krieg, ihre Funktion erlosch zwar im ausgehenden Mittelalter, aber die zeremonielle Bedeutung hat sich bis heute erhalten.

Eduard der Bekenner starb 1066; gekrönt noch in Winchester, wurde er als erster englischer König in der Westminster Abbey beigesetzt. Zu seinem Erben und Nachfolger hatte er Wilhelm, Herzog der Normandie, bestimmt. Sein Schwager Harald setzte sich darüber hinweg, ließ sich zum König krönen und hoffte auf das Beste.

Bis zu diesem Punkt sind die Zeugnisse der Geschichte rar – nur einzelne Mauerreste, Münzfunde, einige wenige Ausgrabungsstätten haben uns ein Bild der angelsächsischen Zeit vermitteln können. Die Bauten – Kirchen, Wehrtürme, Abteien – waren größtenteils aus Holz errichtet, und die repräsentativen Gebäude, die Kathedralen und Königspaläste aus jener Zeit, sind von den Jahresringen der Geschichte überdeckt – sie wurden um- und ausgebaut, völlig verändert, und nur hin und wieder finden sich vereinzelte Ruinenteile und Restmauern, die ihren angelsächsischen Ursprung verraten.

Hauptmerkmale waren die schweren, kräftigen Mauern, niedrige Fenster mit Bogenabschluß und das sogenannte *long and short work:* versetztes Steinwerk an Mauerabschlüssen und Kanten, um die Ecken zu verstärken. Die Kirche St. Mary-in-Castro in der Burganlage von Dover ist sächsischen Ursprungs; der Kirchturm von Sompting, Sussex, besitzt einen berühmten pyramidalen Helm aus sächsischer Zeit.

›1066 and all that‹ – Die Normannen

Die Schlacht von Hastings am 14. Oktober 1066 entschied Wilhelm der Normanne für sich – König Harold wurde besiegt. Mit Wilhelm dem Eroberer, der sich am Weihnachtstag 1066 in Westminster Abbey krönen ließ, beginnt die Herrschaft der Normannen in England, zugleich die Tradition der Königskrönung in der Westminster Abbey und eine nachvollziehbar dokumentierte, dynastische und realpolitische Geschichte. Die Machtübernahme Wilhelm des Eroberers war die letzte erfolgreiche Invasion des Inselreiches – die Franzosen haben es immer wieder versucht, zum letzten Mal Napoleon, die Spanier wollten die Insel erobern, und noch Hitler plante eine Invasion auf dem Reißbrett.

Mit Wilhelm dem Eroberer als Begründer der Normannendynastie beginnt die *sichtbare* Geschichte, deren Zeugnisse heute noch beredt und eindrucksvoll von dem Herrschafts- und Machtwillen des Monarchen Kenntnis geben, der die gesamte Gesellschaftsstruktur und das kulturelle Leben grundlegend veränderte. Neben dem Tower und Windsor Castle in London und dem gewaltigen Dover Castle ließ er zahllose Wehranlagen und Burgen bauen, die er durch seine Kronvasallen schützen und verteidigen ließ: in Launceston und Restormel in Cornwall; die Mauern von Corfe Castle in Dorset hielten noch im Bürgerkrieg stand und wurden erst danach von Cromwells Truppen geschleift. Rochester Castle in Kent ist eine der besterhaltenen normannischen Wehrarchitekturen in Großbritannien.

Mit dem »Domesday Book«, einem der größten Schätze englischer Sozialgeschichte, schuf ›Will the Conq‹ eine systematische Erfassung seines Herrschaftsgebietes. Im ersten Reichsgrundbuch werden über 13 000 Dörfer gezählt, Grundbesitz, Umfang der Güter, Zahl der Haushalte aufgeführt, Wassermühlen, Jagdgebiete, Walderträge. Jeder Hof, jeder Marktflecken wird einem seiner normannischen Lehnsherren zugeordnet, und reist man heute in Südengland umher, besucht man die zahlreichen *countryhouses,* die Schlösser und Burgen, wird immer wieder mit Stolz die Herkunft der großen Familien auf die Gefolgsmänner von William the Conquerer zurückgeführt.

Der einheimischen Bevölkerung wird eine normannische Herrschaftskaste übergestülpt, die das geistige, kulturelle und kirchliche Leben bestimmt. Hof und Klerus sprechen Latein und Französisch, die einheimische Bevölkerung angelsächsisch.

Die Normannendynastie regiert ein knappes Jahrhundert; während dieser

Die Eroberung Englands durch die Normannen: In der Schlacht bei Hastings wehrt das sächsische Fußvolk eine normannische Attacke ab (Teppich von Bayeux)

zwei, drei Generationen setzt sich der französisch inspirierte, romanische Baustil durch, der *Norman Style.* Die großen Abteikirchen und Kathedralneubauten sind entweder im normannischen Stil begonnen und vollendet oder später, in der Phase der Gotik, weiterentwickelt und Schicht um Schicht den neuen bautechnischen Möglichkeiten angepaßt worden. Die Kathedralen von Winchester, Rochester und Canterbury nehmen Gestalt an, ebenso die Abteikirchen und Klöster von Glastonbury in Somerset, Sherborne, Cerne Abbas in Dorset, Buckland und Buckfast in Devon. Hunderte von neuen, normannischen Dorfkirchen entstehen, die alle, liebevoll gepflegt, zum Zentrum des Gemeindelebens wurden und diese Funktion bis heute noch innehaben.

Der *Norman Style* in der Architektur hat einige charakteristische Merkmale entwickelt, die leicht zu erkennen sind: Bei den Burgen und Wehranlagen dominiert der *keep,* ein massiger, rechteckiger Zentralturm mit dicken Wänden, winzigen Fensterschlitzen in den Obergeschossen und ohne sichtbare Eingänge. Der *keep* war Zufluchtsort des Lords, seiner Familie, seiner Abhängigen, und erst im Innenhof wird man der noblen Eleganz einer frühen Wohnarchitektur gewahr: übereinandergetürmte massige Galerien mit Rundbogenfenstern und Rundportalen. Zwischen dem Zentralturm und den wuchtigen, drohend hochgemauerten Außenwällen, den *curtain walls,* befanden sich Freiflächen, *baileys,* in denen die Wirtschafts- und Vorratstrakte gruppiert waren.

Diese Form der Wehranlage ist im 13. und 14. Jh. modifiziert worden: Die Gräben wurden zu Wassergräben, der rechteckige Grundriß des *keep* wird für die Gesamtanlage beibehalten; die *curtain walls* werden von zinnenbekrönten Rundtürmen flankiert, die den Geschoßkugeln weniger Angriffsfläche bieten. Die Zugbrücke mit Fallgatter *(portcullis)* führt in den ersten Innenhof. Eines der schönsten und perfektesten Beispiele ist das aus dem 13. Jh. stammende Bodiam Castle in Sussex. Die letzten nach neuestem Stand der Militärtechnik errichteten Wehrburgen ließ Heinrich VIII. entlang der Küste bauen, Deal und Walmer Castle sind rosettenförmige Kunstwerke, die nie zum Einsatz kamen.

Im Kathedralbau waren die Neuerungen beeindruckend: Das sächsische schachtelförmige Langschiff wurde um Seitenschiffe ergänzt; die Arkaden türmten sich zwei- oder dreigeschossig übereinander. Die Säulen und Würfelkapitelle wurden mit schlichtem Band-, Zickzack- und *dog-tooth*-Mustern verziert; die Bögen, mehrfach aneinandergereiht, waren rund, massig und reich ornamentiert. Zwei der schönsten normannischen Torbögen finden sich im Tympanon der Kirche von Barfreston in Kent und im Südportal der Malmesbury Abbey in Wiltshire. Die Übergangszeit, der *Transitional Style*, ist durch leichte Spitzbögen gekennzeichnet – Hinführung zur Gotik. Die zumeist tonnenförmigen Holzdächer wurden abgelöst durch Kreuzgratgewölbe, mit denen eine völlig neue Ästhetik und Bautechnik möglich wurde. Romsey Abbey und Christchurch Priory, die Kathedrale von Chichester, die Krypta der Kathedrale von Canterbury und das Kapitelhaus in der Kathedrale von Bristol bieten herausragende Beispiele.

Die hölzernen sächsischen Dorfkirchen werden ersetzt durch Mini-Ausgaben der normannischen Kathedralbauweise – kleine, massige Gebäude mit plumpen Arkaden und anrührenden, naiv wirkenden Schmuckformen. Besonders schön sind die Dorfkirche von St. Margaret's-at-Cliffe und einige der Romney Marsh-Kirchen.

Mit Heinrich II. (1154–1189) folgt die Dynastie der Anjou-Plantagenets. Unter ihm erreicht die normannische Epoche ihren Höhe- und Endpunkt. Durch Erbschaft und Heirat mit Eleonore von Aquitanien verfügt Heinrich über die Hälfte Frankreichs. Sein Machtbereich erstreckt sich von der schottischen Grenze bis zu den Pyrenäen und erreicht damit die größte territoriale Ausdehnung Englands: Stein des Anstoßes für jahrhundertelange kriegerische Auseinandersetzungen mit Frankreich. Symbolisch gipfelt die Hybris seiner Machtansprüche in der Ermordung seines einstigen Freundes und Vertrauten Thomas Becket im Jahr 1170, der sich als Erzbischof von Canterbury für die päpstliche Kirche und gegen die weltliche Dominanz des Königs entschieden hatte. Der Sohn Heinrichs II., Johann, verliert den Großteil der Besitzungen in Frankreich; als Johann Ohneland ging er in die Geschichte ein, ein König, der einen Teil seiner Macht den erstarkten Baronen abtreten mußte: Nach der Schlacht von Runnymede im Jahr 1215 erzwangen sie seine Unterzeichnung der Magna Charta, eines Dokumentes, das den Prozeß des Parlamentarismus einleitete, den Baronen und Städten Mitspracherechte einräumte und England so den Weg zu einer der frühesten Demokratien der Welt ebnete.

In der Architektur hatte die normannische Stilrichtung ihren Höhepunkt überschritten. Burgen, Wehranlagen, Klöster und Kathedralen sind gebaut; ihre Verfeinerung, schließlich Ablösung durch gotische Bauprinzipien, die Kunst der himmelwärts gerichteten Umrisse, Linien und Formen, wird in England in drei aufeinanderfolgende Stilrichtungen eingeteilt. Die drei Ausformungen der englischen Gotik in ihrer Gesamtheit lassen sich zeitlich den dynastischen Geschichtsepochen der Anjou-Plantagenets und den Häusern Lancaster und

York zuordnen: mit Heinrich VII. (1485–1509), dem ersten Tudor-Monarchen, hat die englische Spätgotik ihre Vollendung erreicht, und die Kunst der italienischen Renaissance macht sich zum ersten Mal kraftvoll bemerkbar. Doch davon später – erst einmal zurück zu den byzantinischen Rangeleien und blutigen Machtkämpfen im hohen Mittelalter.

The War of the Roses – Blut und Rosen

1215 mußte King John mit der Unterzeichnung der Magna Charta den 25 mächtigsten Baronen, von den Stadtvätern Londons unterstützt, weitreichende Zugeständnisse machen. Als Grundlage der Rechtsstaatlichkeit in England müssen fortan die Könige schwören, die Bestimmungen der Magna Charta zu achten und sich selbst dem Gesetz zu unterstellen. Heinrich III. (1327–1377), unmündig auf den Thron gekommen, regiert lange und kann sich mit den Rechten der Barone immer weniger abfinden: Seine Versuche der Rückeroberung französischer Territorien scheitern, weil die Barone nicht einverstanden sind. Sein Schwager, Simon de Montfort, schließt sich mit London, den Baronen und den Cinque Ports zusammen – sie besiegen den König, und das von Montfort in Westminster einberufene *Parliament*, mit Vertretern der Grafschaften und Städte, bildet den ersten Schritt zur Institution des Unterhauses.

Die nächsten 200 Jahre werden von Kriegen, Mord, Verschwörung und haßerfüllten Kämpfen zwischen den um die Königsmacht buhlenden Häusern beherrscht. Zuvor betreibt Eduard I. (1272–1307) eine zielbewußte Eroberungspolitik auf der Insel. Eduard nimmt das keltisch-eigenständige Wales ein und gibt seinem dort geborenen Thronfolger den Titel ›Prince of Wales‹ – eine Tradition, die bis heute fortlebt. Die Einverleibung Schottlands gelingt ihm nicht; dafür raubt er vorerst den geheiligten Stein von Scone, den Krönungssitz der schottischen Könige – seither ist er Bestandteil des *coronation chair* in der Westminster Abbey.

Der Hundertjährige Krieg zwischen England und Frankreich (1337–1453) brachte nach großen anfänglichen Erfolgen unter Eduard III. und seinem Sohn, dem Schwarzen Prinzen, den endgültigen Verlust der französischen Besitzungen – den Engländern blieb nur noch Calais. Durch das aufkeimende Nationalgefühl bestärkt, wurde Englisch Hof- und Amtssprache. Geoffrey Chaucer schuf mit seinen »Canterbury Tales« den ersten Höhepunkt englischer Sprachkunst und führte gleichzeitig das ›gemeine Volk‹ in die Dichtung ein.

Noch während des Hundertjährigen Krieges beginnt die Pest in England zu wüten; knapp die Hälfte der Bevölkerung wird ausgelöscht. Die Versuche, die wirtschaftliche Katastrophe durch höhere Besteuerung auszugleichen, führen zu Bauernaufständen und Bürgerkriegen, in denen sich auch die Adeligen gegen die Krone stellen. Ihre erstarkte Position mündet schließlich, unmittelbar nach Beendigung der Auseinandersetzungen mit Frankreich, im ›War of the Roses‹, dem Rosenkrieg. Shakespeare hat dieses finstere Kapitel in seinen grandiosen Königsdramen beschworen. Die Häuser York mit dem Emblem der weißen Rose und Lancaster mit dem der roten Rose kämpfen um den Thron (1455–1485). In der Schlacht von Bosworth (1485) schließlich trägt Heinrich Tudor den Sieg davon. Richard III., letzter König des Hauses York, Mörder der

Early English: Die Kathedrale von Salisbury, Gewölbe der Marienkapelle

Decorated Style: Die Kathedrale von Wells, Gewölbe des Kapitelsaals

›Kleinen Prinzen‹, die im Tower erwürgt wurden, fällt auf dem Schlachtfeld. Hinter ihm schließen sich die Tore des Mittelalters.

Heinrich VII., Sieger von Bosworth, heiratet Elisabeth aus dem verfeindeten Hause York und setzt damit ein Zeichen zur Beendigung aller Fehden. Die Tudor-Dynastie, in deren Wappen die beiden Rosen vereint sind, öffnet die Pforten zur Renaissance.

Während der Herrschaftszeit der Plantagenets entfaltete sich der gotische Baustil in England. Die erste Phase, *Early English* (ca. 1190–1300), läßt noch normannische Züge erkennen, aber die Säulen und Arkaden werden höher, schmaler, die Kapitelle werden mit Blattwerk verziert – die Steinmetzarbeiten haben durch den Gebrauch des neuartigen Meißels an Kunstfertigkeit und Präzision eine ausdrucksvolle Individualität erhalten. Fenster, lang und schmal, werden durch zierliches Maßwerk in Reihen miteinander verbunden und laufen in Spitzbogen aus; Fensterglas, ab etwa 1200 eingesetzt, wird zu einem künstlerischen Bestandteil und ermöglicht Licht und Helle: Das Lanzettfenster ist geboren. Gewölbe schwingen sich höher auf, Kreuzrippen werden kunstvoll miteinander verbunden. Die Türme der Kirchen und Kathedralen werden durch Helme gekrönt und lösen den flachen normannischen Turm ab. Der Marienverehrung Ausdruck verleihend, schließt nun die *Lady Chapel*, die Marienkapelle, den Chor ab. Schönste Beispiele sind die kühle, lichte Großzügigkeit der Kathedrale von Salisbury, der Chor der Kathedrale von Canterbury und das Mittelschiff sowie die Westfassade der Kathedrale von Wells (s. Abb. S. 105).

Dem *Decorated Style* (ca. 1300–1400) liegt die Beherrschung der technischen, statischen und handwerklichen Aspekte der Sakralbaukunst zugrunde: die Lust am Ornament, an einer konvex-konkaven Linienführung, der sogenannten *Ogee-line*, die es nur in England gibt, an Fialen, an Blatt- und Blütenwerk, an riesigen Buntglas- und Rosettenfenstern. Die Deckengewölbe spannen sich in netz- und fächerförmiger Gliederung mit zierlich ausgearbeiteten Schlußsteinen in unendlich scheinender Reihung über Arkaden und Bündelpfeiler. Die Kathedrale von Exeter ist ein herausragendes Beispiel, ebenso das Kapitelhaus von Wells Cathedral, besonders dort auch die einzigartigen scherenförmigen Vierungsbögen (s. Abb. S. 107).

Der *Perpendicular Style*, die unnachahmliche, typisch englische Ausprägung der Spätgotik, bezeichnet den Höhepunkt und die Endphase der Gotik bis zum Ende des 15. Jh. Die Überbetonung des Dekorativen weicht einer strengeren Linienführung, die die Vertikale betont; die Ornamentik ist stilisierter, zurückgenommener, die Umrisse sind klarer und schlichter. Die absolute Krönung der englischen Spätgotik sind die Deckengewölbe. In ihnen konzentriert sich das meisterhafte Können: trompeten- und tropfenförmige, spinnwebzarte Filigranarbeiten scheinen in unendlicher Reihung wie im Tanz erstarrt. In der Westminster Abbey in London ist es die Kapelle Heinrichs VII., in Südengland strahlen die Kathedralen von Winchester (s. Abb. S. 239) und Bath in festlichem steinernem Glanz.

Bei den Dorf- und Stadtkirchen sind es die auf dem Wollreichtum basierenden, überdimensioniert großen *wool churches* in Somerset, die in kunstvollem Schmuck mit den Kathedralbauten konkurrieren.

In der *domestic architecture*, den säkularen Bauwerken, ist das 15. Jh. schon eines, das den Burgbau romantisiert,

Elisabeth I., Porträt von Nicholas Hilliard

Heinrich VIII., Porträt von Hans Holbein

Versatzstücke nutzt, die keinerlei militärische Funktionen mehr brauchen: Herstmonceux Castle in East Sussex spielt mit den Elementen der Burg – roter Backstein ist kaum geeignet, Kanonenkugeln abzuwehren. Fachwerk, Ziegelstein, eine Abfolge mehrerer offener Innenhöfe, der *courtyards*, wie sie auch in den neu gegründeten Colleges in Oxford und Cambridge zu finden sind, löst die kompakte Form des früheren Wohnhauses ab. In Knole reihen sich sieben *courtyards* hintereinander, die das gesamte Farm-, Dorf- und Wirtschaftsleben in sich vereinigen. Die *great hall* ist allgemeiner Versammlungsort geworden, auf der *gallery* speist der Hausherr zum Klang der Laute; sein Gefolge sitzt in langen Reihen vor dem gewaltigen steinernen Kamin. Besonders die *hammerbeam roofs*, die meisterhaft gestalteten Stichbalkendecken, zeugen von Geschmack, Reichtum und unkriegerischen Lebensformen – die Hallen von Penshurst in Kent oder Cotehele in Cornwall sind die schönsten Beispiele.

Tudor-England und das elisabethanische Zeitalter

Das Haus Tudor hat starke, strahlende und machtvolle Monarchen hervorgebracht – Glanz und Elend, Tragödien und persönliche Schicksale geformt, die unser Bild vom Renaissancemenschen noch heute beeinflussen. Prachtvoll, üppig, herrisch, verzehrend und abenteuerlich mutet uns die erste große Blütezeit englischer Selbstbehauptung, Machtausbreitung und künstlerischer Entfaltung an. Und für die Engländer birgt Tudor-England all das in sich, was begehrenswert, verloren und romantisch-schön war. *Merry old England* hat erst im nachhinein zu einem solch derben, saft- und kraftstrotzenden, rückwärtsgewandten Wunschterrain werden können – die Realgeschichte allerdings hat die Bühne dafür bereitgestellt.

Der clevere Heinrich VII. brachte das englische Haus, seine Außenverteidigung, seine Finanzen in Ordnung und stiftete innerhalb der Mauern Frieden

Tudor: Die Anzahl der Kamine zeugte vom Grad des Komforts

und eine gesicherte wirtschaftliche Prosperität. Den Künsten und seiner eigenen Bedeutung zugetan, ist ihm das früheste Kunstwerk der italienischen Renaissance in England zu verdanken: Die Grabmäler für sich und seine Königin in der Westminster Abbey setzen erste herausragende Zeichen.

Als strahlender Jüngling übernimmt Heinrich VIII. den wohlbestellten Thron; als aufgeblähter schwerkranker Mann, der mit Flaschenzügen ins Bett gehievt werden muß, endet er seine Herrschaft als Tyrann. Seine Regierungszeit markiert die größte strukturelle Veränderung im Inselreich – nach Heinrich VIII. ist nichts mehr so wie vorher. Sein Bruch mit der römisch-katholischen Kirche schafft eine neue Religion, die sich als anglikanische Staatskirche durchsetzte, mit dem Monarchen als weltlichem Oberhaupt, dem Erzbischof von Canterbury in der Nachfolge des heiligen Augustinus als Primas und geistigem Oberhirten. Zwischen 1536 und 39 werden die reichen Klöster, Kirchen und Kathedralen aufgelöst und zerstört. Ganze Landstriche wechseln im Zuge der *dissolution of the monasteries* den Besitzer. Diese Vermögensumverteilung war die größte innerhalb der englischen Geschichte; der neue Kronbesitz wurde verpachtet, verkauft, einbehalten, verschenkt, und die damals geschaffenen Besitzverhältnisse haben im großen und ganzen bis in die Gegenwart hinein ihre Gültigkeit behalten. Das Bild, das uns Südengland heute bietet – seine überaus zahlreichen, prachtvollen Landhäuser, die einmal Klöster waren, die in grünen Wiesen hochaufragenden, imposanten Ruinen einstiger Kirchen und Kathedralen – dieses Bild hat uns Heinrich VIII. hinterlassen. Ein Teil des immensen Vermögens steckte er in den Bau einer ersten, großen Flotte und die neuen Festungsbauten, die die Küste vor den Franzosen und Spaniern schützen sollten. Er legte den Grundstein für die spätere Vorherrschaft zur See und die Vernichtung der Armada.

Maria I., die Katholische, war die Tochter aus seiner ersten Ehe mit Katharina von Aragon. Sie, die mit Philipp II. von Spanien verheiratet war und früh starb (Philipp verbrachte nur etwa ein Viertel seiner Zeit als Ehemann in England und schrieb nach ihrem Tod freundlich: »I felt a reasonable regret for her death«.), trachtete danach, das Land zu rekatholisieren und schuf mit ihren Hinrichtungen einen erklecklichen Zugewinn protestantischer Märtyrer.

Unter der Herrschaft ihrer ›anglikanischen‹ Halbschwester Elisabeth I. stieg England zur Weltmacht auf und erlebte die große kulturelle Blüte, die das elisabethanische Zeitalter zum *Golden Age* der britischen Geschichte machte. Die

Glanzvolles Zeugnis elisabethanischen Selbstverständnisses: Montacute House (Somerset)

höfische Kultur war voll ausgebildet, glanzvoll und kultiviert; Sir Philip Sidney und Edmund Spenser waren die Meister zeitgenössischer Poetik, Christopher Marlowe und Ben Johnson schrieben aufregende Dramen, die in den Theatern Tausende von lärmenden Zuschauern aus allen Schichten anlockten. Raleigh, Drake, Hawkins segelten unbekannten Welten entgegen (s. S. 163), und Shakespeares Stern leuchtete als hellster über allen.

Die Königin war außerordentlich gebildet, klug und populär; sie taktierte jahrzehntelang, um einen Krieg mit der römisch-katholischen Allianz aus Papst und spanischem König zu verhindern. Ihre Freibeuter, Abenteurer zur See, Entdecker und Kapitäne reizten mit ihren Plünderzügen den Philipp II. so sehr, daß er schließlich die Armada gegen England segeln ließ. Falsche Kampftaktiken, falsche Schiffe, falsches Wetter machten der Armada ein klägliches Ende – und aus der Virgin Queen wurde ein Mythos. »I have the body of a weak and feeble woman, but I have the heart and stomach of a king, and of a king of England, too.«

Elisabeths Regentschaft brachte eine lange Friedenszeit, die Bevölkerungsdichte stieg, Handwerk und Zünfte blühten. Um die Alleinberechtigung der anglikanischen, protestantischen Kirche zu schützen und den Thronanspruch der katholischen Maria Stuart, Königin von Schottland, zu unterbinden, läßt sie ihre Rivalin lange Zeit inhaftieren, schließlich 1587 hinrichten. Auf dem Sterbebett wird Elisabeth I. den Sohn Maria Stuarts, König Jakob VI. von Schottland, zu ihrem Nachfolger und Thronerben erklären.

Als Jakob I. von England ist er der erste Monarch des Hauses Stuart; unter seiner Herrschaft stärkt sich das Parlament als Widersacher autokratischer Regentschaft. Auch er versucht sich an einer gemäßigten Rekatholisierung. Die radikal-demokratisch denkenden Pilgerväter segeln einem neuen Leben entgegen; Puritaner wandern in Scharen in die Neue Welt aus, und die unter Elisabeth I. ins Land geflüchteten protestantischen Flamen und Niederländer bringen hochentwickelte Webtechniken, die zur wirtschaftlichen Blüte beitragen – aber auch die bis ins 18. Jh. hinein anhaltenden Landeinhegungen, die *enclosures*, bewirken. Die Umwandlung von Ackerflächen in Weideland für Schafzucht schuf die kultivierte Naturlandschaft, die in Südengland seither den Charakter der *countryside* bestimmt.

Seit der Auflösung der Klöster unter Heinrich VIII. wurden keine Sakralbauten mehr errichtet – die gesamte fieberhafte Bautätigkeit zielte auf das Wohnhaus ab, auf Paläste und repräsentative Stadtbauten. Kardinal Wolseys gigantischer Palast Hampton Court an der Themse, aus rotem Backstein mit wundervollem *gatehouse*, schnappt sich Heinrich VIII.; ein manieristisches, an der italienischen Renaissance orientiertes, phantastisches Prunkstück des Königs, Nonsuch Place, wird gebaut (im 17. Jh. abgerissen). Heinrich residiert u. a. in seinem neuen Palast in Whitehall, im üppig ausgestatteten Leeds Castle, und seine Höflinge, Minister, verdiente Adelige beginnen mit den Um- und Ausbauten ihrer neuen, ehemals klösterlichen Besitztümer. Reichtum, Macht und Geschmack werden überall im Inselreich vorgezeigt. Unter Elisabeth I. und auch Jakob I. entstehen die großartigen *prodigy houses*, diese neuartigen Wunderwerke (heute als *stately homes* in Scharen besucht), deren Umfang und Herrschaftlichkeit die Königsschlösser bei weitem in den Schatten stellen. Englische Bautradition wird mit italienischen Zitaten versetzt; die Lust am Experimentieren, die Freude am Pomp und Bombast paaren sich mit technisch genialer Baukunst. Das erste dieser Häuser ist Longleat, auch Lacock Abbey und Montacute House entstehen in jener Zeit: ein langgestreckter Baukörper, riesige Fensterpartien, Terrakotta-Zierat, der erste sorglose Gebrauch der klassischen Säulenordnungen, übertragen auf einen großzügigen E- oder H-Grundriß, der das Obergeschoß in den Blickpunkt rückt und die *long gallery* ins Leben ruft. Die *state apartments* sind für den Besuch des Monarchen vorgesehen, die Gärten sind der italienischen Kunst der Renaissance entlehnt und verbinden sich mit den englischen Kloster- und Küchengärten. Parham House und Sherborne Castle, Brympton d'Evercy und Killerton House sind fast schon ›bescheidene‹ Beispiele und mögen für den Kleinadel und die zahllosen, reich gewordenen Abenteurer, Kaufleute stehen, die nun all ihren Stolz in Bauwerken ausdrücken. London hatte über eine Viertelmillion Einwohner; die Marktstädte und größeren Dörfer putzen sich heraus. Die *black and white*-Fachwerkhäuser mit vorkragenden Obergeschossen werden errichtet. Alles geht: reich ornamentierter Ziegelstein, Korkenzieher-Schornsteine, die den Grad des Komforts anzeigen – je mehr Kamine, desto mehr Schornsteine –, durch große Fenster gegliederte Prachtbauten aus honigfarbenem Stein mit Säulen, Balustraden, Simsen und Terrakotta-Schnickschnack.

Den gewaltigen elisabethanischen Palästen – »mehr Glas als Wand« – folgen die gemäßigten Bauten der jakobäischen Epoche. Die politische Isolation vom Kontinent hat zur Folge, daß die Renaissance-Architektur nur vermittelt bekannt wird; Phantasie und Einfallsreichtum schaffen den typisch englischen Stil, der eben nicht durch puristische Exaktheit der Nachahmung gekennzeichnet ist, sondern durch geniöse Adaption und Anverwandlung: Eines der schönsten Beispiele ist Montacute House in Somerset.

Lebenslust, Reichtum und fröhliche Prachtentfaltung: *Merry England*, während Mitteleuropa sich selbst zerfleischt und durch den Dreißigjährigen Krieg in Schutt und Asche fällt...

Die Stuarts, Cromwell und die Glorious Revolution

Unter Jakob I. hatte sich das politische Klima verschärft; die Regentschaft Karls I. bringt einen Bürgerkrieg, der das Land in zwei Parteien spaltet: Die *cavaliers* (»wrong but wromantic«) stehen auf der Seite des Königs, die puritanischen, republikanisch gesinnten *roundheads* (»right but repulsive«) sammeln sich um Oliver Cromwell; seine Truppen entscheiden den Kampf für sich, auch in der gewalttätigen Unterjochung Irlands. Das von Cromwell gesäuberte Rumpfparlament verurteilt den König wegen Hochverrats zum Tode. Er wird 1649 in Whitehall hingerichtet. Während des republikanischen Intermezzo, des Commonwealth, regiert Lord Protector Cromwell mit eiserner Hand: Kirchenschätze, Burgen und Schlösser werden geplündert, die Theater geschlossen, jedes Amusement unter hohe Strafen gestellt. England aber wollte seine Monarchen wiederhaben, Luxus, Lebensfreude, auch elitäre Symbole und eine aristokratische *ruling class*. Der Sohn des hingerichteten Königs wurde aus dem französischen Exil berufen und als Karl II. inthronisiert (1660–1685).

Die Zeit der Restauration mit dem ›Merry Monarch‹ Charles II., seinen zahllosen Mätressen, strahlend luxuriöser und aufwendiger höfischer Gesellschaft, glanzvollen Festen und Hunderten von noblen, schimmernden Van Dyck Portraits der Mitglieder der Aristokratie war eine bewegte Epoche: 1665 wütete noch einmal die Pest im Land, 1666 stand London in Flammen; die mittelalterliche Stadt brannte total ab, danach begann Christopher Wren mit dem Bau der neuen St. Paul's Cathedral und schuf 51 neue City-Kirchen. All dies, angefangen von der Krönung Karls II. bis hin zu seinen eigenen, nächtlich-außerehelichen Bettvergnügen, hat der unvergleichliche, kecke Bürger Samuel Pepys (gesprochen ›Pieps‹) in seinen munteren, schwatzhaften »Tagebüchern« festgehalten – ein einzigartiges Dokument englischer Kultur- und Literaturgeschichte: »And then to bed.«

Der Bruder Karls II., Jakob II. (1685–88), pflegte die Attitüden eines absolutistischen Herrschers und versuchte erneut, den Katholizismus mit Brachialgewalt durchzusetzen. Hochadel, Klerus und parlamentarische Kräfte rieten dem König zur Abdankung, luden seinen protestantischen Schwiegersohn, Wilhelm von Oranien, Statthalter der Niederlande, zur Herrschaftsübernahme ein. (Von William of Orange leitet sich auch die *Orange Order* ab, der militant-protestantische Flügel der Briten in Nordirland.)

Jakob II. floh nach Frankreich. Nachdem die vom Parlament geforderte *Bill of Rights* von dem neuen Königspaar William und Mary 1689 unterzeichnet worden war, hatte die *Glorious Revolution* den Grundstein zu einer parlamentarischen Demokratie gelegt. Als Oberhaupt des Staates hat der Monarch exekutive Gewalt, die Legislative jedoch verbleibt beim Parlament. Über beiden steht die unantastbare Autorität des Rechtes, die *Rule of Law.* Im Zeitalter des europäischen Absolutismus hatte England bahnbrechende demokratische Freiheiten erlangt, die in Verbindung mit der anglikanisch-protestantischen Thronfolgeregelung einen Triumph der englischen Vernunft darstellten (»reason and common sense«). Im weiteren Geschichtsverlauf sollte sie eine blutige Revolution wie in Frankreich unnötig machen .

Während der Herrschaft der ›Good Queen Anne‹, der letzten Stuart-Regentin, mauserte England sich zur Großmacht: Mit dem *Union Act* erfolgt die Vereinigung mit Schottland, aus England wird Großbritannien, und in der Außenpolitik öffnen sich die Horizonte: durch die Siege John Churchills, dem späteren Duke of Marlborough, im spanischen Erbfolgekrieg wird der Einfluß der katholischen Kontinentalmächte zurückgedrängt und der unbeschränkte Handel zu Lande und zur See läßt Großbritannien, die zahllosen Handelskompanien in den überseeischen Kolonialgebieten im Rücken, stetig einflußreicher und stärker werden.

The Age of Elegance

Das 17. Jahrhundert, in dem das Haus Stuart an der Macht war, ist als Zeitalter des aufkommenden Klassizismus und der Eleganz in die Kultur- und Architekturgeschichte eingegangen.

Hatten die Bauherren im späten Tudor-England mit Versatzstücken italienischer Renaissance-Architektur getändelt, macht nun ein Mann Ernst mit der Hinwendung zu klassisch-antiken Vorbildern, die über die Werke des italienischen Baumeisters Andrea Palladio auf Umwegen England erreichen. Inigo Jones (1573–1652), einer der wenigen Baumeister seiner Zeit, der lange in Italien zubrachte und die italienische Baukunst *in situ* studieren konnte, schuf zwischen 1616 und 1640 eine Reihe von Bauten, die klassischen Harmonieprinzipien folgten und mit ihrer strengen, durchkomponierten Symmetrie dem Zeitgeist weit voraus waren: Das Queen's House in Greenwich, das Banqueting House in Whitehall und u. a. Wilton House in Wiltshire mit dem herrlichen Doppelkubus-Raum, den durchdachten und funktional angewandten Säulenordnungen, paarigen Treppenläufen und ›palladianischer‹ Eleganz.

England war verblüfft über die merkwürdigen Novitäten, »this curious device by Inigo Jones«. Die Liebe zum Wirrwarr aneinandergeschmiegter Steildächer, zu Schornsteinregimentern und Buntglasscheiben erhielt einen Dämpfer, aber mehr vorerst nicht. Der Palladianismus wurde für etwa 100 Jahre wieder eingeschläfert, bis er dann seinen Siegeszug antreten konnte und alles andere überrannte. Der wohl größte und genialste Baumeister, den England hervorgebracht hat, Christopher Wren (1632–1723), der in London die St. Paul's Cathedral baute, wußte sich die klassizistischen Prinzipien abwandelnd anzueignen – seine Beherrschung sämtlicher Baustile, gepaart mit ungeheurer Innovationskraft, zeigt sich an den 51 (!) Kirchen, die er nach dem Großen Brand von London entwarf. Sein virtuoser Umgang mit den Elementen der Klassik hat viel zum Siegeszug des *classicism* in England beigetragen.

Die Architekten Hawksmoor, Vanbrugh und Wren in seiner Spätzeit bildeten ein Dreigespann, das das Intermezzo des Barock in England repräsentiert – zwei dramatische, heroische Paläste,

Castle Howard in Yorkshire und Marlboroughs Blenheim Palace in Oxfordshire, stellen die Höhepunkte barocker Baukunst in England dar. Diese beiden Schlösser haben keine Nachfolger gehabt – der Barock hat sich in England nicht durchgesetzt; die ostentative Wucht, die ›katholische‹ Schwere und Großartigkeit entsprach nicht dem britischen Geschmack mit seinem Hang zum Understatement.

Die neue Sprache der Architektur ließ sich nicht mehr zurückdrängen und nahm, eingebettet in die geometrische Pracht französischer Gartenanlagen, allerlei Formen an: Die holländisch-flämischen Einflüsse drückten sich im sogenannten *Queen Anne Style* aus (Antony House, Cornwall, Uppark, West Sussex), der nie versiegte Hang zur Gotik wird immer wieder vorherrschend, und da die klassizistische Reinheit meistens auch mit dem schlichtweg Vorhandenen zusammengebracht wird, trägt jeder Bau völlig individuelle Züge und bezaubert gerade durch seine eigenwillige, fehlbare Schönheit. Hier paßt Adorno ganz vorzüglich: »Aber die großen Kunstwerke sind jene, die an ihren fragwürdigsten Stellen Glück haben.«

Das Haus Hannover/ Windsor: Viermal Georg und die Zunft der Dilettanti

Nach dem Tod von Queen Anne ging die englische Krone zur Gewährleistung der protestantischen Thronfolge auf den Kurfürsten von Hannover über, der im Jahr 1714 als Georg I. den Thron bestieg. Neben »einer Reihe von teutonischen Langweilern« brachte Georg I. auch Händel mit, der in England rauschende Triumphe feierte und als britischer Staatsbürger hochgeehrt in London starb. Seine Nachfolger sind drei weitere Georgs, die dem 18. Jahrhundert ihren Stempel als *Georgian age* aufdrückten. Im Grunde funktionierte das britische Staatswesen als inzwischen ausgeprägtes Zwei-Parteien-System mit den liberalen *Whigs* und den konservativen *Tories* fast schon von allein, und die Funktion des *Primeminister* wurde immer bedeutsamer. Es waren die großen Politiker, Philosophen und die Vertreter bürgerlicher Staats-, Rechts- und Geschmackstheorien, die den Geist und das Wesen des 18. Jahrhunderts bestimmten, getragen von einer breiten bürgerlichen Öffentlichkeit. Die großen belehrenden Zeitungen und Zeitschriften, Essay und Satire, der englische bürgerliche Roman, Malerei und Karikatur sind aus dem Bürgertum für das Bürgertum entstanden. Die vier Georgs waren schwache, nicht unbedingt mit weltmännischer Klugheit gesegnete Regenten: Georg I. hatte es nie für nötig befunden, die Landessprache zu erlernen – mit seinem Premier Robert Walpole verständigte er sich auf französisch; Georg II. (1727–1760) war politisch so grobschlächtig, daß er die nordamerikanischen Kolonien in den Unabhängigkeitskrieg trieb, der 1776 schließlich zur Gründung der Vereinigten Staaten führte; er war auch der letzte Monarch, der überhaupt aktiv am Kriegsgeschehen teilnahm.

1743 versucht Bonnie Prince Charles, ein Nachkomme der Stuarts, die Macht in Schottland an sich zu reißen – mit seiner Niederlage in der Schlacht von Culloden endet dieses letzte Aufbäumen schottischer Unabhängigkeit. In Indien und Nordamerika kämpfen Franzosen und Engländer um die Vorherrschaft in diesen riesigen, unbesiedelten und ressourcenreichen Gebieten; 1759 besiegt General Wolfe die Franzosen in Quebec

– ein Großteil Kanadas wird britisch –, und in Indien erficht Clive of India 1757 in der Schlacht von Plassey die britische Vormachtstellung. Georg III., nominell 60 Jahre lang auf dem Thron, fällt in geistige Umnachtung, und sein Sohn als Prinzregent schadet dem Ansehen der Krone am meisten.

Der Palladianismus feiert nun als Neoklassizismus Triumphe. Zur Erziehung eines jeden Gentleman gehört die Italienreise; die Dilettanti - Kunstsammler, Connoisseurs, Amateur-Archäologen, Mäzene, Bauherren und Gartenschöpfer - lassen sich von italienischer Kunst und Kultur inspirieren – die ge-

Der Landschaftsgarten von Bowood House (Wiltshire)

Am Ende der napoleonischen Ära steht Großbritannien als strahlende Siegermacht da: Admiral Nelson hatte durch seinen Sieg in der Seeschlacht von Trafalgar, Wellington durch seine Siege zu Land, dem Inselreich den Weg zur uneingeschränkten Seeherrschaft und zur imperialen Weltmachtstellung geebnet, und gerade die Person Nelsons entzündete patriotische Begeisterungswellen – er wurde zum romantischsten aller englischen Helden in einem Land, das sich zu Beginn des 19. Jh. selbst mit *hope and glory* feierte.

Das georgianische Jahrhundert ist das Zeitalter der kultivierten Eleganz: schmacks- und tonangebende Gesellschaftsschicht baut nun überall nach italienischem Vorbild, wobei die Antike mit griechischen, römischen, später auch etruskischen Elementen immer detailliertere Konturen gewinnt. Der Earl of Burlington, William Kent, William Chambers und Colen Campbell setzen die Maßstäbe. The Vyne und Broadlands in Hampshire, Prior Park bei Bath sind nur einige der herausragenden Beispiele. Die Stadtarchitektur entwickelt die *Georgian terrace,* den *square,* den *circus:* Eine feingliedrige, zurückhaltende Reihung variabler Einzelbestandteile, die durch Symmetrie und harmonische Fassadengestaltung den Höhepunkt des klassisch inspirierten Geschmacks bildet. In Bath sind es die John Woods (Vater und Sohn), in London Robert Adam und später John Nash, die die strahlend weißen geschwungenen Häuserreihen schaffen, festlich und unübertroffen elegant.

Portikus, kassettierte Stuckdecken, überkuppelte Hallen, wunderbare Treppenläufe und zarte Schmuckelemente, Urnen, Statuen und die Möbel von Cheraton und Hepplewaithe verschmelzen zur raffinierten Noblesse des palladianischen *countryhouse*, dessen höchste Vollendung die Werke Robert Adams bilden (Saltram House bei Plymouth, Bowood House, Wiltshire, Hatchlands in Surrey).

Sie liegen eingebettet in neugestalteten, arkadisch-traumhaften Landschaftsgärten, die sich von der Ästhetik des Pittoresken (berühmtester Garten ist Stourhead, Wiltshire) hinwenden zu den grandiosen, offenen, künstlerisch gestalteten ›Naturlandschaften‹ Capability Browns wie in Petworth House, Longleat, Broadlands, Sherborne Park u. a. Gleichzeitig blüht und gedeiht, gleichsam als geschmackliche Gegenströmung, nicht nur die gotisierende Rückbesinnung auf das Mittelalter, wie sie in der Gigantomanie Fonthill Abbeys von William Beckford in fiebriger Übersteigerung zum Ausdruck kommt, sondern auch Chinoiserie, das *cottage ornée*, Eremitagen, romantischer Ruinenkult und orientalische Phantasien wie der üppig schwellende, kostbar-prachtvolle Brighton Pavilion von John Nash finden ihre Liebhaber und Nachahmer. Und die kühle Strenge der georgianischen Stadtarchitektur wird im Regency, in der Ära des Prinzregenten, dem späteren Georg IV., durch filigranes Schmiedeeisen, bauchige Tonnenerker und verspielte Ornamentik aufgelockert (The Pantiles in Tunbrigde Wells, Marine Parade in Brighton u. a.).

Das viktorianische Zeitalter – ›Britannia rules the waves‹

In Großbritannien gärt es: Die Industrielle Revolution beutet ihre Kinder aus; Massenelend und brutale Arbeitsbedingungen entladen sich in sozialen Unruhen und Aufständen. Die *ruling class* macht in letzter Minute die notwendigsten Zugeständnisse, und die lang anstehende große Wahlreform von 1832 kann die innenpolitischen Wogen halbwegs glätten. Mit der unverhofften Thronbesteigung der 18jährigen Viktoria im Jahr 1837 beginnt das viktorianische Zeitalter, die ›Umwertung aller Werte‹. Der Frivolität und verschwenderischen Sorglosigkeit bei Hofe setzen Viktoria und ihr deutscher Prinzgemahl Albert von Sachsen-Coburg-Gotha moralische Integrität und Familiensinn entgegen – ihr Mythos dringt bis in den entlegensten Winkel des Empires vor. »Good, but not amused«, schafft Queen Victoria eine öffentliche Stimmung, die von christlicher Rechtschaffenheit, einem strengen Arbeitsethos, abgrundtiefer Prüderie und gleichzeitiger Doppelmoral gekennzeichnet ist.

Zeitgeist und Lebensgefühl des Viktorianismus schlagen sich auch in einem radikalen Wandel der Ästhetik nieder: Man schließt sich ein, man schließt sich ab – *my home is my castle* –; die lichte Helligkeit klassizistischer Interieurs weicht dunklen, samtschweren Höhlen, überwuchert von Ornamentik, vollgestopft mit gedrechseltem Mobiliar und Nippes, schwerfällig und aufgebläht.

Die Städte quillen aus allen Nähten, London hat 1870 über 3 Mio. Einwoh-

The Great White Queen - Königin Victoria prägte ein ganzes Jahrhundert

ner; die rußgeschwärzten Industriestädte in den Midlands, die Bergarbeitertäler in Wales, die Hafenstädte und Seebäder werden durch Eisenbahnen miteinander verbunden. Kirchen und Kathedralen werden in neogotischer Rückbesinnung (Kathedrale von Truro) der Vorstellung vom Mittelalter angepaßt.

Es sind Zweckbauten, die überall aus dem Boden schießen: Bahnhöfe, Hotels, Banken, die ersten gigantischen Kaufhäuser und Bürogebäude. Sie alle verbergen ihre neuartigen Funktionen, die den Bedürfnissen einer industrialisierten Massengesellschaft entsprechen, hinter dem schönen Schein der Andersartigkeit. Die viktorianischen Architekten schufen viele Masken: Die Lust am Ornament, an überbordender Dekoration nimmt sich aus der Baugeschichte, was immer ihr gefällt: Italienische Neo-Renaissance-Palazzi neben holländisch inspirierten Backsteinvillen; neogotische Visionen wie die neuen Houses of Parliament von Charles Barry finden ihr ländliches Pendant in pompösen *countryhouses* wie Highclere Castle in Hampshire oder in mittelalterlichen Schwärmereien wie Arundel Castle, West Sussex. Die Fülle unterschiedlichster Stilrichtungen ist die vehemente Gegenreaktion auf die strenge georgianische Bauweise: Die *Georgian terraces* gelten nun als unerträglich einförmig und bis zur Bewußtlosigkeit langweilig. Und trotzdem reihen sich Miniaturausgaben der großen *estates*, mit *circus, square, crescent* und den *terraces* in den neuen Wohnsiedlungen des Kleinbürgertums hunderttausendfach im Land aneinander.

Neue Anstöße in der Architektur kommen vom Gartenbau: Die riesigen gußeisernen Glaskonstruktionen, die als Gewächshäuser in die Welt gesetzt worden waren und heute noch durch ihre Schönheit begeistern, bringen Glas, Licht und Luft in die Repräsentationsarchitektur – und der Wintergarten, *conservatory*, beginnt seinen Siegeszug in der häuslichen Sphäre. Die aufregendste, innovativste Architektur spiegelt sich in den Industriebauten und dem technischen Design wider: Isambard Kingdom Brunel revolutionierte den Schiffs- und Brückenbau; seine schnellen, gußeisernen Schiffe und die herrlichen, weit ausholenden Brückenkonstruktionen in Bristol und Plymouth sind heute noch atemberaubend schön. In Cornwall dröhnen die Pumpen der Maschinenhäuser der Zinn- und Kupferbergwerke im 24-Stunden-Rhythmus, und in den unterirdischen Schächten schuften Männer, Frauen und Kinder. In Bristol, Plymouth, Portsmouth und Southampton arbeiten Zehntausende von Männern in den Dock- und Werftanlagen. Von hier aus gehen die Gefangenentransporte nach Australien ab; hier kommen die Beamten der *colonial offices* aus Indien, Afrika und Neuseeland an. Die Seemänner und Fischer in den kleinen Fischerdörfern von Cornwall bis Kent müssen um ihr Überleben kämpfen.

An der *seaside* entstehen Urlaubsparadiese für den Mittelstand. Die Arbeiterbewegung, 1906 durch die Gründung der Labour Party mit einem offiziellen machtvollen Sprachrohr versehen, erkämpft einige Urlaubstage, die mit Hopfen-Pflücken in Kent verbracht werden oder in den durch die Eisenbahn erschlossenen Badeorten wie Blackpool, Skegness, Bognor Regis, Margate und Westward Ho!

In ihrem Mutterland herrscht die Great White Queen und Kaiserin von Indien über *two nations*. Ihr Premierminister Disraeli hatte um die Jahrhundertmitte die tiefe Spaltung des Landes konstatiert: Zwei getrennte Welten, die nichts miteinander gemein haben – die Armen und die Reichen –, und Charles Dickens hat in seinen unvergessenen Romanen beide gleichermaßen angeklagt, kritisiert, mit großer künstlerischer Kraft und Liebe zum Menschen dargestellt.

1897, Queen Victoria feiert ihr diamantenes Jubiläum, ist das *British Empire* zum größten Imperium der Weltgeschichte angewachsen: Es umfaßt ein Viertel der Erde, 11 Mio. Quadratmeilen und etwa 372 Mio. Menschen jeglicher Hautfarbe, Rasse und Kultur – zusammengehalten durch die Monarchie, ein unerschütterliches Sendungsbewußtsein, das riesige Netz an Verkehrs- und Handelsverbindungen und die immergleichen Werte; getragen von Selbstsicherheit, *Common sense* und einer Attitüde des *Laisser-faire*, die auch die kolonialen Verwaltungsstrukturen bestimmen, sowie dem Bewußtsein, als Inselreich mit der Beherrschung der Meere schicksalsträchtig und wesenhaft verbunden zu sein.

Dem Rausch folgt der Kater – Das 20. Jahrhundert

Schon vor dem Eintritt ins 20. Jahrhundert geriet Großbritanniens Spitzenposition als See- und Handelsmacht ins Wanken. Nicht nur die Vereinigten Staaten begannen Great Britain zu überflügeln, sondern das kaiserliche Deutschland rüstete auf, entwickelte starke ökonomische Kräfte und übte sich in pompösem Konkurrenzgebaren. 1901 starb Queen Victoria als 81jährige. 40 Jahre lang hatte sie ohne *dear Albert* leben müssen; sie zog sich immer mehr zurück, hielt sich am liebsten auf Schloß Balmoral in Schottland oder in Osborne House auf der Isle of Wight auf – in einer privaten, italienisierenden Villa, die kurz nach der Hochzeit von ihrem Albert entworfen worden war.

Ihr Sohn, Eduard VII., gab dem Jahrzehnt vor dem Zweiten Weltkrieg seinen Namen: Im *Edwardian age* blühten noch einmal Unbeschwertheit und Lebenslust. Die Aristokratie feierte rauschende Bälle und *weekend-parties* in ihren *countryhouses;* die zu Wohlstand und Ansehen gelangte *gentry*, der Kleinadel und der gehobene Mittelstand, tat es ihnen begeistert nach, und dem Millionenheer der *lower-middle classes*, den kleinen Angestellten, Kontoristen und Geschäftsleuten, bescherte die komfortable Behaglichkeit der eduardischen Epoche winzige *terraces*, Reihenhäuser mit vorspringendem Erker und handtuchgroßem Garten in baumbestandenen, stillen Straßen.

Der Schock des Ersten Weltkriegs, in Großbritannien als *Great War* bezeichnet, machte jedermann deutlich, daß das Lebensgefühl eines ganzen Jahrhunderts zu Ende ging, und auch das Königshaus zog 1917 einen Strich unter seine so offensichtlich deutsch geprägte Geschichte: Das Haus Hannover-Sachsen-Coburg-Gotha wird in Haus Windsor umbenannt. Hochadel und Aristokratie müssen um ihren opulenten Lebensstandard, um den Bestand ihrer *estates* kämpfen. Mittelstand und *working class* erleiden durch die Weltwirtschaftskrise, die *Great Depression*, große Not. Massenstreiks, Hungermärsche und Arbeitslosigkeit verdüstern die Zwanziger Jahre, die Politiker der Labour Party bringen ein gewaltiges Wohnungsbauprogramm auf den Weg – *»homes fit for heroes«* –, und große Teile der viktorianischen Slums in den Industriestädten des Nordens werden durch die ewig gleichen, schnurgeraden *terraces* abgelöst, die – zwei Zimmer oben, zwei Zimmer unten, *two up, two down* – noch heute das bescheidene, kleine Glück vom Eigentum bedeuten.

Den industriegefertigten Massenprodukten den Kampf ansagend, hatten sich im letzten Drittel des 19. Jh. Maler, Designer und Künstler um William Morris und die Präraffaelitische Bruderschaft zusammengetan. Ihr Kunst- und Handwerksbegriff wurde als *Arts & Crafts Movement* sehr einflußreich und prägt Geschmack und Stilempfinden bis heute. Die Architekten Charles Voysey, Philip Webb und der berühmte Edwin Lutyens kreieren im Wohnhausbereich einen neuen Stil, der Elemente der heimischen Tudor-Architektur mit der handwerklichen Meisterschaft der Arts & Crafts-Bewegung verbindet und großzügige, komfortable und anheimelnde Villen in bunten bäuerlichen Gärten schafft. *Edwardian Tudor*, bis heute der Traum aller Engländer, ist jedoch inzwischen zum eher glanzlos-neuen *Mock-Tudor*, auch *Stockbroker's Tudor* genannt, in hunderttausendfacher Ausgabe mutiert.

Auch die Lust an der vollendeten Maskerade kennzeichnet das erste Drittel unseres Jahrhunderts: Castle Drogo in Dartmoor inszeniert eine bautechnisch perfekte Wehrburg mit männlichem, strengem Gestus, und Hever Castle, von den Astors für Millionen restauriert, erstrahlt in liebreizenden, opulentesten Mittelalter-Phantasien.

Nach der kurzen Episode, die der ungekrönte Eduard VIII. im Jahre 1936 als König einschob (nach seiner Abdankung zierte er als Prince of Wales mit seiner Frau Wallis Simpson ein trauriges Leben lang die Reihen der internationalen High Society), übernahm sein Bruder Georg VI. das erdrückende Amt. Der sensible und schüchterne König und seine Queen Elizabeth, die Eltern der heutigen Queen, hatten die schwere Aufgabe, Großbritannien durch die Kriegszeit zu führen. Ihr unprätentiöses und herzliches Verhalten machte sie zu einem verehrten und viel geliebten Königspaar, und noch heute ist Elizabeth, die Königinmutter, als muntere 90jährige in pastellige Tüllwolken gehüllt, die beliebteste Person im Königshaus.

Die Bombenangriffe der Deutschen, *The Blitz*, setzten im September 1940 ein und hielten bis zum Mai 1941 an. Der Ostteil Londons, zahllose Industrie- und Hafenstädte, besonders Coventry, in Südengland Dover, Plymouth, Southampton und Portsmouth mußten schwere Schäden hinnehmen und hatten Tausende von Toten zu beklagen. Churchill hat »nichts zu bieten als Blut, Mühsal, Tränen und Schweiß«, aber die Kriegsanstrengungen der gesamten Nation enden mit dem triumphalen Sieg der Alliierten über Hitler-Deutschland.

Entlang der gesamten Südküste, von Cornwall bis Kent, wurden die alliierten Truppen, vor allem die Amerikaner, auf den Tag der Befreiung, den *D-Day* vorbereitet. Die gesamte militärische Strategie und Kriegsrüstung war darauf abgestellt, und noch heute finden sich in jedem Fischerort, in jeder Hafenstadt, lebhafte Zeugnisse jener Zeit. Der 50. Jahrestag des *VE-Day (Victory Europe Day)* im Mai 1995 wurde überall heftig und mit wehmütiger Erinnerung an die historische Bedeutung des Inselstaats gefeiert.

›*England's finest hour*‹ war schwer erkämpft: Großbritannien war wirtschaftlich ruiniert, und nach Kriegsende regierten die mageren Jahre. *The Age of Austerity* wurde 1952 mit der Krönung Elisabeths II. durch festlichen Glanz und das Gefühl eines neuen Anfangs gelockert. Zu den Krönungsfeierlichkeiten wurde die Lebensmittelrationierung ausgesetzt, die Gefechtslinien in Korea stellten kurzfristig das Feuer ein, London badete zum ersten Mal seit Kriegsende im Glanz der Flutlichtanlagen, und in jedem Dorf, in jeder Stadt wurde gefeiert und auf ein zweites elisabethanisches Zeitalter angestoßen. Die Entlassung der Kolonien in die Unabhängigkeit brachte neue Probleme. Hunderttausende von Immigranten strömten in das Mutterland, und aus Großbritannien wurde ein multirassischer Staat.

Das Nordirland-Problem scheint jetzt erst einer Lösung näherzukommen; aus dem von der Labour Party geschaffenen Sozialstaat, der sich vorgenommen hatte, die Klassenschranken auszugleichen, sind nach der Thatcher-Ära und ihrer ›Unternehmens-Kultur‹ wiederum

Winston Churchill informiert sich über Bombenschäden nach einem Luftangriff auf Bristol

›zwei Nationen‹ entstanden: Die Kluft zwischen arm und reich ist erschreckend steilwandig, und auch bei einer Ferienreise durch den Süden Englands wird das deutlich. Kent, Sussex und auch noch Hampshire sind wesentlich wohlhabender als die westlichen Grafschaften, aber die soziale, klassenspezifische Trennungslinie verläuft buchstäblich entlang der Küsten- und Klippenkanten. Im Inland, eingebettet in die prachtvollen Gartenlandschaften, liegen die Schlösser und *countryhouses*, auch die kleinen, feinen Hotels, die nur vom gehobenen Mittelstand und der *upper class*, die eigentlich überhaupt nicht ›übernachtet‹, frequentiert werden. Die Fischerorte und Seebäder, die im Grunde ja auf den Badeurlaub und das Ferienvergnügen eingestellt sind, haben zum Teil eine schwermütige und armselige Aura um sich und werden oft ausschließlich von der *lower-middle class* und der *working class* dominiert, deren Zugehörige wiederum mit Freude und neidlosem Stolz durch die kostbare Üppigkeit der *stately homes* wandern, unter den Bäumen picknicken und auch noch ihre Abfalltüten gehorsam mit nach Hause nehmen. Die großen, ehemals glanzvollen Seebäder haben schwer zu kämpfen. Nicht selten sind die über den Klippen, an den Kieselstränden gelegenen Caravan-Parks in freier Landschaft von notleidenden Dauermietern belegt, die mit ihren Familien ganzjährig in den Wohnwagen leben.

Die englische Wirtschaftsstruktur, die sich im 20. Jh. im Grunde immer nur punktuell dem technologischen Ist-Stand hat anpassen können, ist von einer lang anhaltenden tiefen Talphase geprägt.

Die Engländer, von einem zu Herzen gehenden Patriotismus, wurschteln sich unerschütterlich weiter durch. Sie, die eigentlich gern müßig gehen, die sich sorglos bescheiden und mit sehr viel weniger zufrieden sind als wir, wenden sich freundlich, höflich und geduldig, ihrer Vergangenheit zu. Nach innen gekehrt, lieben sie das, was immer schon war – auch in der Architektur.

Prinz Charles, der die gesamte internationale Architektenzunft gegen sich aufbrachte, als er die High-Tech-Architektur mit einigen rüden Worten abkanzelte, hatte die Smiths und Joneses auf seiner Seite. Auch uns bezaubert in Südengland all das, was unter dem Begriff *heritage* zu fassen ist: die altertümlichen, stillen Dörfer, die herrlichen Kathedralen, die grandiosen Landschaftsgärten, die opulenten *countryhouses* und ihre schrägen Geschichten von eigentümlichen Besitzern, die gemütlichen Pubs mit gräßlichem Bier und die steilen, heckengefaßten Landstraßen, die an einer gottverlassenen wilden Klippeneinsamkeit enden: *Englishness*.

Lesefutter: Im Deutschen gibt es keinen Überblick über die englische Geschichte in Taschenformat; im Englischen bietet Ronald Hamiltons »Now I remember. All the English History You'll ever need« einen kurzweiligen Abriß der monarchischen Geschichte mit Abstechern ins Kulturelle.

Die beste Architekturgeschichte, glänzend geschrieben, ist der zu einem Klassiker gewordene Band von Sir Nikolaus Pevsner »Das Englische in der Englischen Kunst«. Der nach England immigrierte Wiener Kunsthistoriker hat im übrigen auch mit seinen 40 Bänden »The Buildings of England« die gesamte Architekturgeschichte Englands im Detail beschrieben – für dieses Mammutwerk ist er geadelt worden.

Sehr hübsch illustriert, und nicht nur für Kinder geeignet, ist das lehrreiche Bändchen »Sie bauten eine Kathedrale« von David Macauley, der endlich einmal

Am River Itchen in Winchester (Hampshire)

in vereinfachter Form das Wesentliche der mittelalterlichen Bautechnik in Bildern darstellt. Wer's genau wissen will, sollte zu Werner Schäfkes Werk »Englische Kathedralen« greifen.

Das so glanzvolle, aufregende und intrikate 18. Jahrhundert mit seinen zahlreichen, gegenläufigen Konzepten der Ästhetik und Architektur ist bis in seine Verästelungen hinein von Norbert Miller in »Strawberry Hill. Horace Walpole und die Ästhetik der schönen Unregelmäßigkeit« brillant durchleuchtet worden.

Zur Gliederung des Buches

Südengland ist in zwölf Grafschaften unterteilt, und beschriebe ich jede Grafschaft als abgeschlossene Einheit, würde ich Sie zwölfmal im Kreis herumühren. Statt dessen entspricht meine Kapitelabfolge einer Rundreise entgegen dem Uhrzeigersinn.

Der für den Besucher unangenehme Ballungsraum von Greater London ist schön ordentlich im Orbital – dem Autobahnring – verpackt: London sperrt sich selbst ein und für unsere Reise aus. Die von Ost nach West verlaufende Autobahnstrecke zwischen dem Flughafen Heathrow und Bristol markiert die Grenzlinie im Norden. Von dort aus geht die Reise los, der Küste folgend, immer nach Westen. Bei Land's End, dem am weitesten ins Meer vorgeschobenen Landzipfel Cornwalls, machen wir eine schwungvolle Kurve und mäandern in östlicher Richtung bis nach West Sussex. Dort folgen wir der Südküste bis Dover oder reisen im Nordosten bis Canterbury.

Die englischen Königshäuser und ihre Monarchen

Angelsachsen und Skandinavier

827– 839	Egbert
839– 858	Ethelwulf
866– 871	Ethelred I.
871– 899	Alfred der Große (Alfred the Great)
899– 924	Eduard der Ältere
924– 940	Athelstan
940– 946	Edmund
946– 955	Edred
955– 959	Edwy
959– 975	Edgar
975– 978	Eduard der Märtyrer
978–1016	Ethelred II.
1016	Edmund Ironside
1016–1035	Knut
1035–1040	Harald I.
1040–1042	Harthaknut
1042–1066	Eduard der Bekenner (Edward the Confessor)
1066	Harald II.

Normannen

1066–1087	Wilhelm der Eroberer (William the Conquerer)
1087–1100	Wilhelm II. (William Rufus)
1100–1135	Heinrich I.
1135–1154	Stephan von Blois

Haus Anjou-Plantagenet

1154–1189	Heinrich II.
1189–1199	Richard I. Löwenherz
1199–1216	Johann Ohneland
1216–1272	Heinrich III.
1272–1307	Eduard I.
1307–1327	Eduard II.
1327–1377	Eduard III.
1377–1399	Richard II.

»The Queen in Progress«(Elisabeth I.), Gemälde von Robert Peake

Elisabeth II. eröffnet das Parlament

Haus Lancaster

1399–1413	Heinrich IV.
1413–1422	Heinrich V.
1422–1461	Heinrich VI.

Haus York

1461–1483	Eduard IV.
1483	Eduard V.
1483–1485	Richard III.

Haus Tudor

1485–1509	Heinrich VII.
1509–1547	Heinrich VIII.
1547–1553	Eduard VI.
1553–1558	Maria I. die Katholische (Mary Tudor)
1558–1603	Elisabeth I. (The Virgin Queen, Astrea)

Haus Stuart

1603–1625	Jakob I. (James I.)
1625–1649	Karl I. (Charles I.)
1649–1660	Republikanisches Interregnum (Commonwealth)
1653–1658	Oliver Cromwell, Lord Protector
1658–1659	Richard Cromwell, Lord Protector
1660–1685	Karl II. (Charles II.)
1685–1688	Jakob II. (James II.)
1689–1702	Wilhelm III. von Oranien (mit Maria II. bis 1694 ›William and Mary‹)
1702–1714	Anna (Queen Anne)

Haus Hannover – Windsor

1714–1727	Georg I.
1727–1760	Georg II.
1760–1820	Georg III.
1810–1820	Prinzregentschaft (›Regency‹)
1820–1830	Georg IV.
1830–1837	Wilhelm IV.
1837–1901	Viktoria
1901–1910	Eduard VII.
1910–1936	Georg V.
1936	Eduard VIII. (Edward, Prince of Wales)
1936–1952	Georg VI.
seit 1952	Elisabeth II.

Reisen in Süd-england

Auf dem Weg nach Westen

Von London nach Bristol

Vom Flughafen Heathrow aus, am westlichen Rand der Ringautobahn um London gelegen, sind es auf der Autobahn M4 nur etwa 150 km bis nach Bath: Die Eleganz der Stadtbaukunst des 18. Jh. ist in Großbritannien am vollständigsten, sieht man einmal von Edinburgh im hohen Norden ab, in Bath erhalten.

Auf dem Weg dorthin gehören Slough und Reading als industrialisierte Kleinstädte und Verkehrsknotenpunkte immer noch dem Einflußbereich Londons an, und viele auch der ländlichen Ortschaften sind noch Teil des riesigen Londoner *commuterbelt*, Einzugsbereich der Pendler, die sich als Aktentaschen- und Regenschirmbrigade morgens und abends in die Vorstadtzüge quälen.

Schon bei Reading machen wir unseren ersten Abstecher. Für Autofahrer in unmittelbarer Nachbarschaft liegen etwa 10 km südlich von Reading drei völlig verschiedene, kostbare und äußerst individuell gestaltete *countryhouses* dicht beieinander, die man auf keinen Fall versäumen sollte: Sie repräsentieren auf jeweils vollendete Weise eine architekturhistorische Epoche, erzählen lebhaft vom Geschmack und Kunstsinn, auch höherem Unsinn, ihrer Erbauer.

Als erstes steuern wir **Stratfield Saye House** 1 (S. 367) an. Das stattliche Anwesen, in der Regierungszeit Charles I. errichtet, später um- und ausgebaut, war der Landsitz des Duke of Wellington (1769–1852). Es wurde dem Sieger von Waterloo von der »dankbaren Nation« zum Geschenk gemacht. In London bewohnte er Apsley House in Hyde Park Corner (Adresse: London No. 1), und hier verbrachte er seine Wochenenden, wandelte in den ausgedehnten Parkanlagen und speiste zwischen exzellenten Gemälde- und Porzellansammlungen. Die ›Wellington Exhibition‹ beschwört das Leben des ›Eisernen Herzogs‹ herauf, führt auf die Schlachtfelder und macht noch einmal seine legendäre Begräbnisprozession lebendig – neben der Admiral Nelsons die aufwendigste und festlichste in der neueren englischen Geschichte.

Unser nächstes Ziel, **The Vyne** 2 (S. 369) etwa 5 km nördlich von Basingstoke, ist eines der berühmtesten kleineren Landhäuser, die England zu bieten hat. Berühmt seiner architekturhistorischen Bedeutung, seiner eigenwilligen Besitzer und schlicht seiner Schönheit wegen.

The Vyne vereinigt mehrere Superlative in sich: Gebaut wurde es im frühen 16. Jh. von William, dem 1. Lord Sandys. Der war Haushofmeister Heinrichs VIII. und weithin respektiert dafür, daß es ihm gelang, aus den Reformationswirren, den üblen Hofintrigen und um sich greifenden Hochverratsanklagen nicht nur unbeschadet, sondern äußerst wohl hervorzugehen. Der zweigeschossige Backsteinbau mit blauem Rautenmuster ist typisch für die höfische Tudorarchitektur – Teile Hampton Courts und der St. James Palace in London seien als weitere Beispiele genannt. Hier stoßen wir zum ersten Mal auf eine der englischen Besonderheiten, mit denen sich

◁◁ *Longleat House, Wiltshire*

◁ *Das Dorf Lacock bei Bath*

The Vyne, das Treppenhaus ▷

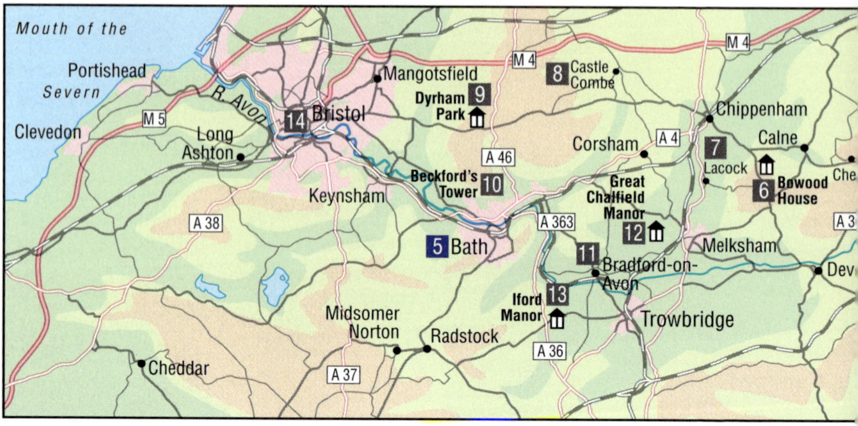

Von London nach Bristol

die Besitzer der Repräsentationsbauten gern gegenseitig übertrumpften – die *long gallery*. Die gesamte Breite des Hauses ausfüllend, nimmt sie immer das Obergeschoß ein – hier ein wunderbar strenger, würdevoller Raum mit knarrenden Dielen und einer herrlichen Eichentäfelung in *›linenfold‹*-Paneelen. Die kostbare handwerkliche Arbeit ziert den über 20 m langen, schmalen Raum – die wahrscheinlich erste und älteste *long gallery* in England. Besonders schön ist auch die oktogonale Hauskapelle in spätgotischem Stil.

Dem nächsten Besitzer Chaloner Chute verdankt das Haus den berühmten Portikus an der Nordfassade. Er stammt von dem Architekten John Webb, der ihn um 1655, Palladios Villa Barbaro zum Vorbild nehmend, errichtet hat. Für diesen ersten klassizistischen Portikus in einem englischen Landhaus kreierte dann John Chute (1701–1776) ohne Zuhilfenahme eines Architekten den passenden, glanzvoll festlichen Rahmen im Innern des Hauses: Halle und Treppenaufgang – ein wirklich unvergeßlicher, strahlender Anblick. Chute, ein großer Kunstkenner und enger, lebenslanger Freund von Horace Walpole, hatte sich in seinen jüngeren Jahren für die Neogotik begeistert, die, als *›Strawberry Hill Gothic‹* in die Kulturgeschichte eingegangen, in Teilen des Hauses noch präsent ist. Erst in späteren Jahren, nachdem er überraschend The Vyne geerbt hatte, entschied er sich – und mit welch Könnerschaft! – für den *classicism*.

Und auch hier ein schöner Garten mit federnden Rasenflächen, See und alten Baumgruppen.

Auf den nächsten kapriziösen Seitensprung lassen wir uns erst bei der Abzweigung Newbury, Grafschaft Hampshire, ein; etwa 5 km südlich, von der A34 nach Winchester abzweigend, liegt **Highclere Castle** 3 (S. 354) – ein monumentales Zeugnis der viktorianischen Manie für Neogotik. Der riesige quadratische Baukörper mit aufeinandergestapelten Fensterreihen, ornamentierten Ecktürmen und einem hoch aufschießenden Zentralturm wurde um 1830 für den Earl of Carnarvon errichtet, dessen Nachkommen heute noch hier leben. Architekt war Sir Charles Barry, der gleichzeitig auch das Parlamentsge-

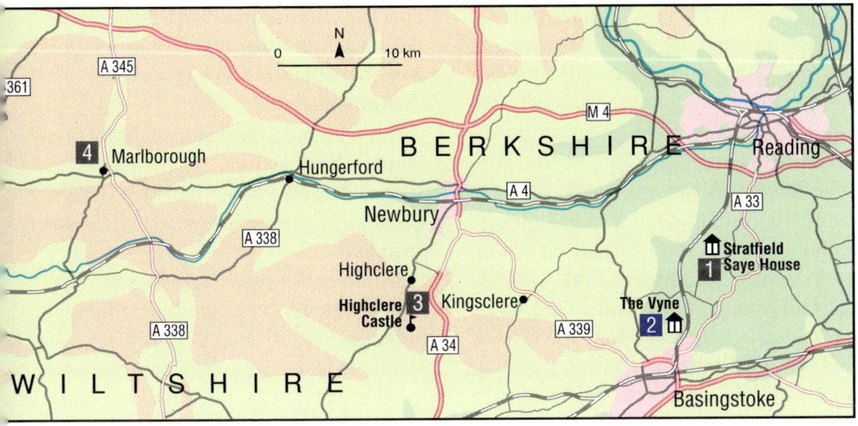

bäude in London schuf. Die Ähnlichkeiten lassen sich nicht leugnen: Dem Prinzip der Neogotik entspricht die strenge rasterartige Gliederung in deutlich abgesetzte Vertikalen und Horizontalen, das Prinzip der Reihung und Wiederholung gleicher Details bis zu den Fialen und Schornsteinen. Wie auch in den Houses of Parliament zeigen sich Extravaganz und Überschwang im lustvollen Spiel der Innengestaltung. Hier schwellen und blühen Farben, Formen, Muster und Materialien in den unterschiedlichsten Stilrichtungen: Sakralgotik, orientalische Pracht, Rokoko – amüsant, pompös, auch kitschig; selbst grandios geschmacklos, aber nie langweilig.

Der 5. Earl, Archäologe und Ägyptologe, hat in den 20er Jahren zusammen mit Howard Carter das Grab des Tutenchamun im Tal der Könige entdeckt – eine Sammlung unterschiedlicher Funde ist hier zusammengetragen. Und natürlich ist auch dieses *countryhouse* eingebettet in einen schönen, teilweise von Capability Brown angelegten Landschaftsgarten.

Ein paar Kilometer westlich von Highclere sind wir schon in der Grafschaft Wiltshire. Sie liegt in der Mitte Südenglands, und obwohl sie keine Küste besitzt, bildet sie doch das Herzstück einer jeden Englandreise. Diese sanft ondulierte Landschaft aus Wiesen, Weiden und Hecken, ohne größere Städte und mit dem kargen Plateau der Salisbury Plain als Rückgrat, birgt auf engstem Raum kulturhistorische, menschheitsgeschichtliche und architektonische Schätze, um deretwillen sich auch ein langer Reiseweg lohnt: Prähistorische Monumente wie Avebury und Stonehenge, zahllose bedeutende Grab- und Kultstätten der Frühgeschichte, die merkwürdigen Pferdezeichnungen in den grünen Hügelrücken, zauberhafte, traditionsreiche Kleinstädte wie Marlborough und die Grafschaftshauptstadt Salisbury mit der wohl berühmtesten und schönsten Kathedrale Englands, der Landschaftspark Stourhead, dessen kunstvolle Anlage als Prototyp des ›englischen Gartens‹ in der ganzen Welt Nachahmung fand, und nicht zuletzt der gewaltige elisabethanische Palast von Longleat mit seinem in ganz England bekannten Löwenfreigehege sowie das architekturhistorisch bedeutende Wilton

House – alles Sehenswürdigkeiten, die sich innerhalb eines Durchmessers von etwa 70 km zusammenballen und für den Besucher durchaus schon als die Essenz der *Englishness* gelten können.

Marlborough 4 (S. 357) ist eine hübsche Kleinstadt mit etwa 6000 Einwohnern. Ihr Mittelpunkt ist die außergewöhnlich breite High Street mit einem malerischen Sammelsurium unterschiedlichster Hausfassaden und schöner Geschäftsfronten. Mittwochs und freitags wird die High Street von den doppelreihig gestellten Marktständen beherrscht – als Marktstadt und regionales Zentrum der landwirtschaftlichen Erzeugnisse geht Marlboroughs Ruhm bis ins Mittelalter zurück. Die aus dem 15. Jh. stammende Kirche St. Paul and St. Peter, in der sich die Tourist Information befindet, begrenzt die High Street am Westende, unmittelbar dahinter steht der großräumige Gebäudekomplex des berühmten **Marlborough College**, einer im 19. Jh. gegründeten Public School, die zu den besten und teuersten des Landes zählt und deren 900 Schüler und Schülerinnen man mit flatternden Gewändern am Nachmittag durch die Stadt schlendern sieht. Spaziert man auf dem parallel zur A4 nach Bath führenden Fußweg am College vorbei, erkennt man sehr deutlich das **Weiße Pferd von Marlborough**, das sich in langgestreckten Umrissen vom Hintergrund abhebt: Es wurde 1804 von einem Schüler aus Marlborough entworfen.

Bath

5 (S. 339) Bath, an einer Flußschleife des Avon gelegen und von sieben bewaldeten Höhen umgeben, steht nahezu vollständig unter Denkmalschutz, und die UNESCO erklärte die 80 000 Einwohner zählende Stadt als einzige im Land zum bedeutenden Zeugnis ›kulturellen Welterbes‹.

Bath, für viele die schönste Stadt Englands, verdankt ihren Namen der Tatsache, daß hier die einzigen heißen Quellen im Inselreich aus dem Boden sprudeln: Die ihnen zugeschriebene heilkräftige Wirkung ist schon seit Urzeiten bekannt. Zwei große Blütezeiten haben in Bath zu einer einzigartigen Verschmelzung geführt: Die Römer schufen in ihrer 44 n. Chr. gegründeten Stadt *Aquae Sulis*, nach Sul, einer keltischen Gottheit benannt, die Badeanlagen, die heute in Großbritannien das wohl besterhaltene Zeugnis römischer Urbanität darstellen. Und im 18. Jh. wurde Bath ›wiederentdeckt‹. Die elegante Welt reiste zu den Thermalquellen. Die glanzlose, wohlhabende und schläfrige Stadt der Tuchhändler, nur durch ihre herrliche Abteikirche aus dem Mittelalter ausgezeichnet, rieb sich den Schlaf aus den Augen und kreierte einen neuen, bahnbrechenden Lebensstil, der sich im passenden Stadtbild vollendete. Bath wurde zum architektonischen Schauplatz der eleganten Welt, und das städtebauliche Ensemble wurde überall auf der Insel nachgeahmt – die georgianische Architektur hat hier ihren ersten und vollständigen Höhepunkt erreicht.

»Trotz Nebel und Regen wanderte ich den ganzen Tag in dieser wunderbaren Stadt herum, die, im Grunde des tiefen und schmalen Bergkessels erbaut, nach und nach alle seine hohen Ränder erstiegen hat. Die Pracht der Paläste, Straßen, Terrassen und halbmondförmigen Plätze, die von diesen Berghängen herabglänzen, ist imponierend und englischen Reichtums würdig.« Der hier begeistert nach Hause schrieb, war Hermann Fürst von Pückler-Muskau, ein

Bath Abbey

weltmännischer Exzentriker, der mit Billigung seiner Frau zwischen 1828 und 1830 in England herumreiste, um eine reiche Erbin und prospektive Gattin (!) zu finden, die ihm den Luxus seiner nach englischem Vorbild gestalteten Landschaftsgärten in Muskau und Wörlitz würde dauerhaft finanzieren können. Pückler-Muskau fügte hinzu:

»Dessen ungeachtet, und obgleich auch die Natur hier schön ist, hat die Mode dennoch Bath verlassen, um sich dem nichtssagenden, baumlosen und überprosaischen Brighton mit fieberhafter Wut hinzugeben.«

Der Stern von Bath leuchtete am hellsten im 18. Jh. Als der Prinzregent und spätere Georg IV. den Royal Pavilion in Brighton (s. Abb. S. 260) zu einem orientalischen Märchentraum hatte umbauen lassen, die See attraktiv wurde und *tout le monde* hinter ihm herzog, blieb Bath sich selbst überlassen. Ihre heitere, strahlende Eleganz, die festliche Atmosphäre, ist geblieben. Exquisite Geschäfte, eine Vielzahl interessanter Museen, ein breites kulturelles Angebot, gute Hotels und Restaurants kommen hinzu und machen Bath zu einer der meistbesuchten Städte Großbritanniens. Merkwürdig ist nur eines: Seit Hunderten von Jahren sprudeln die 46 ° heißen Quellen aus der Erde, auch heute noch 1 Mio. Liter pro Tag – doch alle Bäder sind verschwunden. 1978 wurde der spärliche Badebetrieb eingestellt; nun finden sich keine Investoren, die die Thermalbäder modernisieren, eine neue, zeitgemäße Badekultur ins Leben rufen und damit der Stadt ihre ursprüngliche *raison d'être* wiederschenken würden.

Will man die Schönheiten von Bath in Muße auskosten, sollte man sich mindestens zwei Tage Zeit nehmen, und da auch die nahe Umgebung mit zahlreichen Attraktionen lockt, können Sie Ihrem Auto hier eine Ruhepause gönnen. Ein *Hop on-Hop off-Bus*, der alle Sehenswürdigkeiten von Bath anfährt und mit dem man die Fahrt beliebig oft unterbrechen kann, macht es leicht, auch die Stadtränder zu erkunden.

Rundgang

Kern der Stadt ist der gepflasterte Platz **Abbey Churchyard** mit dem gloriosen Westportal der Abtei, gleich daneben befindet sich der Pump Room (das Kurhaus) und die imposante Anlage der freigelegten römischen Bäder – alles auf engstem Raum, dennoch keineswegs gedrängt wirkend, sondern offen und großzügig. Der klassizistische Kolonadentorbau führt von der herrlich angelegten **Bath Street** in die Geschäftsstraßen und Fußgängerzonen der Innenstadt, deren reizvolle und elegante Geschäfte, Hausfassaden und Passagen auch entdeckt werden wollen. Geht man

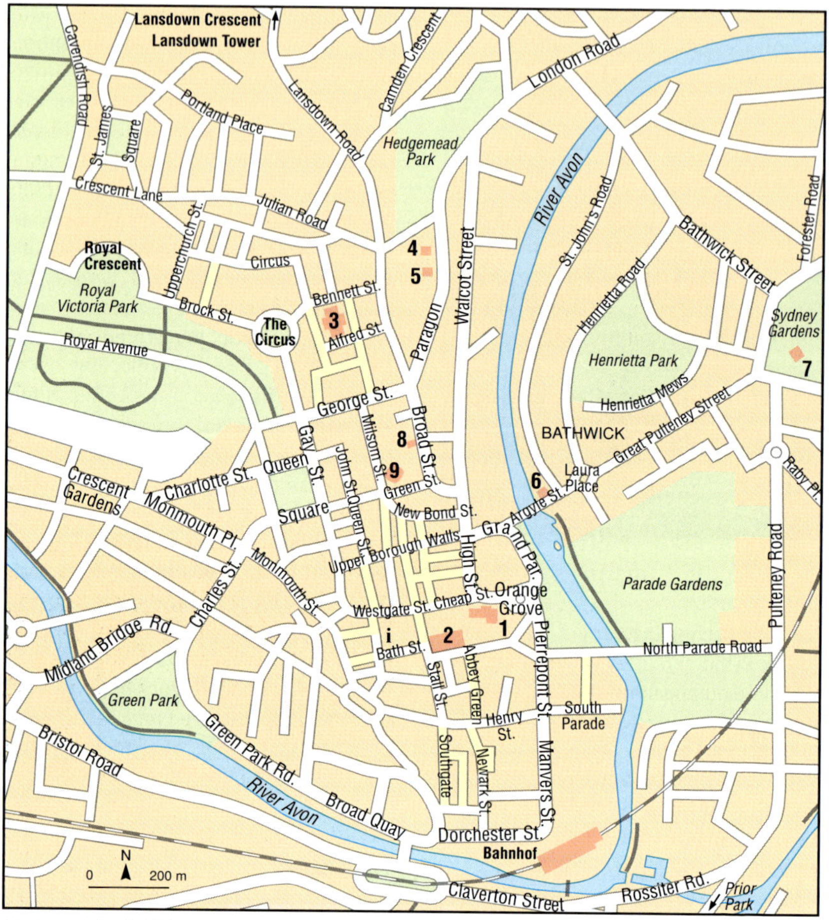

Bath *1 Bath Abbey 2 Pump Room und Römische Bäder 3 Assembly Rooms (Kostüm Museum) 4 Huntingdon Centre 5 Museum of English Naive Art 6 Pulteney Bridge 7 Holburne of Menstrie Museum 8 Bath Postal Museum 9 National Centre of Photography*

an der Ostseite der Abteikirche entlang, weitet sich der Blick an den abgesenkten **Parade Gardens** bis hin zu den terrassenförmig gesäumten Ufern der Avon-Schleife.

Bath Abbey, die Abteikirche, wurde auf den Fundamenten einer sächsischen Kirche errichtet, in der 973 Edgar als erster König eines geeinten Reiches gekrönt wurde. Der folgende normannische Bau verfiel, nachdem Wells zum Bischofssitz gewählt wurde, und erst 1499 begann Bischof Oliver King mit dem heutigen Bau, der nach der Auflösung der Klöster um 1540 fertiggestellt wurde und dann einfach stehenblieb, da die Stadt den Bau nicht aufkaufen wollte. Im Jahr 1616 schließlich wurde die Kirche geweiht. Der Traum von Bischof King, der ihn zu dem Bau veranlaßte, ist auf der Westfassade in der Umrahmung des riesigen Fensters verewigt: Engel, die die Himmelsleiter hinauf- und hinabsteigen. Bath Abbey ist durchgängig im spätgotischen *Perpendicular style* gehalten. Bemerkenswert sind das reich ornamentierte Fächergewölbe im Chor, die Vielzahl der großen Fenster (besonders das Ostfenster), das fehlende Triforium und über 400 Denkmäler und Grabtafeln.

Bei den extensiven Restaurationsarbeiten im 19. Jh. durch Sir George Gilbert Scott wurde das grandiose Fächergewölbe kopiert und im Hauptschiff eingezogen.

Die **Römischen Bäder** (man betritt sie durch den Pump Room, das Kurhaus) wurden zwischen dem 1. und 4. Jh. n. Chr. genutzt; mehrere Bäder, Schwimmbecken und Saunen wurden mit einem raffinierten Leitungssystem beheizt. Mittelpunkt ist das eindrucksvolle große Becken, das ohne Überdachung den Blick auf den Himmel freiläßt – wie um ein Atrium gruppieren sich die weiteren Anlagen auf mehreren Ebenen um diese zentrale, dampfend grüne Innenfläche, die mit einer Reihe von antiken Skulpturen eingefaßt ist. Auf die ersten römischen Funde stieß man beim Bau einer Badeanlage im Jahr 1755, das heutige Freibecken und das Gesamtareal wurden jedoch erst nach 1878 entdeckt. Reste eines Minerva-Tempels, mehrere Teilmosaike, Grabsteine und Skulpturen, hervorragend präsentiert, vervollständigen das faszinierende Panorama römischen Lebens in der Provinz Britannia.

Umgeben sind die Römischen Bäder nicht etwa von musealer Stille, sondern von lebhaftem, frohgestimmtem Trubel, der sich mit den Bemühungen des Kurorchesters aus dem **Pump Room**, dem Kurhaus, verbindet. Der klassizistische Bau wurde gegen Ende des 18. Jh. fertiggestellt, und zwischen georgianischer Brunnenhalle, Säulen, Kuppeln und viel Stuckornamentik, zwischen Morgenkonzert und Nachmittagstee, ist es nicht schwer, sich der zwei Personen zu erinnern, die den Aufstieg Baths im 18. Jh. tatkräftig in die Wege leiteten. Auch hier wieder dominiert der Sinn für das spielerische, das dramatische Szenario in und mit der Öffentlichkeit, die Lust am geregelten Spiel: Richard Nash betrat 1704 in Bath als 31jähriger Glücksritter die Bühne seines Lebens; er verstand es, den Aufenthalt in Bath zu einem durchorganisierten gesellschaftlichen Kunstwerk zu gestalten, Bath zu einem Zentrum der eleganten Welt seiner Zeit zu machen; als ›Zeremonienmeister‹ legte er Regeln des Benimms und guten Geschmacks fest. Er selbst bildete das

Die Römischen Bäder

leuchtende Vorbild und galt als bestangezogener Mann seiner Zeit, er kreierte sich selbst zum Prototyp des Dandy. Als ›Beau‹ Nash war er bekannt, und man ahmte seinen Stil in ganz Europa nach. Konzerte, Bälle, Spielsäle, ein festgelegter Tagesrhythmus – all das wurde von Nash organisiert und machte aus Bath, war die Sommersaison in London einmal vorüber, den amüsanten Treffpunkt der ›guten Gesellschaft‹. Eine Gedenktafel im südlichen Querschiff von Bath Abbey erinnert an den berühmtesten Bürger der Stadt, der 1762 starb.

Den festlichen, angemessenen Rahmen verdankte Bath Ralph Allen (1694–1764), der als Lizenzhalter des Postverkehrs ein Riesenvermögen erwarb; damit kaufte er die Steinbrüche in Claverton und Combe Down auf, und zusammen mit dem schottischen Architekten John Wood d. Ä. (1700–1754) ging er daran, seinen Traum von einer neuen Stadt aus dem cremigen, honiggelben, geschmeidigen Stein, seither als *Bath stone* bekannt, Wirklichkeit werden zu lassen. Beide waren vom Geist der römischen Antike beseelt – das augusteische Rom war das Vorbild der Epoche, die in die englische Geistesgeschichte als *Augustan age* einging. Dem ideengeschichtlichen Hintergrund dieser Zeitspanne ist nicht nur der Prototyp des englischen Landschaftsgartens zu verdanken, sondern eben auch die lichte, festliche Eleganz der Architektur, die, an Andrea Palladio orientiert, in klassizistischen Landsitzen und den großartigen urbanen Wohnanlagen in Bath, London und Edinburgh ihren Ausdruck fand.

Der **Queen Square** bildete den Auftakt, mit dem John Wood die Prozession seiner Bauten eröffnete und den Geschmack eines ganzen Jahrhunderts prägte. Der rechteckige Platz, in der Mitte begrünt, ist eingefaßt von einem harmonischen Häusergeviert, dessen Fassaden einheitlich gestaltet sind: schmale, hohe Fenster, Flachdächer, Pilaster als Gliederung und schlichte Schmiedeeisen-Ornamentik – Gestaltung eines *squares* mit *terraces*, langen, hinter einer einheitlichen Fassade versteckten Einzelhäusern, eine Komposition, wie sie seither hunderttausendfach in England anzutreffen ist.

Die **Gay Street**, heute eine vielbefahrene Verkehrsader und nicht mehr in ursprünglicher Reinheit erhalten, wurde von John Wood d. Ä. und seinem Sohn, der nach dem Tod des Vaters 1754 in dessem Sinne weiterbaute, als Gemeinschaftswerk geschaffen. Haus Nr. 41, einziger barocker Überschwang in der Abfolge klassizistischer Strenge, war der Entwurf des Vaters und wurde von seinem Sohn bewohnt.

Die Gay Street öffnet sich in das dichtgefügte Rund des **Circus**, früher King's Circus genannt: Von drei Straßenzugängen unterbrochen, schließen sich die geschwungenen Fassaden zu einem perfekten, noblen Kreis zusammen, dessen grasbewachsene Mitte von hohen Bäumen akzentuiert wird. Die Fassadengestaltung ist betont schlicht, und gerade durch ihre harmonische Gleichförmigkeit von betörender Eleganz: Die Geschosse sind durch die aufsteigende doppelpaarige Säulenordnung gegliedert; ein umlaufender Fries mit 560 verschiedenen Motiven bildet das Gleichgewicht zu den hohen, schmalen Schiebefenstern, die die Vertikale betonen, dem feinen Schmiedeeisen des Gitterwerks, den kleinen Vorgärten, die in zum Teil zweigeschossige Souterrains führen. In Haus Nr. 7 lebte 1753–1763 William Pitt, Earl of Chatham (Staatsmann und Premierminister, 1708–1778); aus Haus Nr. 13 brach David Livingstone nach Afrika auf; nebenan in Nr. 14 lebte Lord Clive (1725–1774), der, als ›Clive of India‹ gerühmt, die Kolonialherrschaft in Indien sicherte. Und Haus Nr. 17 erlebte den Aufstieg von Thomas Gainsborough (1727–88), der als unbekannter Maler nach Bath kam und zu einem der bedeutendsten Portraitmaler des 18. Jh. wurde.

Das lustvolle Spiel mit den Grundmustern der Geometrie findet schließlich im **Royal Crescent** seine Vollendung. Mit grandioser, offener Dramatik umfängt, auf einer Anhöhe liegend, eine halbmondförmige Häuserreihe die abfallenden Rasenflächen. 30 wie Perlen aneinandergereihte herrschaftliche Häuser sind durch die schlichten Untergeschosse und die gewaltigen ionischen Säulen, die bis zur Dachbalustrade streben und die Fensterpartien teilen, miteinander verbunden, und nur das in der Mitte liegende Haus, heute das ›Royal Crescent Hotel‹, ist durch Doppelsäulen hervorgehoben. Das Haus Nr. 1, Ecke Brook Street, ist zu besichtigen und vermittelt einen lebhaften Eindruck georgianischer Innenarchitektur.

Der Royal Crescent, der 1767–1774 von John Wood d. J. geschaffen wurde, ist der erste, größte und berühmteste aller *crescents* und eines der schönsten Bauensembles der europäischen Stadtbaukunst. In Großbritannien und den Vereinigten Staaten entstanden seither unzählige Abwandlungen und Anverwandlungen. *Terrace, crescent, circus* und *square* sind die Grundformen englischer Stadtbebauung der letzten Jahrhunderte – in London dominieren sie alle Wohnviertel, die *residential areas*, vom hochvornehmen Belgravia über die mittelständischen Bauorgien von Primrose Hill, wo bis zu fünf hintereinander liegende *crescents* und winzige, zu endlosen Parallelen geschaltete *terraces* eine surreal anmutende Perspektive er-

Lustvolles Spiel mit Geometrie - der Royal Crescent

Die Parade Gardens

zeugen. In jeder Stadt gibt es mindestens einen *circus*; selbst bei neuen Siedlungsprojekten findet man ihn, nicht selten in grausligen Varianten, wieder.

Die östlich vom Crescent und Circus liegenden Straßen sind ebenfalls alle von Wood d. J. geplant und gestaltet worden; die **Assembly Rooms** in der vom Circus abzweigenden Bennett Street (1768–1771) sind erst kürzlich prachtvoll restauriert worden und beherbergen das ausgezeichnete und amüsante **Kostüm-Museum** – früher traf man sich hier zu üppigen Frühstücksbanketten, zu Bällen und zum Kartenspiel. In der Nachfolge der Woods entstanden weitere *crescents* wie Lansdown Crescent, Cavendish Crescent, Camden Crescent und The Paragon (mit dem **Huntingdon Centre**, das sich ausschließlich der Geschichte und Architektur von Bath widmet). Auf dem gleichen Gelände, in der Countess of Huntingdon Chapel, befindet sich auch Englands einziges **Museum für Naive Kunst** des Landes; die Exponate gehen bis auf das Jahr 1750 zurück.

Das historische Verbindungsglied zwischen diesem nordwestlichen Teil der neugeschaffenen Stadt und dem südöstlichen Bereich, Bathwick, der wenig später ebenfalls durch prachtvolle georgianische Straßenzüge erweitert wurde, bildet die berühmte **Pulteney Bridge**, das einzige Bauwerk, das Robert Adam für Bath entworfen hat. Diese bezaubernde Avon-Brücke trägt auf ihren Bögen zwei schmale Geschäftszeilen, die nach außen hin im Mittelpunkt von je einem Giebel markiert werden. Sie führt über die Argyle Street und den schräg versetzten Laura Place in die weitläufig von Thomas Baldwin (Pump Room) und T. W. Atwood (Paragon) angelegte, herrliche Allee der **Great Pulteney Street**. Ihre Achse läuft auf die palladianische Villa (1796) zu, die heute das **Holburne of Menstrie Museum** beheimatet – Silber und

Porzellan des 18. Jh., Gemälde von Turner, Gainsborough, Zoffani, Stubbs und wechselnde Ausstellungen zeitgenössischen Kunsthandwerks.

Nicht nur ›Beau‹ Nash, auch Ralph Allen war ein Zeremonienmeister, der mit geistreicher und selbstbewußter Geste auf das steinerne Menuett seiner Schöpfung blickte. Hoch oben über Bath, etwa 3 km westlich der Great Pulteney Street, liegt sein Anwesen, das er sich von John Wood d. Ä. bauen ließ: eine strahlende palladianische **Villa im Prior Park**, von deren riesigen Portikus aus man einen herrlichen Blick über die sechs weiteren Hügel von Bath genießt. Hier gingen Dichter, Staatsmänner, Philosophen und Maler ein und aus, jene Männer, die das glanzvolle augustäische Zeitalter in Wort, Schrift, Bild und Tat mitbestimmten: Samuel Richardson, Henry Fielding, Alexander Pope, Thomas Gainsborough, der Duke of Chandos, Horace Walpole, Lord Burlington und William Chambers. Mit Fielding war Allen eng befreundet, und der hat in seinem Roman »Tom Jones« die Figur des gütigen Squire Allworthy an Allen modelliert. Das Haus ist heute eine Schule.

Das im Stil der Gothic Revival schon als Ruine konzipierte **Sham Castle** lädt zum Spaziergang ein.

Die Umgebung von Bath

Bei Tagesausflügen mit Besichtigungen ist es ratsam, die Route generalstabsmäßig vorauszuplanen, denn die oftmals privatistischen Öffnungszeiten haben schon so manchen sorglosen Ausflügler zur Verzweiflung gebracht – um dem vorzubeugen, beginnen wir unsere Tagestour an dem Ort, der am entferntesten und gleichzeitig am frühesten geöffnet ist, folgen der A4 über Chippenham zum Bowood House bei Calne, von dort geht es über Lacock Abbey und Castle Combe nach Bath zurück.

Das imposante Anwesen **Bowood House** **6** (S. 342) ist seit über 200 Jahren im Besitz der Marquis' of Lansdowne. Gerühmt und berühmt ist der von Capability Brown angelegte über 40 ha große Landschaftspark mit See, Kaskaden, Grotten, dorischem Tempel und endlosen Rasenwellen, die zu einem weiteren Gartenteil führen, den Rhododendronhainen, deren Blütenpracht im Frühjahr mit Tausenden von Narzissen, Azaleen und Magnolien wetteifert. Die Parkanlage ist eine der wenigen im Land, die bis auf den neuen großen Abenteuer-spielplatz völlig unverändert geblieben ist. Vor der 1769 von Robert Adam erbauten Orangerie, dem heutigen Eingangsbereich, breitet sich der formale Garten mit Kieswegen, Bosketten, Rosen- und Geranienbeeten aus. Bowood House sonnt sich in einem Flair sorglosen Charmes, der viele hemdsärmelige Besucher anzieht: »Visitors are requested to keep on a shirt on entering the house.«

Im Haus begegnet eine schrille Mischung von Gemälden, zum Teil alte Meister, deren Numerierungs- und Hängungssystem einem Kreuzworträtsel gleichkommt, von Skulpturen, Familienschätzen, Viktoriana, Kostümen und Tapisserien. Außerdem ist eine im 19. Jh. umgebaute Hauskapelle und eine sehr gute, aus dem 19. Jh. stammende Kopie der Bibliothek von Robert Adam zu sehen, mit 5000 kostbar gebundenen Büchern, einem Marmorkamin und einer stukkatierten Kassettendecke.

Nächstes Ziel ist **Lacock** **7** (S. 355), und das meint mehreres: Lacock Village, Lacock Abbey und die Fox-Talbot Gallery of Photography. Alles handlich bei-

Magier der Schattenwelt William Beckford und Fonthill Abbey

Am nördlichen Stadtrand von Bath, von der Lansdown Road abzweigend, blickt ein italienisierender, neoklassizistischer 50 m hoher Turmbau weit über die umliegende Landschaft: **Lansdown** oder **Beckford's Tower** 10, ab 1823 errichtet, ist im Grunde nicht mehr als ein flüchtiger Nachgedanke, die bescheiden gesetzte Fußnote zum Leben eines Mannes, der wie kein anderer die fiebrigen Exzesse seiner romantischen Phantasie in die Wirklichkeit umsetzte, sein Leben als erhabenes Kunstwerk inszenierte, Licht und Dunkel, Schein und Sein, Innen und Außen miteinander verquickend. Der Sonderling Beckford, sein Roman »Vathek« und sein Bauwerk, Fonthill Abbey, geistern seither als Legende in der englischen Kulturgeschichte wie Irrlichter umher und beflügeln in ihrer Exzentrik und Anmaßung die Imagination der Nachwelt.

William Beckford (1760–1844) war, wie sein Bewunderer Byron neidvoll zugab, »England's wealthiest son«. Sein Vater, zeitweilig Lord Mayor von London, starb früh und vererbte dem einzigen Kind ein unermeßliches, durch Zuckerrohrplantagen in der Karibik und Sklavenhandel erworbenes Vermögen. Als Halbwüchsiger schon spricht Beckford mehrere Sprachen, darunter persisch und arabisch; er wird von Mozart und Voltaire unterrichtet, liest die Märchen aus 1001 Nacht im Original. Er verliert sich, talentiert, verzogen und feinnervig, in seiner instinktiven Leidenschaft für das Abwegige, Exotische und Phantastische. Da er über die entsprechenden Mittel verfügt, beginnt er seine orientalisch inspirierten Visionen in die Wirklichkeit umzusetzen. Das Weihnachtsfest 1781 wird drei Tage und drei Nächte lang hinter verschlossenen Türen und verhangenen Fenstern als ausschweifendes Bankett der Sinne gefeiert. Der darauffolgende Skandal – die Presse weidet sich besonders an den Gerüchten über schwarze Messen und seine Beziehung zu dem schönen Knaben William Courtenay von Powderham Castle – bricht ihm das gesellschaftliche Rückgrat. Ausgestoßen und geächtet reist er ruhelos in Europa umher, in der Schweiz, Italien, Frankreich, Portugal. Der geistvolle, charmante und hochgebildete Exilant sammelt als feinsinniger Connoisseur erlesene Kunstschätze in imperialem Ausmaß und schreibt neben einigen Reiseberichten 1783 als 23jähriger, das verhängnisvolle Weihnachtsfest heraufbeschwörend, innerhalb von drei Tagen die orientalische Novelle vom Kalifen »Vathek«. Die außerordentliche Kraft der Bilder, die Mischung aus Märchen, Schauerroman und philosophischem Essay, die schreckliche Üppigkeit aller sinnlichen Genüsse, die den *horror vacui* nicht zu bannen vermögen, haben diese Erzählung zu einem kostbaren literarischen Monument gemacht, das den »satanischen Glanz« de Quinceys, Poes, der *l'art pour l'art*-Bewegung, der Dekadenz, Baudelaires und Huysmans beeinflußte.

Im Jahr 1796 treiben die napoleonischen Kriege Beckford nach England zurück, und er beschließt, auf seinem Besitz Fonthill, etwa 10 km westlich von Wilton, nach dem Vorbild der Grande Chartreuse in der Schweiz und dem Kloster von Batalha in Portugal ein monastisches Refugium mit hohem Abteiturm zu bauen. »Some people drink to forget their unhappiness – I do not drink, I build.«

Die Entstehung von Fonthill Abbey ist die Geschichte einer manischen Bausucht und der Verfehlungen des neogotischen Architekten James Wyatt (1747–1813), eine bizarre Geste der Anmaßung und auch der Rache eines Sonderlings gegenüber der Gesellschaft, die ihn ausgestoßen hatte. Ein Jahr nach Baubeginn entgleitet Bauherr und Architekt das noch maßvolle Projekt und artet aus in eine alptraumartige Festung der Neogotik – mit einem Turm, der höher werden soll als St. Peter in Rom, als die nahebei liegende Kathedrale von Salisbury.

500 bis 600 Arbeiter sind Tag und Nacht, im Schein tausender Fackeln und lodernder Feuer, mit dem Bau beschäftigt. Es entsteht ein kreuzförmiger Kathedralkörper mit einer endlosen Reihung aufeinanderfolgender Raumfluchten; von der St. Michael's Gallery bis zum Oratory sind es 100 m. Mittelpunkt ist das vierungsartige Oktagon mit einem 40 m hohen Gewölbe, knapp 30 m hohen Stützbögen und überdehnten Spitzbogenfenstern, die die Hybris dieses kühnsten Baus der Neogotik hervorheben. Zweimal stürzt der halbfertige Turm über dem Oktagon ein; aber Wyatt baut fieberhaft weiter, und der Turm überragt schließlich alles Dagewesene – er ist mit 125 m der höchste Englands. 1807 zieht Beckford ein. Seine unermeßlich wertvollen Sammlungen, Bücher, Manuskripte, Porzellan, Teppiche, Gemälde, Radierungen, Mineralien, Juwelen, erlesenes Mobiliar, verschwenderische Pracht in Gold und Silber, violetter und scharlachroter Samt, hüllen den einsamen Mann ein. Fonthill Abbey wiederum ist von einem 10 km langen, 3 m hohen Schutzwall umgeben. Nur selten gewährt Beckford Gästen Zutritt in sein kultisches Reich und wenn, dann übersteigert er mit dramatischem Spott seine eigenen Ideen bis ins Absurde: Auf gewundenen Kieswegen durch den sonnendurchfluteten herrlichen Park gleitend, schreitet der neugierige Besucher über eine endlose Treppenkaskade auf die Westhalle zu – die gewaltigen Türen werden von Zwergen geöffnet –, um dann in den Schlund der düsteren, nur durch Kerzen und Kaminfeuer beleuchteten Labyrinthe der fünf Sinne gesogen zu werden.

1822, Wyatt baut noch an einem Ostflügel, hat der Spuk ein Ende: Die Einnahmen aus der Karibik und dem Sklavenhandel gehen rapide zurück, Beckfords Vermögen ist nahezu aufgezehrt, und er beschließt, sich aus seinen eigenen Träumen davonzumachen: Er zieht nach Bath, Lansdown Crescent 20, und baut als Studierklause den eben erwähnten Turm in Lansdown aus. Der Verkauf von Fonthill Abbey zieht Tau-

Blick durch die West Hall zum Haupteingang von Fonthill Abbey, dessen Türen von Beckfords Zwerg geöffnet wurden.

sende von Neugierigen an, und als sein Anwesen schließlich für 300 000 Pfund einen schottischen Liebhaber findet, schreibt er: »Endlich bin ich das Heilige Grabmal los, befreit von einer großen Last und unhaltbaren Ausgaben.« Die einzigartigen Kunstschätze werden über mehrere Monate bei Christie's versteigert – eine gesellschaftliche Sensation, allein der Auktionskatalog wurde 72 000mal verkauft – und sind heute über alle Museen der Welt verstreut. 1825 dann folgt der letzte, sinnfällige Akt: Beckford, den gerade einer der Bauaufseher, von schlechtem Gewissen geplagt, darüber informiert hatte, daß bei der Aushebung der Fundamente unverantwortlich geschludert worden sei, sieht, so will es die Legende, vom Lansdown Tower aus, wie der gewaltige Turm von Fonthill Abbey in sich zusammenstürzt und das Gemäuer der Abtei unter sich begräbt. Neben zahllosen Stichen, Aufrissen und Ansichten von Fonthill Abbey und einer Aquarell-Serie Turners ist nichts geblieben außer einem unbedeutenden Stück Mauerwerk und einigen Memorabilia im Lansdown Tower – aber die Idee, die großartigen Privatphantasien in einem einmaligen gigantomanischen Bauwerk zu verwirklichen, die Idee, das eigene Leben, Architektur und Kunst in unendlichen Schleifen miteinander zu verflechten, hat bis heute überlebt.

Das Erbe: Beckford's Tower, Lansdown, Bath: April–Okt. Sa, So 14–17 Uhr
Der Mann: James Lees-Milne: »William Beckford«, London 1976
Das Buch: William Beckford: »Vathek«, zuletzt München 1988

einander, wunderschön anzusehen und als ganzes Ensemble vom National Trust gepflegt. Das Dorf war im Mittelalter für seinen Wollhandel bekannt, stand dann unter dem Schutz der Talbot Familie, die den Grund und Boden der aufgelassenen Abtei erwarb. Lacock ist reizvoll und still. Es besteht aus nur vier im Quadrat angelegten Straßen mit je einem Pub an der Ecke, Bebauung aus fünf Jahrhunderten, Kopfsteinpflaster, sehr gut erhaltenen, völlig individuellen Cottages aus gelbem, bemoostem Stein, rot-braunem Ziegel oder Fachwerk – eine krause, bukkelige Dach- und Fassadenlandschaft mit viel Blumenschmuck, alten Geschäfts- und Wirtshausschildern, winzigen Fenstern und manch verblüffendem Detail.

Die Dorfkirche ist sehenswert, daneben windet sich ein kleiner Bach in das bewaldete Wiesental. Zwischen Dorf und Abbey liegt die aus dem 15. Jh. stammende Scheune, die der Geschichte der Photographie gewidmet ist: William Henry Fox-Talbot (1800–1877) ist, nahezu zeitgleich mit Daguerre, der Erfinder der Photographie. Die Ausstellung der **Fox-Talbot-Gallery of Photography** mit vielen alten Photographien, dem ersten Negativ von 1835, Ausrüstungsgegenständen, Briefen und Erinnerungsstücken ist hochinteressant und spiegelt zudem auch noch die Geschichte des Dorfes, seiner Bewohner und Besitzer im 19. Jh. wider.

Lacock Abbey, gewiß ein Graus für Puristen, entzückt durch ihre malerischen Unregelmäßigkeiten: Aus der alten Abtei mit Kreuzgängen, Sakristei und Kapitelhaus wurde über die Jahrhunderte ein komfortables Landschloß mit oktogonalem Turm und einem Wald von gedrehten Schornsteinen. Um 1750 wurde Lacock Abbey von Sanderson Miller, der einige Jahre später auch

Lacock Abbey

das Sham Castle in Prior Park für Ralph Allen errichtet hatte, im Stil der *Gothic Revival* umgebaut: Die efeuumrankte ›Ruine‹ des gotischen Portals markiert wie ein zärtlicher Paukenschlag die Melodie der wiedererweckten Gotik. Dahinter öffnet sich seitwärts die von zwei Türmen mit Haubenaufsatz flankierte Ostfassade. Ein doppelläufiger Treppenaufgang betont die zwei großen Spitzbogenfenster, deren Maßwerk noch einmal in den geschwungenen Steingiebeln umrissen wird; das Eingangsportal in der Mitte wird von einem winzigen Fensterstern gekrönt. Die gewaltige Halle schwillt zu einem Netzgewölbe an; in den Wandnischen stehen Terrakotta-Skulpturen, *»not expensive«*, mit deren Wappen auch der Bekanntenkreis der Talbots Einzug gehalten hat.

Dieses Spiel mit den Versatzstücken gotischer Formen wird um die Mitte des 18. Jh. so recht beliebt; Sanderson Mil-

Castle Combe

ler ist, neben Horace Walpole und seinem berühmten ›Strawberry-Hill‹-Haus in Twickenham bei London, einer der Initiatoren des *›Gothick‹ style* (in Unterscheidung zur genuinen *Gothic* im Englischen mit ›ck‹ geschrieben), der dem Ebenmaß des Palladianismus ein ungezähmteres ornamentales, der englischen Geschichte angemessenes Architekturverständnis entgegenzusetzen begann und damit eine Mode kreierte.

Die Südfassade von Lacock Abbey schließlich ist von William Henry Fox-Talbot im 19. Jh. dem ›Geist der Gotik‹ mit drei unterschiedlich großen, vorgeblendeten Erkern angepaßt worden – der mittlere wurde von Fox-Talbot als Motiv der ersten aller Negativ-Positiv-Photographien gewählt.

Das Dörfchen **Castle Combe** 8 (S. 345) mit 350 Einwohnern, liegt tief eingebettet in einem bewaldeten Flußtal, von dem *castle* sind nurmehr wenige Reste erhalten, aber da das gesamte Dorf unter Denkmalschutz steht und inzwischen den Ruf zu verteidigen hat, eines der schönsten und malerischsten Dörfer Englands zu sein, muß eben auch etwas dafür getan werden. Vom Parkplatz aus läuft man hinunter in die Dorfstraße, die an einem Bach entlangführt: Die schönen Steinhäuser sind blitzblank, das Marktkreuz ist mit bunten Flaggen geschmückt; zahlreiche Pubs, Tea Rooms, Antiquitätengeschäfte, ein großes, sorgsam in die Cottage-Reihen integriertes Hotel haben sich auf den regen Ausflugsverkehr eingestellt, der die Wollweberei, den einstmaligen Haupterwerbszweig, abgelöst hat. Die alten Weber-Häuser und die stattliche Kirche, eine *wool church*, erinnern noch daran.

Auf dem Rückweg liegt, knapp 10 km nördlich von Bath, ein weiteres interessantes Ausflugsziel: **Dyrham Park** 9 (S. 349). Tief in einer Mulde versteckt, zwischen hügeligem, ausgedehntem

Park- und Weideland mit Rotwildbestand, der prachtvolle Anblick der eleganten Fassade eines Herrensitzes aus dem späten 17. Jh., holländisch inspiriert. Im Inneren stattlich, ein wenig düster, aber nahezu unverändert erhalten. Die Nordostseite mit satten Rasenflächen und formaler Gartenanlage wird von der St. Peter's Church flankiert, die in das architektonische Ensemble integriert wurde.

Von Bath der A 363 folgend, bietet sich **Bradford-on-Avon** 11 (S. 342) für den spätmorgendlichen *coffeebreak* auf dem Weg nach Salisbury an: eine hübsche Kleinstadt mit hellen Sandsteinhäusern, einer aus dem frühen 17. Jh. stammenden Bogenbrücke über den Avon mit einer kleinen Pilgerkapelle, gut erhaltenen Weberhäusern, einer verschachtelten Altstadt und der St. Lawrence Church, einer der wenigen, unveränderten sächsischen Kirchen, wahrscheinlich aus dem 8. Jh.

Einen Abstecher wert sind auch zum einen **Great Chalfield Manor** 12 (S. 353), ein wunderbar erhaltenes Anwesen aus dem 15. Jh. – gebaut wurde es während der Rosenkriege –, das mit seinen spitzgiebeligen Gemäuern zwischen der winzigen Dorfkirche und den Stallungen hinter einem flachen Wassergraben nestelt. Zum anderen **Ilford Manor** 13 (S. 354), ein kleineres Tudor-Haus, das besonders durch seine im italienischen Stil um die Jahrhundertwende angelegten Gärten besticht.

Bristol

14 (S. 343) Bristol ist eine schöne, stolze Großstadt mit 400 000 Einwohnern, bedeutenden Industrien, einer hervorragenden Universität und einer reichen, auch wüsten Handels- und Seefahrtsgeschichte, deren Spuren man auf Schritt und Tritt folgen kann. Die historischen Zeugnisse sind sorgsam restauriert. Bristol ist von den Deutschen im Zweiten Weltkrieg schwer zerbombt worden, so daß wenig alte Bausubstanz erhalten ist. Der Hafen war immer Bristols Hauptschlagader: Von dort ist John Cabot aufgebrochen, der im Jahr 1497 Nordamerika entdeckte; die Schiffe der Kaufleute sind von hier aus nach Spanien, Südfrankreich, in die Karibik, nach Nordafrika und Asien in See gestochen. Hier wurden Zucker, Wolle, Tabak, Tuche, Rum und Baumwolle umgeschlagen. Bristols Handelsherren entwickelten hier den ›atlantischen Dreieckshandel‹ zu einer gefürchteten und weltweit bekannten britischen ›Spezialität‹. Die Schiffe liefen in Bristol aus, beladen mit billigem Tand und Glitzerzeug, die in Westafrika verhökert wurden; dort nahmen sie die eingefangenen Einheimischen an Bord, die als Sklaven an die Plantagenbesitzer in Nordamerika und der Karibik verkauft wurden; Zucker, Rum, Tabak und Baumwolle brachten die Segelschiffe nach Bristol zurück, die Reeder und Kaufleute wurden reich und mächtig.

Aus Südfrankreich wurde und wird immer noch der Hauptanteil der in England getrunkenen Rotweine herübergeschifft, aus Spanien der Sherry. ›Harvey's Bristol Cream‹ wird seit 200 Jahren als Aperitif genippt und steht in jedem Wohnzimmerschrank.

Als ›Ansiedlung bei der Furt‹ war Bristol in angelsächsischer Zeit gegründet worden, und schon 1353 war die Hafen- und Kaufmannsstadt am Bristol Kanal so bedeutend, daß ihr der Status einer eigenen Grafschaft zuerkannt wurde – dieses Privileg erlosch erst im Jahre 1974, als die Region um Bath und Bristol zur Grafschaft Avon ernannt wurde.

Bristol

1 *St. Mary Redcliffe*
2 *Theatre Royal*
3 *Corn Exchange*
4 *Harvey's Wine Museum*
5 *Lord Mayor's Chapel*
6 *Bristol Cathedral*
7 *Arnolfini Arts Centre*
8 *Maritime Heritage Centre*
9 *Universität*
10 *City Museum & Art Gallery*
11 *Bristol Industrial Museum*
12 *SS Great Britain (Great Western Docks)*

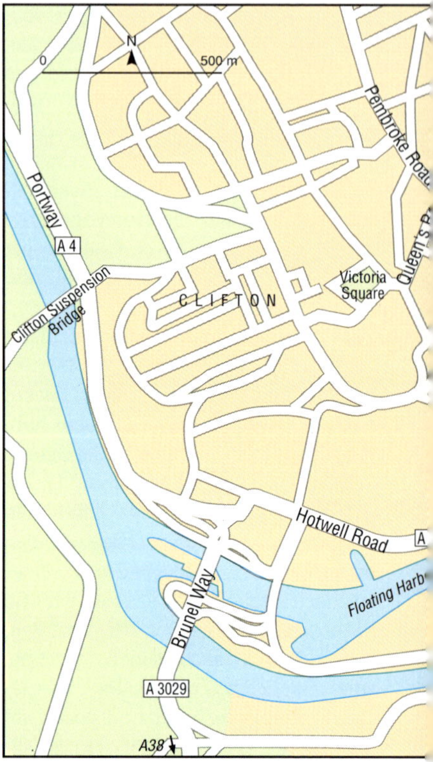

Zu Anfang des 18. Jh. war Bristol neben London die bedeutendste Hafenstadt Großbritanniens. Der Sklavenhandel wurde verboten, aber Bristol konnte seine Stellung als Handelszentrum auch im 19. Jh. mit Schiffsbau und Schwerindustrie, heute mit Mikroelektronik, Rolls-Royce Motoren und Flugzeugbau behaupten. Wenn Sie gern Seemännisches erkunden, Häfen und Schiffahrt Ihnen Lust bereiten, lohnt sich ein Aufenthalt in Bristol ganz gewiß.

Rundgang

Die weit auseinandergezogene Stadt auf den sieben Hügeln wird im Süden vom Fluß Avon begrenzt, im Norden öffnet sich der Blick in die Meerenge des Bristol Kanals – auf der anderen Seite liegt Wales. Die Stadtanlage ist um die Schleifen des Hafens herum gewachsen: Der Floating Harbour umringt wie ein Gürtel den Süden der Stadt und grenzt sie von Osten nach Westen ein; zwischen den U-förmigen Hafenbecken des Mittelteils liegt der alte Stadtkern.

Von Bath kommend, stößt man im Südosten zuerst auf **Temple Meads** und **Bristol Old Station** – den alten und neuen Bahnhof. Das alte, gewaltige neogotische Bahnhofsgebäude wurde um 1835 gebaut und ist der älteste Großbahnhof der Welt – sein Erbauer war der geniale Ingenieur Isambard Kingdom Brunel (1806–59): seinerzeit ein atemberaubend moderner Techniker, der nicht nur Bahnhöfe, sondern auch Schiffe, Brücken, Eisenbahnen und Kanäle baute, mit Gußeisen meisterlich umging und die Grenzen des technisch Möglichen erweiterte. Ein Teil des Bahnhofs wird zur Zeit restauriert; hier soll ein Museum zur Geschichte des britischen Empire und des Commonwealth seine Pforten öffnen.

Linkerhand von Temple Meads Station, am Redcliffe Way, liegt die Kirche **St. Mary Redcliffe**, eine Stadtkirche in vollendetem *Perpendicular style*, von

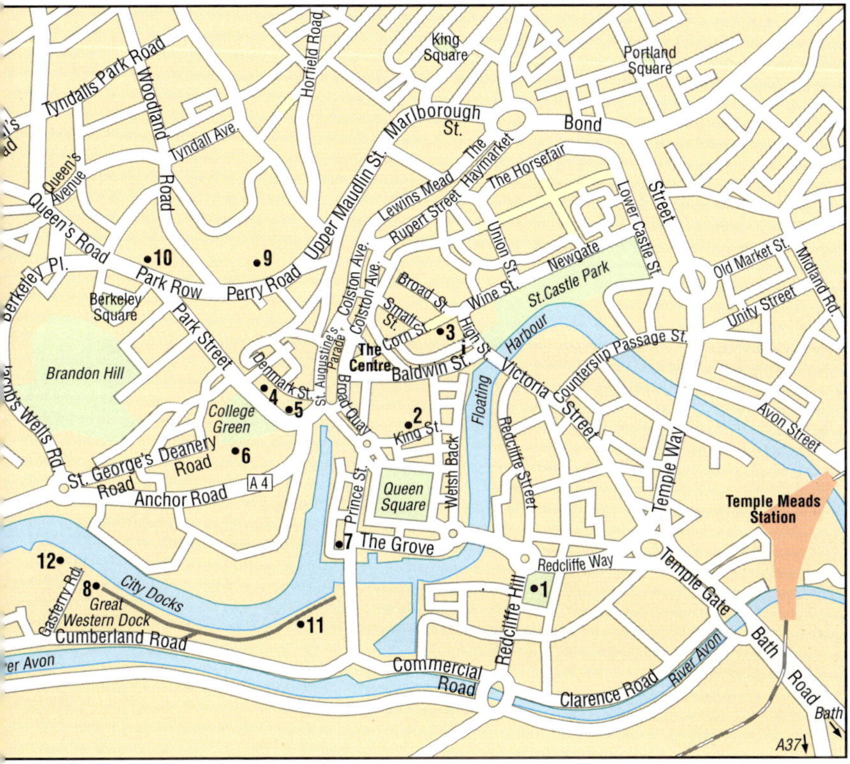

der Elisabeth I. sagte, sie sei »die schönste, zierlichste und berühmteste Pfarrkirche Englands«. Ihre Gründung geht auf das Jahr 1180 zurück, ein Jahrhundert später wurde mit dem derzeitigen Bau begonnen. Das ornamentale Nordportal stammt aus der ersten Bauphase und bildet ein Glanzstück englischer Hochgotik. Das Gewölbe im Langschiff entstand nach einem Brand gegen Ende des 15. Jh. 1200 goldüberzogene Schlußsteine leuchten in einem Netzgewölbe. Eines der Grabdenkmäler erinnert an Admiral Sir William Penn, dessen Sohn die Quäkerkolonie Pennsylvania gründete. Das Händel-Fenster mit acht Motiven aus dem Messias ist dem Komponisten Georg Friedrich Händel gewidmet, der als naturalisierter Engländer zu höchsten Ehren aufstieg und hier oftmals die Orgel spielte.

Der Redcliffe Way durchschneidet quer den alten Stadtkern und endet an der **King Street** mit einem Denkmal für Brunel. Die King Street ist eine der wenigen noch unverfälscht erhaltenen Straßen Bristols. Die als Armenhäuser und Altersspitale errichteten Gebäude stammen aus dem 17. Jh., und das 1766 eröffnete **Theatre Royal** ist das älteste Bühnenhaus Englands. Hier ist das ›Bristol Old Vic‹ zu Hause, eines der renommiertesten Theaterensembles der Insel. Eine der Hauptattraktionen der Altstadt ist **Llandoger Trow**, ein Wirtshaus aus dem 17. Jh. In dem schönen Fachwerkbau hatte sich Daniel Defoe (1661–1731) vom Seemannsgarn des Matrosen Alexander Selkirk derart beeindrucken lassen, daß er dessen Abenteuer zum Vorbild nahm und den »Robinson Crusoe« zum Leben erweckte. Auch Robert Louis Stevenson (1850–1894) ließ sich von dieser Kneipe inspirieren: Sie taucht in seiner »Schatzinsel« als ›Spy Glass‹ auf.

Das Herz der Altstadt wird durch die **Corn Exchange**, die Getreidebörse, die Markthallen und die umliegenden Straßen Corn Street, Broad Street, Wine und High Street gebildet. In der Denmark Street locken die Kellergewölbe mit herrlichen Schätzen: **Harvey's Wine Museum** und das angrenzende Restaurant sind eine Pilgerstätte für den Weinkenner und Gourmet, findet sich hier doch alles, was die Geschichte der

Bristol, Pubs am Floating Harbour

Tischsitten und der erlesenen Gaumenfreuden zu bieten hat.

Von Harvey's ist es nur ein Katzensprung zum **College Green**, vorbei an der **Lord Mayor's Chapel**. Einziges Erinnerungsstück an ein mittelalterliches Spital, ist die Kapelle - seit 1722 die offizielle Kirche der Stadtväter Bristols, die einzige ›zivile‹ Kirche des Landes.

Dahinter ragen die fialgekrönten, eckigen Westtürme der **Bristol Cathedral** in den Himmel. 1140 als Augustinerkloster gegründet, wurde die Kirche 1542 zur Kathedrale der neuen Diözese von Bristol geweiht. Die verschiedenen Bauphasen zogen sich über Jahrhunderte hin; aus der normannischen Zeit stammen noch das herrliche Kapitelhaus und das **Torhaus**. Dem Umbau der normannischen Kirche ab 1300 lag der ungewöhnliche Plan einer Hallenkirche zugrunde; die Marienkapellen, die Querschiffe und der Vierungsturm waren abgeschlossen, als um 1515 die Bautätigkeit zum Stillstand kam. Und erst im 19. Jh. ergänzte G. E. Street die Kathedrale, einfühlsam den alten Stil aufgreifend, um das Hauptschiff und die Westtürme. Dies gelungene Zusammenspiel von Alt und Neu bestimmt auch das eindrucksvolle Innere der Kathedrale.

Die größte Attraktion Bristols ist jedoch der 4 km lange **Floating Harbour**, dessen Docks, Speicherhallen und *wharfs* zu einem lebhaften Vergnügungszentrum umgestaltet worden sind. Ausstellungshallen, Restaurants, Pubs, kleine Museen und Yachthäfen sind durch Fähren miteinander verbunden.

Das **Arnolfini Centre** für Gegenwartskunst, einst ein Teespeicher, bildet den Auftakt der zahlreichen Museums- und Ausstellungsanlagen im Hafengebiet. Es liegt am Narrow Quay neben dem Tourist Information Centre. Auf der gegenüberliegenden Hafenseite dann lockt das **Maritime Heritage Centre**, das die Geschichte des Hafens und des Schiffbaus mit multimedialen Zusammenstellungen vor Augen führt. Dazu gehört auch das **Great Western Dock** an der Gas Ferry Road. Hier wurde der Ozeanriese ›SS Great Britain‹ nach Plänen von Brunel gebaut. 1843 wurde das erste, ozeantüchtige Schiff aus Eisen mit Propellerantrieb vom Stapel gelassen – eine Sensation seiner Zeit. Mit Spenden wurde die ›Great Britain‹ aus Australien zurückgeholt, und heute ist sie als Museumsschiff zu besichtigen. Das gesamte Hafengelände ist so interessant und munter, daß man hier gut und gerne einen vollen Tag in Muße verbringen kann.

Wenn Sie noch Zeit haben, sollten Sie sich den Vorort **Clifton** ansehen: Westlich der Universität gelegen, zieht sich dieser noble Stadtteil an den Hängen entlang; hier stoßen wir auf sehr schöne *crescents* und *squares* aus dem georgianischen Zeitalter. Clifton hatte sich derzeit vorgenommen, die Stadt Bath zu übertrumpfen. Der **Royal York Crescent** (um 1820 gebaut), über den York Gardens in herrlicher Lage prangend, ist noch größer als der Royal Crescent in Bath.

Der Name Clifton ist untrennbar mit einer weiteren Schöpfung von Isambard Kingdom Brunel verbunden: der **Clifton Suspension Bridge** – einer eleganten Hängebrücke, die sich quer über die Avon-Schlucht spannt. Für ihre Überquerung wird jetzt Brückenzoll erhoben. Vom Parkgelände Clifton Down kann man das imposante Bauwerk am schönsten sehen und besonders nachts, wenn Hunderte von Lämpchen seine Umrisse widerspiegeln, bietet Brunels technisches Wunderwerk einen unvergeßlichen Anblick.

In Wiltshire: Von Avebury nach Salisbury

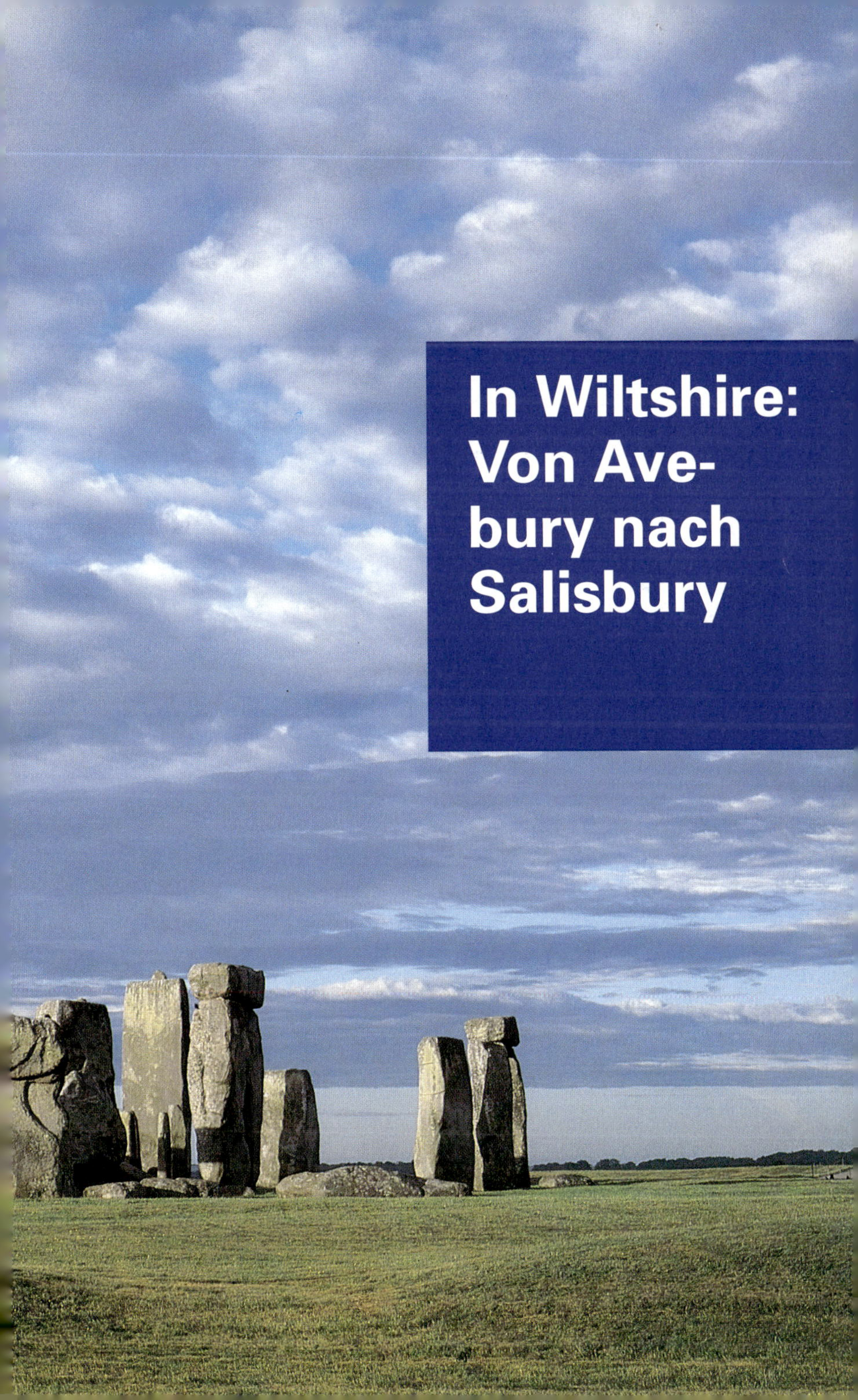

Spaziergänge in die Steinzeit – Avebury und Stonehenge

Zwei Orte voller Rätsel und Mystik – der eine, Stonehenge, ist auf der ganzen Welt ein Begriff; Avebury hingegen, mit seinen Hügelgräbern und Steinkreisen, die ein ganzes Dorf umschließen, ist zu Unrecht immer ein bißchen zu kurz gekommen. Stonehenge, dieses gewaltige Monument in der Abgeschiedenheit des Hochplateaus von Salisbury, wird von ca. 1 Mio. Schaulustigen im Jahr besucht und muß ›organisiert‹ werden, Avebury liegt offen vor uns. Beide Stätten führen uns 5000 Jahre zurück in die Geschichte und regen an, nach den Geheimnissen des Menschseins und dem eigenen Standort zu fragen.

Avebury

1 (S. 339) Avebury liegt 10 km westlich von Marlborough, 25 km nördlich von Stonehenge und gilt als der größte Steinkreis Europas. Die neolithische Kultstätte besteht aus einzelnen Sarsen-Steinen, Sandsteinblöcken, die in großen Abständen einen Außen- und zwei Innenringe bilden. Diese wiederum sind von grasbewachsenen Erdwällen und Gräben umfaßt, in die sich das Dörfchen Avebury eingenistet hat, durch die ein Straßenkreuz hindurchführt und wo Schafe friedlich durch die Gegend traben. Das *manor house* und mit ihm das dörfliche Leben haben sich innerhalb der steinzeitlichen Kultstätte entwickelt, einer der fundamentalen Unterschiede zum abgelegenen und isolierten Stonehenge. Die Anlage hier ist weniger konzentriert, in ihrer Gesamtheit nicht so gut erhalten, dafür ist Avebury größer, zugänglicher und über die Jahrhunderte als Teil einer lebendigen Umgebung aufgefaßt worden – das Mysterium

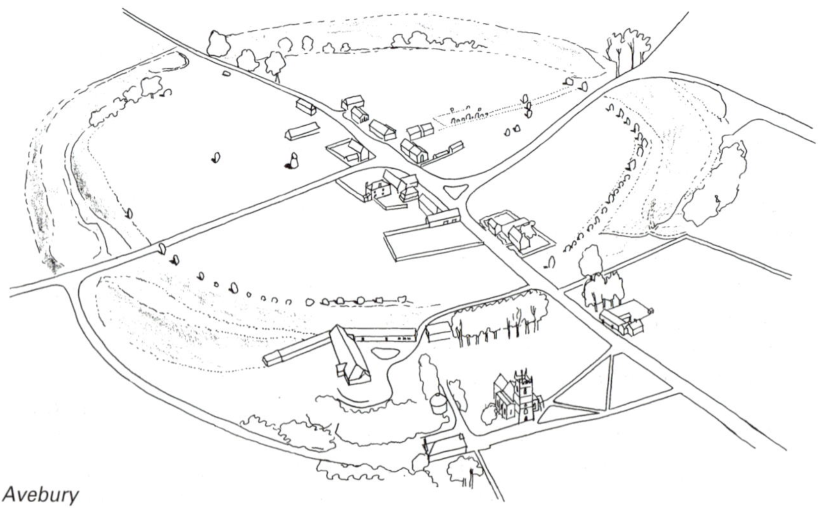

Avebury

Avebury

überstrahlt den ganzen Raum mit seinen zeitlosen Fragen.

Die bis zu 20 Tonnen schweren Sandsteinmonolithen wurden zwischen 2500 und 2000 v. Chr. aus den nördlich gelegenen Marlborough Downs hergeschleppt. Erbauer waren die *Beaker People,* die auch Stonehenge errichtet haben; ihre Benennung leitet sich von der Form der Gefäße ab, den Glockenbechern, die man in ihren Grabstätten gefunden hat. Der äußere Ring umfaßte ursprünglich 98 aufrecht stehende, geglättete Sarsen-Steine, die zwei kleinere *circles,* den nördlichen und den südlichen Kreis, mit einem Monolithen in der Mitte, umfaßten.

John Aubrey, schwatzhafter Biograph und begeisterter Natur-Chronist aus dem 17. Jh., war der erste, der die Anlage bewundert hat: »Avebury übertrifft Stonehenge an Größe ebenso wie eine Kathedrale eine Pfarrkirche«. Um die Furcht vor der heidnischen Kraft der Steine nicht überhand nehmen zu lassen, hat man in den vergangenen Jahrhunderten ordentlich geplündert und die Dolmen als Steinbruch genutzt – im Manor House und in der Pfarrkirche sind die eingearbeiteten Steinbrocken noch zu sehen. Erst der Archäologe Alexander Keiller hat sich in den 30er Jahren um systematische Erforschung, Sicherung der Funde und Bewahrung der einmaligen Zeugnisse bemüht. Das **Alexander Keiller Museum,** unmittelbar neben dem Steinkreis, repräsentiert eine der bedeutendsten prähistorischen Sammlungen in Großbritannien. Fehlende Dolmen sind von Alexander Keiller rekonstruierend ersetzt worden, besonders am südlichen Ausgang des Steinkreises, der Kennett Allee (Avenue), die, von Findlingen gesäumt, als Prozessionsstraße zum **Heiligtum** *(sanctuary)* auf den Overton Hill führt. Eingelassene Pfeiler markieren das einstmals tempelähnliche Gebäude, in dem wahrscheinlich Begräbnisriten zelebriert wurden.

Ein Fußweg führt vom Steinkreis zum weithin sichtbaren **Silbury Hill** – ein ca. 40 m hoher Bergkegel mit abgeflachtem Plateau. Dieser grasbewachsene Kalksteinhügel, der größte künstliche Erdwall in Europa, ist um 2800 v. Chr. angelegt worden. Er muß ein Monument kultischer Bedeutung gewesen sein. Gräber hat man nicht gefunden, und bis heute weiß niemand, welchen Zweck er wohl erfüllt haben mag.

Etwa 1 km hinter Silbury Hill, beim Weiler West Kennett, erinnert **West Kennett Long Barrow** an die dichte prähistorische Besiedlung dieser Gegend: Das über 100 m lange Ganggrab (bei Stonehenge sind die Gräber kegelförmig und heißen *round barrows*) ist die größte Grabkammerstätte in England, mit fünf aus Dolmen zusammengefügten Kammern, in denen Gebeine von 42 Menschen sowie Keramikreste gefunden wurden; sie sind im Keiller Museum ausgestellt. Dieses gewaltige

Wiltshire

Giganten und weiße Pferde

Die berühmten weißen Pferde von Wiltshire, riesige weiße Umrisse, die sich weithin leuchtend vom Wiesengrün der Hügel abheben, sind aus dem Kalkstein herausgearbeitete Zeichnungen, deren älteste in Geheimnisse der Geschichte führt, die für immer ungelöst bleiben.

Es ist das **Weiße Pferd von Uffington**, nördlich der M4 in der Grafschaft Oxfordshire, das zu einer Reihe von jüngeren Nachahmungen inspirierte. Erwähnung fand die fliehende Eleganz des 120 m langen, schmalen Pferdekörpers schon vor 900 Jahren, und der Legende nach stammt es aus der Zeit des Sachsenführers Hengist. Die Erdwälle oberhalb des Pferdes aber weisen in die Steinzeit zurück, und Münzfunde bestätigen die gleiche Art der Pferdedarstellung in jener Zeit. Noch bis zur Mitte des 19. Jh. wurde das Pferd von den umliegenden Dorfbewohnern alle sieben Jahre mit großem Zeremoniell gereinigt.

Die fünf anderen weißen Pferde liegen in einem Umkreis von etwa 40 km in Nordwiltshire.

Das **Marlborough-Pferd** wurde 1804 von den Knaben der Schule in Marlborough entworfen und ausgeführt.

Zwischen Cherhill und Calne fesselt das **Cherhill-Pferd**, kräftig, aufrecht und mit einem riesigen Auge versehen: Ein Bürger von Calne ließ es 1780 ausheben – während der Entstehung stand sein Schöpfer auf der Landstraße und dirigierte die Arbeiter über ein Megaphon. Heute gehört Cherhill dem National Trust.

Die Umrisse des **Pferdes von Alton Priors** sind denen von Cherhill nicht unähnlich, aber diese aus dem Jahre 1812 stammende Figur ist lebendiger, rassiger – sie wurde von dem Landbesitzer der Manor Farm in Alton Priors entworfen.

Das hochbeinige, fast tänzelnd wirkende **Pferd von Westbury/Bratton** ist die Nachbildung eines weitaus älteren Pferdes an dieser Stelle; seine Umrisse wurden mit einer Steineinfassung versehen; das 1778 geschaffene Pferd ist das älteste der Grafschaft, das jüngste ist schon fast abstrakt zu nennen und wurde 1937 von den Bewohnern der Ortschaft **Pewsey** gearbeitet als Teil der dörflichen Feierlichkeiten zur Krönung Georgs VI.

Das einzige **Pferd mit Reiter** trabt im Vorort Osmington aus dem Seebad Weymouth (Dorset) davon; es stellt Georg III. dar.

Weitaus mysteriöser sind zwei riesige Männerfiguren, ihr Alter ist völlig unbestimmt: der **Riese von Cerne Abbas** (s. S. 208) muß ein Fruchtbarkeitssymbol gewesen sein; über die Bedeutung des **Long Man of Wilmington** in Sussex (s. S. 81), auf zwei Stäbe gestützt und 70 m hoch, wird heute noch gerätselt – er stammt möglicherweise aus der Eisenzeit.

Hügelgrab muß etwa um 3700 v. Chr. angelegt worden sein und wurde mehr als 1000 Jahre lang genutzt – also auch zu der Zeit, als die Steinkreise von Stonehenge und Avebury in ihren letzten Bauphasen vollendet wurden.

Die Anlage des *long barrow* wird einem Stamm aus der Frühsteinzeit zugesprochen, der hier gelebt hat und nach dem auch der **Windmill-Hill** benannt ist: eine Anlage, etwa 2 km nordwestlich von Avebury, aus drei konzentrischen Wall- und Grabenringen mit Verbindungsrampen, den *causeways.* Keramikfunde und Tierknochen lassen vermuten, daß sich die Windmill-Hill-Menschen innerhalb der Einfriedung niedergelassen hatten und ihre Viehherden vor der Schlachtung in die Gräben zu treiben pflegten.

Stonehenge

2 (S. 367) Egal, aus welcher Richtung man kommt, bietet sich nämliches Bild: Nach einer sanften Straßenbiegung erscheint inmitten der kahlen Weite des Salisbury Plain ein kleiner, dunkler, grauer Steinkreis, der allmählich imposante Ausmaße annimmt. Betritt man schließlich über elaborierte Zugangsrampen diesen eingezäunten Zirkel, erscheint der Mensch klein und unbedeutend im Vergleich mit der wuchtigen Monumentalität der Steinkreise. Die ungeheure Leistung ihrer Erbauer im Dunkel der menschlichen Frühgeschichte verbindet sich bei jedem Betrachter mit der Frage nach dem ›Warum‹ – und dieses Mysterium macht wohl die Faszination von Stonehenge aus. Jährlich lockt es eine knappe Million Besucher an.

Über Sinn und Funktion der Anlage haben Generationen von Wissenschaftlern spekuliert: Die Bauphasen zogen sich über ein Jahrtausend hin, verschiedene Völker und Stämme haben aufgebaut und abgetragen, ergänzt und vervollständigt. Mehr als 1700 Jahre ist Stonehenge als Zeremonienstätte – aber wofür? – genutzt worden, als Heiligtum – aber für wen? Die Knochenfunde deuten weniger auf eine rituelle Grabstätte hin, als auf Gräber zahlloser Männer, die hier gelebt und gearbeitet haben, um den Bau vorwärtszutreiben. Immer auch schien Stonehenge eine astronomische Bedeutung zu haben, denn steht man im Innern, geht exakt über dem Heel Stone und der Prozessionsallee zur Sommersonnenwende am 21. Juni die Sonne auf.

Drei Bauphasen hat es gegeben. In der ersten Bauphase, datiert auf etwa 2800 v. Chr., wurde eine Grabenanlage ausgehoben, Durchmesser knapp 100 m. Im Nordosten öffnet sich der Kreis zu einer **Avenue,** der Prozessionsallee, die etwa 500 m geradeaus verläuft und später bis zum Flußufer des Avon geführt wurde. In der Avenue steht der wegen einer Markierung sogenannte **Heel Stone** (›Fersenstein‹). Das Eingangstor bestand ursprünglich aus zwei Steinen, einer davon, umgekippt, ist noch erhalten. Auf der Innenseite des Ringgrabens wurden 56 Gruben angelegt, die, verschüttet, von John Aubrey im 17. Jh. bemerkt wurden und daher nach ihm **Aubrey Holes** benannt und heute zur Hälfte durch Betonplatten im Gras gekennzeichnet sind.

In der zweiten Bauphase, etwa 400 Jahre später, wurde von den *Beaker People,* die ihre Zeugnisse auch in Avebury zurückließen, um 2200 v. Chr. der Eingangsbereich erweitert, die gerade Avenue begonnen und in der Mitte die riesigen Blausteine in zwei Kreisen angeordnet. Seltsam ist, daß die Hälfte der bis zu 7m hohen Monolithen nach ihrer

Errichtung wieder weggeschleppt worden sind - nachdem man sie unter schwierigsten Bedingungen aus Wales hertransportiert hatte!

Die dritte Bauphase zog sich über einen Zeitraum von 500 Jahren hin: Zwischen 2000 (Beginn der Frühbronzezeit) und 1500 v. Chr. schaffte man aus dem Umkreis von Avebury gigantische Sandsteinblöcke heran – sie wurden wahrscheinlich mit Hilfe von schlittenartigen Pontons, die über Rundhölzer bewegt wurden, hergezogen. Dreißig Trilithen – jeweils zwei Findlinge, mit einem eingepaßten Querstein überdacht – bilden den äußeren Ring, der in seinen Rundungen genau bemessen und zugehauen ist. Vor der Bearbeitung und dem Aufstellen jedoch schloß man in der Mitte Blau- und Sandsteine zur Hufeisenform zusammen. In der letzten Phase kam in der Mitte des Hufeisens der, heute umgestürzte, **Altarstein** hinzu, in dem sich der Sonnenstrahl bei der Sommersonnenwende bricht.

Die Gestaltung dieser machtvollen Kultstätte ist einmalig, die Ausführung und Verarbeitung außerordentlich raffiniert, und da das Wissen um die inneren Zusammenhänge von Stonehenge verloren ist, hat es als ein unbekanntes, unbenanntes Kraftzentrum immer auch diejenigen magisch angezogen, die neue und alte Sinngebungen in der Natur und in sich selbst gesucht haben. Zwischen Eingangssperre und Tunneldurchgang ein schwach erkennbares Graffiti: »Stonehenge: caged in from happiness and its spiritual freedom.« Eingezäunt und hochbewacht ist Stonehenge zur Sonnenwende: wenn Freaks, Druiden und Esoteriker dem Symbol der vorzeitlichen Mächte huldigen.

Lesefutter: Phantasie und mögliche historische Realität miteinander verbindend, mögen zwei Romane als Anregung dienen, sich in die Steinzeit versetzen zu lassen und den Bau von Stonehenge mitzuerleben: »Die Säulen des Himmels« von Cecelia Holland und »Sarum«, das von der Eiszeit bis zum Zweiten Weltkrieg führende, großangelegte Geschichtspanorama der Region Salisbury von Edward Rutherfurd.

Nur eines von vielen in der Grafschaft Wiltshire: Das weiße Pferd von Westbury/Bratton

Von Bath nach Salisbury – Heritage 1A

Die knapp 70 km zwischen Bath und Salisbury, Hauptstadt der Grafschaft Wiltshire, haben es in sich: Hier reiht sich eine Sehenswürdigkeit an die andere, und zwei bis drei Tage sollte man für diese Herrlichkeiten schon einplanen.

Longleat – Aristokratie und Business

3 (S. 356) Der Anblick von Longleat House ist atemberaubend: Von fernen, hellen Wäldern umgeben, liegt das grandiose Schloß eingebettet in den sanften Wellen von Rasen- und Weideflächen, zwischen serpentinenförmigem See, einem Flüßchen, einzelnen Bäumen und lockeren Baumgruppen. Von der Anhöhe **Heaven's Gate** mit dem filigranen schmiedeeisernen Tor führt eine schnurgerade schmale Allee auf die Nordfassade mit dem Hauptportal zu. Die grünen Flächen, nur vom Himmelsblau begrenzt, strahlen eine kraftvolle, betörende Ruhe aus, die auch über dem satten Crème-Gold des Hauses liegt – Verschmelzung von Natur und Kunst in absoluter Vollendung.

Nicht nur seiner gewaltigen Ausmaße wegen gehört Longleat zu den *›big 5‹*, den berühmtesten und meistbesuchten Adelsresidenzen in Großbritannien: Seit dem Bau vor über 400 Jahren ist es im Besitz einer Familie. Henry Thynne, 6. Marquis of Bath, war der erste der *peers,* der sein Haus 1946 in großem Stil dem Publikum zugänglich machte und damit das *stately home business,* heute ein veritabler Industriezweig, ins Leben rief. Und nachdem er dann 1966 einer erstaunten Öffentlichkeit den ersten und größten Safari-Park Europas präsentierte, sind nicht nur die ›Löwen von Longleat‹, sondern auch die von der Presse aufbereiteten Familienquerelen in jedem Haushalt bekannt und von geradezu nationalem Interesse.

Noch ein Superlativ: Longleat ist der früheste, der erste große Landsitz der elisabethanischen Zeit, der sich den repräsentativen, urbanen Stil der italienischen Renaissance mit großer Geste angeeignet hat. Bauherr war John Thynne,

Longleat House

ein macht- und geldgieriger Aufsteiger, der im Dunstkreis des zwielichtigen Herzogs von Somerset, dem später wegen Hochverrats hingerichteten Lord Protektor, den Bau des gewaltigen Somerset House in London beaufsichtigt hatte und mit Sir Thomas Gresham, königlichem Financier und Begründer der Londoner Börse, verschwägert war. Er kaufte die Ruinen einer Priorei mit dem dazugehörigen Land im Jahr 1541 für 53 Pfund. Zusammen mit Robert Smythson, Steinmetz und Baumeister, entwarf er die Pläne für Longleat House.

Mit Robert Smythson entwickelte sich aus Handwerkstradition und Kunstgespür der Berufsstand des Architekten im modernen Sinn; seine späteren Bauten, Wollaton Hall, auch Hardwick Hall, gehören zu den prachtvollsten Zeugnissen der elisabethanischen Renaissance.

1567 begonnen, wurde Longleat House 1580, im Todesjahr Thynnes, fertiggestellt. Als gewaltiges Rechteck umschließt der Bau zwei Innenhöfe. Die dreigeschossigen Fassaden sind als organische Aneinanderreihung weniger Einzelelemente gestaltet: Übereinanderliegende Fensterpaare werden durch Pilaster getrennt und durch steinernes Sprossenwerk geteilt. Bandfriese lokkern die Fassaden in der Horizontalen auf; die durchgängig bis zur Skulpturenreihe der Dachbalustrade hochgezogenen rechteckigen Erkervorbauten betonen die Vertikale – alles neuartig und spektakulär. Darüber erheben sich liebgewordene Elemente der heimischen

Stately Homes

Stately homes definieren sich folgendermaßen: Sie sind die *crème de la crème* der Herrenhäuser, kostbare, geschichtsträchtige Adelsschlösser, Paläste, deren betörender Reiz zum einen nicht unwesentlich darin liegt, daß der Hausherr von Adel ist, nachweislich irgendwo im Labyrinth der Flügel und Flure sein gehütetes Privatleben führt, mit Frau, Kindern, Hunden und vielen silbergerahmten Fotos von bedeutender Hand signiert ... Zum anderen muß man ja Zutritt haben, in diesem zeitlosen Schlaraffenland herumschauen dürfen: Diese Verknüpfung zwischen neugieriger Öffentlichkeit und unerreichbarem Privileg, das sich nur erhalten kann, indem es sich selbst zur Schau stellt und aus dem Familienerbe ein wirtschaftliches Großunternehmen macht, ist das zweite Charakteristikum der *stately home industry.* Die wiederum hat die Einrichtung einer Reihe von *attractions* zur Folge, die den Tagesausflug der gesamten *family* zu ›einem unvergeßlichen Erlebnis‹ machen. Selbstverständlich sind diese unterschiedlichster Art, schließlich wollen sich die *peers* nicht gegenseitig in die Quere kommen.

Bautradition: üppig gedrehte Schornsteine, überkuppelte, nach innen gesetzte Ecktürme – eine heitere, variationsreiche Dachlandschaft, die wiederum mit dem zurückgenommenen, eleganten Baukörper kontrastiert.

Hinter der ungewöhnlichen Fassade liegt die herkömmliche große **Eingangshalle** mit wunderbarer Stichbalkendecke, riesigem Kamin und nachträglich eingebauter *minstrel gallery.* Auch die übliche *long gallery,* hier 30 m lang, durfte nicht fehlen. Neu waren der souveräne Umgang mit symmetrischen Proportionen und eher dekorativ eingesetzten Versatzstücken der Renaissance-Baukunst. Neu war auch die Öffnung der Räume nach außen mittels riesiger Fensterpartien – über 100 –, die den Ausblick in den Park gestatteten. Die ›richtige‹ Revolution in der Raumgestaltung folgte erst durch Inigo Jones im nahebei liegenden Wilton House (s. S. 94ff.).

Die prachtvollen Sammlungen – Gemälde, Porzellan, Gobelins, Teppiche, Möbel, Silber – und sieben Bibliotheksräume, mit 40 000 Bänden eine der größten und kostbarsten Privatbibliotheken im Land, erhielten im 19. Jh. eine neue Umgebung: Der größte Teil der **Repräsentationsräume** wurde von Sir Jeffrey Wyatville, der auch für die Neugestaltung in Windsor Castle und Chatsworth House verantwortlich war, im venezianischen Stil umgebaut und ausgestattet. Schwere Kassettendecken, Deckengemälde, Leder-, Samt- und Seidentapeten, marmorne Türfassungen und Kamine, Türblätter mit Intarsienarbeiten kontrastieren mit französischem Mobiliar des 18. Jh. und daunenweichen, sommerlich geblümten Sofagruppen. Die Gemäldegalerien mit Werken von Tizian, Tintoretto, holländischen und englischen Meistern werden ergänzt durch Portraits und Photographien der Familie. Die *long gallery* wurde zum Salon, im großen *drawing room* sticht der grell-grasgrüne, riesige Wilton-Teppich ins Auge: Die Dame des Hauses ließ ihn als Überraschung für ihren Mann vor einigen Jahren umfärben, um die Rasenflächen auch nach innen zu holen!

Die herrliche **Landschaftsgestaltung** mit See, vereinzelten Baumgruppen in den weiten Rasenflächen und Wald im Hintergrund stammt von Capability Brown (1757) und seinem Schüler und Nachfolger Humphrey Repton. In den formalen Gärten ist die Blüten- und Blumenpracht von gewaltigen Buchsbaumhecken und schönen alten Steinmauern eingefaßt.

Longleat hat 118 Räume; hier sind Gartenfeste für 2000 Personen gefeiert worden; Elisabeth I. war hier zu Gast und 1980, zum 400jährigen Bestehen des Hauses, auch die Zweite mit Prinz Philip. In der Roten Bibliothek erinnert der von John Makepeace (s. S. 214) entworfene Tisch an das Jubiläum – die verarbeiteten Hölzer stammen aus dem Longleat estate.

Das goldene Zeitalter der aufwendigen, sorglosen Lebensform des begüterten bis schwerreichen Klein- und Hochadels auf dem Land, *countryhouse living,* ging zwischen den Kriegen zu Ende. Noch bis zum Ersten Weltkrieg ge-

Das größte Heckenlabyrinth der Welt befindet sich in den Gärten von Longleat House

hörten mehrere 1000 ha Land zum Besitz der Marquis' of Bath; einige Dörfer in ihrer Gesamtheit zählten dazu. Die folgende Auflistung macht deutlich, wieviel Personal allein für die Organisation des Alltags in Haus und Park notwendig war: 50 Hausbedienstete, 30 Gärtner, 50 Landarbeiter, 14 Kutscher- und Stallburschen, 50 Forstarbeiter, 20 Jagdaufseher und 50 Sekretäre, die für die Verwaltung zuständig waren. Während des Ersten Weltkriegs fungierte Longleat als Lazarett, während des Zweiten als Mädchenschule, und 1946 gab es noch einen einzigen Hausangestellten.

Im gleichen Jahr trat der 6. Marquis als 41jähriger sein Erbe an: etwa 7000 ha Land, *the house* und Erbschaftssteuern in Höhe von 700 000 Pfund. Das Dach, bzw. die Dächer waren undicht, Decken und Wände vom Schwamm (und spezifisch englischen Varianten unschöner Käfer wie z. B. *death watch beetle*) befallen. Also wurde Land verkauft, um die Steuern zu zahlen, und Erbe, Tradition, Kunst, Natur und Familiengeschichte als eine Investition begriffen, die »den Erhalt durch Teilnahme der Öffentlichkeit« sichern sollte: Longleat ›*went commercial*‹ – ein kühnes Unternehmen, das 1949 ohne Beispiel war.

Heute ist das gesamte Areal von Longleat 364 Tage im Jahr den Freuden und Vergnügungen der Tagesgäste gewidmet: Im **Safari-Park** streifen Löwen, Giraffen, Tiger, Elefanten und Kamele frei herum, während die Besucher die Fenster ihrer Autos schließen müssen. Zudem kann man sich im größten Heckenlabyrinth der Welt prächtig verirren; es gibt einen riesigen Abenteuerpark für Kinder, Puppenhäuser, eine Kleineisenbahn, Bootsfahrten, und trotz allem Rummel immer noch stille Winkel unter den Bäumen und auf dem Rasen, um in der Sonne zu liegen, über die Reichtümer der anderen herzuziehen und sich genüßlich dem neuesten Medienklatsch zu widmen: Der skandalträchtige 7. Marquis of Bath, dem 1992 das gesamte Erbe zufiel, wird seit jeher als das schwarze Schaf der Aristokratie gehandelt, als »langhaariger, psychedelischer Späthippie, der netzbestrumpfte Gespielinnen um sich scharrt«, der die Verantwortlichkeiten seiner Position immer schon dem – leider – jüngeren Bruder mit der angemessenen Gesinnung überließ. Der hat nun das Nachsehen und wird entsetzt und hilflos registrieren müssen, daß das schwarze Schaf in Longleat ein Feriendorf mit 500 ›*chalets*‹ und einer überdachten Badelandschaft bauen lassen will ...

Stourhead – Auch ich in Arkadien

4 (S. 367) Ein paar Kilometer südlich von Longleat liegt das Dorf **Stourton.** Im gepflegten ›Spread Eagle Inn‹ ließe sich wunderbar übernachten, um am nächsten Morgen den weltberühmten Landschaftsgarten Stourhead vor Augen zu haben. Dieses Urbild des in aller Welt nachgeahmten ›englischen Gartens‹ ist eine philosophisch inspirierte Schöpfung, in der sich Denken, Kunst- und Architekturverständnis der ersten Hälfte des 18. Jh. in Vollkommenheit zum Ausdruck bringen. Stourhead ist nahezu unverändert erhalten; nur die Rhododendron- und Magnolienhaine mit ihrer leuchtenden Blütenpracht sind im 19. Jh. hinzugepflanzt worden.

Das Gesamtkunstwerk Stourhead mit Park, Haus und Dorf wurde von den Henry Hoares, Vater, Sohn und deren

Stourhead, Blick auf das Pantheon

Kleines Gartenglossar

arboretum	Sammlung seltener Bäume und Büsche, Baumplantage
conservatory	Wintergarten
coppice	Wäldchen
glade	Lichtung
ha-ha	für den Betrachter unsichtbare Trennungslinie (Graben oder scharfe Absenkung) zwischen Park und Nutzlandschaft
lawn	›englischer‹ Rasen
maze	Heckenlabyrinth
meadow	Wiese, Weide
nursery	Baumschule
orchard	Obstbaumgarten
Parterre	terrassenförmig angelegter, formaler Gartenteil vor der Gartenfassade des Hauses
quincunx	Bäume sind so gesetzt, daß sie, egal aus welcher Blickrichtung, immer als Teil einer schnurgeraden Reihe erscheinen
sunken garden	abgesenkter Garten
topiary	in kunstvolle oder bizarre Form geschnittene Bäume und Sträucher, meistens aus Buchsbaum
walled garden	ummauerter Garten

Nachkommen geschaffen. Henry Hoare d. Ä. war Bankier der Aristokratie und erwarb die Domäne im Jahr 1717. Von Colen Campbell, der als klassizistischer Architekt den Kreis um den Earl of Burlington beeinflußte, ließ sich Hoare 1722 einen palladianischen Landsitz bauen, der in seiner noblen Schlichtheit und festlichen Eleganz zahlreiche Nachahmungen fand. Besonders eindrucksvoll ist die Bibliothek, die der Privatgelehrte Richard Colt-Hoare 1804 von Thomas Chippendale ausstatten ließ: Seidenholzmöbel, Bücherwände, die die Terrassentüren umschließen, unter leicht gewölbter, schlichter Kassettendecke. In der Galerie finden sich Gemälde von Angelika Kauffmann, Raphael Mengs, Zeichnungen von Canaletto und die Skulptur des Herkules von Rysbrack. Ein zweiter Guß wurde für das Pantheon im Park angefertigt.

Nach dem Tod des Vaters führt Henry Hoare der Jüngere, ›Henry the Magnificent‹, wie er später zur Unterscheidung genannt wurde, zunächst das Bankhaus in London weiter, bis er sich mit 34 Jahren zur Ruhe setzt. Als Connoisseur und Dilettanti reist er in Italien umher, sammelt Kunst, beschäftigt sich mit den ›*antiquities*‹ und beginnt ab 1741 mit der Anlage eines Landschaftsgartens, der, den Ideen seiner Zeit gemäß, aufgeklärte, freiheitliche Prinzipien zum Ausdruck bringt und sich radikal abkehrt vom französischen Regelgarten, der die hierarchischen Gesellschaftsstrukturen des Absolutismus widerspiegelt.

Die intellektuellen Vorreiter des *enlightenment* wie Alexander Pope, Lord Shaftesbury, Addison und der Earl of Burlington waren alle auch Ästheten, die ihre Theorien mit Hilfe von Malern, Architekten und Gartenbauern wie William Kent, John Vanbrugh, Charles Bridgeman in die Praxis umsetzten. Der von Pope in Versen und Episteln immer wieder beschworene ›*genius loci*‹, das Wesen, der Geist eines Ortes, soll durch die helfende Hand der Gestaltung freigesetzt werden. Er war der erste, der auf seinem Besitz in Twickenham bei London einen Garten anlegte, der sich von dem reglementierten Stil der Holländer und Franzosen grundsätzlich unterschied. Zusammen mit William Kent schuf Burlington exquisite Villen in pastoralen Landschaftsszenen, und in Stowe kreierte Bridgeman einen antikisierenden Paradiesgarten, der bis heute nichts von seiner überwältigenden Anmut verloren hat. Die herkömmliche Trennung zwischen repräsentativen, geometrisch angelegten Terrassen, dem Nutzgartenbereich, und weiter entferntem Park, in dem das Wild für die Jagd gehalten wurde, wird aufgegeben. Garten und Park gehen ineinander über, und selbst die landwirtschaftlich genutzten Weiden und Felder können durch einen ingeniösen Trick in die neue Komposition einbezogen werden: Der *ha-ha,* ein schmaler Graben oder eine stufenförmige, scharfkantige Absenkung im Gelände, erlaubte die optische Verquikkung von Rasen und Weiden, ohne daß der weitausschweifende Blick durch unschöne Zäune irritiert wurde. Schaf- und Rinderherden belebten das ungezwungene Naturensemble, ohne jedoch direkt vor den Fenstern des Hauses herumtrotten zu können.

Diese Gärten setzten neue Maßstäbe, die von den gebildeten Landbesitzern und kultivierten Amateuren, den Dilettanti, wie eben auch den Hoares, mit leidenschaftlicher Hingabe aufgegriffen wurden. Die ›Grand Tour‹ spielte dabei eine große Rolle – in Italien studierte man die antiken Bauwerke, las die klassischen Autoren, besonders Vergil, ließ sich von der schönen Melancholie der Ruinen einhüllen, bewunderte die Kunst und Architektur der italienischen Renaissance, schwelgte in den Veduten der römischen Campagna.

Die stimmungsvollen Gemälde von Nicolas Poussin, Claude und Gaspard Lorrain entsprachen dem Ideal der ›arkadischen‹ Landschaft. Sie bildeten die Vorlage für die ›malerisch‹ *(picturesque)* gestalteten Landschaftsgärten. Die künstlerische Aufgabe, eine arkadische Landschaft zu kreieren, die die Natur befreite und ihr ›zu sich selbst‹ verhalf, schloß ganz bestimmte Elemente ein: Täler, Wiesen, Hänge, gewundene, ›natürliche‹ Pfade, die geschwungenen Umrisse eines Sees, locker gesetzte Baumgruppen und abwechslungsreiche, überraschende Ausblicke – die Vistas. Und diese durch ihre Komposition herausgehobenen, ständig wechselnden Momente der Ansichten und Aussichten luden zur Kontemplation ein – Tempel, Grotten, Obeliske, Mausoleen und Eremitagen – schufen in natura verwirklichte, begehbare Landschaftsbilder, die den betrachtenden Spaziergänger in heroischer oder empfindsamer Pose zum Teilnehmer machten.

In dieser ersten Phase der Geschichte des *landscape garden* wird in Stowe, Rousham, Castle Howard, Blenheim Palace, in Petworth (s. S. 252) und Stourhead die Landschaft zwar ›freigesetzt‹, aber auch gleichzeitig in antikisierende Bilder verwandelt, deren Ränder in die landwirtschaftlich genutzte Umgebung übergehen, in die natürliche, gewachsene Umgebung – das Haus ist dabei nicht Mittelpunkt.

Erst Capability Brown reduziert in der zweiten Phase den Landschaftsgarten auf die grundsätzlichen Elemente Bäume, Wiesen, See und führt die Ra-

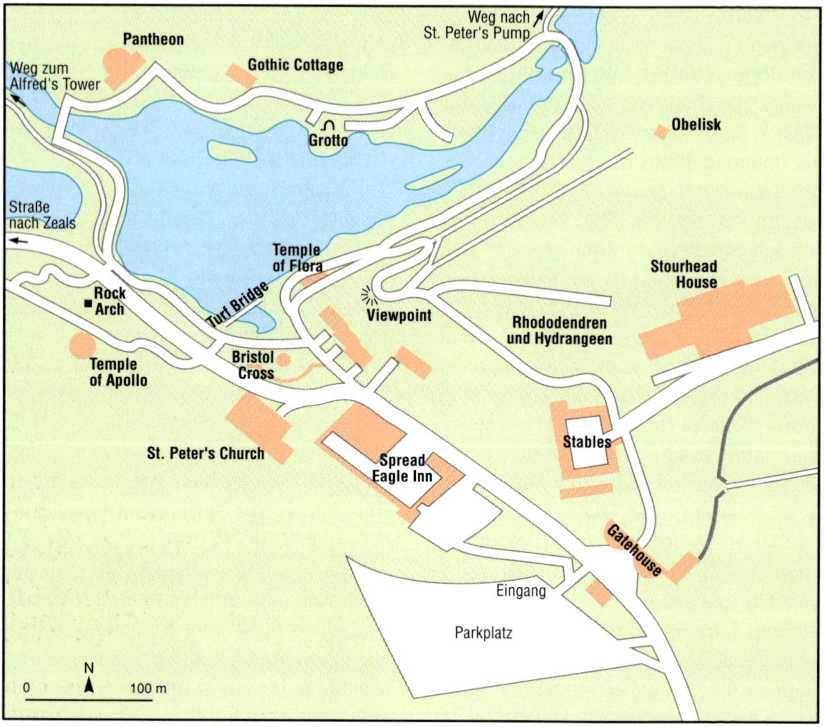

senflächen bis an die Türen des Hauses heran.

Popes Diktum »All gardening is landscape-painting« hatte auch Henry the Magnificent verinnerlicht, als er daran ging, das enge Tal mit dem Flüßchen Stour in einen irdischen Paradiesgarten umzuwandeln. Der Fluß wurde aufgestaut zu einem großen, gewundenen See mit irregulärem Uferverlauf, Buchten und Landzungen. Ein Rundweg wurde angelegt und führt durch Hänge, Haine, Wäldchen, Wiesen, Lichtungen, hinauf- und hinab, und an jeder Biegung, hinter jeder Kurve wird der Spaziergänger durch neue Bilder »überrascht und entzückt«, bieten sich neue, malerisch komponierte Ausblicke und gedankliche Assoziationen, die durch die Tempel, Grotten, durch Pantheon und Obelisk an die Grundidee Henry Hoares erinnern sollen: die Huldigung der Fluß- und Quellgötter, der antiken Helden Aeneas und Herkules und die Verehrung des heimischen Königs, Alfred der Große.

Diese Rückbesinnung auf die eigene Geschichte führt zur Verquickung oder Gleichzeitigkeit zweier unterschiedlicher Stilrichtungen, die das 18. Jh. beherrschen: der auf die Antike bezogene Klassizismus und die *gothic revival,* die Wiederbelebung der Gotik, die damals mit der Bautradition der Angelsachsen gleichgesetzt wurde. Hier sind es das **Gotische Cottage,** die **Eremitenklause,** der hoch über dem Park gelegene **Alfred's Tower** und das **Bristol Kreuz.** Es markiert den fließenden Übergang zwischen dem malerischen

Stourhead, der Apollotempel

Weiler – mit Häuserzeile, Kirche und dem Spread Eagle Inn – und dem Anfangs- und Endpunkt des **Rundweges.**

Die fünfbogige, honigfarbene **Steinbrücke** ist der Palladios in Vicenza nachgebaut. Steht man hier, bietet sich ein unvergleichlicher Blick hinüber zum Pantheon, das sich in den bläulichen Flächen des Sees spiegelt. Vom Pantheon wiederum schaut man auf Ausschnitte des Sees, dessen Wasser durch die Bögen der Brücke bis ins Dorf hinein zu gleiten scheinen.

Folgt man dem Rundweg entgegen dem Uhrzeigersinn findet man sich in der Szenerie wieder, die dem berühmten Gemälde von Claude Lorrain »Aeneas in Delos« nachgebildet ist: linker Hand der Brükkenbogen, hinter dem Wasser das überkuppelte **Pantheon,** rechts der Säulenaufbau des **Flora-Tempels.**

Die Abfolge der Panoramen, eingefaßt in das leuchtende Grün der Bäume, umspielt von Licht, Schatten und gebündelten Sonnenstrahlen, ist gemäß den Jahreszeiten von unendlicher Variation. Ist man schließlich auf der Anhöhe mit dem **Apollo-Tempel** angelangt, einem Tempel in Baalbek (im Libanon) nachempfunden, ist es zum ersten und einzigen Mal möglich, dieses Gesamtkunstwerk im Überblick zu betrachten – wie vor uns Tausende von Besuchern, die schon im späten 18. Jh. hierher pilgerten, die auch damals schon mit den Broschüren in der Hand die berauschenden Vistas aufspürten, Arkadien mit der Seele suchend, das *Claude glass* vor Augen: getönte Brillengläser, die dem sublimen Genuß der kultivierten Naturbilder noch die zusätzliche Dimension der wechselnden Vielfarbigkeit hinzufügten.

Lesefutter: Der englische Landschaftsgarten entwickelte sich aus der komplizierten Verknüpfung ganz unterschiedlicher Faktoren: Politische, philosophische, ästhetische Theorien und ein gewandelter Naturbegriff , die je unterschiedlich interpretiert und gehandhabt wurden, spielten eine Rolle. Ihre Geschichte, Bedeutung und Interpretation ist tausendfach untersucht worden und bildet einen eigenen Bereich innerhalb der Geisteswissenschaften. Auf zwei Bücher sei hier 0aufmerksam gemacht, die einen sehr guten Überblick bieten:
Germain Bazin: »DuMont's Geschichte der Gartenbaukunst«
Adrian von Buttlar: »Der Landschaftsgarten«

Über Wilton House nach Salisbury

Von Stourhead sind es in östlicher Richtung etwa 30 km bis nach **Wilton** 5 einer hübschen Kleinstadt, die in angelsächsischer Zeit die Hauptstadt des Königreichs Wessex war. 1655 schmuggelte der 8. Earl of Pembroke, der von Wilton House aus die Geschicke der verarmten Weberfamilien in seinem Weiler lenkte, zwei hochspezialisierte französische Teppichweber ein und gründete mit ihnen eine Teppichmanufaktur, die so exquisit arbeitete, daß sie 1699 das königliche Patent erhielt. Diese erste Teppichmanufaktur der Welt, ›Royal Wilton Carpet Factory‹, ist über die Grenzen hinweg bekannt geworden. Alle großen Auftragsarbeiten für Schlösser, Landhäuser, Ministerien, Museen, Rathäuser, Empfangshallen, Foyers bis hin zu der Meterware, die die schmalen Treppenaufgänge in Hunderttausenden von Reihenhäusern ver(un)ziert, stammen entweder aus Wilton oder Axminster in Devon. Die ›grasgrüne Bescherung‹, mit der die Marquise of Bath ihren Gatten in Longleat (s. S. 84ff.) ›überraschte‹, ist ebenfalls ein Produkt aus Wilton.

Auffallend in ihrer Exzentrik ist die imposante **Pfarrkirche St. Mary and St. Nicholas,** eine romanisch-italienische Basilika mit weithin sichtbarem Campanile. Sie stammt aus der Mitte des 19. Jh. Ihr Architekt Thomas Wyatt (nicht verwandt mit dem Maler und Architekten James Wyatt) hat neben anderen wertvollen Materialien sehr schönes Fensterglas aus mehreren Jahrhunderten eingearbeitet und auch die jahrhundertealten Familiengrabmäler der Pembrokes hierher in die Kirche versetzen lassen.

Besticht Longleat durch seine ungeheuren Ausmaße und, im Innern, durch großzügigen, üppigen Eklektizismus, so beeindruckt **Wilton House** 6 (S. 370) durch seine festliche Noblesse: Die architekturhistorisch bedeutenden Räumlichkeiten bilden mit der herausragenden Gemäldesammlung und dem kostbaren Mobiliar eine vollendete Einheit, die sich auch nach außen hin, im Landschaftspark, fortsetzt.

Auch Wilton House ist seit über 400 Jahren im Besitz einer Familiendynastie, der Herberts, Earls of Pembroke. William Herbert, der 1. Earl, war ein angesehener Höfling und erhielt 1544 den aufgelassenen Klosterbesitz als Geschenk seines Königs, Heinrich VIII. Mit ihm war er auch verwandt: Er heiratete eine Schwester von Catherine Parr, der sechsten und letzten Ehefrau Heinrichs VIII., die ihn um lange Jahre überlebte. Wilton House war von Anbeginn Treffpunkt des Hofes, der Dichter und Künstler. Unter dem 2. Earl und seiner Gemahlin, Mary Sidney, wurde das Haus zum Zentrum der gelehrten und künstlerischen Welt. Marys Bruder, Sir Philip Sidney aus Penshurst Place (s. S. 303), hat hier sein großes lyrisches Werk und den Staatsroman »The Countess of Pembroke's Arcadia« geschrieben, Shakespeare und seine Spieltruppe sollen »Wie es euch gefällt« auf einer riesigen Bühne im Garten uraufgeführt haben. Die erste Gesamtausgabe aller Shakespeare-Stücke, 1623 erschienen, war dem »most noble« Earl of Pembroke und seinem Bruder gewidmet.

Macht, Ansehen und aufwendigste Haushaltung brauchten einen großen, verschwenderischen Rahmen. Als Teile des Tudoranwesens abbrannten, ließ der 4. Earl im Jahr 1647 den kühnsten Architekten seiner Zeit ein neues Gebäude errichten. Der königliche Festspieldramaturg und Baumeister Inigo Jones (1573–1652) war es, der die Architektur der Renaissance im nordischen Inselreich bekannt machte und als erster umsetzte. Das Queen's House in Greenwich (um 1620) und das königliche Banqueting House in Whitehall, London, (1619–1622) waren in ihrer edlen Strenge und kompromißlosen Stilreinheit völlig neuartig. Jones war seiner Zeit damit weit voraus, und es sollte etwa 100 Jahre dauern, bis sich im georgianischen Zeitalter der Klassizismus dann wirklich umfassend durchsetzte, z. B. in Bath.

Die von Jones entworfenen Süd- und Ostflügel von Wilton House mit den Staatsgemächern, den sogenannten Kubus- und Doppelkubussälen, waren bahnbrechend in ihrer architektonischen Vollkommenheit und machten den Herrensitz zu einem vielbewunderten Vorbild in England. Der Kontrast zwischen Innen und Außen – frühbarocke Üppigkeit der Raumausstattung in einem exquisit zurückgenommenen Bau – war von Jones ganz bewußt gesetzt worden.

Als Inigo Jones 1652 starb, wurden die Arbeiten von John Webb fortgesetzt – zu der Zeit waren auch schon die an Versailles orientierten Gärten angelegt, die die größten im ganzen Land gewesen sein sollen – so prachtvoll, daß selbst die königlichen Anlagen von Hampton Court nicht mithalten konnten. Im 18. Jh. wurden die Gärten umgestaltet. Die herrlichen Libanon-Zedern waren die ersten, die man in England angepflanzt hatte. Die berühmte Brücke im Park (1736) stammt von William Kent. Sie ist die getreue Ausführung des in Venedig nicht realisierten Palladio-Entwurfes für die Rialto-Brücke. Ihre Anmut rief soviel Begeisterung hervor, daß sie noch zweimal kopiert wurde: von Ralph

Wilton House, Palladio-Brücke im Park

Allen im Prior Park und in Stowe, Buckinghamshire. Im frühen 19. Jh. erfolgte eine weitere Umbauphase, in der James Wyatt (von Fonthill Abbey, s. S. 67f.) die alten Kreuzgänge in geschlossene Raumfluchten und Flure im neogotischen Stil verwandelte, um die kostbaren Skulpturen und weiteren Gemäldesammlungen besser zur Geltung zu bringen.

Inzwischen wohnt der 17. Earl of Pembroke mit seiner Familie hier. Die Schönheit des Hauses mit seinen verschiedenen Häutungen ist bis heute erhalten. Die Gemäldesammlungen sind von unschätzbarem Wert: Rembrandt, Rubens, Tizian, Tintoretto, Reynolds, Lely und über ein Dutzend herrlicher Van Dycks, für die Inigo Jones eigens den ›Rahmen‹ entworfen hat – den **Single und Double Cube Room.** Der erste ist in seinen

Wilton House, der Double Cube Room

Proportionen ein perfekter Kubus, 30 × 30 × 30 Fuß, in Weiß und Gold gehalten, die Wandpaneelen sind auf die Gemälde abgestimmt. In der Deckenmalerei von Guiseppe Cesari finden sich Szenen aus Sidneys »Arcadia« wieder. Der Double Cube Room, doppelt so lang wie breit und hoch, ist bewegter, dramatischer. Weiß, Gold und Rottöne dominieren; die kostbaren vergoldeten Möbelstücke stammen von William Kent, sie wurden für diesen Saal entworfen. Mittelpunkt des Raumes ist das riesige, wunderbar leuchtende Familienportrait von Van Dyck, von dem Henry James bewundernd sagte: »Der Van Dyck par excellence, die berühmte und großartige Gruppe der ganzen Familie Pembroke aus der Zeit James' I. Dieses prächtige Werk hat jeden malerischen Vorzug – Gestaltung, Farbgebung, Eleganz, Kraft und Vollendung.« Zauberhaft auch das Gemälde der Kinder von Karl I. über dem Kamin. Die Illusionsmalerei in der Decke öffnet den Raum: Der Blick schweift über die schräg gesetzte Innenansicht einer Kuppel hinweg bis in die bewölkten Himmelsbahnen der Unendlichkeit.

Vor der Weiterfahrt nach Salisbury lohnt sich ein Abstecher nach Norden: zu den **Heale Gardens** 7 (S. 354). Das ›kleine‹, friedliche Queen Anne-Haus aus rotem Ziegelstein ist nicht zu besichtigen, aber die Gärten. Sie sind von einer schläfrigen, sanften Anmut, die jeden Besucher verzaubert: verwitterte Terrassen mit

Urnen; Magnolienbäume, deren herabgefallene Blüten im Frühjahr bemooste, mürbe Steintreppen bedecken; zwischen den glatten Rasenflächen und Buchsbaumkugeln der Obstgärten Tunnelspaliere aus Apfelbäumen und dicht überwachsene Pergolen. Im japanischen Garten, der um 1900 von dem Diplomaten Louis Greville angelegt wurde, wandert man durch Licht und Schatten, an Teichen entlang, über eine zierliche Brücke, durch Bambushaine und entlang sumpfiger Wiesen, stößt auf ein strohgedecktes Teehaus, das der Besitzer zusammen mit vier japanischen Gärtnern aus Fernost mitgebracht hatte. Hier wurde eine intime, stille Landschaft geschaffen, die sich in kontemplative, zeitlose Naturbilder auflöst und die unterschiedlichsten Gartenbaustile gelassen miteinander verbindet.

Drei Kilometer außerhalb von Salisbury liegt ein gewaltiges, 1,5 km großes, grasbewachsenes Hügelplateau, das von einem scharf eingegrabenen Erdwall umgeben ist: **Old Sarum** 8 (S. 360) ist eine eisenzeitliche Siedlungsanlage, die von den Römern, Sachsen, Dänen und Normannen zu einer Garnisonsstadt ausgebaut wurde, mit Bischofssitz und einer mächtigen Kathedrale. Sie stürzte fünf Tage nach der Weihung ein; ein zweiter Dombau folgte – aber Garnison und Kleriker kamen nicht miteinander aus. Überdies erschwerten Wassermangel und rauhe Winde das Leben und führten im 13. Jh. zum Beschluß Bischof Jocelyns, Old Sarum zu verlassen und in der lieblichen Schleife des Avon-Tales eine neue Kathedrale, einen neuen Bischofssitz und eine neue Stadt für seine Schäfchen zu errichten – Salisbury. Von Old Sarum sind noch die imposanten Ruinen im Innern des weiten Plateaus und die Umrisse der Kathedrale erhalten.

Salisbury – ›blond und blauäugig‹

9 (S. 364) Die **Kathedrale von Salisbury** ist die wohl berühmteste, für viele auch schönste im ganzen Land; der schlichte, makellose Turm ist mit 123 m der höchste Englands, und da der gesamte Kathedralkörper in einer einzigen Bauphase ohne Unterbrechung in nur 45 Jahren errichtet wurde – eine große Seltenheit im Mittelalter –, bietet die Cathedral Church to the Blessed Virgin ein vollkommen reines, geschlossenes Beispiel für die englische Frühgotik, den *Early English Style.*

Unter Bischof Poore wurde im Jahr 1220 mit dem Bau begonnen; als Grundstück hatte man sich die Wiesen in der Avon-Schleife ausgesucht, und noch heute ist die Kathedrale, in weites Rasengrün gebettet und von der größten Domfreiheit Englands eingefaßt, ein unvergeßlicher Anblick. Gebaut wurde von Osten nach Westen; in den ersten Kapellen betete man schon, als am Langschiff noch gearbeitet wurde.

Der Grundriß zeigt die für die englische Ausprägung der Gotik typische Aneinanderreihung von gleichberechtigten Einzelteilen: ein dreischiffiges Langhaus, das durch die Vierung mit westlichen, dann den östlichen Querschiffen unterbrochen wird und in einer Marienkapelle mit geradem Abschluß endet. Der Kreuzgang schließt sich zwischen Westfassade und westlichem Querschiff an, das achteckige Kapitelhaus wird angefügt. Eine völlig klare, schlichte Symmetrie, die auch an der reich ornamentierten Westfassade ihren Ausdruck findet: Zwischen den vorgesetzten Ecktürmen mit schlanken Helmen und einem Zentralgiebel zeigt die Gestaltung der nahezu quadratischen Fassadenwand den dreigeschossigen Aufbau des

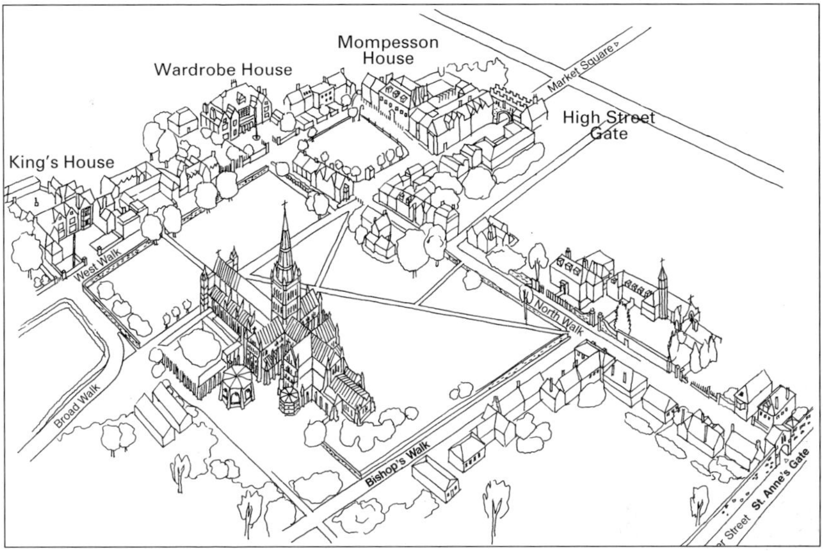

Salisbury, Cathedral Close

Kirchenschiffs; die Anordnung der mit Skulpturen und Bandornamentik prachtvoll ausgeschmückten Arkadengalerien wird sichtbar.

Der **Innenraum** beeindruckt durch seine helle, ungehinderte Weite, die meisterhafte Proportionierung und seine Atmosphäre beinahe karger Nüchternheit. In der Vierung sind die durchgebogenen, später verstärkten Pfeiler und die Scherenbögen noch gut zu sehen, die die Last des zusätzlichen Turmbaus zu tragen haben.

Nachdem die Kathedrale im Jahr 1265 geweiht war, wurde ein halbes Jahrhundert später mit dem Turmausbau begonnen, der, 1380 fertiggestellt, mit einer Reliquie – in der höchsten Kirchturmspitze Englands – gekrönt wurde. In seinem Roman »The Spire« schildert der Nobelpreisträger William Golding das dramatische Szenario des Turmbaus, der von einem von Glaubenszweifeln gequälten Bischof Jocelyn mit manischer Besessenheit vorangetrieben wird. Der Turm, über einem hölzernen Innengerüst in die Höhe gemauert, blieb ein ständiges Risiko. Christopher Wren ließ ihn zusätzlich sichern, James Wyatt im 18. und George Gilbert Scott im 19. Jh. zogen neue Eisengestänge ein. Noch heute funktioniert die Seilwinde, mit der die Steine Stück um Stück nach oben transportiert wurden.

Salisbury Cathedral, Blick in das Schiff

James Wyatt, der zur gleichen Zeit im 20 km entfernten Fonthill für Beckford baute und dort einen noch höheren Turm plante (s. S. 67f.), ist für die radikale Umgestaltung des Kirchenschiffs im frühen 19. Jh. verantwortlich. Grabkapellen wurden entfernt, die Grabdenkmäler in säuberlicher Abfolge zwischen den Pfeilern aufgereiht, u. a. auch das Grabmal von William Longespée, dem 1. Earl of Salisbury, der einen der

Grundsteine legte und als erster in der Kathedrale beigesetzt wurde.

Direkt vor Williams Grab befindet sich der Schrein von St. Osmund. Die Pilger streckten ihre kranken Gliedmaßen in die Öffnungen des Schreins, um Heilung zu erbitten.

Auf der Südseite, gleich hinter der Vierung, steht eines der prachtvollen Grabdenkmäler, wie sie seit dem elisabethanischen Zeitalter in England geschätzt wurden. Farbenfroh und sehr weltlich: das **Monument von Sir Richard Mompesson** und seiner Gemahlin Katherine – ihre Nachfolger bauten Mompesson House in der Domfreiheit.

Der schöne **Kreuzgang** ist der früheste noch erhaltene in England. Die 1445 im östlichen Teil des Kreuzgangs erbaute **Bibliothek** besitzt als Kostbarkeit eine der vier noch existierenden Exemplare der »Magna Charta«.

Henry James hat die »liebliche Vollkommenheit« der Kathedrale mit einem ›pinch of salt‹ gesehen: »Es gibt vom Temperament her Menschen, die sich an besonders makellosen Schönheiten leicht übersättigen, und die architektonische Wirkung der Kathedrale entspricht der physiognomischen von flachsblondem Haar und blauen Augen.«

Die **Domfreiheit,** *Cathedral Close,* ein weites Rasenquadrat, ist eingefaßt von vier Straßenzügen, deren Häuser eine reizvolle Mischung unterschiedlichster Baustile vom 16. bis 18. Jh. zur Schau tragen. Am **West Walk** ist das **King's House** aus dem 13. Jh. beheimatet. Heute dient es als städtisches und regionales Museum – besonders interessant wegen der Funde aus Stonehenge und Old Sarum sowie einer beeindruckenden Gemäldesammlung, die auch einige Werke von Turner einschließt. Weiter dem High Street Gate entgegen, folgt im **Wardrobe House** das **Museum of the Duke of Edinburgh's Royal Regiment** und im Winkel des Chorister Square das **Mompesson House** mit

John Constable (1776–1837), *der neben William Turner bedeutendste Landschaftsmaler seiner Zeit, hat sie immer wieder gemalt: »Salisbury Cathedral from the Meadows«. Die Ansicht der Kathedrale auf grüner Wiese zwischen Silberpappeln und Eichen wurde zum Sinnbild des alten, ländlichen England*

eleganter Innenausstattung aus dem 18. Jh., schönem Mobiliar und einem versteckten Garten, in dem man in Beschaulichkeit seinen *afternoon tea* trinken kann.

Vom **High Street Gate** aus wandert man durch ein Gewirr alter Gassen und malerischer Winkel, an Fachwerkhäusern mit überkragenden Geschossen vorbei bis zum **Market Square,** der im 19. Jh. angelegt wurde. Östlich davon befindet sich die gleichzeitig mit dem Kathedralbau schachbrettartig angelegte ›Neu‹-Stadt.

Lesefutter: Wenn Sie sich mit einem dickleibigen Roman auf die Geschichte Salisburys – von der Eiszeit, über Stonehenge, den Bau der Kathedrale bis in unser Jahrhundert einlassen wollen, dann ist »Sarum« von Edward Rutherfurd das richtige – soll's nur die Zeit der Kathedrale sein, bietet sich neben oben erwähntem Golding der Bestseller von Ken Follett an: »Die Säulen der Erde«.

Im Norden von Somerset und Devon

Wells und die Mendip Hills

1 (S. 370) Wells wäre nur eine der vielen netten Kleinstädte Englands – gäbe es nicht die Kathedrale. Selbst für den an Sakralbaukunst nicht übermäßig interessierten Reisenden bildet sie einen Höhepunkt jeder Südenglandtour. Für uns *continentals* bietet sie ein exzellentes Studienobjekt, denn hier finden wir einige Charakteristika der englischen Gotik, die uns in ihrer Eigentümlichkeit und verrückten Schönheit so nachhaltig zu betören vermögen.

Durch das üppig ornamentierte gotische Torhaus hindurch steuern wir auf die riesige Rasenfreifläche zu, die sich vor der **Kathedrale** ausbreitet und den Blick auf die überwältigende goldfarbene Westfassade lenkt, die Himmel und Erdboden miteinander zu verbinden scheint. Die massiven Türme, flach gedeckt, um nicht zu sagen ›platt‹, sitzen an den Enden einer über und über ornamentierten **Bilderwand.** In strenger horizontaler Abfolge ziehen sich die flachen Skulpturennischen in Bandreihen über die Fläche. Von den ursprünglich knapp 400 Figuren aus weichem Kalkstein sind 293 noch erhalten, viele wurden restauriert oder neu geschaffen, wie der »Auferstandene Christus« im höchsten Mittelpunkt. Die Skulpturen sind von außerordentlicher Vielfalt, gemeinsam ist ihnen die strenge, schmale, die vertikale Linie betonende Form. Die ganze Fassade ist ein Balanceakt zwi-

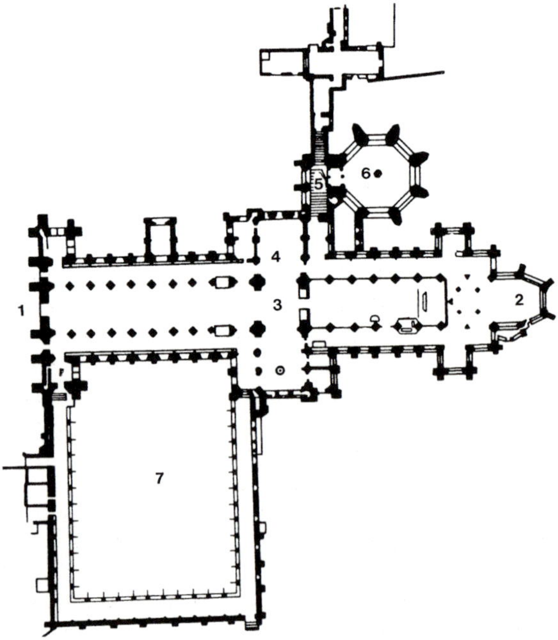

◁ *Exmoor bei Lynton*

Wells Cathedral
1 Westfassade
2 Marienkapelle (Lady Chapel)
3 Vierung mit Vierungs bögen
4 Astronomische Uhr
5 Treppe
6 Kapitelhaus (Chapter House)
7 Kreuzgang

Wells Cathedral

schen wuchtigen geometrischen Flächen – durch die wie abgeschnitten wirkenden Türme noch betont – und zarter Oberflächenornamentik, die dem Bau die Schwere nimmt.

Wells ist eine der frühesten gotischen Kathedralen in England. Ihr Bauköprer wurde um 1180 begonnen, das Langhaus ist reines *Early English.* Um 1240 wurde die Westfassade vorgeblendet. In einer zweiten Bauphase folgte zwischen 1290 und 1340 der Ostteil: Retrochor, Querschiffe, Marienkapelle, die Vierungsbögen und das Kapitelhaus *(chapter house).* Die typisch englische Ausprägung der Hochgotik, der *Decorated Style,* bricht, im Kontrast zum *Early English* in fließende, wogende Linien aus und entwirft immer üppigere Ornamente: Blattwerk, Blüten, Ranken winden sich um die Kapitelle, groteske kleine Skulpturen aus der Alltagswelt verstecken sich in den Gewölbebögen, und das Maßwerk wird immer entfhemmter gestaltet – auf dem Kontinent gibt es keine Entsprechung.

Einmalig in ihrer Exzentrik sind die großartigen **Vierungsbögen,** die Wells berühmt gemacht haben: Um die Last des Vierungsturms – würfelförmig, flachgedeckt mit Zinnen und Türmchen – zu stützen, setzte man kühn geschwungene, bauchige Streben in S-Form aufeinander, zerbrechliche Achterschleifen, die sich in Höhe der Arkaden kreuzen und in den Gewölberippen zu verschmelzen scheinen. Eine grandiose Lösung, die gleichsam die Arbeitsleistung der Streben auf ästhetisch ungewöhnliche Weise zum Ausdruck bringt.

Im **nördlichen und südlichen Querschiff** sind die kleinen Skulpturen an den Säulenkapitellen sehenswert. Szenen aus dem ländlichen Alltagsleben: ein Dieb und seine Verfolger, ein Mann, der sich einen Dorn auszieht, einer, der wüste Zahnschmerzen hat, ein verliebtes Pärchen.

Wells Cathedral, Treppe zum Kapitellhaus

Vom nördlichen Querschiff, an der berühmten **astronomischen Uhr** von 1392 vorbei, geht auch die nicht minder berühmte **Treppe** aus dem 13. Jh. ab, die zum Kapitelhaus und dem Brückenübergang zum Vicar's Close führt: eine sanfte, altersmürbe Kaskade aus Stein, deren zwei Läufe in der Mitte zusammentreffen, mit ausgetretenen Stufen, auf deren unregelmäßigem Rippenmuster die Sonnenstrahlen tanzen.

Das **Kapitelhaus** von 1319 ist ein Glanzstück des *Decorated Style,* ein großzügiges, lichtdurchflutetes Oktagon mit fünfzig umlaufenden Sitzen für die Kanoniker des Bistums. Getragen wird das Gewölbe von einem zentralen, feingliedrigen Bündelpfeiler, dessen Rippen sich strahlenförmig auseinanderfalten. Ähnliches finden wir nur noch in Salisbury.

An der Nordseite der Kathedrale zweigt, durch ein mittelalterliches Torhaus gegen die Unbillen der Weltlichkeit geschützt, die Gasse **Vicar's Close** ab. Je 21 zweigeschossige Winzlinge blicken sich, über Minivorgärten hinweg, freundlich in die Augen; in strammer Haltung stehen sie schnurgerade da, ihre Schornsteine sind fast größer als sie selbst: die früheste und älteste, noch völlig intakte Reihenhausanlage Europas, von 1348. Das Haus Nr. 22 wurde im 19. Jh. restauriert und zeigt den ursprünglichen Zustand am besten. Seit Jahrhunderten lebten und leben hier Geistliche und Lehrer der Cathedral School.

Der Südseite der Kathedrale schließt sich der **Bischofspalast** an: dem Augenschein nach eine wehrhafte Zitadelle mit zinnenbekrönten Türmen, einem Wassergraben, Ziehbrücke und massigem Torhaus. Der älteste Teil, die große *hall* aus dem 13. Jh., steht noch als eindrucksvolle Ruine in dem gepflegten Areal. Aber schon im Mittelalter bediente man sich gern einer Architektur, deren Erscheinungsbild nichts mit der Funktion gemein hatte: Die Anlage war von Anfang an als Residenz und Wohnhaus der Bischöfe von Bath und Wells vorgesehen. In den bischöflichen Gärten entspringen die Quellen, die *wells,* die der Stadt ihren Namen gaben. Sie speisen den Burggraben. Früher wurden sie durch ein Leitungssystem in die Stadt gepumpt; heute laufen die Rinnsale an den Trottoirrändern der Straßen ab.

Wollen Sie sich weiter mit den Formen der Sakralbaukunst befassen, dann besichtigen Sie die **St. Cuthbert-Kirche** in der High Street. Ihr eckiger Westturm mit aufgesetzten Spitzhelmen (35 m) markiert die größte Pfarrkirche in Somerset. Langgestreckt, die Vertikale

Wells Cathedral, die Vierung

betonend, flach gedeckt, mit großen Fensterflächen und zartgliedrigem Maßwerk, ist St. Cuthbert in ihrer eleganten Simplizität schönes Beispiel für die dritte Bauphase der englischen Gotik, den *Perpendicular Style.*

Ansonsten bummeln Sie einfach durch die **High Street** mit ihren Fachwerkbauten und individuellen Ladenfronten verschiedener Epochen.

Ein Tagesausflug in die nördlich von Wells angrenzenden **Mendip Hills** bietet Wildromantisches: Die weiten Hügel, Talmulden und Schafweiden Somersets stoßen hier an eine Kalksteinbergkette und Felslandschaft, die sich in der Eiszeit formierte. Ihre Blöcke, Kegel und Tafelplateaus erinnern an das Elbsandsteingebirge. Spektakulär ist die grandios-bizarre, 3 km lange und über 100 m tiefe Schlucht **Cheddar Gorge** 2 (S. 346), deren gewaltige Tropfsteinhöhlen jederzeit Scharen von Touristen anlocken. Die Eispaläste in den Grottenlabyrinthen von Gough's und Cox Cave sind gut erschlossen und farbenprächtig illuminiert. Kommt man aus den Eingeweiden der Erde wieder ans Tageslicht, kann man, dem Himmel entgegen, die 274 Stufen der Felswand Jacob's Ladder erklimmen, die auf einem Bergkegel mit herrlicher Aussicht endet.

Cheddar 3 selbst kann sich rühmen, den weltweit bekannten Cheddar-Cheese hervorgebracht zu haben. Hier kann man ihn noch handgeschöpft in unterschiedlichsten Qualitäten und Reifegraden erhalten.

Wells, Vicar's Close

Von Glastonbury über Taunton ins Exmoor

Wo bitte geht's zum Gral? – Glastonbury und Umgebung

4 (S. 352) Wie ein Fanfarenstoß kündet **Glastonbury Tor,** ein grüner Kegelberg, gekrönt mit dem Turm der aus dem 14. Jh. stammenden Kirche St. Michael, weithin vernehmbar von der einstmals legendären Bedeutung Glastonburys. Dieser kleine Ort, mit knapp 6000 Einwohnern nicht größer als im Mittelalter, sonnt sich in dem Ruhm, die früheste und bedeutendste Stätte des Christentums in England zu sein, eingehüllt in ein Netz von Mysterien und christlichen Heilslegenden, die aus dem Geschichtsdunkel gewachsen waren und einen nicht enden wollenden Strom an Pilgern anlockten. Glastonbury mit seinen großartigen **Abteiruinen** (s. Abb. S.115) war und ist eine Kultstätte, die heute wie damals von den Vorstellungen und Projektionen derer lebt, die aus schwachen Spuren der Geschichte zusammenhängende, dichte Sinn- und Bedeutungssysteme konstruieren (und davon gut leben).

Die Fakten sind folgende: Zu Beginn des 7. Jh. ist hier ein Kloster gegründet worden; die erste normannische Abteikirche der Benediktiner brannte vollständig aus. Ab 1200 wurde mit dem Bau einer neuen Abtei begonnen – sie wurde die gewaltigste und größte Abteikirche Englands, knapp 180 m lang, mit zahllosen Schreinen und Königsgräbern. Im Zuge der Reformation unter Heinrich VIII. wurde die reichste Abtei Englands aufgelöst, die Kirche zerstört. Geblieben sind die eindrucksvollen Ruinen. Mauern, Gewölbe und Portale auf weitem Grün vermitteln auch heute noch ein Gefühl der weltlichen und geistigen Machtfülle, die hier einmal konzentriert war. Der stimmungsvolle Reiz, der morbide Zauber der Ruinen-Ästhetik, der uns heute so beeindruckt, wurde durch die Romantiker entdeckt.

Die große spirituelle Bedeutung Glastonburys, die auch gegenwärtig immer noch beschworen wird, war unauflösbar mit zwei Mythen verbunden, deren realer Kern von unzähligen Historikern, Chronisten, Archäologen über die Jahrhunderte hin ›bewiesen‹, verfestigt, verworfen und über alle Maßen ausgeschmückt worden ist: Zum einen wird überliefert, daß Joseph von Arimathäa, der Onkel von Jesus, nach Glastonbury, einer bedeutenden keltischen Kulturstätte gekommen sei, um der Insel das Christentum zu bringen. Bei sich trug er den Kelch, aus dem Christus und die Jünger beim letzten Abendmahl getrunken hätten und mit dem Joseph das Blut des gekreuzigten Heilands aufgefangen habe. Am Weichnachtsabend des Jahres 60 stieß Joseph am Glastonbury Tor seinen Wanderstecken in die Erde, der sich in einen weiß blühenden Rosenbusch verwandelte. Diesem Zeichen Gottes gehorchend, errichtete Joseph die erste Kirche, und von hier aus verbreitete er das Christentum in England. Es gibt zwei Weißdornbüsche, *holy thorns,* in Glastonbury – im Kirchhof der Pfarrkirche von St. John und im Gelände der Abteiruinen –, die zweimal im Jahr blühen, zu Weihnachten und im Frühling: Sie sind die Ableger der wunderspendenden Pflanze Josephs. An der Stelle, da Joseph den Kelch vergrub, begann eine Quelle zu sprudeln. Der heilkräftige

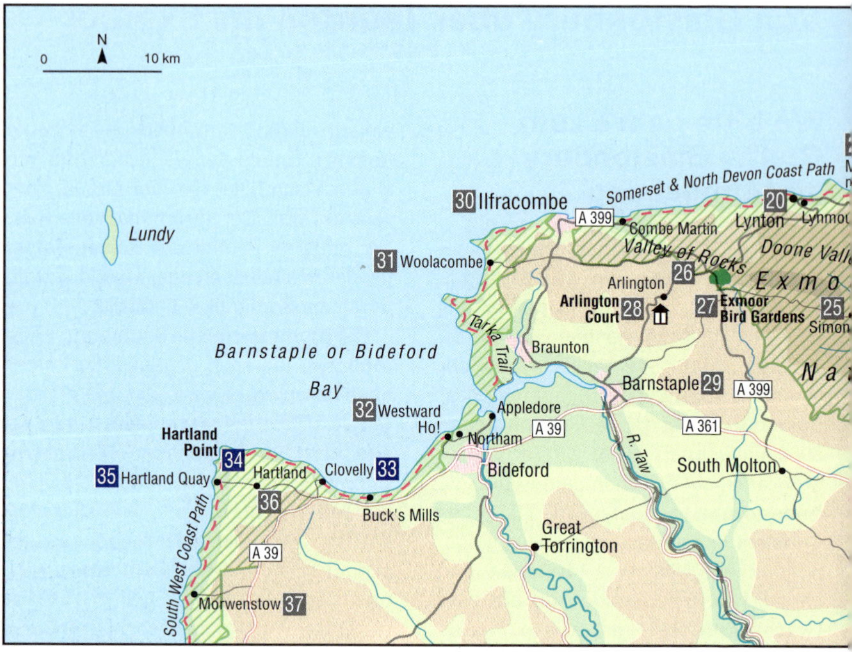

Der Norden von Somerset und Devon

Blood Spring am Fuße des Glastonbury Tor war jahrhundertelang das Ziel von Pilgern. Die ›Kelchquelle‹, **Chalice Well,** auch heute noch springlebendig, bildet nun eine der Verquickungen mit dem zweiten Mythos: von König Artus und seinen Gralsrittern. Die legendäre Heldengestalt, in der abendländisch-christliche Heilsgeschichte mit romano-keltischen, britischen Glaubensinhalten und Wertvorstellungen verschmolz, ist hier angeblich mit seiner Königin Guinevère begraben: In den **Chorruinen der Abtei** findet sich **King Arthur's Shrine,** sein Grabmal.

Die Fakten: Im Jahr 1191 wollten Mönche auf dem alten Friedhofsgelände die Grabstätten von Artus und seiner Königin entdeckt haben. Eine Sensation, weidlich ausgenutzt, die 1278 die Errichtung eines Schreins in der Abtei nötig machte, der die Attraktivität Glastonburys als Pilgerziel wiederum außerordentlich steigerte und sogar Canterbury in den Schatten stellte (s. S. 323ff.).

Eingehüllt sind diese tapfer verbliebenen Zeugen der Realgeschichte von den atmosphärischen Nebeln allerlei insubstanzieller Künste, die in Glastonbury von Erdmüttern, Naturanbetern und Kindern Avalons zelebriert werden: An allen Ecken sind kosmische, esoterische und spiritistische Erfahrungen im Angebot; es gibt organische Take aways, Tofu Tandoori, heilende Kräuter- und Duftmischungen. Im Gaia-Centre und in Merlin's Cave wird ein neuer Mensch aus Ihnen gemacht: mit Akupunktur, Aromatherapie, Astrologie, Schamanismus, Tarot und Yoga, Handlesen, Hypnosetherapie, Hellseherei und Wahrsagekunst geht es auf die Reise in

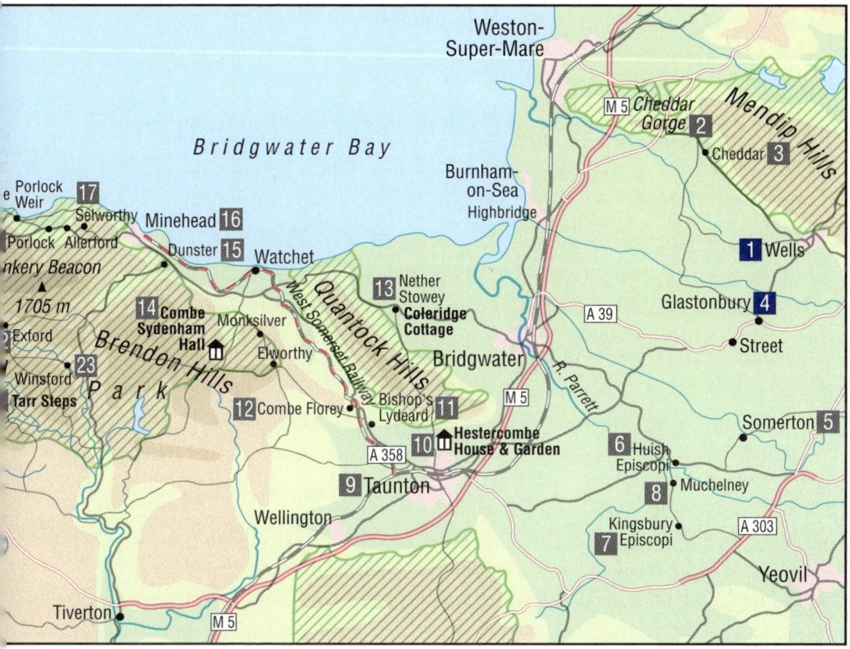

die ›Anderwelten‹. Auch tibetanische Buddhisten und die Lehren des Sri Da Kalki buhlen um die Gunst derer, die der ›Glastonbury Erleuchtung‹ teilhaftig werden wollen. Unmittelbar nach der Sommersonnenwende schwillt Glastonbury jährlich zur größten Stadt Somersets an: 80 000 (!) alternative Gäste in Zelten, Wohnwagen und Schlafsäcken feiern das Rock-, Folklore- und Esoterikfestival, das ob seiner chaotischen Geschichte inzwischen legendären Ruf erworben hat. Die Times: »bands, booze and drugs«, gleichwohl »spannender als das Edinburgh Festival« (Information: ✆ 0 18 39-66 88 99).

Überdies besitzt St. John the Baptist einen großartigen *Perpendicular*-Turm (15. Jh.). Gleichfalls in der High Street: das ehemals dem Abt unterstehende Gerichtsgebäude **The Tribunal** und eine der ältesten, vorreformatorischen Pilgerherbergen Englands – das **George and Pilgrim Hotel** stammt aus dem 14. Jh.

Nach Taunton

Wells und Glastonbury zeugen noch heute von der geistigen und weltlichen Macht dieser Region – Somerset war das Zentrum des angelsächsischen Königreichs Wessex, und im Mittelalter brachten es die Marktstädte und Dörfer durch die blühende Landwirtschaft und den Woll- und Tuchhandel zu solidem Wohlstand. Auch heute noch sind die Kleinstädte gepflegt; die Dörfer und Weiler mit ihren stattlichen Kirchen liegen in einer reizvollen Landschaft versteckt. Die Mendip Hills, die Quantock

Artus, Merlin und Excalibur

King Arthur's Country, Camelot Country, Isle of Avalon, Lyonesse, Excalibur – diese magischen Begriffe gehören einer phantastischen Welt an, die wie eine zweite, geheime Lesart die Topographie Südenglands verrätselt, zahllose Spuren gelegt hat, viele blinde Fährten, die ins Leere führen.

Mythos, Legenden und Sagen konzentrieren sich auf König Artus: Er residierte mit seiner Königin Guinevère auf Camelot; um seine Tafelrunde scharte er die edelsten Ritter, und sie alle begaben sich auf die Suche nach dem heiligen Gral.

Im Mittelalter sind die Abenteuer, die die Ritter der Tafelrunde, Gawain, Galahad, Parzival, Tristan, Lancelot etc. in fremden Landen zu bestehen haben, die Mut, Kraft, Ehre, Tapferkeit fordern und ausbilden, in ganz Europa phantasiereich ausgemalt worden, so von Chrétien de Troyes in Frankreich, Hartmann von Aue in Deutschland und Thomas Mallory mit seinem »Morte d'Arthur« in England. Das mit Artus entworfene ritterliche Tugendideal bestimmte die Kultur der höfischen Gesellschaft des Mittelalters. Noch die Tudormonarchen führten ihre Genealogie gern bis auf Artus zurück; sein ›Round Table‹ wird in Winchester in Ehren gehalten, dort wurde auch der älteste Sohn Heinrichs VII. geboren, der den Namen Arthur erhielt; als sein Bruder Heinrich VIII. den Thron bestieg, ließ er sich als ›Artus Redivivus‹ feiern.

Der Mythos ›Artus‹ reproduzierte sich in tausend Facetten in der europäischen Literatur, Musik und Malerei. Einen Höhepunkt erlebte er im 19. Jh. mit Wagners Opern und dem großen Gedichtzyklus von Alfred Lord Tennyson, »The Idylls of the King« (1859). Dazu kamen unzählige Genre- und Historienmaler, die Präraffaeliten und die *Arts & Crafts*-Bewegung um William Morris: Sie alle schrieben, webten, malten und komponierten an diesem romantischen Garn. Auch in unserem Jahrhundert stricken Romane, Dutzende von Filmen und andere Kulturprodukte weiter am Mythos ›Artus‹. Durch die immer wieder neue Beschäftigung mit seiner Person ist Artus in seinem Heimatland vervielfältigt anzutreffen; er war hier, dort und überall: in Cornwall, in Somerset, in Wiltshire und Wales.

Artus und mit ihm der keltische Hohepriester Merlin wurden zum ersten Mal von dem Chronisten Geoffrey of Monmouth (ca. 1100 –1150) als Personen aus Fleisch und Blut in die Historie der frühen britischen Könige eingereiht. Der Benediktinermönch und spätere Erzbischof von Wales, Geoffrey, bezog sich in seiner Chronik »Historia Regum Britanniae« auf die Überlieferung von einem großen keltischen Heerführer, der die Invasion der Sachsen zurückgeschlagen hatte.

Historiker und Archäologen knüpfen heute nun folgende Verbindungen: Nach dem Abzug der Römer aus ihrer nördlichsten Provinz fällt Britannien ins

König Artus in Südengland

Dunkel der Geschichte zurück, in die *Dark Ages.* Über die Zeitspanne vom Jahr 410 bis etwa zur Mitte des 6. Jh., als sich die angelsächsischen Königreiche zu formen begannen, weiß man kaum etwas. Gemäß den Überlieferungen – und hier kommt Geoffrey of Monmouth ins Spiel –, ist Artus der große einheimische Heerführer, der die Invasion der Sachsen lange aufhalten konnte. Archäologische Funde haben bestätigt, daß es einen Fürsten oder Krieger gegeben haben muß, der mit etwa 10 000 Mann von verschiedenen Heerlagern und befestigten Hügelforts aus die Eindringlinge bekämpft hat. Einer, der deshalb so erfolgreich sein konnte, weil er die zwei Welten seiner Zeit, die christianisierte, romano-britische, und die heidnisch-keltische in sich und für die anderen zu vereinen wußte.

An diesem Punkt nun verknäueln sich Fakten und Fiktionen, Geschichte und Geschichten so sehr miteinander, daß sie sich nicht mehr entwirren, nurmehr in grobe Stränge zerlegen lassen. Mit heftig verteidigten, sich widersprechenden Regionalvarianten, denen man hübsch hinterherreisen kann.

Geboren wurde Artus als Sohn eines cornischen Fürsten um 473 auf der weit ins Meer ragenden Felsenburg **Tintagel** in Cornwall. Christlich erzogen, wird er in seiner Jugend aber auch von dem weisen Hohepriester und Magier Merlin in die ›Anderwelt‹, die matriarchalische Welt der Kelten eingewiesen. Nahe Tintagel liegt **Merlin's Cave.** Der Fluß Camel und der Ort Camelford, die Furt über den Camel, stehen mit dem Begriff ›Camelot‹ in Verbindung. Im hoch gelegenen, einsamen **Bodmin Moor** etwa 15 km südöstlich von Tintagel, liegt ein Hügelfort versteckt, **Arthur's Hall,** das er zur Jagd genutzt hat. In **Castle Dore,** an der Mündung des Flusses Fowey, an der Südküste Cornwalls, hat König Marke residiert; die Grabstele seines Neffen, **Tristram's Stone,** steht am 4 km südlich gelegenen Eingang von Menabilly. Und am Ende der Welt, zwischen Land's End und den Scilly Inseln gar, liegt das **Reich von Lyonesse,** das britische Atlantis, das, zu Arturs Zeiten noch mit der Landspitze verbunden, Heimat von Tristan und Galahad war und erst später im Meer versunken ist. Bei Ebbe tauchen an den **Inselchen Great and Little Arthur** immer noch urrestliche Steinwälle auf …

Mit dem Tod von König Uther im Jahr 512 übernimmt Artus die Herrschaft, zieht nach Osten über die Grenzen Cornwalls hinweg, um gegen die sächsischen Eindringlinge zu kämpfen. Auf Camelot hält er Hof. **Camelot,** in schönster Übereinstimmung aller, Camelot ist identisch mit **Cadbury Castle** in Somerset, hatte doch schon John Leland, ein Tudor-Historiker 1542 geschrieben: »At South Cadbyri standith Camallate«. Die neuesten Ausgrabungsergebnisse des ›Camelot Research Committee‹ bestätigen dies. Das Plateau in der Mitte der drei gewaltigen Erdwälle kennt man als **King Arthur's Palace.** South Cadbury, in Camelot Country, liegt etwa 15 km südöstlich von Glastonbury: Am **Glastonbury Tor** hatte Joseph von Arimathäa etwa 500 Jahre zuvor den Kelch Christi, den Heiligen Gral vergraben. Im römischen Britannien noch standen keltische und christliche Religionen gleichwertig nebeneinander. Artus, als Auserwählter beider Welten, war in die keltischen Mysterien eingeweiht, das Schwert Excalibur hatte er erhalten, aber der Gral, Symbol der Christenheit schlechthin, fehlte noch, und seine Ritter machten sich auf die Suche ...

Die entscheidende, große Schlacht, mit der Artus die Sachsen in die Knie zwang, fand 517 am Mount Badon statt, heute **Badbury Rings** in Dorset. Danach herrschte 20 Jahre lang Friede, bis der intrigante Mordred mit Lancelot paktierte und Artus in der Schlacht von Camlann verräterisch in den Tod trieb.

Den cornischen Artus ereilt der Tod im Kampf an der **Slaughter Bridge** am Bodmin Moor; sein Schwert ›Excalibur‹ wird von Bevidere in einen naheliegenden See geworfen; »the Lady of the Lake« nimmt es an sich. Der See ist der düstere **Dozmary Pool** unweit Temple. Bestattet liegt Artus im berühmten **Arthur's Tomb.**

Der Artus aus Somerset ficht die Schlacht von Camlann am Flüßchen Cam bei Cadbury; von dort wird er über **King Arthur's Causeway** nach Glastonbury überführt; in der Abtei errichtet man für ihn und seine Königin ein Grabmal. Tatsächlich aber wird er im Reich Avalon aufgenommen und von seinen Wunden geheilt. Dort erwartet er, »the once and future king, rex quondam, rex futurus«, den Ruf nach seiner Rückkehr.

Lesefutter: Wenn Sie wissen wollen, wie es wirklich war: Zwei herrliche Wälzer, die beide, jeweils in sich stimmige arturische Welten heraufbeschwören: Terence Hanbury White: »Der König auf Camelot« und Marion Zimmer Bradley: »Die Nebel von Avalon«.
Als Parodie noch immer unübertroffen: Mark Twain: »Ein Yankee aus Connecticut an König Artus Hof«.

Pubschild in Cornwall

Hills und schließlich Exmoor bieten herrliche Wandermöglichkeiten, die im Norden immer auch ans Meer führen.

Etwa 10 km südlich von Glastonbury liegt der kleine altmodische Ort **Somerton** 5, zeitweilig die Hauptstadt

Glastonbury, die Abteiruinen

des Königreichs Wessex und noch im 15. Jh. Hauptstadt von Somerset. **Huish Episcopi** 6 und das 5 km südliche **Kingsbury Episcopi** 7 erinnern mit ihren im Englischen so fremdartig wirkenden Namen noch einmal an den Machtbereich des Klerus und den gebietsumgreifenden Landbesitz der Kirche. In beiden Orten stehen außergewöhnlich schöne Kirchen, sogenannte *wool churches,* die die durch den Wollhandel reich gewordenen Gemeinden haben bauen können. Die Kirche St. Mary in Huish Episcopi besitzt einen der höchsten Kirchtürme von Somerset und ein leuchtendes Bleiglasfenster, das der Präraffaelit Edward Burne-Jones 1899 schuf.

In dem winzigen Ort **Muchelney** 8 sind die Ruinen und Mauerteile einer großen Benediktinerabtei, die um 950 gegründet wurde, zu besichtigen.

Taunton 9 (S. 368), mit ca. 40 000 Einwohnern, ist seit der Mitte des 19. Jh. die Hauptstadt der Grafschaft Somerset und seit jeher Zentrum der Cider-Herstellung. Der historische Kern der Stadt, **Taunton Castle,** geht in angelsächsische Zeit zurück, und von der normannischen Festungsanlage sind nur noch Teile des Wohnturms *(keep)* erhalten sowie das Burgtor, das heute den Eingang zum Somerset County Museum bildet. In der *great hall* erinnert ein Gemälde an den wegen seiner Grausamkeit gefürchteten Richter Jeffreys, der hier 1685 sein ›Blutgericht‹ nach der gescheiterten Monmouth-Rebellion abhielt. Der Herzog von Monmouth, unehelicher, anglikanischer Sohn von Charles II., der im Westcountry weite Teile der Bevölkerung hinter sich wußte und vor allen

Dingen in Somerset von den reichen Kaufleuten und Landbesitzern unterstützt wurde, ließ sich nach dem Tod seines Vaters in Taunton zum König proklamieren. In der Schlacht von Segdemoor bei Bridgewater unterlag sein Heer dem rechtmäßigen, jedoch katholischen König James II. Monmouths Hinrichtung folgte auf dem Fuß. Die Schlacht bei Sedgemoor war die letzte militärische Auseinandersetzung auf englischem Boden.

Das ›Castle Hotel‹ mit seinen Gärten darf sich anderer Kronen rühmen: Es gehört zu den schönsten, besten – und teuersten – Hotels Großbritanniens. In den erlesenen Räumen, denen noch die mittelalterliche Baustruktur zugrunde liegt, waren neben zahllosen Fürsten und Politikern auch Queen Victoria und Queen Elizabeth zu Gast. Seine Küche ist mehrfach – auch durch die begehrten Michelin-Sterne – ausgezeichnet worden. Tischreservierung, mindestens 14 Tage vorab, ist notwendig.

Hestercombe House & Gardens

Etwa 4 km nördlich von Taunton, von der A 361 abzweigend, liegt oberhalb des Tals von Taunton Deane ein Kleinod für den Gartenliebhaber: **Hestercombe House & Gardens** **10** (S. 354). Wundern Sie sich nicht: Das Haus selbst, ein großer viktorianischer Kasten, ist das Hauptquartier der ›County Council Fire Brigade‹. Erst im Jahr 1970, als der Feuerwehr-Chef alte Gartenpläne im Geräteschuppen fand, wurde die Gartenanlage Stück für Stück nach den Plänen von Gertrude Jekyll und Edwin Lutyens rekonstruiert – eine Seltenheit, denn die Anlagen des berühmten Duos, das der eduardischen Zeit völlig neue Impulse gab, zeichneten sich durch verschwenderische Üppigkeit aus, deren Erhalt sehr arbeitsintensiv war und eine Schar von Gärtnern forderte, so daß die meisten ihrer Anlagen nur auf dem Papier existierten oder aber wieder aufgegeben wurden. Und hier nun eine Ausnahme: Das Haus selbst ist durch Lutyens nicht verändert worden – nur die Gärten fordern unsere Aufmerksamkeit. Mittelpunkt des Gartens ist ein abgesenktes Plateau mit formaler Blumenbepflanzung. Dann gibt es, auf unterschiedlichen Ebenen, einen holländischen Garten, eine lange Pergola, gradlinige Wasserläufe, kleine Teiche, eine von Lutyens entworfene Orangerie aus zweifarbigem Stein und Blumenrabatten in unterschiedlichsten Farb- und Formzusammenstellungen, die in allen Jahreszeiten eine Augenweide darstellen.

Nach Dunster und Minehead

In **Bishop's Lydeard** **11**, an der A 358, endet oder beginnt die 30 km lange Strecke der historischen Dampfeisenbahn **West Somerset Railway,** die sich mit zischenden Dampfloks und alten Waggons, vorbei an Wäldern, Tälern und Stränden durch wunderschöne Landstriche bis nach Minehead kämpft, auf liebevoll restaurierten Bahnhöfchen hält und nicht nur für den Eisenbahnfreak ein rechtes Vergnügen bietet.

Knapp hinter Bishop's Lydeard liegt der Weiler **Combe Florey** **12** – in einem stattlichen *manor house* lebte hier der Schriftsteller Evelyn Waugh reich, fies, snobistisch, eigenbrötlerisch und extravagant, mit Frau und sechs Kindern. Der konvertierte Katholik, der durch geistsprühende und frivole Gesellschaftssatiren in den 30er Jahren Aufsehen er-

Die High Street von Dunster mit dem Marktkreuz von 1609

regte, beschwört in seinem berühmtesten Werk »Brideshead revisited« (Wiedersehen mit Brideshead) von 1945 mit Virtuosität, ironischer Zärtlichkeit und Melancholie die glanzvolle Welt einer großen katholischen Adelsfamilie zwischen den Kriegen herauf. Der Roman, 1980 aufwendig und prachtvoll von der BBC verfilmt, zählt zu den Büchern, die man im Reisegepäck dabeihaben sollte!

Noch ein literarischer Abstecher: Etwa 8 km nordöstlich, auf der anderen Seite der Quantock Hills, in **Nether Stowey** 13 (S. 359), hat der neben Wordsworth bedeutendste romantische Dichter Englands, Samuel Taylor Coleridge, gelebt. Zwischen 1795 und 1800 war er in dem Cottage zuhause, das heute vom National Trust verwaltet wird. Im **Coleridge Cottage** sind seine großen mythischen Gedichte »Kubla Khan« (S. S. 121) und »The Ancient Mariner« entstanden.

Von Combe Florey aus sind es nur ein paar Kilometer bis zu den Brendon Hills, die das Exmoor auf östlicher Seite begrenzen. Eingebettet in ein kleines bewaldetes Tal *(combe)* zwischen den Dörfern Elworthy und Monksilver liegt das stattliche Anwesen **Combe Sydenham Hall** 14 (S. 347), das um 1580 zwischen den Ruinen eines Klosters von Sir George Sydenham errichtet wurde. Seine Tochter Elizabeth hatte sich, sehr zum Mißfallen der Familie, mit dem Weltenbummler Drake verlobt. Der hatte ihr, bevor er sich wieder einmal auf und davon machte, das Versprechen abgenommen, auf ihn zu warten. Sie wartete, Monate, Jahre gar – bis sie schließlich von einem anderen zum Traualtar geführt wurde. Die Brautleute standen schon nebeneinander, als ein riesiger runder Stein, möglicherweise ein Meteorit, aus dem Himmel fiel und zwischen dem Paar in den Boden schlug. Dies Zeichen vom Himmel war unmißverständlich. Elizabeth weigerte sich, die Ehe einzugehen, und kurz darauf landete Drake in Plymouth, ritt schnurstracks nach Combe Sydenham und heiratete seine standfeste Braut im Jahr 1585. Gelebt haben sie dann in Buckland Abbey (s. S. 168).

Der über 180 Pfund schwere Stein ›Drake's cannon-ball‹ liegt noch in der Great Hall. Zum Anwesen gehören weite Garten- und Parkanlagen, Rotwildgehege, ein Mühlbetrieb und aus dem 16. Jh. stammende Fischteichanlagen, in denen sich Anfänger heute im *fly-fishing* üben können.

Über Cleeve Abbey (Ruinen einer alten Zisterzienserabtei) gelangen wir nach Dunster und Minehead, die in ihrer geschäftigen Munterkeit die Grenzen zum Exmoorgebiet markieren. **Dunster** 15 (S. 349) ist ein malerischer Ort, der, freundlich herausgeputzt, zum gemächlichen Schlendern einlädt – das allerdings ist weit und breit bekannt.

Trotzdem hat Dunster sich das Flair eines mittelalterlichen Refugiums bewahren können, vielleicht deshalb, weil der gesamte Ort bis zum Jahr 1950 zum *estate,* zum Landbesitz der seit 1376 hier ansässigen Luttrell Familie gehörte, die hoch oben auf dem bewaldeten Hügel im **Dunster Castle** residierte. Die Burg, im 11. Jh. erbaut, später durch Cromwells Truppen geschleift, wurde im 19. Jh. extensiv umgebaut und restauriert. Die Park- und Gartenanlagen ziehen sich in tropischer Pracht um den Hügel herum. Die alte Wassermühle am Flüßchen Avril ist noch in Betrieb und kann, wie die Burg auch, besichtigt werden.

Die bunte **High Street** von Dunster bietet ein hübsches Sammelsurium der Wohnbaustile unterschiedlichster Epochen – und in der Mitte steht das achtekkige, schiefergedeckte und dunkelgrün bemooste Marktkreuz ›Yarnmarket‹ von 1609, das an den damaligen Wohlstand dieses einstigen Zentrums der Tuchindustrie erinnert.

Ein paar Kilometer weiter schlägt uns endlich Seegeruch, Wind und das Geschrei der Möwen entgegen: **Minehead** 16 (S. 358). Dieses kleine, im Rücken einer Hügelkette liegende Seebad mit 12 000 Einwohnern war einst eine wichtige Handelsstadt für den Umschlag von Vieh, Wein, Wolle und Kohle. Auch die Fischerei brachte ordentliche Einnahmen – aber der Hafen versandete, die regionalen Industriezweige konnten sich nicht mehr behaupten, und heute ist der Ort hauptsächlich auf den Tourismus angewiesen, der Minehead in den Sommermonaten recht ordentlich anschwillen läßt. Berühmt-berüchtigt ist das größte und älteste ›Butlin's Holiday Camp‹, im Zuge der gründlichen Modernisierung und neuer Image-Pflege in **West World** umgetauft. Dieses Urlaubsparadies der *working class* ist eine riesige Abenteuer- und Erlebnisenklave, in der geschwächte Nerven und geräuschempfindliche Ohren nichts zu suchen haben – grell, laut, voll und aufregend, bietet dieser Ferienrummel Kindern himmlische Freuden.

Die Altstadt zieht sich in winkligen Gassen, über Kopfsteinpflaster und schmalbrüstige Treppen hinauf zum North Hill mit der schönen Pfarrkirche aus dem 14. Jh.

Unten am Wasser herrscht entlang der Esplanade lebhaftes, ein wenig altmodisches Treiben; die Läden und Häuser sind blumengeschmückt; zwischen Fish & Chips-Buden, Teestuben und Pensionen, zwischen betagtem Meerwasserschwimmbecken, Parkanlagen und unordentlichem Hafen trödelt das Strandleben behaglich daher. Minehead ist sehr englisch, und damit meine ich auch den Strand: weite graue Kieselsteinflächen, der Wind bläst immer ein bißchen zu frisch, und die Wassertemperatur ist nur für den tapferen Schwimmer ohne Belang. Und jeder ist zufrieden.

Exmoor National Park

Exmoor, auf der Grenze zwischen Somerset und Devon, ist ein hinreißend schönes Naturreservat: ein ca. 700 km^2 großer Nationalpark mit weiten Hochmoorflächen, urwaldähnlichen Schluchten, grasgrünen, sanft gewellten Hügeln, tief eingeschnittenen Flußtälern, bis an den Horizont sich ausdehnenden leuchtend gelben Ginsterflächen.

Es gibt zwar hier und da Moorlöcher, aber das Exmoor ist kein endlos morastiges Sumpfgebiet. Der Begriff *forest* bezeichnet im Englischen immer ein historisches Wildreservat für die königlichen Jagden, wie zum Beispiel auch der New Forest bei Southampton. Schon zu Beginn des 16. Jh. waren große Teile der offenen Weideflächen verpachtet, und heute grasen zwischen März und Oktober mehr als 30 000 Schafe im Exmoor. Daneben wird Rotwild gepflegt, das sich in den bewaldeten Schluchten der Flußtäler versteckt und nur selten zu sehen ist. Die traditionellen kleinen, kräftigen Ponies halten die rauhen Winterstürme aus; sie bleiben das ganze Jahr über im Freien. Das Exmoor ist ein Tierparadies. Hier leben Füchse, Adler, Bussarde, Lerchen, Ringdrosseln und Turmfalken. In den Flüssen Barle, Exe und Oare kann man nach Forellen und Lachsen fischen. Die Dörfer und Kleinstädte strahlen einen behäbigen, altmodischen Charme aus, und an der Küste zum Bristol-Kanal schmiegen sich zwischen hoch aufgetürmten Felsklippen kleine Häfen in windgeschützte Buchten.

Exmoor Forest ist ein vorzügliches Wandergebiet. Kreuz und quer ziehen sich über 900 km ausgewiesene Fußwege über Hochplateaus, durch Heide, Ginster, Farne und Flußtäler. Man wandert an Eschen, schief gewachsenen Eichen und bemoosten Erlen vorbei, an Buchenhecken, Hünengräbern und Steinhaufen entlang. Die Zeit scheint hier innezuhalten. In den wenigen Dörfern aus grauem Stein setzen nur die blumengeschmückten, in kräftigen Tönen lackierten Türen und Fensterrahmen überraschende Farbtupfer. Entlang der Küste lockt der Fernwanderweg **Somerset & Devon Coast Path** – 48 km von Minehead bis nach Combe Martin: ein unvergleichliches Erlebnis mit grandiosen Ausblicken über das Meer bis zur Küste von Südwales. Selbst wenn Sie nur einen Tag erübrigen können: ein Stückchen auf diesem Küstenwanderweg ist ein unbedingtes Muß.

Die langgestreckten Felskämme in Exmoor sind so spektakulär, daß wir von Minehead ihrem Lauf folgen wollen. Zuvor aber noch ein kleiner Abstecher nach **Selworthy** 17 (A 39 Richtung Allerford), einer puppenhaften Mustersiedlung, die aus »Alice im Wunderland« stammen könnte: Rund um eine baumbestandene Dorfwiese gruppieren sich zwischen Blumenbeeten, blühenden Sträuchern und Hecken etwa ein Dutzend Cottages – vanillegelb mit tief heruntergezogenen, dicken Reetdächern und stämmigen Schornsteinen. Die Anlage, die schon fast zu pittoresk wirkt und museales Flüstern angebracht erscheinen läßt, wurde im Jahr 1810 von Sir Thomas Acland, Baron Holnicote, für pensionierte Arbeiter seines *estates* errichtet; heute wird Selworthy vom National Trust erhalten. Die Teestube im ›Periwinkle Cottage‹ bietet süße Köstlichkeiten. Das Dörfchen liegt im Schatten von Selworthy Beacon, in der Nähe der Anhöhe, mit weitem Ausblick auf

Selworthy Combe und das Rundfort Bury Castle.

Der etwa 20 km lange **Streckenabschnitt zwischen Porlock und Lynton** zählt in der Tat zum Schönsten, was die Natur zu bieten hat: Steil abfallende, grüne Klippen mit vom Meer ausgewaschenen, bizarr eingeschnittenen Buchten zur einen, gelbe oder violette, weitläufige Hochmoorebenen, auf denen die Schafherden grasen, zur anderen Seite – dazwischen windet sich die extrem steile Paßstraße die Anhöhen hinauf und bietet herrliche Ausblicke, ob bei sanftem Wind und strahlender Sonne oder bei Regen und rasenden Windböen.

Porlock 18 selbst, auf drei Seiten in Hügel gebettet, ist ein altes Dorf mit viel Charme und Charakter. Im winzigen, pittoresken Hafen **Porlock Weir** könnte man sich gut einnisten, wenn man für einige Tage im Exmoor bleiben will. Die Reitschule hat einen exzellenten Ruf, ist aber nur eine von vielen im Exmoor Gebiet.

Auf einem schönen Spazierweg entlang bewaldeter Klippen gelangt man

Cottage im Exmoor bei Luccombe

nach etwa 3 km zu dem Flecken **Culbone** 19 mit der kleinsten Kirche Englands – ein perfekt ausgearbeiteter Steinwinzling aus dem 12. und 13. Jh.

Für Kenner der englischen Lyrik mag Porlock gleichsam eine Pilgerstadt sein: 1797 hielt sich der große romantische Dichter Samuel Taylor Coleridge hier für eine Weile auf, und seinen Aufzeichnungen zufolge ist sein Opiumtraum, der ihm das grandiose, sprachgewaltige Gedicht »Kubla Khan« eingab, durch den »Mann von Porlock« jäh unterbrochen worden.

In Xanadu did Kubla Khan
A stately pleasure-dome decree:
Where Alph, the sacred river, ran
Through caverns measureless to man
Down to a sunless sea. (...)*

* In Xanada ließ Kubla Khan
einen prunkvollen Freudenpalast
errichten:
Wo Alph, der heilige Fluß,
durch Höhlen, die dem Menschen
unermeßlich sind,
hinunter zu einem sonnenlosen
Meer floß (...)

Überhaupt weckt die Küste von Norddevon viele romantische Assoziationen: Der junge Percy Bysshe Shelley verbarg sich mit seiner heimlich angetrauten Frau Mary Wollstonecraft in Lynton, und Henry James hat dem Doppelort **Lynton-Lynmouth** 20 (S. 356) in seinen »English Hours« so viel südländischen Charme und Anmut »in sublimsten Farbgemälden der Natur« bescheinigt, daß die Ausflügler und Badegäste schon seit der Jahrhundertwende in Scharen angereist kommen.

Lynton liegt hoch oben auf einer Klippe. Es bildet die Wandseite einer 100 m tiefen Schlucht. Der Zwilling Lynmouth schiebt sich an der Mündung des Sturzbaches in den geschützten Talausgang hinein. Dies reizvolle Doppelgespann ist durch eine steile Klippenbahn miteinander verbunden.

Malmsmead 21 an der Öffnung zum **Doone Valley** bietet sich als Ausgangspunkt zu einem Ausflug in die tief eingeschnittenen, abgelegenen Flußtäler von Badgeworthy und Oare Water an. Sie sollen einst die Heimat der Doone-Sippe

Die Tarr Steps bei Winsford

gewesen sein, die als gefürchtete Räuberbande im Exmoor ihr Unwesen trieb.

Exford 22 mit seinen reetgedeckten Häusern, anheimelnden Gaststuben und Pubs ist das geographische Zentrum von Exmoor; hier laufen alle Straßen zusammen.

Wie auch in Porlock und Minehead wird hier im herbstlichen Morgengrauen zur Rotwildjagd geblasen. Die aufwendigen, komplizierten Rituale der Jagd über die Moore gehören seit Jahrhunderten zur Tradition, werden aber seit einiger Zeit von Tierschützern heftig angefochten, so daß sich die im Morgendunst versammelte Jagdgesellschaft durchaus einmal einer Schar schweigender Demonstranten gegenübergestellt sieht. Berühmt sind die *kennels,* die Zwinger der Hirschhundmeuten, die seit dem 16. Jh. hier gezüchtet werden und deren schwierige Haltung bei Kennern größte Bewunderung hervorruft.

Von Exford aus ist es nicht weit zum **Dunkery Beacon,** der höchsten Erhebung im Exmoor (520 m). Die Wanderung auf den Gipfel lohnt mit herrlichen Rundblicken auf die Täler und Ebenen des Exmoor.

In **Winsford** 23, etwa 8 km südöstlich von Exford, einem gemütlichen Weiler mit gerade 350 Einwohnern, fließen, strömen und plätschern mehrere Flüßchen zusammen, so daß hier auf kleinstem Raum sieben Brücken anzutreffen sind. Die schönste und älteste ist die Packhorse Bridge bei der Pfarrei. Ein beliebtes Wanderziel (von Winsford etwa 8 km entfernt) sind die berühmten **Tarr Steps** 24: eine Brücke, die aus dicken Steinpfeilern und lose darüber gelegten, immer wieder erneuerten Steinplatten besteht und als *Clapper Bridge* bekannt ist. Sie führt über das fischreiche Flüßchen Barle und ist möglicherweise Jahrtausende alt – niemand weiß es genau.

Auch **Simonsbath** 25 ist in seiner ländlichen Schlichtheit sehenswert, und hier wie in allen Orten und Weilern werden Wanderkarten oder kürzere Routenvorschläge bereitgehalten. Falls Sie nicht nur einen kleinen Bummel planen, sollten Sie sich auf jeden Fall mit einer Karte ausrüsten; es gibt zwar Wegmarkierungen, aber im Gegensatz zu unseren Wandergebieten keine graphischen Hinweistafeln, die einem in der Not bekanntgeben, wo man eigentlich gelandet ist.

Noch einmal zur Küste: Zwischen Lynton und Combe Martin geraten Natur- und Landschaftsfreunde ins Schwärmen, über bizarre Felsformationen und schroffe Klippen auf dem Coast Path zum einen, zum anderen über die ins Inland abzweigenden Taleinschnitte wie das **Valley of Rocks** 26, ein Urwald mit Eichen, Farnen, riesigen Gesteinsbrok-ken. Ähnlich reizvoll ist das Tal, das sich bei **Heddon's Mouth** zum Meer hin öffnet.

Bevor man sich der Einsamkeit und spröden Schönheit Norddevons überläßt, bietet sich zwischen Blackmore Gate und Bratton Fleming ein Abstecher an: Das Vogelparadies **Exmoor Bird Gardens** 27 (S. 351) beherbergt in großzügig angelegtem Landschaftsareal über 500 einheimische und tropische Vogel- und Kleintierarten, die zum Teil frei im Gelände leben.

Arlington Court 28 (S. 338), gleich um die nächste Straßenecke gelegen, ist eines der wenigen großen *Countryhouses* im Norden der Grafschaften Devon und Cornwall – der, wenn man so will, letzte Vorposten wohlgepolsterten Landlebens in einer kargen Region, die ihren Bewohnern im Lauf der Geschichte vor allem Mühsal und Not bescherte.

Das neoklassizistische Haus, 1822 erbaut, gehörte zum Landbesitz der Chichester Familie, die hier seit 500 Jahren ansässig war. Die Ausstattung der Räume mit viel buntem Sammelsurium spiegelt noch den Geschmack der spätviktorianisch-eduardischen Epoche wider. Die letzte Besitzerin des Hauses, Miss Rosalie Chichester, starb 1949 und vermachte das Anwesen dem National Trust. Miss Chichester war berühmt für ihre Sammlung an Schiffsmodellen, über 100 Stück, die heute noch in der Galerie und der großen Eingangshalle ausgestellt sind. Das Haus ist von einem herrlichen Landschaftspark umgeben, den man auf einer Kutschfahrt erkunden kann.

Die Gärten von Arlington Court

Norddevon – Natur pur

Devon, die flächenmäßig größte Grafschaft und die am dünnsten besiedelte Südenglands, bietet außerordentlich kontrastreiche und vielfältige Landschaften. Der nördliche Küstenbereich am Bristol-Kanal und der Irischen See ist wild und rauh mit spektakulären Felsformationen und engen, bewaldeten Tälern, die sich zum Meer hin öffnen.

Devon ist das Land der schmalen, gewundenen Straßen, von hochgetürmten Hecken gesäumt, das Land der dunkel-

Hartland Point, Wrack des 1982 zerschellten Frachters Johanna vor der Küste von Devon

roten, auberginefarbenen Erde. Die Gesteinsformationen aus Rotsandstein stammen aus dem Erdzeitalter des Devon – daher auch der Name. Hier schimmern die weiß getünchten Häuser immer pinkfarben, und selbst das dichte, weiße Fell der Schafe verblüfft durch einen rosa-braunen Farbton.

Im Inland: weite, buckelige Felder, in zahllose Flickenteppiche zertrennt, mit Wiesen, Weiden, Ackerland und den charakteristischen Buschhecken. Die Hauptstadt Exeter mit ihrer berühmten Kathedrale grenzt an das karge, verlorene Dartmoor, wo die Prähistorie der Menschheit noch lebendig scheint und zwischen versteckten, malerischen Dörfern die Geister ihr Unwesen zu treiben scheinen. Im Süden schließlich finden wir üppige, tropische Vegetation, große,

mediterrane Seebäder wie Torquay an der ›englischen Riviera‹, weite, bewaldete Flußmündungen mit kleinen Fischerdörfern und Segelhäfen. Die Grenze zu Cornwall bildet Plymouth, größte Stadt Devons, die den Aufstieg Englands zur Herrscherin über alle Meere miterlebte. Von hier aus segelten Händler, Forscher und Piraten unbekannten Küsten entgegen.

Größte Stadt im Norden Devons und ländliches Handelszentrum ist **Barnstaple** 29 (S. 339) mit knapp 20 000 Einwohnern. Barnstaple, Appledore und Bidefort – auch sie waren einst bedeutende Hafenstädte, eng mit der nationalen Geschichte der Handelskauffahrtei, der Entdeckungsreisen und großen Auswanderungsbewegungen verbunden. Heute sind es kleine, geschäftige Orte, die sich mit ihrem Schattendasein versöhnt haben. Die Nordküste Devons und Cornwalls bietet grandiose Naturspektakel – für einen Badeurlaub am Strand ist sie für den deutschen Geschmack nicht recht geeignet.

Das Städtchen **Ilfracombe** 30 war im 19. Jh. ein beliebtes Seebad, das sich um das alte Hafenbecken herum entwickelt hat. **Woolacombe** 31 ist ein windzerzaustes Surferparadies, dessen Strände je nach den Gezeiten zusammenschrumpfen oder sich scheinbar magisch vergrößern. Die Küste präsentiert sich hier als überwältigendes Naturschauspiel mit dem weit nach Westen vorgeschobenen Hartland Point als dramatischen Höhepunkt.

Tarka Trail

In Barnstaple, wo sich die Bauern der Umgegend jeden Freitag zum Viehmarkt treffen, beginnt und schließt sich auch der Kreis eines nagelneuen **Rundwanderweges.** Der ›Tarka Trail‹ zieht sich 120 km lang, durch das Exmoor bis Lynton, dann westwärts der Küste folgend, und führt durch Heidegebiet, abgelegene Flußtäler, entlang der Steilküste und durch die Dünenlandschaft Braunton Burrows. Zusätzlich sind kürzere Fahrradstrecken ausgearbeitet worden. Den südlichen Abschnitt des Tarka Trail bildet die alte, wiederbelebte Bahnstrecke zwischen Barnstaple und Exeter, die auf etwa 45 km Länge durch das unberührte, ländliche Herz Devons schnurrt. Der Name dieses großangelegten Projekts, das einem sanften Tourismus und dem Naturschutz dient, bezieht sich auf ein in England viel gelesenes Kinderbuch des heimischen Autors Henry Williamson: »Tarka, der Otter«, der mit seinen Gefährten in den Flüssen Torridge und Taw herumspringt, Abenteuer erlebt und durch die Natur Devons zieht, hat seit seinem Auftauchen im Jahr 1927 über 30 Auflagen erlebt und ist vom Fernsehen verfilmt worden. Die Natur- und Landschaftsbeschreibungen zwischen den Flüssen, dem Exmoor und den Meeresküsten bis Bidefort sind darin so liebevoll und detailgetreu geschildert, daß jeder Reiseführer überflüssig wird.

Von Bidefort, Barnstaple oder Ilfracombe gehen Fährverbindungen hinüber zur Felseninsel **Lundy,** die für Botaniker und Ornithologen großen Reiz besitzt. Die kleine Insel steht als Vogelbrutgebiet unter Naturschutz. Nur 17 Leute leben auf Lundy, und Übernachtungsmöglichkeiten gibt es ausschließlich für angemeldete Gruppen. 2½ Stunden dauert die Überfahrt, und da Lundy keinen Hafen hat, wird man auf offenen Booten zur Landung eingeschifft.

Westward Ho!

An der Küste

Einer der für uns *continentals* wohl trübseligsten Badeorte Südenglands ist **Westward Ho!** (jawohl: mit Ausrufungszeichen) 32, der vielleicht auch nur wegen seines Namens soviel Aufmerksamkeit gefordert hat: Der viktorianische Sozialreformer Charles Kingsley (1819–1875) lebte in Bideford, als er seine strengen, wohltemperierten Erziehungsromane und philantropischen Traktate einmal beiseite schob und einen hochromantischen, blutrünstigen und heftig nationalistischen Abenteuerroman schrieb, der vor dem Hintergrund der Greuel des Krim-Krieges die patriotischen Werte der Freibeuter und Seefahrer während des Kampfes gegen die Armada wiederaufleben ließ. Der Roman »Westward Ho!«, 1855 erschienen, war so erfolgreich, daß die Stadtväter Bidefords dem bis dato spärlichen Badebetrieb an ihrem Küstenstreifen mit einer Bau- und Entwicklungsgesellschaft eben jenen Namens auf die Beine helfen wollten. Dieser alte Ruf, Schlachtruf oder auch Beschwörungsformel all derer, die über die Meere fuhren – immer nach Westen, nach Amerika, zu den ›Indies‹, um den Erdball herum und schließlich wieder ›westwärts‹ zurück in die Heimat – diese Beschwörungsformel hat für selbigen Ort nun keineswegs das Zauberwerk zu vollbringen vermocht: eine graue Betonpromenade vor grauem Steinstrand; dahinter Reihen um Reihen von kleinmütigen Holzhäuschen, den *chalets*, die seitwärts und bis weit nach hinten von Caravan-Parks eingeklemmt sind.

Wir folgen der A 39, die die Umrisse der Küste zwar nachzeichnet, aber immer in gebührendem Abstand zur See bleibt. Einsame Meeresbuchten erreicht man nur über die schmalen, baumgesäumten Stichstraßen, die dann unvermittelt an einem Stückchen Strand enden, wie z. B. in **Horns Cross** oder **Buck's Mill,** an deren Steilufer am Wasser immer noch die Spuren der einstigen Kalköfen zu sehen sind: geschwärzte Felsschichten, verrostete Gestänge der Abraumbahn, einige wenige, liebevoll gepflegte Cottages, die sich, wie Schutz suchend, eng aneinander schmiegen.

Aufgescheucht aus dieser friedlichen Melancholie wird man in **Clovelly** 33 –

dem wohl berühmtesten Fischerdorf Englands: Über 600 Jahre gehörte das Dorf zum Clovelly *estate,* der in der Hand nur zweier Familien blieb. Die letzte Alleinerbin, Christine Hamlyn, hatte schon gegen Ende des 19. Jh. das Dorf unter ihren Schutz gestellt, als die Fischerfamilien Not zu leiden begannen; heute wird Clovelly von einem Trust verwaltet, steht unter Denkmalschutz, ist immer noch eine eng verzahnte Lebensgemeinschaft. Wochenendhäuser gibt es hier nicht ... Oben, am Eingang zum Dorf, wird der Besucher wie in einer Flughafenhalle abgefertigt: das Auto auf den Parkplatz, dann Ticket, Souvenirs, ein Videofilm über die Geschichte Clovellys. Und dann stürzen sich, einem Wasserfall gleich, die Treppenkaskaden und buckeligen Gassen und Kopfsteinpflaster und engen Torbögen 120 m tief hinab bis zum halbmondförmigen Pier im Hafen. Vor den winzigen Cottages mit hohen Schornsteinen, mit wilder Blumenpracht in handtuchgroßen Vorgärtchen stehen flache Holzschlitten – neben Packeseln das übliche Transportmittel in Clovelly, für Lebensmittel, Abfall, Kohle und Mobiliar. Das einzige motorisierte Zugeständnis bilden die Landrover, die das Gepäck der Gäste des ›Red Lion‹-Hotels befördern.

Der Kontrast zwischen der eingezäunten Munterkeit Clovellys und der wilden Urwüchsigkeit der Landzunge von Hartland könnte größer nicht sein: Am **Hartland Point** 34 (S. 353) brandet die tosende See in Gischtkaskaden gegen die steilen, spitzen Felskanten – seit Jahrhunderten ein Alptraum der Seefahrer. Nicht nur an diesem unwirtlichen Küstenstreifen, sondern rund um den westlichen Küstensockel Südenglands haben Zehntausende von Seeleuten den Tod gefunden; unzählige Schiffe, große Segler, Galeonen, Frachter, Fischschlepper, Tanker sind in Seenot geraten, auf Grund gelaufen, an den Felsen zerborsten. In jedem Ort kann man Postkarten und Poster mit den Namen all jener Schiffe erwerben, die zum Teil seit Jahrhunderten auf dem Meeresgrund liegen. Man nimmt an, daß etwa 250 000 Schiffe an den Küsten Großbritanniens gesunken sind. Hinter dem Leuchtturm von Hartland Point liegt ein zerschelltes Wrack am Strand – der Frachter Johanna, mit Weizencargo an Bord, geriet in der Silvesternacht des Jahres 1982 nach einem plötzlichen Wetterumschwung in Seenot. Sieben Männer der Besatzung konnten mit Hubschraubern gerettet werden. Nicht umsonst wird in jedem Fischerdorf, in jeder kleineren Hafenstadt das Seenotrettungsboot und seine freiwillige Mannschaft mit Stolz präsentiert, und auch die Leuchttürme überall an der Küste sind Ziel liebevollen Interesses.

Allerdings stoßen wir auch hier wieder auf die merkwürdigen Fußangeln der Landbesitzverhältnisse, in denen sich ahnungslose Besucher verfangen: Die Landspitze von Hartland Point ist in Privatbesitz – will man zum Leuchtturm, muß man den Feldweg des Farmers benutzen, und der öffnet seine Gatter nur zwischen 9.30 und 18.00 Uhr!

Die wind- und wellenumtoste Strecke des **Coastal Path** zwischen Hartland Point und Hartland Quay sollte man sich auf keinen Fall entgehen lassen. **Hartland Quay** 35 (S. 353): Eine Reihe Cottages, ein Hotel, ein Museum sind die verlorenen, klammen Außenposten einer kleinen, künstlich angelegten Hafenanlage, die gegen Ende des 19. Jh. in schweren Winterstürmen zerschmettert und von der See aufgefressen wurde. Das geduldige Beharrungsvermögen einer Handvoll Einheimischer hat das wacker-verschlafene Hotel gerettet; und

Die Küste bei Clovelly

das winzige **Museum der Schiffwracks** in einem knarrenden Holzhaus weist mit Zeitungsausschnitten und vergilbten Photos auf die mühsamen Versuche hin, gegen die Naturgewalt anzukämpfen. Die Vorschläge für Spazierwege und Wanderrouten geraten denn auch zwangsläufig zu Auflistungen der versunkenen Wracks ...

Das **Dörfchen Hartland** 36 (S. 353) liegt windgeschützt landeinwärts. Die abgesenkte Kirche, dem walisischen Heiligen St. Nectan geweiht, besitzt einen überraschend prachtvollen, hoch aufragenden *Perpendicular*-Kirchturm, der früher den Seefahrern als Orientierungspunkt diente. Eine schlichte Kirche mit schönen Schnitzereien und einem Prunkstuhl, »der anläßlich seines Besuches am 17. August 1938 von Haile Selassie, Kaiser von Äthiopien, benutzt wurde!« Was, ist da die Frage, machte der Kaiser von Äthiopien in Hartland?

Etwa 10 km südlich von Hartland liegt der kleine Ort **Morwenstow** 37 – hier sind wir schon auf cornischem Boden. Mehr als nur lokale Berühmtheit erlangte Stephen Hawkes (1803–1875), der Pfarrer von Morwenstow, der als begnadeter Eigenbrötler einen Schlingerpfad zwischen Christlichkeit und heidnischem Aberglauben einschlug; er deckte die Missetaten der heimischen Schmuggler und *shipwreckers* mit dem Mantel des Schweigens zu, barg aber auch die Leichen der bei Schiffbrüchen ums Leben gekommenen Seeleute und gab ihnen auf dem Friedhof ein kirchliches Begräbnis – eine von der Kirche verbotene Heldentat. Ihre Gräber sind durch eine Galionsfigur gekennzeichnet. Er trank, er nahm Opium, schrieb Gedichte und Balladen, u. a. den »Song of the Western Man«, der die inoffizielle Hymne Cornwalls wurde. Lustvoll krönte er sein Pfarrhaus mit Schornsteinen, die dem Grabmal seiner Mutter und den Kirchtürmen der Orte, in denen er vordem gewohnt hatte, nachempfunden waren. In Gummistiefeln und Fischerkleidung wetterte er von der Kanzel herunter, trug dort auch seine Lyrik vor, half den Bedürftigen der Nachbarschaft – sich selbst und seinem Seelenheil wußte er, kurz vor seinem Tod, am Rand des Lebens, am Rand der Welt, nur durch den Übertritt zum Katholizismus zu helfen ...

Cornwall: Gegen die Uhr und den Uhrzeigersinn

Cornwall gilt als merkwürdig: »It's strange, a peculiar place«, meinen viele Briten, wenn sie nach Cornwall gefragt werden. In englischen Reiseführern wird ›das ganz andere‹, die Eigenarten Cornwalls, seiner Geschichte und seiner Bewohner immer deutlich herausgestellt. Ein nach innen gekehrtes Land, das mit sich selbst beschäftigt ist, das aus seiner einstigen Isolation seinen Charme, seine Größe und strenge Naturwüchsigkeit hervorgebracht hat; ein

Land, das auf drei Seiten von Meeren umgeben ist, das, am Ende der Welt, immer nur die See vor Augen hat und auf seiner Landseite im Osten mit dem Flußlauf des Tamar seine natürliche Grenze nach Devon hin findet.

Cornwall lebt aus und mit seiner Vergangenheit: Die Einwohner stammen von den Kelten ab, sind dunkelhaarig und schwarzäugig; die cornische Sprache, dem Bretonischen und Walisischen verwandt, ist in zahlreichen Ortsnamen noch zu erkennen (*tre* = Heim; *pen* = Ende, Landzunge; *pol* = Teich, Tümpel; *hayle* = Flußmündung; *garth* = Garten; *ruth* = rot) und verlosch erst gegen Ende des 18. Jh. Es ist das Land keltischer Legenden und Mythen, ein rauhes, ungezähmtes und armes Land mit zahllosen Bächen, Flüssen, öden Hochflächen, dem steinigen, kargen Bodmin Moor, gefährlichen Steilküsten mit schmalen Buchten, Dünenstreifen, aber auch langen Sandstränden, bewaldeten, breiten Flußmündungen. Der wilde, leere Norden wird zum Süden hin immer lieblicher und milder; schließlich sogar ›tropisch‹. Dazwischen liegen das Bodmin Moor und das hügelige, ginster- und farnbewachsene Rückgrat des Granitplateaus, aus dessen Eingeweiden einmal die größten Kupfer- und Zinnvorkommen der Welt gefördert wurden.

Im ganzen Land verstreut, auf schroffen Klippen und an steilen Küstenstreifen, besonders im Gebiet auf der westlichen Halbinsel Land's End, ragen Industrieruinen, die Schornsteine und die verfallenen Maschinenhäuser der Bergwerke wie verlassene Kathedralen des Industriezeitalters in den Himmel. In der Region um St. Austell hat sich seit dem Ende des 18. Jh. der Abbau von Kaolin, Porzellanerde, zu einem wichtigen Industriezweig entwickelt – riesige weiß gepuderte Abbauhalden zwischen türkisgrünen Baggerseen bestimmen das Bild zwischen Camborne und Redruth.

König Artus und seine Tafelrunde sind hier zu Hause, Geister, Gespenster und kleine, böse Erdgeister gehen – der Sage nach – in dunklen, windgepeitschten Winternächten um. Aberglauben, heidnische Riten, uralte Sagen und Märchen blühten in der Abgeschiedenheit Cornwalls. Prähistorische Relikte, Steinkreise, Dolmen, Menhire, verwitterte keltische Kreuze, Hunderte von heiligen Brunnen sind mit der Aura magischer Kräfte umgeben. Fischerei, Seefahrt, Landwirtschaft und Erzabbau prägten Land und Leute, die

◁ *St. Michael's Mount*

Die königliche Geldbörse

Die Duchy of Cornwall ist – im Gegensatz zu den anderen *counties* – ein Herzogtum und gehört – wie angenehm für ihn – Charles, dem Prinzen von Wales und Herzog von Cornwall, und das kam so: Wilhelm der Eroberer machte seinen Halbbruder zum 1. Grafen von Cornwall, und seit dem 14. Jh., als Eduard III. die Grafschaft zum Herzogtum aufwertete und sie später seinem Sohn, dem Schwarzen Prinzen, schenkte, ist es üblich, daß der jeweils älteste Sohn und Thronfolger des Monarchen »Land und Amtstracht am Tage, da er geboren ward, beanspruchen kann.« Neben dem symbolischen Tribut – ein Bündel Feuerholz, ein Ziegenfell, 100 Silbermünzen, 1 Pfund Pfeffer und gemischte Kräuter – sind es die Pachterträge, die ohne Umwege in die Privatschatullen des Prinzen fließen. Er ist der einzige der *royal family*, der keine vom Parlament bewilligte Jahresapanage bezieht. Ihm gehören: 128 000 acres (450 km^2 od. 42 000 ha) Land, die sich verstreut auf ganz Südengland, allerdings größtenteils in Cornwall und Devon befinden; die Scilly-Inseln gehören ihm, fast ganz Dartmoor, u. a. 160 Meilen *seashore*, der gleichsam insubstanzielle Teil zwischen Strand und Wasser, der bei Ebbe vorhanden, bei Flut überspült ist und traditionell aus dem Besitzrecht ›normalen‹ Grund und Bodens herausfällt. Ihm gehören einige Flußbetten, das Gewässer des Plymouth Sound, das Flußdelta des Camel; ihm gehören gestrandete Wale, die Fracht von auf seinen Küstenstrichen gestrandeten Schiffen; ihm gehören Mühlen, Farmen, Schulen, Gefängnisse, die gesamte Stadt Princetown in Dartmoor, die eine oder andere Burgruine wie Tintagel oder Restormel, natürlich Farm- und Weideland und der Grund und Boden, auf dem zahllose Stadtviertel stehen, Dörfer, Häuserzeilen, Anwesen und Gehöfte quer durch Devon und Cornwall.

Der Reingewinn 1993 betrug 1,7 Mio. Pfund netto, die Hälfte davon geht als Schenkung sofort an gemeinnützige Stiftungen innerhalb der Duchy, der Rest – steuer- und abgabefrei – klimpert in den königlichen Hosentaschen. Verwaltet wird das alles über das hochkarätige Duchy-Council, das jeden vierten Monat tagt, mit dem Prinzen als *chairman*. Ansonsten sind wie überall Makler und Immobilienfirmen dazwischengeschaltet, die die Verwaltungsgeschäfte übernehmen, die Mieten erhöhen und Pachtverträge aushandeln. Erst kürzlich hat die Familie Dorrien-Smith zum Beispiel, der auf den Scillies die Insel Tresco mit dem herrlichen tropischen Garten ›gehört‹, einen weiteren Pachtvertrag über 100 Jahre mit der Duchy abgeschlossen. Denn der Duchy-Landbesitz gilt als unveräußerbar, ›*unalienable*‹, und wenn jemand kaufen und bauen will, so sind komplizierte Auflagen damit verbunden.

Die Dukes of Cornwall haben in den letzten Jahrhunderten niemals in ihrer Besitzung gelebt – eine höfische Kultur, sei es auch nur in Ansätzen, ist daher nicht entstanden, und auch heute noch gibt es in Cornwall keine offizielle Residenz von Prince Charles oder seiner ›Firma‹, wie die Queen ihre Familie zu bezeichnen pflegt. Allerdings hat Charles mit seinen ausgeprägten Ansichten zur Architektur und Umwelt in den letzten Jahren großes Aufsehen erregt und öffentliche Debatten auf den Siedepunkt gebracht – die Avantgarde der Architektenzunft ist gegen seinen neoklassizistisch-ländlichen, traditionsgebundenen Stil, der Großteil der Bevölkerung jedoch ist völlig seiner Meinung. Und in seiner Duchy hat er bei den spärlich gesäten größeren Neubauprojekten durchaus auch seine Hand im Spiel, z. B. in Dorchester oder auf der Scilly-Insel St. Martin.

Lesefutter: Das Buch, das Prince Charles im Plauderton geschrieben hat (»als ich kürzlich in der Bibliothek von Windsor herumstöberte, fiel mir ein Buch in die Hände . . .«) – über den Zustand der englischen Städte, über Stadtplanung, Tradition und neue Architekturmodelle, bietet trotz seiner Subjektivität einen guten Überblick über Elend und Glanz neuerer Baugeschichte. Es ist auch auf Deutsch erschienen: HRH The Prince of Wales: »A Vision of Britain. A Personal View of Architecture« (»Die Zukunft unserer Städte«).

stolz, schweigsam und unabhängig ihre Eigenheiten pflegen.

Über dem ganzen Land liegt ein Hauch von Weltabgekehrtheit und trägem Stillstand der Zeit. Einstmals bedeutende Seehäfen sind versandet und verschlickt, in zahllosen Buchten und an den Mündungen kleiner Flüsse träumen heute bunte Spielzeugdörfer vor sich hin, die einmal lokale Wirtschaftszentren gewesen waren. In dem einstmals ärmlichen Fischerdorf St. Ives siedelten sich nach der Jahrhundertwende viele Künstler an, die sich an dem gleißenden, fast griechischen Licht berauschten, berühmt wurden und St. Ives eine unverwechselbare Note gaben. Zuvor jedoch blühten Schmuggelei und Freibeuterei. In den Buchten und Landzungen, den *creeks* und *coves*, der zwei südlichsten Landzungen Land's End und Lizard rumort es von düsteren Geschichten über einzelne Schmugglerhelden und ganze Dorfgemeinschaften, die das Strandgut der Schiffswracks im Dunkel der Nacht nach Hause schleppten. Daphne du Maurier, deren Werke rund um den Erdball gelesen werden, hatte Cornwall nicht nur zu ihrer Heimat gemacht, sondern Landschaft und Stimmung in spannenden, abenteuerlichen oder herzergreifenden Romanen und Erzählungen immer wieder heraufbeschworen (s. S. 157). Heute lebt Cornwall hauptsächlich vom Tourismus, das Klima im Süden ist durch den Golfstrom mild und warm auch im Winter, und die vielen berühmten Gärten schwelgen in tropischer Pracht – Haupterwerbszweig auf den Scilly-Inseln sind die Frühnarzissen, die schon nach Weihnachten ihre gelben Teppiche ausbreiten.

Lesefutter: Ein atmosphärisch dichtes, persönlich erzählendes Sachbuch über die Eigenheiten Cornwalls ist Daphne du Mauriers »Cornwall Saga«. Sehr hübsch auch Wolfgang Hildesheimers »Zeiten in Cornwall«.

Strand bei Porthcurno

Von Bude bis St. Ives

Die steilen Atlantikwellen, die sich an der Westküste Cornwalls brechen, sind das Entzücken der Surfer, und der Badeort **Bude** 1 mit seinen breiten, natürlichen Sandstränden steht hoch in deren Gunst. Der Ort selbst, weitläufig, mit langen Häuserreihen aus viktorianischer und eduardischer Zeit, in denen sich Pensionen und Hotels eingenistet haben, ist von den Stränden durch eine niedrige, hügelige Dünenkette getrennt.

Zwischen Bude und Newquay liegen einige Sehenswürdigkeiten: Im kleinen Ort **Tintagel** 2 (S.368) hat, in sagenhafter Zeit, König Artus (s. S. 112ff.) gelebt, heute lebt Tintagel von ihm: mehrere große Parkplätze, dann eine hübsche alte Dorfstraße, die sich allerdings mit vielerlei touristischem Krimskrams aufgeplustert hat. Sehenswert ist das bezaubernde **Old Post Office**, ein unter der Last seines gewellten Schieferdaches gebeugtes Haus aus dem 14. Jh. In seinen bukkeligen, knarrenden Räumen war einmal das lokale Postamt untergebracht – die oftmals einzige Verbindung über die Enge hinaus, mit der unerreichbar weit entfernten, fremden Welt der Großstädte Plymouth, Bristol, gar London.

Ein Spazierweg führt schließlich zu der spektakulären Burgruine **Tintagel Castle**, die in grandioser Verlorenheit hoch oben auf zwei Steilklippen, die mit einer Hängebrücke verbunden sind, über der schäumenden See thront. Hier ist Artus also, zumindest der Legende nach, groß geworden. Die ältesten vorhandenen Mauerreste stammen von

1 Bude
Bude Bay
R. Tamar
A 39
Boscastle
2 Tintagel
A 395
Launceston
Camelford
A 39
Rough Tor
Altarnun 3
Brown Willy
Garrow Tor
1375 m
4 Jamaica Inn
Bolventor
Bodmin Moor
Kilmar Tor
Dozmary Pool
A 30
7 Padstow
8 Bedruthan Steps
A 39
5 Bodmin
Liskeard
6 Lanhydrock House
9 Newquay
Trerice House
A 30
East Looe
West Looe
29
26 St. Austell
27 Fowey
28 Polperro
St. Agnes
St. Austell Bay
Trewithen Garden
25 Truro
A 30
Redruth
Trelissick Garden
24
St. Just-in-Roseland
22 Falmouth
St. Mawes 23
Pendennis Castle
Glendurgan Garden
Trebah Garden
Kennack Sands
21
Lizard Point

einer keltischen Klostergründung; die Überreste der Burg aus dem 12. Jh. Artus hin oder her: Die Lage der Burg, die An- und Aussichten, sind überwältigend schön. Sehr anrührend auch die kleine, nahe den Klippen gelegene **Pfarrkirche St. Merteriana**, die seit dem 15. Jh. auf den Wiesen des Küstenvorlands steht, schutzlos dem Wind preisgegeben. Selbst die alten Grabmäler sind schief und geduckt, von Steinhaufen gestützt.

Von hier aus bietet sich eine recht anstrengende, aber phantastische Wanderung entlang der Klippen des **Coast Path** an – bis ins 6 km entfernte Boscastle, vorbei an der **Puffin Colony**, einer Schutzzone der Papageientaucher, bis in den winzigen Fjord-ähnlichen Hafeneingang von **Boscastle**, wo im **Museum of Witchcraft** scheußliche Hexereien und allerlei Magisches an heimischen Aberglauben erinnern. Mit dem Bus können Sie sich zurück nach Tintagel fahren lassen.

Im Bodmin Moor

Ein abwechslungsreicher Tagesausflug führt uns von der Küste fort in östliche Richtung: Nördlich Camelfords von der A 39 abzweigend, winden wir uns auf schmalsten Landstraßen am Nordrand des Bodmin Moors entlang bis hin nach **Altarnun** 3, dessen helle, lichte, großzügige Kirche mit schönen Schnitzereien als ›Kathedrale des Moors‹ bekannt ist. Schiefer- und Granithäuser, eine enge, gewundene Steinbrücke, und wir befinden uns auf der einzigen Straße, die das Bodmin Moor durchquert und von Alters her von Pilgern, Kaufleuten und Schmugglern genutzt wurde. Aus Hügeln inmitten der graugrünen, weiten Ödflächen des Moors ragen die Tors auf, von der Natur geschaffene bizarre Granittürme, die aussehen wie aufeinandergestapelte Steinplatten: der **Rough Tor** in der Nähe des **Brown Willy**, dem mit knapp 500 m höchsten Berg im Moor, **Garrow Tor** und im äußersten Osten der **Kilmar Tor**. Steinerne Monumente prähistorischer Ansiedlungen sind im Südosten zu finden: der seltsame **Cheesewring** und der **Hurlers Steinkreis**.

Bei **Bolventor**, nördlich des düsteren **Dozmary Pool**, in dessen Tiefen Arturs Schwert Exkalibur liegen soll, in der Mitte des Moors, stößt man auf den **Jamaica Inn** 4, der durch Daphne du Mauriers gleichnamigen Roman schaurig-schöne Berühmtheit erlangte: Die arglose Maid besucht ihre Tante, die gezwungen ist, in dem verrufenen Gasthof zu leben, unter Schmugglern, wilden Gestalten, die auch vor Mord nicht zurückschrecken. Die unheimliche Moorlandschaft lehrt sie das Fürchten: »Es war eine schweigsame, verlassene Gegend, aber gewaltig und von Menschenhand unberührt. Auf den hohen Felsblöcken standen aneinandergelehnt die Steinplatten als seltsame Formen und Gestalten, wuchtige Schildwachen. Einige sahen aus wie riesige Möbel. Große, lange Steine standen wie zurückgelehnt und schienen wunderlich zu schwanken, als überließen sie sich dem Wind. Und da gab es flache Altäre, deren glatte und glänzende Flächen gen Himmel schauten, auf Opfer wartend, die niemals kamen.«

Heute ist der Jamaica Inn proper, gesellschaftsfähig und auf Ausflugsverkehr eingestellt. Man sollte vielleicht lieber an ihm vorbeifahren, ein wenig ins Moor hineingehen und den Roman lesen . . .

3 km südlich von **Bodmin** 5 (S. 341) mit seiner wegen des kunstvollen nor-

Richtig Reisen *Tip*

Padstow – Ein Fest für den Gaumen

Beim Namen Padstow 7 (S.360) läuft Gourmets das Wasser im Mund zusammen, und der kleine Hafenort, eng in die breite, versandete Mündung des Camel Flusses gezwängt, ist in ganz England bekannt. Will man bissig sein: Es gibt so wenig erstklassige Restaurants in Großbritannien (deren Zahl allerdings stetig anwächst), daß ein über Jahre hinaus exzellent geführtes, mit mehreren Auszeichnungen bedachtes Fisch-Restaurant, ›The Seafood Restaurant‹, einer viel bestaunten Sensation gleichkommt. Direkt am Hafen serviert man hier endlich das, was man entlang einer fischreichen Küste überall vorzufinden glaubte: Fisch! Hummer, Austern, Seezunge, Krebse, Heilbutt, Hecht und Jakobsmuscheln werden vom Inhaber und Maître Rick Stein in herrlich leichten Saucen gereicht.

Seine besondere Zuneigung gilt dem Seebarsch, einem schimmernden, glatten Fisch mit festem Fleisch, der, zwischen den Felsspalten der Küste versteckt, nur schwer an den Angelhaken zu bekommen ist und daher am Hafenkai schon mehr kostet als ein Lachs. Rick Steins Kochbuch »English Seafood Cookery« ist ein Dauerbrenner, und sein neuester Titel, »Taste of the Sea«, ist mit einer Fernsehserie der BBC verknüpft.

Und nicht zu vergessen, die *pilchards:* kleine, junge Heringe, die früher in riesigen Schwärmen an den Küsten Cornwalls entlangzogen und in den Sommermonaten in allen Fischerdörfern sehnsüchtig erwartet wurden. Der *huer*, der Späher, auf einer hohen Klippe plaziert, mußte Tag um Tag nach den das Wasser verdunkelnden, langen Schatten Ausschau halten; waren sie endlich in Sicht, machten sich alle Fischer in ihren Ruderbooten auf, um die *pilchards* einzukreisen und zu fangen – sie bildeten das Grundnahrungsmittel der Küstenbewohner, im Sommer frisch, im Winter eingesalzen.

Doch dann blieben die großen Schwärme aus – der Fischfang spezialisierte sich, die Industrialisierung ließ nur noch die rationalisierten Fischfangbetriebe überleben, und heute werden in den alten wackeren Booten wir, die Urlaubsgäste, zur nächsten Bucht geschippert.

Für das Studium nicht nur der Speisekarte:

brill	Butt
cod	Kabeljau
hake	Seehecht
halibut	Heilbutt
lobster	Hummer
oyster	Auster
plaice	Scholle
prawns	Garnelen
red mullet	Seebarbe
scallops	Jakobsmuscheln
shrimps	Krabben
(Dover)sole	Seezunge
seabass	Seebarsch

mannischen Taufbeckens bekannten Kirche St. Petroc, stoßen wir auf eines der schönsten, historischen *countryhouses* in Cornwall: **Lanhydrock** 6 (S. 356), eingebettet in 300 ha bewaldete Parklandschaft im Flußtal des Fowey. Man schreitet durch eine lange Buchenallee auf das Torhaus aus dem 17. Jh. zu. Der Erbauer war Lord Robartes, der auf der Seite der Parlamentarier, der cormwellschen *roundheads*, gekämpft und sein Anwesen während des Commonwealth errichtet hat. Der im Tudorstil gehaltene Bau, umgeben von formalen, terrassierten Gartenanlagen, brannte 1881 fast vollständig ab; nur das Torhaus und der Nordflügel mit seiner 35 m langen *long gallery* und der üppig ornamentierten Stuckdecke sind im ursprünglichen Zustand erhalten. Der ›Neubau‹ präsentiert sich als ›*Victorian Tudor*‹ – und vermittelt mit dem wertvollen Mobiliar, den Tapisserien und Gemälden, einen lebhaften Eindruck viktorianischer Wohn- und Lebenskultur.

Küstenwanderung ab Padstow

Von **Padstow** 7 (S. 360) aus gibt es einen herrlichen, etwa 10 km langen **Rundwanderweg**, der einen halben Tag in Anspruch nimmt. Als Teil des Coast Path folgt er den vorkragenden Felsklippen, die die Padstow Bay auf der Südseite umklammern – vorbei an St. George's Cove zur Hawker's Cove mit Blick auf Doom Bar, einem anwachsenden Sandriff, das in den letzten 200 Jahren die Hafeneinfahrt zunehmend verbarrikadierte, so daß das Städtchen buchstäblich im Sand ertrank. Hunderte von Schiffen sind hier auf Grund gelaufen und in dem Malstrom der Doom Bar zerschmettert worden.

Das Ende der Landzunge ist bei Stepper's Point erreicht. Der Küste folgend, geht es bei Foxhole südlich wieder landeinwärts, über den Weiler Crugmeer bis zurück zum Parkplatz am Prideaux Place.

Folgt man von Padstow der Küstenstraße etwa 10 km nach Süden, lohnt es sich, auf dem National Trust Gelände anzuhalten und den **Bedruthan Steps** 8 eine Stippvisite abzustatten: Gigantische Granitfelsblöcke in bizarren Formen ragen aus dem Sandstrand hervor – auf ihnen ist der Legende nach der cornische Riese Bedruthan mit großen Schritten aus dem Meer aufs Land geschritten.

Surf City UK: Newquay

9 (S. 360) Newquay ist zwar nicht Malibu, und offene Jeeps mit langbeinigen, braungebrannten Blonden beiderlei Geschlechts sind seltener anzutreffen als

Die Bedruthan Steps bei Padstow

klapperige Ford Escorts, aus denen laute Rockmusik dröhnt, *amusement centres* und Umkleidekabinen. Aber immerhin gibt es ein Restaurant namens Malibu, und die Wellen sind da: die größten, schönsten, schnellsten Surfer-Wellen des Vereinigten Königreichs. Gut genug für Wettkämpfe auf Weltklasse-Niveau, zu denen die *surf-gods* aus Hawaii, Südafrika, den USA und Australien antreten. Newquay hat nicht nur seine hauseigenen Surf-Champions hervorgebracht, sondern es ist zum Mekka einer kosmopolitischen, Pilgerschar geworden, die sich mit Gelegenheitsjobs über Wasser hält, in Wohnwagen kampiert und nichts anderes will, als die Philosophie und den Narzißmus des *›riding the waves‹* zu erleben.

Nicht nur auf diesem Gebiet bietet Newquay Höchstleistungen: Schon zu viktorianischen Zeiten durch den Eisenbahnanschluß gut zu erreichen und außerordentlich beliebt, mauserte es sich zum größten Badeort Cornwalls und ist daher eher untypisch: Schwimmbäder, Kinos, Diskotheken, Kinderspielplätze, Shoppingzonen, Golfplatz, subtropische Gärten, ein riesiges Sportzentrum und etwa 500 Hotels buhlen um die Gunst der Feriengäste. Und das alles natürlich deshalb, weil Newquay mit einer ungewöhnlich reichen Auswahl an Sandstränden gesegnet ist: Es gibt ihrer neun, auf denen sich, direkt in Newquay und der angrenzenden Küste, immer noch ein Plätzchen finden läßt.

Kunst und Chips – St. Ives und die Halbinsel Land's End

Der Bezirk Penwith oder die Halbinsel von Land's End schiebt sich als letzte Landzunge weit in den Atlantik hinein. An der etwa 80 km langen Küste wechseln dramatische Felsklippen mit langen Sandstränden, Felstümpeln, geschützten Buchten und winzigen alten Fischerdörfern ab. Die bedeutendsten Ferienorte sind an der Nordküste St. Ives mit der angrenzenden weit ins Land greifenden Mündung des Hayle und an der Südküste Penzance.

Kommt man von Norden her, gibt die kurvige Straße plötzlich über die Hügel der Umgebung den Blick frei auf die eng an den Hafen geschmiegten verschachtelten Häuser, die sich in Terrassen dicht an dicht die Hänge und Klippen hinaufziehen – ein wunderschöner Anblick. **St. Ives** 10 (S. 366) mit seinen knapp 13 000 Einwohnern war einst ein bedeutender Fischereihafen und Umschlagplatz für Zinn und Kupfer. Berühmt wurde St. Ives um die Jahrhundertwende, als sich eine Schar junger Künstler hier einnistete. Das Leben war billig, ursprünglich und naturnah. »Das gleißend helle, durchscheinende Licht griechischer Qualität« und die reizvollen Motive berauschten sie. William Turner besuchte St. Ives im Jahr 1811, Walter Sickert und James Whistler stellten hier ihre Staffeleien auf. Sie und andere gründeten den St. Ives Art Club und die Newlyn School of Painting. In den 30er Jahren folgten die international renommierten Künstler Ben Nicholson, seine erste Frau, die Bildhauerin Barbara Hepworth, und der Töpfer Bernard Leach; in den Nachkriegsjahren kam eine weitere Künstlergeneration mit Terry Frost, Peter Lanyon, John Wells u. a., die St. Ives zu einem Zentrum moderner Malerei machten. Noch heute leben und arbeiten hier und in der Umgebung viele Töpfer, Kunsthandwerker und Maler, darunter Patrick Heron, großer alter Mann der englischen Abstraktion. In den engen, gewundenen Gassen, zwischen Restau-

Die Tate Gallery – markanter Höhepunkt an der Strandpromenade von St. Ives

rants und Souvenir-Shops finden sich auch gutes Kunsthandwerk und Galerien für zeitgenössische Kunst wie die **Wills Lane Gallery** und die **Salt House Gallery**. Die führenden abstrakten Künstler stellen in der **Penwith Society of Arts Gallery** in der Back Road West aus (High Street der Kunst). Ein Atelier reiht sich an das andere, und im Cottage Nr. 3 lebte der von Nicholson entdeckte Alfred Wallis – ein großer Naiver, dessen Werke nun in der Tate Gallery (s. u.) zu bewundern sind. Einen Besuch lohnen auch die Ausstellungsräume der **Leach Pottery** an der B 3306 in Higher Stennack.

St. Ives mit seinem alten Hafen und den Sandstränden, die sich über die Carbis Bay, über die Hayle Bucht hinweg bis zu den Sanddünen von Godfrey Point erstrecken, schwillt in den Sommermonaten beträchtlich an, und die ehemalige Sozialstruktur hat sich natürlich gewandelt: Die alten Fischerhäuser unten am Hafen – ›*downalong*‹, die blumengeschmückten, schmalen Häuser der Bergarbeiter weiter oben, ›*upalong*‹, durch Treppen und verschachtelte Gassen miteinander verbunden, sind schon in viktorianischer Zeit durch die *terraces* ergänzt worden, und die langen Häuserreihen mit herrlicher Aussicht auf die geschwungenen Buchten haben sich alle auf Feriengäste und Urlaubsbetrieb eingestellt.

Ein paradiesisches Refugium ist das **Hepworth Museum**: Haus, Atelier und Garten der Künstlerin, die, hochbetagt und weltweit geehrt, 1975 bei einem Brand in ihrem Haus ums Leben kam, sind gesättigt von kontemplativer Stille; 40 Skulpturen aus Holz, Marmor und

Im Garten des Barbara Hepworth Museum

Bronze sind im Garten aufgestellt. Photographien und persönliche Dokumente zeichnen Leben und Werk der Künstlerin nach.

Hoch oben über dem Strand von Porthmeor steht neben grauen Häuserreihen ein blendend-weißer Solitär, durch dessen Glasrotunde nachts das Meer beleuchtet wird: die 1993 eröffnete **Tate Gallery St. Ives**, ›Ableger‹ der Tate Gallery, Großbritanniens Nationalmuseum der Moderne. In dem Acht-Millionenbau der Architekten Eldred Evans und David Shalev können sich nun die Werke der ›Westküste‹ präsentieren. Der gewaltige Bestand, knapp 1000 Objekte, bisher in der Londoner Tate gelagert, findet hier in Wechselausstellungen ein neues, altes Zuhause – im wahrsten Sinne des Wortes und einmalig: Die Werke der Künstler vor Ort sind am Ort selbst zu sehen. Kunst von hohem Rang, im einzigen großen Museumsneubau Südenglands, am westlichsten Zipfel des Inselreiches – ein Muß für jeden Reisenden und kunstliebenden Entdecker.

In **Botallack** 11 (S. 341) können Sie die verlorene Landschaft der Zinnminen erkunden (s. S. 146ff.) und in dem einsamen, sehr guten Restaurant ›The Count House‹, das ein Verwaltungsgebäude des Bergwerks war, ausgezeichnet zu Mittag essen (Von woher mögen bloß die nötigen Gäste kommen?). **St. Just** 12 mit seinen grauen Steinhäuserreihen zehrt, traurig, leer und ein wenig müde, von der Erinnerung an das 19. Jh., als der Ort vor Leben barst: Maschinenlärm, Sirenen zum Schichtwechsel, jedes Haus bis unters Dach bewohnt, Markttag, Kindergeschrei, Stimmengewirr aus den Gasthäusern und Schenken . . .

Bei **Sennen** mit seiner kleinen Hafenbucht, Sandstrand, Fischerbooten, Lobsterkörben und dem großen Bootshaus der ›Royal National Lifeboat Institution‹ führt der Klippenpfad über grasbewachsenes, offenes Hochland bis zur westlichsten Landspitze des United Kingdom – **Land's End** 13.

Die wilde Einsamkeit der zerklüfteten, über 50 m hohen Klippen, der spitzen Granitfelsen, die weit in den Atlantik ragen, die graublaue Fläche aus Meer und Horizont oder die tobenden Wellenberge, die sich an den Klippen brechen – diese wilde Einsamkeit gibt es nicht mehr ohne straff organisierte Zugabe: Land's End ist in Privatbesitz und wurde von dem Financier und Unternehmer Peter de Savary zu einem jahrmarktähnlichen teuren Unternehmen umfunktioniert. Die ›Land's End Limited‹ vermarktet Ihre Urlaubszeit: Restaurants, Shops, Abenteuerspielplatz. Die Multivisionsshow ›Last Labyrinth‹ klärt über das verlorene Land von Lyonesse auf (s. S. 112ff.). Die grandiose Naturszenerie dient fröstelnden Hochzeitspaaren nicht selten als Hintergrund für das Paradephoto. Pferdebusse nehmen Ihnen das mühsame Geschäft des Spaziergangs

Zeuge prähistorischer Vergangenheit an Land's End: der steinerne Ring Men- an -Tol

ab, der Sie, 100 m weiter, in die Einsamkeit führen würde.

In Cornwall faszinieren immer wieder die Gegensätze: zum einen mediterrane Heiterkeit, zum anderen düstere, Landstriche, in denen sich Zeugnisse einer rätselhaften prähistorischen Vergangenheit finden: die *quoits*, aufeinandergetürmte Granitblöcke, die einmal Gräber aus der Steinzeit markierten. Der **Chun Quoit** bei Pendeen ragt wie ein steinerner Pilz aus dem kurzen harten Gras; der **Lanyon Quoit** östlich von St. Just trägt eine 5 m lange Deckplatte; einige 100 m weiter steht der **Men-an-Tol**, ein Stein, dem magische Kräfte zugesprochen werden und durch dessen kreisrunde Öffnung man Kinder hindurchschob, um sie vor Krankheiten und Verderben zu schützen. Bei Boscaven ragt ein Steinkreis in den Himmel. Die zwei **›Pipers‹** bei St. Burian und unweit davon die **19 ›Merry Maidens‹** sind die Pfeiler und zu deren Klängen tanzende Dorfmädchen, die mit ihren Vergnügungen den heiligen Sabbath geschändet haben und als Strafe zu Stein erstarrt sind.

Chysauster 14 (S. 346), ca. 5 km südlich des Küstenortes Zennor, ist ein etwa 2000 Jahre altes keltisches Dorf, dessen noch deutlich sichtbare Häuserreste und Gartenterrassen sich als kreisförmige Kegel aus dem umliegenden Grün herausheben.

Ein unvergeßliches Erlebnis bietet das **Minack Theatre** 15 (S. 358) bei **Porthcurno**, einer versteckten, sandigen Bucht, aus deren Felswand ein terrassenförmig angelegtes, an antiken Vorbildern orientiertes Freilichttheater aufs Meer hinausblickt: eine grandiose Kulisse für Theaterstücke, die in den Sommermonaten von professionellen Ensembles aufgeführt werden. Shakespeare wird gern und oft gespielt und die köstlichen Operetten von Gilbert & Sullivan, deren »Pirates of Penzance« in der Tat wie maßgeschneidert sind. Schauspieler wie Publikum sind meteorologischen Überraschungen gegenüber unerschütterlich: Gespielt wird auch bei Regen, und die Zuschauer kommen sowieso mit Wolldecken, Regenmänteln und Thermosflaschen.

Minen, Zinn und Methodismus

Etwa 20 km südlich von Newquay, unmittelbar an der Küste, liegt St. Agnes und weiter im Landesinnern die Städtchen Camborne und Redruth – das ehemals industrielle Kerngebiet des Zinn- und Kupferbergbaus, der sich bis tief in die Penwith-Halbinsel, Land's End, hineinfraß. *Tinners,* Zinnschürfer, gab es schon im Altertum; die Phönizier kamen, um das Erz abzuholen, das die *tinners* ursprünglich in den Flußläufen schürften und wuschen. Bis zur Mitte des 16. Jh. arbeiteten die Männer im Freien, in Wind und Wetter. Ihr Status war unvergleichlich: Sie waren unabhängig, mit eigener Gerichtsbarkeit und niemandem untertan; sie durften auf unbebautem Boden überall schürfen, den Landbesitzern schuldeten sie nur eine Abgabe. Viermal im Jahr wurde das geschmolzene Zinn versteuert: in Helston, Truro, Lostwithiel und Liskeard. In den sogenannten *stannary towns* kamen die Zinner, Wäscher und Schmelzer zusammen, das Zinn wurde gewogen und mit einem königlichen Siegel geprägt; erst danach konnte es verkauft und exportiert werden.

Um 1550 begann man auch Untertage nach dem weltweit begehrten Erz zu suchen: Stollen, Schächte, Höhlen wurden tief in die Eingeweide der Erde gegraben. Aus den freien, naturverbundenen Zinnern wurden Bergleute, die ihr gefahrvolles Arbeitsleben in stickiger Finsternis verbringen mußten. Sie wurden von den kleinen, bösen Erdgeistern, den *knackers*, geplagt und wagten erst aufzuatmen, wenn sie über die Leitern schließlich wieder im Tageslicht anlangten.

Die Kosten der Erzförderung stiegen, die Rechtsverhältnisse änderten sich, private Minenbesitzer oder Bergwerksgesellschaften wurden steinreich, die *miners* blieben arm, auch wenn die meisten von ihnen, an ihre traditionelle Unabhängigkeit anknüpfend, keine festen Löhne wollten, sondern *tribute* erhielten, d. h. ertragsanteilig bezahlt wurden.

Im späten 17. und 18. Jh. herrschte schwere Not; soziale Unruhen, Raub und Plündereien waren an der Tagesordnung. Im 19. Jh. brachte die industrielle Revolution einen bescheidenen Aufschwung für Cornwall: Die Eisenbahn schuf neue Verbindungen, in den Minen und Bergwerken wurden dampfbetriebene Pumpen eingesetzt; riesige Maschinenhäuser, Gießereien, Abraumhalden schufen eine neue Industrielandschaft. Um 1850 erreichte der Zinn- und Kupferbergbau seinen Höhepunkt: Cornwall deckte zwei Drittel des Weltbedarfs, und in den Minen um Redruth, Camborne, Helston und St. Just arbeiteten über 50 000 Menschen. Männer, Frauen, Kinder und Pferde blieben oftmals wochenlang unter der Erde, wurden um ihre Gesundheit gebracht und schufteten sich langsam zu Tode. In Schächten und Tunneln, die Cornwall wie ein unterirdisches Labyrinth durchzogen und die sogar weit in die

Das Wheal Coates Engine House bei St. Agnes

See hinein, unter die Meeresoberfläche führten, entwickelten sich Gase und giftige Dämpfe; bei der Erzgewinnung wurde Arsen frei. Die durchschnittliche Lebenserwartung lag bei 47 Jahren. Und dann war alles vorbei: Ende der 60er Jahre hatte man Erzvorkommen in Afrika und Südostasien entdeckt, die sich leichter und billiger ausbeuten ließen; in Cornwall wurden die Bergwerke, die *wheals*, stillgelegt. Der überwiegende Teil der Bevölkerung wurde arbeitslos, und etwa ein Drittel der Bergarbeiter wanderte aus. Sie nahmen, dem Erz folgend, ihre Kenntnisse mit – nach Asien, Australien und Afrika.

Die Schlote und Maschinenhäuser, die in grandioser Tristesse direkt an den Felsklippen am Meer stehen, sind zu Wahrzeichen Cornwalls geworden, in das Erbe, *heritage*, eingegangen. In einer Art Wiederbelebungszeremonie sind sie in Museen und *attractions* verwandelt worden. Nur drei Bergwerke sind noch in Betrieb.

Berühmt ist das **Wheal Coates Engine House** an der Felsküste von St. Agnes Head; **St. Agnes** selbst ist ein altes Minendorf. Bei Camborne, an der A 3047, hält der National Trust Maschinenhäuser, die **Cornish Mine Engines**, in Betrieb. Eine weitere spektakuläre Ruine des Industriezeitalters steht, in völliger Abgeschiedenheit und nur den tosenden Atlantik vor Augen, in **Botallack Head**, nahe St. Just. Nur 2 km entfernt, in Pendeen, ein Minen- und Bergbaukomplex, der tatsächlich wieder Zinn fördert: der tiefste Schacht der **Geevor Tin Mine** führt unter den Meeresboden, in 600 m Tiefe. Auf dem Areal befindet sich auch das **Cornish Mining Museum** mit einer interessanten Video-Show. Man kann auch eine Führung Untertage mitmachen. Touristisch aufgepäppelt präsentiert sich die **Poldark Mine** in Wrendon bei Helston: Alte Schachtanlagen sind zu besichtigen, *Cornish heritage* führt sich in einem nachgebauten Zinner-Dorf vor, und natürlich beinhaltet »ein Erlebnis für Jung und Alt« auch immer den *tea shop*, Gartenanlagen, Kunsthandwerk und Kinderspielplätze.

Spiegelt sich als unverwechselbares Merkmal in den aufgelassenen *wheals*, den Schloten und Maschinenhäusern Heil und Unheil der materiellen Geschichte Cornwalls wider, so fand die spirituelle Glückssuche landauf, landab in den *chapels* ihren Ausdruck: In fast jedem Dorf, in jeder Gemeinde gibt es neben dem Gotteshaus der anglikanischen Staatskirche, der *church*, ein Bet- oder Gemeindehaus, eine Kapelle der Methodisten, die *chapel*.

Nach der Loslösung Heinrichs VIII. von Rom, nach der Auflösung der Klöster, dem Niedergang der Klosterkultur und der streng überwachten Durchsetzung des »Common Prayer Book«, als Mystik und Ritual aus den Messen verschwanden, fühlten sich die Leute Cornwalls ungeschützt und verlassen; die neuen Glaubensformen waren zu nüchtern und rigide. Im Aberglauben, in der Beschwörung heiliger Quellen und in mystizistischem Zauber ließen sich Trost und die Sicherheit des Überlieferten finden.

In dieser heil-losen, wilden, glaubensbereiten Welt stieß der Prediger John Wesley (1703–1791) auf offene Herzen: Der Begründer der Methodistenkirche hat Cornwall über 40 Jahre hin immer wieder besucht. Seine Botschaft von einem lebendigen, allgegenwärtigen Gott, der direkt und zu jedem einzelnen sprach, der feste Werte und moralische Normen forderte, der ohne Kirchenhierarchie zu erreichen war, hatte die *Cornishmen* im Sturm erobert. Wesley hat die Mehrheit der Bevölkerung Cornwalls erweckt und zum Methodismus bekehrt. Im **Gwennap Pit**, ca. 3 km südlich von Redruth, hielt er seine größten Versammlungen ab: Eine kreisrunde, abgesenkte Talmulde wurde von den Bergarbeitern als Amphitheater angelegt. Heute treffen sich in dem begrünten Rund jeweils am Pfingstmontag Tausende von Methodisten aus aller Welt.

Schottland, Wales und Cornwall stellen den höchsten Anteil an freikirchlichen Gemeinschaften im Königreich. Ohne die frühen Puritaner, die Baptisten, Quäker, Anabaptisten, Methodisten, Unitarier und Presbyterianer hätte der Geschichtsverlauf Großbritanniens eine vollständig andere Richtung genommen.

Wie ein Band kleiner bunter Farbflekken nesteln versteckte Buchten und winzige Dörfchen mit Spielzeughäfen in den Öffnungen der felsigen Küste. **Lamorna** 16 z. B., ebenso romantisch wie der Name, oder das allerorten (!) als Geheimtip geltende **Mousehole** 17 (S. 359) (gesprochen: mausl), völlig autofrei, dessen malerische Cottages, enge Treppen und blumengeschmückte Gassen sich halbmondförmig um den nach Seetang riechenden, altersmürben Hafen gruppieren. 1595 ist hier die große Geschichte eingefallen – spanische Freibeuter segelten in den Hafen und machten das Fischerdorf dem Erdboden gleich. 1981 trauerte ganz England um die acht Männer aus Mousehole, die in ihrem Küstenrettungsboot ums Leben kamen, als sie bei schwerer See versuchten, die Mannschaft des Frachters ›Union Star‹ zu retten, der in Seenot geraten und wenige Kilometer entfernt an den Klippen auf Grund gelaufen war. Das in den Hafen vorkragende anheimelnde Hotel und Restaurant ›Lobster Pot‹ ist seiner guten Küche wegen weithin bekannt.

Newlyn 18 meint *business:* Im größten Fischereihafen Cornwalls löschen Tiefseetrawler ihre glitschige Fracht, die per Bahn ab Penzance gleich nach London geht – die urwüchsigen Pubs sind für *working men*, und mit dem Heim der ›Royal National Mission to Deep Sea Fishermen‹ verbindet sich unwillkürlich der Gedanke an die sieben Weltmeere, das harte Leben der Seeleute und vergangene, niemals wieder einzuholende Abenteuer. Neben zahlreichen Künstlern, unter ihnen Stanhope Forbes und Lamorna Birch, hatte auch Augustus John (1878–1961) zeitweilig ein Atelier hier. Der große walisische Dichter Dylan Thomas war 1937 mit seiner Frau bei ihm zu Gast – »Ich bin ein Menschenfreund, vor allem liebe ich die Frauen, ich bin ein Waliser, ich bin ein Trinker« – getrunken hat er auch im Lobster Pot in Mousehole.

Minack Theatre

Penzance 19 (S. 361) ist mit knapp 20 000 Einwohnern der größte Badeort an der Südküste Cornwalls und muß durch den Endbahnhof der Eisenbahn, den Heliport und den Fährbetrieb zu den Scilly Isles viel Durchgangsverkehr aufnehmen. So ist das weite Halbrund der Mount's Bay in drei Teile gegliedert: Im Süden grenzt die einzige Promenade Cornwalls an eine felsige Landzunge, hinter der der Fährhafen breiten Raum einnimmt, und dahinter ragt am Ende der sanft geschwungenen Bucht der St. Michael's Mount in die Höhe. Penzance war schon in viktorianischen Zeiten viel besucht. Die Chapel Street führt vom Hafen aus in den Ortskern. Bemerkenswert ist das Egyptian House, 1835 auf dem Höhepunkt der ägyptischen Mode-

Der Hafen von Newlyn

welle gebaut, dessen pompöse Fremdartigkeit Scharen von staunenden Betrachtern anlockte.

Damals wie heute strömt eine noch größere Besucherschar auf den **St. Michael's Mount** 20 (S. 367), eine dem Örtchen Marazion vorgelagerte Gezeiteninsel, deren Granitfelsen mit den Zinnen und Türmen einer Burganlage ihren weithin sichtbaren, krönenden Abschluß finden. Bei Ebbe wandert man über einen Damm, bei Flut wird man in offenen Booten übergesetzt.

Das keltische Mönchskloster aus dem 6. Jh., schon damals wegen der Erscheinung des Heiligen Michael ein Pilgerziel, wurde im Zuge der normannischen Eroberung durch William the Conquerer dem Benediktinerorden von Mont St. Michel in der Bretagne als englische Dependance überantwortet, und im Mittelalter gehörte es zu den wichtigsten Wallfahrtsstätten in England. Heinrich VIII. ließ das Kloster im Rahmen seines landesweiten Seefestungs-Programms als militärische Trutzburg ausbauen. Ab 1660 schließlich gehörte die Insel der Familie von Sir St. Aubyn, die die Kloster- und Festungsmauern in ein verschachteltes, elegantes, luftiges Wohnhaus hoch über dem Meer verwandelte. Lord St. Levan, Nachkomme der Aubyns, der noch heute hier lebt, hat den gesamten Besitz 1954 dem National Trust vermacht, die jahrhundertealte Geschichte seiner Familie allerdings selbstsicher und großräumig in die Zukunft verlängernd: Läßt man die Historie vom St. Michael's Mount als säkularen, monarchischen Akt mit der normannischen Eroberung beginnen, also vor bald einem Jahrtausend, so ist es nur recht und billig, wie geschehen, weitere tausend Jahre Wohnrecht als angemessene Zeitspanne auszuhandeln!

Jenseits von England – Die Isles of Scilly

■ (S. 354) Fliegt man mit dem Helicopter von Penzance aus auf die etwa 50 km entfernten Scilly-Inseln (Flugzeit 20 Minuten), glaubt man die paradiesischen Eilande der Südsee zu erspähen: Zwischen dem glasklaren, türkisgrünen Wasser liegen kleine und kleinste Inselchen verstreut, deren weiße, unberührte Strände mit dem Meer verschmelzen und wie Lagunen friedlich in der Sonne dösen. Bei genauerem Hinsehen geht es dann doch hand- und wetterfester zu: Zwar haben die Scillies etwa 1700 Sonnenstunden pro Jahr zu verzeichnen, aber die Regenschauer kommen schnell, und das Wasser, so verführerisch es auch ausschaut, ist kalt. Doch schon ab Dezember blühen die Narzissen, ab März sind die Inseln in ein Blütenmeer getaucht, und die Saison auf den Scillies ist lang – vom Frühling bis in den Herbst.

Die Scillonier waren arm – es gab nur Wasser, Felsen, steiniges Land. Sie lebten vom Fischfang, vom Strandgut, vom Schmuggel, ein bißchen vom Bootsbau. 1000 Schiffe sind in den letzten 200 Jahren an den schroffen Felsmonolithen, an den über vierzig unbewohnten und fünf bewohnten Inseln dieses nordischen Archipels zerschellt und gestrandet. Nach guter Tradition der *ship-wreckers* mögen nicht wenige von ihnen mit falsch gesetzten Leuchtzeichen absichtlich in den schäumenden Tod gelockt worden sein, um sie dann auszurauben. Das alles änderte sich im 19. Jh., als ein gewisser Augustus Smith die Inseln pachtete, auf der Insel Tresco die Ruinen eines ehemaligen Benediktinerklosters zu einem feudalen Landsitz ausbaute und sich ernsthaft um die Aufzucht von Frühlingsblumen mühte. Heute ist die Frühblumenhaltung der wichtigste Wirtschaftsfaktor der Inseln. Denn ›touristisch erschlossen‹ sind St. Mary's, die Hauptinsel, Tresco, St. Martin's, St. Agnes und Bryher wirklich nicht – die Scillonier wollen es nicht. In den Pensionen und kleinen Hotels, den Privathäusern, die Bed & Breakfast bereithalten, nisten sich hauptsächlich Stammgäste ein, die Atmosphäre ist freundlich, friedlich, geruhsam.

Der Hauptanziehungspunkt ist die Insel **Tresco** und dort die subtropischen Gartenanlagen, die **Abbey Gardens** (S. 355) der Familie Dorrien-Smith. Palmen und Agaven gedeihen hier, seltene Bäume und Pflanzen aus Übersee, deren Samen und Triebe von den Seeleuten mitgebracht und hier aufgezogen worden sind. Leuchtende Blumen, dazwischen Skulpturen, Freitreppen und eine farbenfrohe Sammlung zahlreicher Galionsfiguren der Schiffe, die an dem Inselarchipel zugrundegegangen sind. Auch zwischen Tresco und dem Festland gibt es einen Hubschrauberdienst – gelandet wird auf einem Cricketplatz.

Für alle, die gerne tauchen, schnorcheln, surfen, Windsurfen, Rudern oder Segeln, sind die Scillies tatsächlich ein Paradies, dazu noch mit breiten Sandstränden. Und da die allen Inseln gemeinsame Umweltkommission zusammen mit den Stadtvätern beschlossen hat, nicht mehr als 2000 Gästebetten zuzulassen, blieben Naturfreunde, Ornithologen und Ruhesuchende unter sich – wenn nicht die Fähren aus Penzance Tausende von Tagesbesuchern einschleusten (ca. drei Stunden Überfahrt),

In den Abbey Gardens auf Tresco

die sich aber recht schnell verteilen. Auch zwischen den Inseln, Robbenbänken und Vogelfelsen herrscht reger Bootsverkehr, und Privatarrangements sind jederzeit möglich (es spritzt und sprüht – daher auf jeden Fall wetterfeste Kleidung mitnehmen!).

Auf der etwa 4 km^2 großen Insel **St. Martin's** (S. 354) mit 90 Einwohnern, einer Straße und vier Autos ohne Nummernschildern ist ein neues Hotel entstanden: Zurückhaltend fügt sich der Bau aus lokalem Stein in das Landschaftsbild. Die Architektur ist gemäßigter Neo-Tudor – dieses Projekt wurde von Prince Charles mitentworfen und unterstützt, als Beispiel einer umweltbezogenen, traditionsbewußten Bauweise, die lokale Themen aufnimmt und sie unauffällig der Moderne anpaßt. Das ›St. Martin's Hotel‹ ist elegant, sehr um Komfort bemüht, und die lange Gartenterrasse führt direkt an den Strand; man blickt auf die umliegenden Inselatolle, das türkisfarbene Meer; gegenüber liegen Tresco und überall verstreut die unbewohnten Inselchen, die auf einen Robinson Crusoe zu warten scheinen . . .

Die cornische Riviera – Vom Lizard bis zum Tamar

Das Küstenvorland der Halbinsel Lizard ist im Gegensatz zu Land's End unberührte, reine Natur, und die rauhe, zerklüftete Landspitze **Lizard Point** 21 eignet sich wunderbar zu einer Tageswanderung. Im Mai und Juni ist der Lizard mit einem Teppich aus wilden Blumen überzogen, unten strahlt die See, und der weiche Grasboden federt unter den Schritten. Kilometerlang kann man barfuß gehen. Die Strecke von **Mullion Cove** über **Lizard Point** bis **Cadgwith** beträgt knapp 18 km. Ausgangspunkt ist der winzige Hafen Porth Mullion; die Zeit reicht, um am Strand von Kynance in der Sonne zu faulenzen, und im Miniaturhafen von Cadgwith, mit strohgedeckten Cottages und bunten Booten, wartet im ›Cove Inn‹ ein kühles Bier! (In der Nähe zwei schöne Sandstrände zum Baden: **Praa Sands** und **Kennack Sands**.)

Der Küstenabschnitt östlich der Lizard-Halbinsel bis hin zum Tamar bei Plymouth, der Grenze nach Devon, ist nicht mehr als etwa 100 km lang. Die Küstenlinie jedoch vollführt zahlreiche Bögen, Kurven und Wendungen, und die großen Flußdeltas bei Falmouth, Fowey und Looe sind labyrinthische Verwirrspiele: Meeresbuchten, Halbinseln, Süßwasserarme, Inselchen und fjordähnliche, tief ins Land reichende bewaldete, liebliche Flußtäler mit oft märchenhaftem ›Dschungelambiente‹. Die sonnendurchtränkten Mündungstrichter der Flüsse wechseln ab mit engen, versteckten Felsbuchten, malerischen Fischerdörfern, bunten Segel- und Yachthäfen. Das Klima ist mild, die Zeit scheint still zu stehen, und die Landschaft wiegt sich wie eingelullt in italienischem Himmelsblau. Die kurvigen Straßen sind oft einspurig, in hohe Hecken gebettet winden sie sich behend bergauf und bergab. Abseits der Hauptverkehrsadern dauert jede Fahrt grundsätzlich länger als man denkt.

Falmouth 22 (S. 351) war bis Ende des 18. Jh. einer der bedeutendsten Häfen in Großbritannien. Das riesige Delta des Fal bot ein natürliches Hafenbecken, und als westlichster Poststützpunkt für die Überseeschiffahrt herrschte im Hafen Hochbetrieb. In den Werften und Dockanlagen geht es auch heute wieder geschäftig zu. Sehenswert sind **Pendennis Castle** und dessen Schwester **St. Mawes**, zwei hochgelegene Festungen, die auf gegenüberliegenden Landzungen die Falmouth Bay bewachen und durch eine Fähre miteinander verbunden sind. Errichtet wurden sie von Heinrich VIII. als Teil seiner Küstensicherungsanlagen, die sich von Cornwall bis Kent erstreckten.

Beide *castles* sind kleeblattförmig angelegt, Pendennis liegt höher und ist größer, St. Mawes ist kleiner und liegt niedriger – beide waren militärtechnisch absolut neuartig und bestechen heute durch ihre ›stählerne‹, polierte Eleganz.Beide wurden erst im Bürgerkrieg genutzt: St. Mawes ergab sich bedingungslos den *roundheads* von Oliver Cromwell, Pendennis hat sich 23 Wochen lang im Belagerungszustand halten können; erst als der Hungertod drohte, ergab sich der Festungskommandant.

St. Mawes 23 (S. 367) überragt eine Handvoll weißer Cottages und einen

Gärten in Cornwall

Die überwältigende Exotik, die schwellende Üppigkeit der Gärten Cornwalls allein sind schon eine Reise wert. Am prachtvollsten blühen diese unvermuteten Gärten Edens im späten Frühling – von Mai bis Anfang Juni –, wenn sich neben den blühenden Rhododendronhainen, unter den Baumwipfeln und Palmwedeln ein Meer von blauen Glockenblumen und gelben Narzissen ausbreitet.

In den tief eingeschnittenen Windungen des Helford-Deltas liegen zwei exotische Gärten von wildem, geheimnisvollem Reiz: Trebah und Glendurgan. Sie ziehen sich über zwei benachbarte, hochwandige und steil abfallende Täler hin, die sich zu den Buchten des Helford öffnen, bevor er in den Atlantik strömt. In diesen warmen, geschützten und feuchten Tälern legten die Brüder Charles und Alfred Fox, begüterte Reeder aus Falmouth, um 1830 subtropische Gärten an. Die Samen und Schößlinge der oftmals unbekannten Bäume und Pflanzen hatten sie sich aus Übersee mitbringen lassen, aus Amerika, aus Afrika und Südostasien. Da standen sie dann in ihren Flußtälern, Samentütchen in der Hand, Landschaftsbilder für zukünftige Generationen vor Augen. Um die vermeintliche Wirkung der später einmal ausgewachsenen Bäume zu überprüfen, ließ sich Alfred Fox Attrappen aus Holz bauen, die er dann mit seinen 13 Gärtnern hin- und herwuchtete, da und dort positionierte, bis sie seinen ästhetischen Zukunftsvisionen genügten – heute ist **Glendurgan** 1 (S. 352) in der Tat ein phantastisches Traumterrain, das in den unterschiedlichen Jahreszeiten in Farborgien explodiert: Rhododendren, Kamelien, Hydrangeas, unterpflanzt mit Glockenblumen, Primeln, Veilchen. Dazwischen Zedern, Zypressen, riesige Farne, efeuüberwucherte, knorrige Baumstämme und Palmen. Sehr englisch: ein großes, begehbares Labyrinth aus Lorbeerhecken, das heute, nach 150 Jahren, voll ausgereift ist und den Spieltrieb der Besucher herausfordert – eine Stunde ist man damit durchaus beschäftigt.

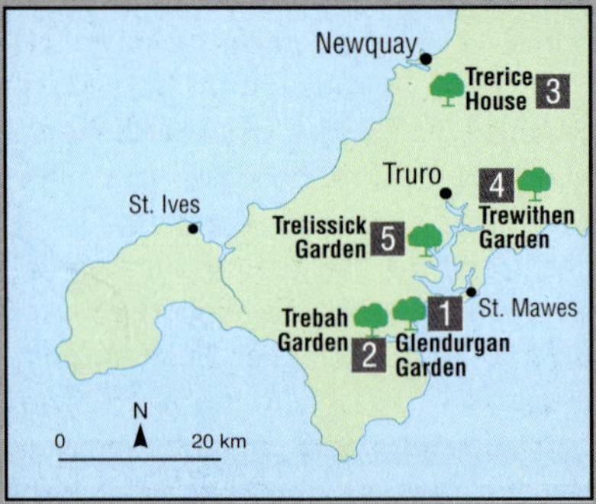

Trebah 2 (S. 369) im Nebental, atmet bei Nieselregen und morgendlichem Bodennebel wie ein dampfender, schwüler Dschungelkessel; das dichte Grün drängt vom Berghang kaskadenartig auf einen kleinen Privathafen mit Strand zu. Wasserfälle, Teiche mit exotischen Schlingpflanzen, farnumschlungene Riesenpalmen wechseln ab mit Rhododendron- und Fuchsienwänden in Weiß, Rosa, Pink und Blutrot. Trebah

Cottage in Trelissick Garden

war lange Zeit verwahrlost und verwildert; erst der neue Besitzer Tony Hibbert hat den Garten wieder gezähmt und begehbar gemacht. In seinem Privatdschungel hat er für Kinder besonders gut gesorgt: Es gibt einen Entdekkerpfad und Kletterseile, an denen sich jeder kleine Tarzan auf der Suche nach seiner Jane entlanghangeln kann.

Bei Newquay liegt das rundherum entzückende kleine *manor house* **Trerice** 3 (S.369), um 1570 von der Arundel-Familie erbaut. Die elegante, heitere Harmonie zwischen dem familiären Haus und seiner Umgebung ist besonders ansprechend: Ummauerte Blumengärten mit Fuchsien, Clematis, Rosen unterstützen den intimen Charakter der Anlage. Eine Besonderheit ist der *orchard*, der Obstgarten; hier hat der National Trust ein beliebtes Pflanzmuster aus dem 17. Jh. wieder aufleben lassen, das *›quincunx pattern‹*: Die einzelnen Bäume sind so gesetzt, daß sie, egal aus welchem Blickwinkel, immer als Teil einer schnurgeraden Reihe erscheinen – weiß man das einmal, beginnt man in jedem *orchard* nach dieser geometrischen Spielerei zu suchen!

Trewithen 4 (S. 369), zwischen Truro und St. Austell gelegen, ist ein etwa 12 ha großer Garten inmitten eines Landschaftsparks aus dem 18. Jh. und berühmt für den Artenreichtum der einzelnen Pflanzen, Bäume und Büsche: 50 Rhododendronsorten, über 40 Magnolien- und Kamelienarten – ein duftender, duftiger Blütenteppich über grünen Rasenflächen. Im Verkaufscenter werden über 1500 Pflanzen angeboten.

Trelissick 5 (S.369) bietet Ruhe und Stille, herrliche Ausblicke auf den Hafen und die Bucht von Falmouth. Auch hier treffen wir auf eine überwältigende Pracht an Magnolien, Fuchsien und Rhododendren, auf Bananenbäume, australische und chilenische Riesenfarne, Feigen, japanische Zedern, unterpflanzt mit Waldanemonen und Primeln. Das Haus ist nicht geöffnet, dafür aber gibt es einen Coffeeshop.

Eden Project, St. Austell } größtes Gewächshaus der Welt
www.edenproject.com } der Welt

kleinen Yachthafen. Kerker, Kasematten und Mannschaftsunterkünfte sind zu besichtigen, und beide Festungen sind ihrer ›romantischen‹ Geschichte und der herrlichen Lage wegen beliebte Ausflugsziele.

St. Mawes heißt auch eine der Landzungen der Halbinsel **Roseland**, einer zauberhaften Miniaturschönheit, die durch die kleine **Kirche St. Just in Roseland** 24 eine vielbewunderte Attraktion wurde: Rhododendren, Fuchsien und Hydrangeen säumen den Pfad, der von der Anhöhe durch den Friedhof hinunter zu der Kirche aus dem 13. und 15. Jh. führt. Sie liegt direkt am Flußufer, ihr Spiegelbild schimmert neben den Booten im stillen Wasser, beschützt von Büschen und Bäumen, die dieses hingetupfte zarte Aquarell einrahmen.

Truro 25 (S. 369), das knapp 16 000 Einwohner zählende Verwaltungs- und Einkaufszentrum der Grafschaft, ist erst seit 1859 Hauptstadt Cornwalls. Die ehemalige Bergwerksstadt (s. S. 146ff.) zog Kaufleute, Banken und Kontore an, die ihrer Würde mit eleganten georgianischen Häuserzeilen, z. B. in Boscaven und Lemon Street, Ausdruck verschafften, eine Seltenheit in Cornwall. Nachdem Truro Hauptstadt geworden war, mußte ein Bischofssitz, also auch die Kathedrale, folgen. Der beeindruckende, luftige Bau mit drei französisierenden Spitztürmen im neogotischen Stil wurde, nach 50jähriger Bauzeit, erst 1910 fertiggestellt. Die Kirche ist eine der seltenen abgeschlossenen Kathedralbauten der Church of England in diesem Jahrhundert und die erste anglikanische Kathedrale, die seit dem Mittelalter überhaupt errichtet wurde. Sie liegt inmitten des Geschäfts- und Einkaufszentrums – die herkömmliche Domfreiheit und der weite Rasenvorplatz fehlen, aber sie harmoniert mit ihrer Umgebung und der gelassenen, immer noch unstädtischen Atmosphäre Truros.

Der interessanteste öffentliche Neubau in Cornwall mag das Gebäude der Courts of Justice sein, Ort der höchsten Gerichtsbarkeit der Grafschaft. Seine blendendweißen Rundmauern mit spitz behelmter Rotunde nehmen mit postmoderner Geste Themen aus der englischen Architekturgeschichte auf: ein wenig Festungsbau, ein bißchen Palladio, umringt von einer Handvoll Edelcottage. Die Architekten Evans & Shalev, die auch die Tate Gallery in St. Ives entwarfen, belohnte neben mehreren Auszeichnungen auch der Segen von Prince Charles: »Die neuen Courts of Justice bereichern auf so schöne Weise die Silhouette der Hauptstadt meiner Dutchy.«

Östlich von **St. Austell** 26 (S. 366), dem Kerngebiet der Kaolingewinnung (interessant das **Wheal Martyn China Clay Museum**), schiebt sich die Landzunge Gribbin Head zwischen die Bucht von St. Austell und den breiten, gekurvten Mündungstrichter des Fowey, der im Bodmin Moor entspringt. Das Flußdelta bietet einen von bewaldeten Hügeln geschützten, großflächigen Naturhafen.

Fowey 27 (S. 352) (sprich: Foi), die »Perle der cornischen Riviera«, ist ein Paradies für Segler und Angler, Hunderte von Segel- und Motorbooten liegen hier vor Anker oder dümpeln in den weit ins Inland ausgreifenden Flußarmen und stillen Buchten. Fowey hat einen hübschen alten Dorfkern, der zum Hafen hinführt; die Geschäfte und Häuserfassaden in den kopfsteingepflasterten Gassen haben sich ihren individuellen Charakter erhalten können. Die Viktorianer bauten in die Hänge hinein. Geht man an einem Sommerabend die Hügel hinauf, erscheint hinter der glitzernden Wasseroberfläche, auf der an-

Richtig Reisen
Thema

Daphne du Mauriers Cornwall

Zwischen den Meeresklippen, in den *creeks* und *coves*, an den Mündungsarmen des Fowey war Daphne du Maurier zu Hause, die in ihren zahlreichen Romanen und Kurzgeschichten das romantische, ungezähmte und geheimnisvolle Cornwall beschwört. Cornwall war ihre Inspiration – ihre Werke wiederum haben die Konturen Cornwalls mit unvergeßlichen Namen, Stimmungen und Nuancen gesättigt. Der Jamaica Inn ist nur durch ihren gleichnamigen Roman aus seinem Schattendasein erlöst worden, auch Frenchman's Creek, das verschwiegene Schmugglernest am Helston, ist als »Bucht des Franzosen« in Literatur und Landschaft eingegangen.

Daphne du Maurier, 1907 geboren, hatte schon als Kind lange Sommer in Cornwall verbracht, sagte dem glanzvollen Elternhaus, dem Party-Leben zwischen Paris, London und der Riviera sehr früh ade, begann zu schreiben und erwarb nach ihrer Heirat ein Haus, das den Fähranlegeplatz von Bodinnick überblickte. Nach ihren ersten Romanen, die sie berühmt machten, kaufte sie Mitte der 30er Jahre für sich und ihre Familie den verwunschenen Herrensitz Menabilly, ca. 5 km westlich von Fowey, den sie schon als Heranwachsende sehnsüchtig bewundert hatte. Menabilly, tief in einem Landschaftspark versteckt, wird in ihrem Roman »Rebecca« zum verstörenden und tröstenden Manderley: »Last night I dreamt I went to Manderley again.«

Besonders »Rebecca« und »Meine Cousine Rachel« werden in England hoch geschätzt. Die technisch brillanten, stimmungs- und gefühlvollen ›Psychothriller‹ gelten als würdige Nachfolger von Charlotte Brontës »Jane Eyre«. Viele ihrer 27 Romane sind verfilmt worden, Hitchcooks »Vögel« und Nicolas Roegs »Wenn die Gondeln Trauer tragen« brachten einen erneuten Schub an Weltruhm.

1989 starb sie, Dame of the British Empire, 82jährig auf Menabilly.

deren Landseite am Fuß der Hügel, der kleine Fischerort **Polruan**, rauher und strenger als das anmutige, eher sanfte Fowey. Die Autofähre nach Bodinnick verbindet die Landseiten miteinander.

Bevor der Tamar die Grenze zu Devon markiert, zeigt sich Cornwall noch einmal von seiner schönsten Seite. Hoch über der Talland Bay ließe es sich fürstlich übernachten: im ländlich-luxuriösen Talland Bay Hotel (S. 356, Looe) mit Palmengarten und Swimmingpool. Über gewundene, heckengesäumte Landstraßen an einem Flickenteppich aus Feldern und Weiden vorbei, windet sich eine einspurige Stichstraße zur Bucht hinab. Von hier aus gibt es zwei herrliche Küstenpfade: Der eine führt auf dem

Klippenvorland in den malerischen Fischerort **Polperro** 28 (S. 362). Hinter einer letzten Biegung taucht plötzlich der Hafeneingang auf – tief unten zwischen schroffe Felswände gezwängt, ein spektakulärer Anblick.

Mittelpunkt Polperros ist der alte Hafen mit Fischer- und Segelbooten. Um ihn herum gruppieren sich verschachtelte Treppen, schmale Durchgänge, steile Gassen mit buckeligen Cottages, Pubs, Teestuben, kleinen Geschäften und Bootshäusern. Natürlich fehlt auch das Schmuggler-Museum nicht. Polperro ist autofrei; am anderen Ende des Ortes befindet sich der Großparkplatz, und man sollte wirklich von der Seeseite her, also per pedes, kommen!

In entgegengesetzter Richtung steigt man von der Talland Bay auf das grasbewachsene Vorland auf; an der Kirche vorbei, um mehrere Buchten herum, zwischen Ginster, Farn und Weideland stapft man, die glitzernde, schäumende See weit unten, etwa zwei Stunden lang dahin, bis man den Doppelbadeort **Looe** 29 (S. 356) erreicht. East- und West Looe sind durch den gleichnamigen Fluß voneinander getrennt. Der Fischereihafen hat sich zu einem Ferienzentrum gemausert. Der breite, geschützte Sandstrand, die neu angelegte Mole, nicht zuletzt das *shark fishing*, das Haifisch-Angeln, üben einen starken Reiz aus, und Looe ist im Sommer recht voll.

Dartmoor, Haytor Rocks ▷

Die Halbinsel Roseland mit der Kirche St. Just

Devons
Küste – Von
Plymouth
bis Lyme
Regis

In und um Plymouth

Plymouth

1 (S. 361) Plymouth, mit knapp 250 000 Einwohnern die mit Abstand größte Stadt Devons, liegt zwischen den Flußarmen des Tamar und Plym, die die Meerenge ›Plymouth Sound‹ begrenzen. Hoch auf einem Kalksteinplateau, mit weitem Blick über den Sund, breiten sich die hügeligen Grasflächen von The Hoe, dem ›hohen Platz‹, aus. Zwei sanft geschwungene Arme verbinden sich zum Prachtboulevard **Armada Way**, der in die nördlich gelegene, schachbrettartig angelegte neue Innenstadt führt. Die Stadtrechte erhielt Plymouth erst 1928, als Plymouth, der Marinehafen Devonport und Stonehouse untrennbar ineinander gewachsen waren.

Zentrum aller großen Erinnerungen und Herzstück der Stadt ist **The Hoe** – hier stehen die Monumente, die die Triumphe und Tragödien der englischen Seefahrtsgeschichte – der Kauffahrer, Sklavenhändler, Freibeuter, Entdekkungsreisenden und Pilgerväter – lebendig machen. Im **Plymouth Dome**, einer neuen, burgartigen Anlage mit hoher Glaskuppel direkt an der Südspitze vom Hoe, wird der Besucher in einer multivisuellen Media-Show auf »eine Reise durch die Zeit« geschickt; er hat Teil an den »heroischen Geschichten der abenteuerlichen Männer, die von Plymouth aus die Weltgeschichte neu schrieben«. Sie, die königlichen Seeräuber, die Privatiers und bewunderten *›sea dogs‹* waren die Admiräle, die Schiffskapitäne,

Plymouth *1 Plymouth Dome 2 Statue von Francis Drake 3 Charles Church 4 St. Andrew's Church 5 Mayflower Steps 6 Zitadelle 7 Smeaton's Lighthouse*

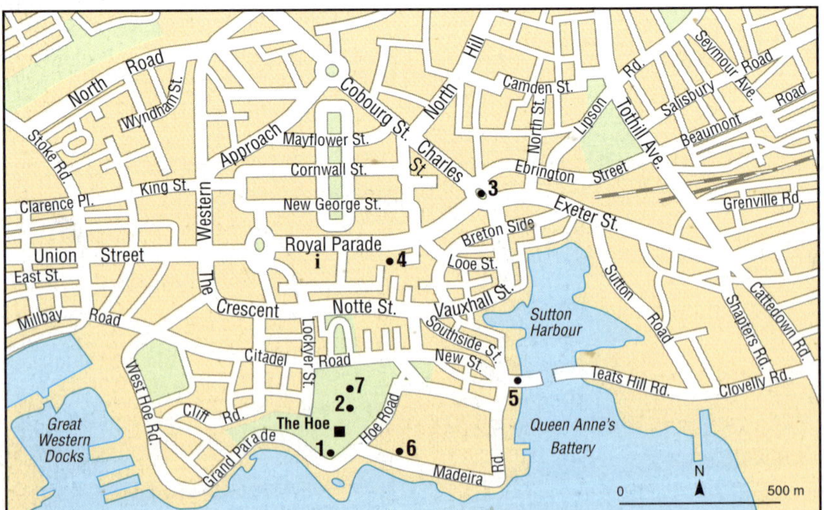

»Sea dogs« – Männer der See

William Hawkins war der erste Engländer, der 1530 auf dem Seeweg den Handel mit Brasilien eröffnete. John Hawkins, erster englischer Sklavenhändler, machte seine Geschäfte, indem er Afrikaner in die Karibik verschiffte, wo sie auf den Plantagen der Pflanzer arbeiten mußten. Hawkins war es auch, der den wendigen, schnellen Schiffstyp der Galione (der engl. Typ wird so genannt im Gegensatz zur spanischen Galeone) mitentwickelt hatte, der dann erfolgreich gegen die Armada eingesetzt wurde: Die Galione konnte Breitseiten abfeuern und war damit den schwerfälligen spanischen Galeonen mit hohem Bugaufbau und geringer Manövrierfähigkeit kriegstechnisch weit überlegen. Humphrey Gilbert eroberte 1583 Neufundland für die Queen – die erste englische Kolonie. Und natürlich Sir Walter Raleigh: Der umworbene Höfling und Abenteurer gründete 1585 in der Neuen Welt die Kolonie Virginia, benannt nach der ›Virgin Queen‹, der jungfräulichen Königin. Weitere Entdeckungs- und Raubfahrten folgten. Seinen sagenhaften Reichtum steckte er u. a. in seinen feudalen Landsitz Sherborne Castle (s. S. 216ff.).

Francis Drake, der zwischen 1577 und 1580 auf der ›Golden Hind‹ mit seinem Cousin John Hawkins von Plymouth aus die Welt umsegelte, plünderte spanische Galeonen mit den Goldschätzen der Inkas. Danach erhob ihn seine Queen in den Adelsstand. Er war es auch, der als Admiral mit seinen Kapitänen auf der Hoe Bowling spielte, als der Legende nach schon die ersten Schiffe der spanischen Armada im Sund gesichtet wurden, die er – nach beendetem Spiel – mit seinem Flottenteil vernichtend schlug. Drake war auch Bürgermeister von Plymouth und lebte *in splendour* in Buckland Abbey.

Zwischen 1768 und 1780 unternahm James Cook drei große Seereisen in den Pazifischen Ozean; er kartographierte die Küsten von Australien, Neuseeland und den Südsee-Inseln – mit von der Partie war auch William Bligh, der durch die »Meuterei auf der Bounty« zweifelhaften, gleichwohl dauerhaften Ruhm erwarb.

1831 machte sich Charles Darwin zu einer fünfjährigen Forschungsreise auf dem Vermessungsschiff Beagle auf; seine Ergebnisse führten zu den revolutionären Ideen, die seiner Evolutionstheorie zugrundelagen.

Robert Scott ist von hier in den Südpol aufgebrochen, Ernest Shackleton 1921 zur letzten Arktisexpedition, und auch Francis Chichester hat von Plymouth aus 1966 mit seiner winzigen Gipsy Moth allein die Welt umsegelt.

Nicht zu vergessen: Von Plymouth, Southampton und Portsmouth aus sind Zehntausende von Sträflingen, zusammengepfercht auf engstem Raum, nach Australien transportiert worden, und zigtausende arme Tagelöhner, Landarbeiter und Handwerker haben von hier aus ihrer Heimat den Rücken gekehrt, um in den Kolonien der Neuen Welt ein neues Leben zu beginnen.

Sir Francis Drake startete 1580 im Hafen von Plymouth zur Weltumseglung (Statue am Hoe)

die im elisabethanischen England das Inselreich zur beherrschenden Königin der Weltmeere machten.

Lesen und hören muß man von den Geschichten in der Geschichte – zu sehen ist nicht mehr viel. Im Zweiten Weltkrieg ist Plymouth durch den ›deutschen Blitz‹ vollkommen zerbombt worden. Die gesamte Innenstadt mußte neu aufgebaut werden. Geblieben sind die **Ruinen der Charles Church**, heute eine Erinnerungsstätte für die Opfer der Bombenangriffe. In der **Kirche St. Andrews**, die aus dem 15. Jh. stammt und nach dem Wiederaufbau einige sehr schöne moderne Fenster des Künstlers David Piper erhielt, fand schon der Dankgottesdienst nach dem Sieg über die Armada statt.

Ein wenig vom elisabethischen Lebensgefühl geistert noch im alten Hafengelände am Sutton Harbour, dem **Barbican**, durch die engen und verwinkelten Gassen mit vorkragenden Häusern. Besonders gut erhalten ist New Street. Am Südende des alten Fischereihafens befinden sich die **Mayflower Steps**; von hier aus segelten die Pilgrim Fathers nach Amerika: »If it hadn't been for the Mayflower, where would America be now?«

Der Madeira Road Richtung Hoe folgend, umrundet man an der Seeseite den gewaltigen Komplex der **Zitadelle**, die Charles II. im Jahr 1666 erbauen ließ – eine der wenigen Festungsanlagen, die noch nach der Restauration errichtet wurden – in diesem Fall wohl als Drohgebärde des Monarchen, waren die Bewohner von Plymouth doch besonders treue Anhänger Cromwells gewesen.

Wieder am Hoe, stößt man direkt in der Mitte auf das Ehrenmal der Marine, direkt daneben das **Armada-Denkmal** und die **Statue des Sir Francis Drake** (von Edgar Boehm, 1884), der ausgreifend über das Meer blickt. Das kann heute auch jeder Besucher, der sich zur Aussichtsplattform von **Smeaton's Lighthouse** hinaufwindet – der Leuchtturm stand einst vor den Klippen im Plymouth Sound und wurde hierher versetzt.

In der Umgebung: Herrenhäuser und Gärten

Plymouth ist von einem Ring an Sehenswürdigkeiten umgeben: Auf der Plymouth vorgelagerten Landzunge, schon zur Grafschaft Cornwall gehörend, liegt der **Mount Edgcumbe House & Country Park** 2 (S. 359). Zusammen mit Trewithen House (s. S. 155) und Lanhydrock (s. S.140, Abb. S. 19) bildet er das Triumvirat der schönsten

Burgh Island Hotel

Den Traum von der paradiesischen Insel, von Palmen und türkisblauem Meer, von dem kleinen, himmlischen Hotel, das nur für ›dich und mich, Liebling‹ da ist, – diesen Traum würden Sie gewiß nicht mit dem alten, grauen England in Verbindung bringen. Es gibt ihn aber. Er liegt etwa 400 m vor der englischen Küste bei Bigbury-on-Sea, ca. 20 km östlich von Plymouth, und heißt ›Burgh Island‹ (S. 341, Bigbury-on-Sea).

Am Strandparkplatz von Bigbury stellen Sie Ihren Wagen ab, bei Ebbe gehen Sie über den feuchten, federnden Sand zur Insel hinüber; bei Flut oder schlechtem Wetter warten Sie einfach, bis Ihnen ein merkwürdiges Gefährt entgegenkommt, um Sie abzuholen: eine überdimensionierte Gemüsekiste auf mannshohen Rädern, die gemächlich rollend das Wasser zerteilt. Dies amphibische Wesen nennt sich *sea tractor* und stammt aus den 30er Jahren unseres Jahrhunderts. Das dazugehörige Hotel ebenfalls. Der Industrielle und Kunstfreund Archibald Nettlefold hatte die Insel 1927 gekauft und ließ sich dort ein spektakuläres Gästehaus in reinstem Art-deco erbauen, ein weiß leuchtender Kubus mit spitzbehelmten Türmchen. Es wurde zum Treffpunkt seiner Freunde aus der Londoner Künstler- und Theaterwelt; hier tingelten bei Charleston- und Tangoklängen auch die *bright young things* der *upper class* durch die Wochenenden. Nicht nur Noël Coward ließ sich hier seine Cocktail mixen, sondern auch Edward, Prince of Wales, und Wallis Simpson, der Earl of Mountbatten – und Agatha Christie. Zwei ihrer Krimis sind auf Burgh Island entstanden. In »Das Böse unter der Sonne« macht Hercule Poirot Urlaub in einem Hotel, das Burgh Island zum Vorbild hat.

Mr. Nettlecombe starb, der Krieg tat ein übriges, das Hotel degenerierte zum Selbstbedienungs-Café. 1985, kurz bevor es zusammenfiel und verauktioniert werden sollte, fanden sich die Retter. Ein Londoner Ehepaar aus der *art and fashion* Welt setzte seinen gesamten Besitz aufs Spiel, erwarb die Insel und erweckte den durchgeregneten Jammer zu neuem Leben. Heute ist alles wieder aufs schönste – funkelnd, glanzvoll und elegant – beim Alten:

Unter der Bleiglaskuppel im Palm Court bricht sich das Sonnenlicht im Mosaikglas der Cocktailbar; im Goldfischteich plätschert das Wasser; die Sun Lounge bietet herrliche Ausblicke auf Terrassen und Meer, und zum Restaurant führt eine Treppe mit lachsfarbenen Spiegeln und schwarzen Glaspaneelen. Alles original Art-deco, über Jahre gesucht und gesammelt, nur durch wenige neue Stücke ergänzt. In den Zimmern und Suiten regieren die 30er Jahre in zurückhaltender, fast karger Variante, die die edlen Materialien der Möbelstücke um so deutlicher betont. Zum exzellenten Dinner »jacket and tie, please« – wer würde sich auch hinterher beim Tango, Schimmy und Schmuse-Blues erlauben wollen, ohne Stil und nur vergnüglich auf der Tanzfläche herumzuschieben?

›Grade I‹ historischen Gärten Cornwalls und bietet, hoch an den Klippen liegend, herrliche Spazierwege und spektakuläre Ausblicke über den Plymouth Sound. Das mehrfach restaurierte Haus mit seinen zinnengekrönten Rundtürmen stammt aus der Tudorzeit und war von Anbeginn in seiner Prächtigkeit so begehrenswert, daß Don Alonso Perez de Guzman, Herzog von Medina Sidonia und Oberbefehlshaber der spanischen Armada, Mount Edgcumbe nach der Niederlage Englands zu seiner Residenz machen wollte. Der Wildpark, die formalen Gärten im italienischen, französischen und englischen Stil wurden um 1750 angelegt; Bäume und Pflanzen aus Neuseeland und ein amerikanischer Garten versetzen in paradiesische Stimmung.

Den Großstadtverkehr von Plymouth können Sie auch vermeiden, wenn Sie sich, von der A374 nach Torpoint abzweigend, **Antony House & Wood-**

land Garden 3 (S. 338) ansehen wollen – ein kleineres, anmutiges *countryhouse* der Carew-Pole Familie, die bis ins 15. Jh. zurückgeht und mit den Edgcumbes verwandt war. Im *Queen Anne Style* 1711–21 erbaut, besticht es durch seine solide Eleganz und die komfortable, familiäre Atmosphäre, schöne Möbel – und natürlich auch hier einige Portraits von Kneller und Reynolds. Die Wald-, Park- und Gartenanlagen erstrekken sich über 40 ha; im Frühling blühen über 300 verschiedene Kamelienarten, man wandert durch Rhododendronhaine, durch Azaleen- und Magnolienmeere.

5 km östlich von Plymouth, außerhalb des Vorortes Plympton, dem Geburtsort von Sir Joshua Reynolds, liegt **Saltram House** 4 (S. 365), ein vornehmes und maskulin wirkendes Herrenhaus aus der Mitte des 18. Jh., eingebettet in die Bögen und Wellen eines klassischen Landschaftsparks mit Orangerie und einer Kapelle, in der Gegenwartskünstler der West Country ausstellen. Besonders hervorzuheben wären aber zwei von Robert Adam (1728–1792) geschaffene Räume – neben Hatchlands in Surrey (s. S.282) die in Südengland besterhaltenen seiner einzigartigen Interieurs.

Ab 1779 ließ John Parker, der spätere Earl of Burlington, im Ostflügel des Hauses zwei Räume von Robert Adam umgestalten; das Speisezimmer, als Bibliothek entworfen, und der herrliche Salon sind unversehrt erhalten und kunsthistorisch so gewichtig, daß Saltram House als eines *der* ›Adam Häuser‹ gilt. Der Salon, ein Doppelkubus, dem berühmten *double cube room* von Inigo Jones in Wilton House (s. S. 94ff.) nachempfunden, lenkt den Blick auf die gewölbte Decke mit ihrer heiteren, geometrischen Ornamentik und Lunettenmalereien von Antonio Zucchi. Die Einrichtung: pudrig blauer Damast an den Wänden, vier große Wandspiegel, Chippendale-Stühle. Eines der zehn Portraits von Reynolds zeigt seinen Freund Thomas Parker. Reynolds wiederum wurde von Angelika Kauffmann porträtiert. Der Axminster Teppich reflektiert die außergewöhnlich schönen Deckenentwürfe in perfekter Harmonie.

Die Küste von Devon

Im *dining room*, kleiner und weniger formal, in lichten Grünschattierungen gehalten, erkennt man nur noch an den allegorischen Deckenmalereien, daß Adam hier ursprünglich eine Bibliothek gestaltet hatte.

Adam macht süchtig: Es gibt Afficionados, deren Reiseroute allein den Adam-Häusern gewidmet ist, sie über London (besonders Syon House und Osterley Park) bis nach Schottland führt.

Träumen sich Männer und Frauen, nicht nur Kinder, heute noch in Entdekker unbekannter Welten und Abenteurer der Meere hinein? An Orten wie **Buckland Abbey** 5 (S. 344) klingen derartige Fragen an. Buckland Abbey, 15 km nördlich von Plymouth, nahe der A386 vor Yelverton gelegen, gehörte einst Sir Richard Grenville, der die 1278 gegründete Zisterzienserabtei 1576 zu einem imposanten Landsitz umbauen ließ. Sein Enkel, Sir Richard, brachte zusammen mit seinem Vetter Sir Walter Raleigh die ersten Siedler nach North Carolina; er wurde 1591 während einer Fahrt auf die Azoren von seinem Schiff gewaltsam auf ein spanisches Schlachtschiff gezerrt. Dort ist er gestorben.

Zehn Jahre zuvor hatte er Buckland Abbey über eine Mittelsperson für 3500 Pfund verkauft – eine damals gewaltige Summe, die ausgerechnet sein Erzrivale Francis Drake als *nouveaux riche* spielend und mit Schadenfreude hatte hinblättern können. Viele persönliche Objekte und eine Kollektion zeitgenössischer Schiffsmodelle erinnern an ihn.

Ein letztes Landhaus, zu Cornwall gehörend: Etwa 10 km nördlich von Plymouth, dem Flußlauf des Tamar folgend, stoßen wir auf **Cotehele House** 6 (S. 347), das auf einer bewaldeten Anhöhe liegt, von Wiesen und gewaltigen spanischen Kastanien umgeben. Das Tudor-Anwesen, zwischen 1485 und 1627 erbaut, lag damals am Rande der bekannten Welt, abgeschieden und einsam – die massiven Außenwälle, das gedrungene Torhaus hatten tatsächlich noch eine Schutzfunktion. Die Familie Edgecumbe (s. S. 164) zog im 17. Jh. in ein neues, großartigeres Landhaus; so blieb Cotehele im Dornröschenschlaf versunken; Haus und Innenräume, die Waffensammlungen, die Tapisserien und Möbelstücke sind unversehrt. Ein besonderes Prachtstück ist die *great hall* mit ihrer tonnenförmigen, geschnitzten Stichbalkendecke von 1485, deren Konstruktionsprinzip schon damals dem Zeitgeschmack um etwa ein Jahrhundert hinterherhinkte! Die mürben Gemäuer, der stille Innenhof und das Gefühl der Zeitlosigkeit in den terrassierten Gärten machen den speziellen Charme Coteheles aus. Die unten am Fluß liegende alte Mühle ist in Betrieb und fügt sich mit einigen Werkstätten, Sattlerei und Schmiede zu dem trügerisch echt wirkenden Genrebild einer mittelalterlich-autarken, kleinen Lebensgemeinschaft.

Mit dem Sea Tractor geht es hinüber nach Burgh Island (s.S. 165)

Abstecher ins Dartmoor

■ (S. 348) Natürlich wissen wir alle über Dartmoor Bescheid: Ein unwirtliches Moorgebiet, neblig, kalt und feucht, nicht nur die feuerspeienden »Hunde von Baskerville« des Arthur Conan Doyle verbreiten Angst und Schrecken, sondern auch hin und wieder ein ausgebrochener Strafgefangener, der nach einer menschlichen Behausung sucht und dabei nur auf Wildpferde, Steine und Schafe stößt. So geschehen bei Edgar Wallace oder Alfred Hitchcock.

Alles schön und nicht gut: Dartmoor hat viel mehr zu bieten. Das etwa 900 km^2 große Landschaftsschutzgebiet ist eines der größten und einsamsten Naturreservate Europas. In der Mitte des fast kreisförmigen Areals liegen die kahlen, offenen Hochmoorflächen, graugrüne, olivfarbene weite Hügel, von riesigen Granitblöcken, bizarren Steinbrokken und Felsformationen, den Tors, unterbrochen. Die höchsten Erhebungen sind im Norden: **Yes Tor** und **High Willhays**, beide über 600 m hoch.

Überall stößt man auf frühgeschichtliche Fundstellen, Reste von Steinzeitsiedlungen, Erdwälle, Dolmen und Gräber. Zahllose Bäche und Flüsse entspringen im Dartmoor, so auch der zweiarmige Dart, der sich bei Dartmeet trifft, in ein breites, bewaldetes Tal übergeht und im Südosten bei Dartmouth in die See mündet. Im Osten und Südosten von Dartmoor stoßen wir auf bewaldete Talsenken, in denen reizvolle, winzige Dörfer Schutz zu suchen scheinen. Knorrige, uralte Zwergeichenhaine über bemoosten, steinigem Unterholz wechseln ab mit buckeligen, violetten Heideflächen. Zwischen Farnen, Flechten, Ginster und stoppeligem Gras, zwischen Tümpeln, Rinnsalen und Wildblumen leben die Schafherden, Rinder und die charakteristischen zotteligen Wildpferde, die auch im Winter bei eisigem Wind, in Kälte und Regen im Freien ausharren.

Dartmoor ist das urzeitliche Paradies für Wanderer, Reiter und die *climber*, die wie bunte Farbtupfer angeseilt über den Felskanten hängen. Der Autofahrer muß sich anpassen und wissen, wo er hin will: Dartmoor ist von einem Straßenring eingefaßt, erschlossen wird es durch zwei Hauptstraßen, die sich bei Two Bridges kreuzen, im östlichen Teil winden sich noch ein paar Holpersträßchen zwischen den Dörfern entlang, aber das ist auch alles – viele der Feldwege führen ins Nichts: Sie enden an einem abgelegenen Gehöft, an einem Tor, einer Scheune oder schlicht im Nirgendwo.

Beginnen wir in **Princetown** 7, mit ca. 900 Einwohnern schon eine der größeren Ansiedlungen im Dartmoor. Seine Entstehungsgeschichte ist auch die des berühmten Gefängnisses an diesem hochgelegenen, ungeschützten und grauen Ort: Im Jahr 1785 erwarb ein gewisser Thomas Tyrwitt Landbesitz, der als Teil der Grafschaft Cornwall dem Prinzen von Wales, dem späteren Georg IV., gehörte. Er hoffte, daraus Farmland machen zu können, und begann mit Siedlungsprojekten für den Flecken ›Princetown‹. Ein Fehlschlag, denn wegen des Granituntergrundes ist eine Entwässerung unmöglich. So verfiel er 1806 auf die Idee, ein Gefängnis errichten zu lassen. Gefangene gab es genug: Franzosen aus den Napoleonischen Kriegen, die man nicht alle in die

Die Postbridge im Dartmoor

Strafkolonien verschiffen wollte. Sie bauten das Gefängnis, die Kirche, die Häuser und Unterkünfte des Wachpersonals. 9000 von ihnen wurden gleich nach Fertigstellung im Jahr 1809 dort eingeschlossen; später sperrte man die Soldaten aus den ehemaligen amerikanischen Kolonien, die im Krieg von 1812–14 gefangengenommen wurden, in Princetown ein. In der Kirche erinnert ein Mahnmal an sie. Seit 1852 ist Princetown zivile Strafanstalt.

Ein Abstecher an den nordwestlichen Rand Dartmoors führt nach **Lydford** 8, einem alten Zinner-Dorf mit normannischer Festungsanlage und der berühmten **Lydford Gorge**. In der knapp 3 km langen Schlucht rollt und gurgelt der Fluß Lyd durch eine herrliche Waldlandschaft, und am White Lady-Wasserfall stürzt er schäumend, tosend, in Gischt gehüllt 35 m in die Tiefe.

Am Nordrand Dartmoors, ein waldreiches Tal überblickend, bietet **Castle Drogo** 9 (S. 345) den Architekturliebhabern echte, fast noch zeitgenössische Exzentrik. Stellen Sie sich einen Kolonialwarenhändler vor, der durch den Teehandel mit China und Indien im Alter von 33 Jahren so reich geworden ist, daß er beschließt, sich als *landed gentleman* zur Ruhe zu setzen. Er hat alles – bis auf die gesellschaftlich wünschenswerte eindrucksvolle Abstammung und einen angemessenen Landsitz. Die genealogische Rückführung wird erfolgreich zusammengebastelt: Seine Vorfahren stammen von dem normannischen Edelmann Drogo de Teine ab, der auch dem benachbarten Weiler Drewsteignton seinen Namen gab; der Kaufmann läßt seinen Namen entsprechend anpassen und heißt jetzt Julius Drewe. Als solcher beschließt er kurz nach der Jahrhundertwende, ein Schloß zu bauen: Mittelalterlich, imposant und romantisch soll es sein. Er beauftragt einen der erfolgreichsten Architekten seiner Zeit: Edwin Lutyens, der mit traumwandlerischer Sicherheit auf der Klaviatur unterschiedlichster Stilelemente zu spielen weiß. 60 000 Pfund standen zur Verfügung, eine fürstliche Summe, wenn man bedenkt, daß ein schlichtes, zweigeschossiges Wohnhaus nicht mehr als 250 Pfund kostete.

Lutyens sah bei Baubeginn im Jahr 1910 eine Anlage aus drei Burgflügeln vor; der Erste Weltkrieg machte diese gigantischen Pläne zunichte, in abgewandelter Form ist nur ein Flügel errichtet worden. 17 Jahre später, 1927, konnte die Familie Drewe mit dem Einzug beginnen; 1930 war Castle Drogo fertiggestellt. Der Bauherr starb nur wenige Jahre später. Die Familie seines Enkels lebt heute noch hier, obwohl der gesamte Besitz mit 270 ha Land 1974 dem National Trust überantwortet wurde.

Die jüngste Burg Großbritanniens wäre ein häßlicher Klotz vor sich hinbrütender Massigkeit, hätte sie Lutyens nicht durch Sensibilität und Heiterkeit des Details erlöst. Er schuf einen Bau, dessen Reiz in der Spannung liegt: Schweres Mauerwerk aus sandfarbenem, handbehauenem Granit wird durch mehrere Fensterreihen mit steinernem Maßwerk aufgelockert. Die Türme verjüngen sich kaum wahrnehmbar nach oben hin, so daß die schiere Höhe betont wird. Die strengen kubischen Formen werden mit sanften Umrissen, Kurven, Bögen und Rundungen kontrastiert, besonders deutlich bei der Kapelle.

Das Innere des Hauses: ein ingeniöses Spiel mit Volumen, Höhen- und Tiefenwirkung, mit unterschiedlichsten Stilelementen, Kuppeln, Gewölben, Säulen, nüchternen Steinwänden und edelsten Materialien, Mahagonivertäfelungen, Leder, Tapisserien, komfortabelster Ausstattung und technischer Raffinesse.

Die zwiespältigen Gefühle, die Castle Drogo auslöst, mögen auch Lutyens nicht unbekannt gewesen sein. Sich auf einer der zahlreichen Schiffspassagen nach Indien befindend, um in Neu Delhi den Palast des Vizekönigs zu bauen, schrieb er in seiner als Büro hergerichteten Kabine über die Pläne von Castle Drogo gebeugt: »Only I do wish he didn't want a castle – but just a delicious loveable house with plenty of good large rooms in it.«*

Von Castle Drogo aus mäandern die schmalen Straßen in südöstlicher Richtung durch den weicheren, lieblichen Teil Dartmoors. **Chagford** **10**, das kleine Marktstädtchen, das einst zu den *stannary towns* (S. 146) von Devon gehörte, strahlt einen zufriedenen, ländlichen Charme aus. Schon im 19. Jh. war es viel besucht, und die Läden, *tea rooms*

* »Mir wäre nur lieber, er wollte keine Burg, sondern einfach ein erlesenes, freundliches Haus mit vielen schönen großen Zimmern.«

und *inns*, die den Marktplatz beleben, zeugen von solider Geschäftigkeit und sorgsamer Pflege. Der Name **Gidleigh** 11 (S. 352) ist in Feinschmeckerkreisen von fast geheiligter Bedeutung: Das nahezu unauffindbare, in einem Landschaftspark versteckte, zwischen Terrassen, Gärten, Lavendel- und Rosenduft schwebende ›Gidleigh Park Hotel‹, ein kleines, sehr feines Landhaus, gehört in England zu der erlesenen Liste der Top Ten, der Restaurants der Spitzenklasse.

Das winzige **Lustleigh** 12 ist eines der bezauberndsten Dörfer, die ich in ganz Südengland gesehen habe: eine friedvolle Ansammlung pastellfarbener Cottages, reetgedeckt, mit Kletterrosen überwachsen; ein grüner, baumbestandener Dorfplatz, hügelige Sträßchen. Das zu Recht weithin bekannte ›Primrose Cottage‹ bietet Köstlichkeiten zum Nachmittagstee, den man im Bauerngarten genießen kann. Am Dorfende schließlich der *village orchard*: ein eingefriedeter Gemeindegarten. Über bukkeligem Wiesengrün wölben sich die Kronen der Obstbäume, und neben dem Kinderspielplatz steht ein großer Stein, in den die Namen der Maiköniginnen eingemeißelt sind – wie einem Märchenbuch entnommen.

Die beiden Orte **Widecombe in the Moor** 13 und **Buckland in the Moor** 14 sind die bekanntesten Ausflugsziele in Dartmoor; beiden gelingt es immer noch recht erfolgreich, ihr ländliches Behagen gegen die Kaffeefahrten der Tagesbesucher zu verteidigen. Die vier Turmspitzen der hochaufragenden Dorfkirche von Widecombe sind über das Tal hinaus sichtbar; die ›Kathedrale des Moores‹ ist hauptsächlich von Zinnern finanziert worden; die Kirchgänger mußten von weit her anreisen, im ehemaligen Church House fanden sie Unterkunft – jetzt gehört es dem National Trust. Buckland, mit 95 Einwohnern, ist wegen seiner malerischen Strohdachhäuser und der kleinen, tief im Tal versteckten Kirche ein begehrtes Objekt für die Kamera und ein lebendiges Sinnbild für die den Engländern so lieben Träume vom unversehrten Landleben.

In **Haytor Vale** 15 hat Agatha Christie ihren ersten Roman beendet. Die ›Agatha Christie Lounge‹ im Moorlands Hotel an der Straße nach Haytor Vale pflegt die Erinnerung an die *grand old lady* des Kriminalromans.

Auf der Suche nach den 1000 Briefkästen – Wandern im Dartmoor

Dartmoor kann man sich so recht erst durch Wandern erschließen. In der leeren Einsamkeit, oftmals auch beklemmenden Wildheit, hat sich über ein Jahrhundert hin ein gleichsam freundliches Zeichensystem entwickelt, das ganz Dartmoor überzieht und inzwischen zu einem Kult geworden ist: das *letterboxing*.

Die erste *letterbox* gab es schon um 1860 unter einem Stein am Cranmere Pool, einem beliebten Ziel für Langstrekkenwanderer in der Mitte Dartmoors. Um ihre Anstrengungen gebührend zu würdigen, gab es bald ein ›Gästebuch‹ und einen Gummistempel. Der Cranmere-Stempel wurde zu einem Sammlerobjekt. Die Idee wurde von einzelnen Personen, Familien, Pubs und Clubs aufgegriffen, so daß sich heute ein inoffizielles, privates Netz von etwa 1000 versteckten Briefkästen über das Dartmoor zieht – und die wollen gesucht und gefunden werden. So stößt man nicht selten auf Leute, die mit dem Fernglas nach dem nächsten Briefkasten spähen – die *letterboxes* sind in ausgehöhlten Baumstämmen, zwischen Grasbüscheln und in Tümpeln zu finden; in Plastikschachteln, Blechbüchsen oder wasserdichten Beuteln; sie tragen mehr oder weniger einfallsreiche Namen wie ›Demon Drink‹, ›Happy Miner‹ oder ›Canadian Connection‹. In der Bow erwarten den glücklichen Finder Gästebuch, Stempel und Stempelkissen – oftmals hat er seinen eigenen Stempel, immer aber Postkarten bei sich – wasserdicht verpackt.

Auf der Suche nach den 1000 Briefkästen: Wanderwege im Dartmoor

Wanderer sollten folgende Regeln beachten: Abgesehen von ausgeschilderten Spaziergängen, die ein oder zwei Stunden nicht überschreiten, muß man Wanderstiefel und Regenkleidung tragen – das Wetter schlägt blitzartig um (Dartmoor hat einen doppelt so hohen Niederschlag wie die etwa 20 km entfernte Ostküste bei Torbay). Mit dem Regen geht der Bodennebel einher, und plötzlich kann man nichts mehr sehen, die Orientierung ist dahin. Wanderkarten sind notwendig; ›alte Hasen‹ verzichten bei langen Wanderungen auch nicht auf Kompaß, Taschenlampe, Trillerpfeife und die Schokoladen-Notration.

Ein herrlicher, aber auch anstrengender Langstreckenwanderweg ist der **Two Moors Way**, der Dartmoor mit der Exmoor-Küste verbindet oder umgekehrt. Die etwa 160 km lange Strecke führt durch die schönsten Landstriche Devons und ist gut in zehn Tagen zu bewältigen; sie beginnt oder endet in **Ivybridge** 16, Dartmoor, führt über Holne, Widecombe, Chagford nach Drewsteignton, durchquert Devon in Witheridge und Knowstone, erreicht das Exmoor bei Withypool und beginnt oder endet, an Watersmeet vorbei, an der Küste in Lynmouth.

Entlang der Dart zur Küste

Verlassen Sie das Dartmoorgebiet an seiner südöstlichen Seite, stoßen Sie auf die vielbesuchte Touristenattraktion von **Buckfast Abbey** 17, »a living Benedictine Monastery«. Das Benediktiner-Kloster, das sich, von Besuchern überrollt, auf eben diese geschmeidig eingestellt hat, wurde aufgrund seiner

Wiedergeburt berühmt: Das alte Kloster war nach der Reformation dem Erdboden gleichgemacht worden; eine Schar französischer Mönche erwarb 1882 das Grundstück. Sie stießen auf die ehemaligen Grundmauern und beschlossen, ein neues Kloster und die Abteikirche nach den alten Plänen zu rekonstruieren. Vier, manchmal sechs Mönche bauten die prachtvolle Kirche eigenhändig in 30jähriger Bauzeit, fertiggestellt wurde sie 1922.

Der A384 folgend, stoßen wir nach einigen Kilometern auf den kleinen Ort **Dartington** mit dem ins 14. Jh. zurückgehenden, langgestreckten, reetgedeckten ›Cott Inn‹ (sehr gute Lunch-Buffets) und der über die Grenzen hinaus berühmten **Dartington Hall** 18 (S. 347): ein Hort der Künste in traumhaft schöner Umgebung. Das aus der Tudorzeit stammende spitzgieblige *manor house* aus grau gesprenkeltem, mürbem Stein flankiert einen weiten, mit Gänseblümchen übersäten Rasenplatz; Mittelpunkt ist die *hall*, in der Konzerte und Ausstellungen stattfinden. Der sich anschließende variationsreiche Landschaftsgarten ist ein Meisterwerk: Sein Zentrum bildet ein riesiges, scharfkantig abgesenktes, baumumstandenes Rasenrechteck; der dicke grüne Teppich zieht sich längsseitig in breiten Stufen in die Höhe, auf dem Plateau blickt die ›Liegende‹ von Henry Moore über die Zedern hinweg auf das Hauptgebäude. Dartington Hall wurde ab 1925 von dem amerikanischen Ehepaar Elmhirst erworben und auf der Basis einer gemeinnützigen Stiftung erfolgreich weitergeführt. Die Kurse des Art College werden von etwa 500 Studenten pro Jahr besucht. Veranstaltungen, Konzerte, alternative Land- und Forstwirtschaft, die Dartington Glasmanufaktur und zahlreiche kunsthandwerkliche Lehrgänge lokken Teilnehmer und Besucher an. Im Cider Press Centre am Dorfausgang ist ein Verkaufszentrum eingerichtet. Eine überraschende Ergänzung zu den alten Gebäuden bildet das im April 1995 eröffnete, komplett restaurierte **High Cross House** – eine der seltenen Bauten der Neuen Sachlichkeit aus den frühen dreißiger Jahren. Ein kühler, strahlend weißer Bau aus ineinandergeschobenen Kuben, der jetzt als Study Center

Dartington Hall

mit Arbeitsbibliothek, Ausstellungsräumen und Cafeteria einen weiteren Anziehungspunkt im Dartington Estate darstellt. Zu einem viel beachteten Ereignis hat sich auch das Literaturfestival »Way with words« gemausert – meistens in der letzten Augustwoche finden Lesungen, Diskussionen und Präsentationen statt – von morgens bis spät in den Abend hinein: ungezwungene Begegnungen mit großen und weniger bekannten Namen der englischen Gegenwartsliteratur, mit Schriftstellern, Dichtern und Drehbuchautoren.

Wollen Sie sich ein paradiesisches Wochenende in einmaliger Umgebung gönnen, fahren Sie südwärts zur Küste nach Burgh Island 19 (S. 341, Bigbury-on-Sea); rote Erde, Cottages und grüne Landstraßentunnel begleiten Sie.

Einen Abstecher wert ist auch **Salcombe** 20 (S. 364), ein kleiner Fischerort, der breit in der Salzwassermündung zwischen Bolt Head und Prawle Point lagert. Salcombe mit seinem altmodischen Charme, guten Restaurants, Hotels und *guesthouses*, die allesamt in den 50er Jahren sanft entschlafen zu

Cottage an der Dart

sein scheinen, ist ein Traum für Wassersportler: Segeln, Windsurfen, Schnorcheln; man kann sogar zu dem 1936 versunkenen Wrack der ›Herzogin Cäcilie‹ tauchen – in Begleitung natürlich. Ein schöner Spaziergang führt von Salcombe aus zum herrlichen **Overbeck Garden** mit weiten Ausblicken über die Bucht.

Ob von Dartington/Totness oder von Salcombe aus kommend – **Dartmouth** 21 (S. 348) sollte man sich nicht entgehen lassen. Dartmouth und, direkt gegenüber im Mündungstrichter der Dart, Kingswear, sind alte, betriebsame Hafenstädtchen. Dartmouth ist in England berühmt wegen seines hoch über dem Ort thronenden »Britannia Royal Naval College«, in dem alle männlichen Mitglieder der *Royal Familiy*, von Prince Philip bis Edward, ihr Training in der Kriegsmarine absolviert haben. Was gibt's noch in Dartmouth: zwei Burgen, sehr hübsche, verschachtelte Gassen, besonders Duke- und Victoria Street, eine kleine Promenade, Fachwerkhäuser, bunte Häuserreihen, die sich an den bewaldeten Talwänden hochwinden und ein exzellentes Restaurant, ›The Carved Angel‹.

Kingswear 22 übt einen besonderen Reiz auf Eisenbahnfreaks aus: Hier endet direkt am Hafen die winzige, liebevoll gepflegte **Dampfeisenbahn**, die am Meer entlangschaukelnd in halbstündiger Fahrt bis nach Paignton in die Torbay schnauft. Es besteht auch die Möglichkeit, die Eisenbahnfahrt mit einem **Bootstrip** auf der Dart zu kombinieren: Die dicht bewaldeten, zum Teil dschungelähnlichen Ufer der breiten Dart wechseln ab mit stillen Buchten, in denen die Boote vor sich hin dümpeln. Man kommt während der knapp zweistündigen Fahrt bis Totness an dem ehemaligen *estate* von Walter Raleigh vorbei und an dem hoch und verschwiegen gelegenen Landsitz Greenway, in dem Agatha Christie lange Jahre zu Hause war und der heute noch von ihrer Tochter bewohnt wird.

Von Kingswear aus ist es nur ein Katzensprung zum Klippengarten von **Coleton Fishacre** 23 (S. 347): Spektakuläre Küstenszenerie wechselt ab mit terrassierten Gärten, Teichen und wunderbaren, üppig gedeihenden tropischen Pflanzen, gelb und orange flammenden Rhododendren, Magnolien, Bambus, Kamelien, Rotbuchen, die dem im Lutyens-Stil errichteten Landhaus (nicht zugänglich) einen heiteren, festlichen Rahmen verleihen.

Torbay – Die englische Riviera

Die etwa 30 km lange Küstenlinie zwischen Dartmouth und Exmouth, den Mündungstrichtern von Dart und Exe, wird in Großbritannien als ›englische Riviera‹ gepriesen: Das Klima ist mild, die Torbay mit ihren roten Klippen ist windgeschützt, und die Ferienorte Torquay, Paignton und Brixham, zu einer Ballungszone mit über 100 000 Einwohnern zusammengewachsen, haben trotz sommerlichen Hochbetriebs ihren je eigenen Charakter zu wahren vermocht.

Brixham 24 (S. 344) ist immer noch ein Fischerdorf. Beim alten Hafen veranschaulicht das Fischereimuseum seine einstige Bedeutung. Die Geschichte hat auch hier ihre Spuren hinterlassen: Im Hafen liegt die ›Golden Hind‹ vor Anker, das Schiff, mit dem Francis Drake zwischen 1577 und 1580 um die Welt segelte – ein originalgetreuer Nachbau. Wilhelm von Oranien ist 1688 hier gelandet, um als Nachfolger Jakobs II. mit der ›Glorious Revolution‹ den englischen Thron zu übernehmen.

An den langen pinkfarbenen, feinen Kieselstränden von **Goodrington Sands** vorbei, geht das sehr beliebte, muntere Familienbad **Paignton** mit Rummelplatz und bonbonfarbenen Reihen hölzerner Badekabinen schließlich in die Ausläufer **Torquays** 25 (S. 368) über. Elegant und weltläufig präsentiert sich die Stadt mit Yachthafen, palmengesäumten, nachts in bunten Lichterglanz getauchten Promenaden, der Gartenanlage der Royal Terrace und, die sieben steilen Hügel bedeckend, blendend-weißen viktorianischen Hotels, *guesthouses* und terrassierten Apartmentwohnugen, die auch im Winter ihre Gäste finden. Torquays Durchschnittstemperatur im Januar liegt um 1 °C höher als in Nizza! Die internationale, junge Clientèle der Sprachschulen, wohlbetuchte Pensionäre und das Nachtleben suchende Pärchen mischen sich mit der *bucket and spade brigade*, den Familien – Torquay hat für jeden das, was er zu finden erwartet. Das Geschäftszentrum in und um Fleet Street wird durch einen klassizistischen Arkaden- und Passagenbau beherrscht, der sich in sanftem Halbrund der Straße anschmiegt. Ist das Wetter einmal trüb, bietet das Riviera-Centre eine überdachte Badelandschaft, und die Tropfsteinhöhlen von **Kent's Cavern** laden zum Besuch ein. Neben kleineren Sandbuchten sind **Abbey Sands**, direkt in der Bucht von Torquay, und der **Oddiscombe Beach**, zwischen steilen Hängen und mit einer Zahnradbahn zu erreichen, recht gute Strände, wenngleich im Sommer überlaufen.

Torquays berühmteste Bürgerin, Agatha Christie, wurde hier 1890 geboren . Wer auf ihren Spuren wandeln möchte, kann den ›Agatha Christie Trail‹ zu Hilfe nehmen oder im luxuriösen Grand Hotel daran erinnert werden, daß hier Agathas große Hochzeitsfeier stattfand...

Vieleicht mögen Sie landeinwärts, in einem winzigen Dorf kurz vor Exeter, in **Doddiscombsleigh** 26 (S.349), Quartier nehmen. ›The Nobody Inn‹ bietet neben unprätentiöser Gastlichkeit eine in der Tat überraschende, riesige Auswahl an Weinen aus aller Welt, und das Beste: eine phantastische Selektion englischer, zum Teil wenig gekannter Käsesorten. Haben Sie schon mal von ›Ticklemoor‹, ›Ashprington‹ und ›Roan‹ gehört?

BM173
DH10

Exeter

27 (S. 350) Exeter, mit knapp 100 000 Einwohnern, ist die Hauptstadt der Grafschaft Devon, Verwaltungs- und Kulturzentrum, Universitätsstadt und Bischofssitz mit einer herrlichen Kathedrale in hochgotischem Stil, *Decorated Style*, die zu den schönsten des Landes zählt. Die Ansiedlung wurde von den Römern befestigt; *Isca Dumnoniorum* erhielt ein Straßenraster, Badehaus, Basilika und Marktplatz. In sächsischer Zeit erfolgte eine Klostergründung und der Bau mehrerer Kirchen, deren Grundmauern noch heute erhalten sind. Im Jahre 1050 wurde Exeter Bischofssitz; die von den Dänen zerstörte Abteikirche wurde als normannische Kathedrale wiedererbaut, die wiederum von dem hochgotischen Bau aus dem 13. und 14. Jh. abgelöst (Farbabb. 14). Exeter hat im Zweiten Weltkrieg schwere Bombenschäden hinnehmen müssen, so daß nur ein kleiner Teil der schönen Altstadt erhalten ist – die Kathedrale, das umliegende Viertel und vereinzelte Bauten wie das Rathaus und das Rougemont Castle. Neu und alt prallen hier aufeinander, aber die Stadtväter haben zumindest versucht, die Heftigkeit der Konfrontation im Innenstadtbereich zu mildern, und Exeter lohnt, allein schon der Kathedrale wegen, durchaus einen Tagesbesuch.

Rundgang

Die **Kathedrale zum heiligen Peter** in der Stadtmitte bietet einen unvergeßlichen Anblick: Eingebettet in eine relativ kleine, unregelmäßig geformte Rasenfläche und umgeben von einem Halb-

◁ *Ein Nachbau der ›Golden Hind‹ von Sir Francis Drake liegt im Hafen von Brixham*

Exeter Cathedral *1 Minstrel's Gallery 2 Kapitelhaus 3 Bischofsthron 4 Lady Chapel (Marienkapelle)*

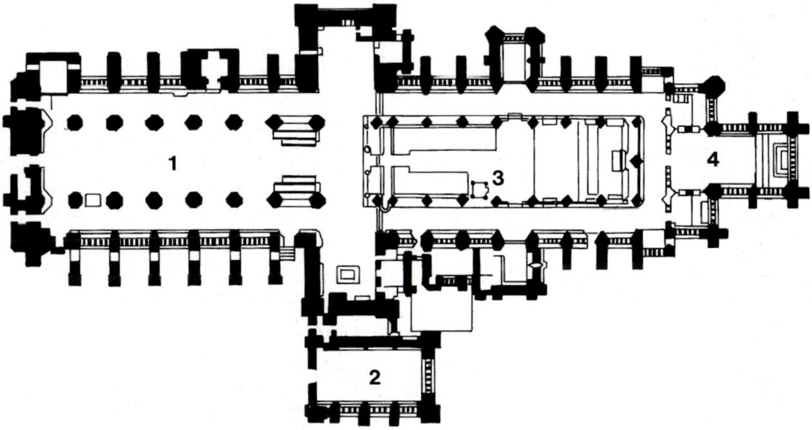

kreis reizender Häuser aus unterschiedlichen Stilepochen, ragen die Spitzen, Giebel, Türme und Zinnen aus hellem Sandstein in den Himmel – die Harmonie zwischen kompakter Flächigkeit und anmutiger Ornamentik, zwischen vertikaler und horizontaler Betonung besticht sogleich. Die Westfassade ist dreifach gegliedert: Als breites Band türmen sich drei Skulpturenreihen übereinander, in die drei Portale eingelassen sind. In der untersten Reihe sind die Engel versammelt, darüber Könige und Richter, schließlich dann Apostel und die Propheten. Sie alle sind durch steinerne Baldachine gekrönt und waren ursprünglich vergoldet und in kräftiger Farbigkeit bemalt. Hinter dieser vorgeblendeten Bilderfassade erhebt sich der zweite Bauteil mit abgeschrägten Seitenarkaden, die die Stützbogen verbergen, und einer mit zierlichem Maßwerk ornamentierten, riesigen Fensterrosette. Den letzten Abschnitt bildet schließlich der Spitzgiebel mit einer krönenden Petrusstatue. Flankiert wird dieser Bau, eine reine Ausprägung der englischen Hochgotik, durch zwei massive Ecktürme, die die Querschiffe abschließen. Sie sind das Erbe der normannischen Kathedrale: eine ungewöhnliche Lösung, die wir in der Kirche von Ottery St. Mary, etwa 10 km östlich von Exeter, noch einmal als Nachbau in Miniaturformat wiederfinden.

Der Grundriß der Kathedrale zeigt die in England charakteristische langgezogene Aneinanderreihung rechteckiger Blöcke, auch die kurzen Querschiffe sind eckig, ebenso die *Lady Chapel*, die Marienkapelle, die die Ostseite gerade abschließt. Diese Addition von schachtel-, würfel- oder blockförmigen Räumen,

die durch meisterhafte Gliederung und Dekoration der Oberflächen, durch üppige Ausgestaltung der Gewölbe in einer vollendeten Balance gehalten wird, ist laut Pevsner eines der Hauptmerkmale der englischen Gotik: Bei der *Englishness* gibt es kein Prinzip der Unterordnung einzelner Bauteile wie bei der französischen Gotik, sondern eine gleichwertige, gleichrangige Zuordnung aller Einzelteile. So wirkt das Innere der Kathedrale denn auch durch schiere Höhe und Länge, durch die strahlende Helligkeit, die keinen Raum für Myste-

rien und Geheimnisse kennt, durch die klare Gliederung der scheinbar sich endlos wiederholenden, 16teiligen Pfeiler, die in rautenförmigen Bögen auslaufen, das Triforium tragen und sich schließlich in einem kraftvollen, feingliedrigen Gewölbe treffen. Da auch die Vierung die gleiche Gestaltung aufweist, blicken wir hier in das längste gotische Gewölbe der Welt – nur unterbrochen durch den beeindruckenden steinernen **Lettner**, auf dem der Orgelaufbau ruht. Besonders liebevoll ausgeschmückt sind die Schlußsteine wie auch die heitere Sängerempore, die **Minstrel's Gallery**, an der Nordseite des Hauptschiffs. Auf den 1315 entstandenen **Chor** mit seinen reich geschnitzten Miserikordien und dem gewaltigen 18 m hohen **Bischofsthron**, der der älteste und schönste seiner Art in England ist, kann die Kathedrale besonders stolz sein.

Eine kleine, rührende Kostbarkeit, die die Verbundenheit der Gemeinde mit ihrer Kathedrale verdeutlicht, sind die den umlaufenden Steinbänken angepaßten **Kissenbezüge:** 68 Frauen der Gemeinde haben 6 Jahre lang an der

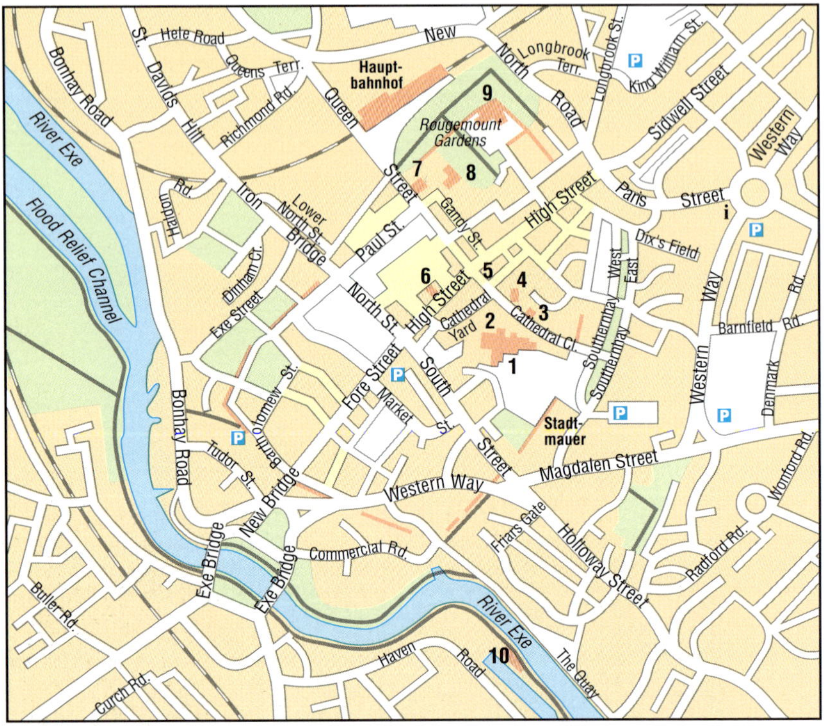

Exeter *1 St. Peter's Cathedral 2 Royal Clarence Hotel 3 Mol's Coffee House 4 St. Martin's Church 5 Ship Inn (St. Martin's Lane) 6 Guildhall 7 Royal Albert Memorial Museum 8 Exeter & Devon Art Centre 9 Rougemont Castle 10 Maritime Museum*

Geschichte Exeters und seiner Kathedrale gestickt. Die farbenfrohe Gemeinschaftsarbeit, fast 70 m lang, wurde nach dem Besuch von Queen Elizabeth im März 1983 begonnen und am St. Peter's Day 1989 fertiggestellt.

Im **Cathedral Close** herrschen Geschäftigkeit und Muße gleichzeitig: Hier trifft man sich, sitzt mit einem Sandwich auf dem Mäuerchen oder liegt in der Mittagspause auf dem Rasen. Das prachtvolle, georgianische **›Royal Clarence Hotel‹** blickt direkt auf die Westfassade der Kathedrale, und schräg gegenüber sticht **›Mol's Coffee House‹** ins Auge. Das schwarzweiße, vierstöckige Fachwerkhaus stammt aus elisabethanischer Zeit, der holländisch anmutende Giebel wurde später aufgesetzt. Direkt daneben steht die winzige, rote Sandsteinkirche **St. Martin's**, deren Grundmauern aus dem 11. Jh. stammen und die später im *Perpendicular Style* umgebaut wurde.

Die schmale, kopfsteingepflasterte Gasse St. Martin's Lane mit dem **›Ship Inn‹**, angeblich Francis Drakes liebstem Aufenthaltsort, stößt auf die **High Street**, die Haupteinkaufs- und Geschäftsstraße Exeters. Von hier aus fahren auch alle Busse der Stadt ab – kleine, numerierte Fahrzeuge, denen man ›auf freier Bahn‹ winken kann, um mitgenommen zu werden.

Eines der ältesten Gebäude der Stadt ist das imposante Rathaus, die **Guildhall** in der High Street. Zweigt man in die Queen Street ab, am Royal Albert Memorial Museum vorbei, liegt in einer Ecke der Gandy Street versteckt das **Exeter & Devon Art Centre**, eine Institution, die sich um Theater, Ausstellungen, Kunst und Kunstgewerbe der Grafschaft kümmert und ein offenes Haus pflegt. Die herrlichen, grün gewellten **Rougemont Gardens** schließen sich an Teile der alten Stadtmauer und **Rougemont Castle** an, das Wilhelm der Eroberer hier errichten ließ: Exeter war die einzige Stadt Englands, die sich über zwei Jahre hin den neuen normannischen Herren widersetzte und daher streng überwacht werden mußte.

Südöstlich der High Street, nur wenige Minuten entfernt, breitet sich in **Southernhay West** und **East** ein hoch-

Die Bilderwand der Kathedrale von Exeter war ursprünglich in leuchtenden Farben bemalt

elegantes, georgianisches Reihenhausensemble um ein langgestrecktes, baumbestandenes Rasenrechteck aus – alle Häuser stehen unter Denkmalschutz und gehören zu den wenigen in Exeter erhaltenen Zeugen der festlichen, großzügigen Stadtbaukunst des 18. Jh.

Für Freunde der Seefahrt ist das **Maritime Museum** in Exeter ein unbedingtes Muß. Der Hafen an der Exe ist in den letzten Jahren verschönert worden, in den alten Gebäude- und Speicheranlagen haben sich Pubs und kleine Geschäfte niedergelassen, neue Appartments sind gebaut worden, in den Hafen- und Kanalbecken und einer riesigen Lagerhalle ist »die größte Schiffs-Kollektion der Welt« zusammengetragen: chinesische Dschunken, venezianische Gondeln, vietnamesische Boote, insgesamt 150 Segel- und Dampfschiffe, in denen man zum Teil auch herumklettern kann, warten auf die Besucher.

Die ›Bridge over troubled water‹ – Exeters Umgebung

Mit dem Auto hat man in wenigen Minuten das Stadtgebiet Exeters verlassen, und nach Norden fahrend, findet man sich unvermittelt in der sanften, lieblichen Landschaft des Exe-Tales. Der A396 folgend, lockt als erstes **Killerton House & Park** 28 (S. 355). Umgeben von einem schönen Landschaftspark, einem Garten, der im Frühling, Sommer und Herbst in bunten Blütenteppichen schwelgt, wartet der georgianische Landsitz mit einer liebevoll gestalteten Kostüm-Sammlung auf. Wandert man durch die Räume im Obergeschoß des Hauses, stößt man auf die Gäste einer Cocktail-Party aus den 20er Jahren, eine viktorianische Gruppe in Trauerkleidung, ein Kinderzimmer aus eduardischer Zeit – die Tableaus werden jährlich neu zusammengestellt.

An **Bickleigh** 29 sollten Sie keinesfalls vorbeifahren: Das Hotel ›The Fisherman's Cot‹ liegt unmittelbar an der Exe, der Garten mit Enten und Trauerweiden führt an das Ufer des Flüßchens heran, und die Bickley Bridge ist für Eingeweihte von einer Aura umgeben, die die große Zeit der Hippies, des *flower power* beschwört: Einer der berühmtesten Songs von Simon & Garfunkel ist von der anmutigen Brücke inspiriert worden, als sich Paul Simon, der in den 60er Jahren durch die Folk Clubs in England tingelte, für eine Weile hierher zurückzog:

»When you are weary, feeling small
When tears are in your eyes, I will dry them all
Like a bridge over troubled water...«

Knapp hinter dem Ort Tiverton liegt unser eigentliches Ziel: **Knightshayes Court** 30 (S. 355, Abb. S. 18) – nicht die größte, nicht die berühmteste, aber meiner Meinung nach eine der schönsten Park- und Gartenschöpfungen Südenglands mit einem komfortablen, eleganten Haus von William Burges, das die gesättigte, sorglose Atmosphäre der spätviktorianischen Zeit heraufbeschwört und zudem noch eine eindrucksvolle Gemäldesammlung präsentiert: Rembrandt, Raffael, Holbein, Cranach d. Ä., Claude Lorrain, Turner und Constable sind in Bibliothek und *drawing room* versammelt. Eingangshalle, Rauchzimmer, Boudoir, Billard-Raum, Bäder – diese Räumlichkeiten sind ausgelegt für eine große Familie und deren Weekend-Besucher.

Die Gärten sind eine Pracht: Vor dem Haus liegen terrassierte formale Anlagen mit Treppenlauf, ein gepflastertes, geometrisches Gärtchen neben einem gepflegten Rasen mit Teich, davor die berühmten Buchsbaumfiguren ›Fox and Hounds‹, die schließlich in ringförmig angelegte ›Wildgärten‹ und Parkanlagen übergehen. Überall wurden herrliche Ensembles gestaltet: rote Kamelien unter Kirschbäumen; Glockenblumen, Narzissenfelder, Magnolien, Jasmin, violette Rhododendren, die zwischen den gelben, blaßgrünen, silber und grau leuchtenden Blätterdächern der Weiden, Lärchen, Pinien, Ahorn, Buchen und Zedern hindurchschimmern. Knightshayes Court bietet das perfekt durchgestaltete Sinnbild viktorianischer großbürgerlicher *landed gentry.*

A la Ronde – ›A unique folly‹

31 (S. 338) In der Tat ist das Haus ›A la Ronde‹ außerhalb von Exmouth eine ›einzigartige Narretei‹, die selbst im United Kingdom mit seinen zahllosen Exzentrikern ganz oben auf der Liste der individualistischen Architekturspielereien steht. Gott sei Dank konnte dieses Kunstwerk noch in allerletzter Minute in seiner Gesamtheit gerettet werden – 1990 stand es für 700 000 Pfund als Mindestpreis zum Verkauf an, und nur durch eine große Spendenaktion ist dem National Trust die Akquisition gelungen. Nun kämpft der Trust mit den Besucherströmen, und es ist abzusehen, daß sich dies bauliche Wunderwerk zu einem der großen ›Publikumsrenner‹ entwickelt.

›A la Ronde‹ ist das maßgeschneiderte Haus zweier reiselustiger Ladies, Jane Parminter und ihrer Kusine Mary, die sich 1784 auf die beschwerliche, aber für junge Männer durchaus übliche *Grand Tour* nach Italien begaben – sie jedoch waren unverheiratete Frauen, ihre Neugier und Abenteuerlust waren so unstillbar, daß sie zehn (!) Jahre fortblieben. Dann aber, die Fülle der herrlichen Bauten in Italien vor Augen und die praktischen Notwendigkeiten eines gut organisierten Haushalts im Kopf, entwarfen sie, die Idee des modischen *›cottage ornée‹* mit der byzantinischen Basilika San Vitale in Ravenna verquickend, ein Haus mit 16 Seiten – einen Architekten hat es nicht gegeben. Gegen Ende des 18. Jh. zogen sie ein. Alles war ebenso praktisch wie ungewöhnlich: Die Räume legen sich ringförmig um die zentrale achteckige Halle, die sich über drei Stockwerke hinzieht und von einer Lichtkuppel gekrönt wird. Im Frühling und Sommer kann man, der Sonne folgend, die Räume ›durchwohnen‹; die Anlage der Türen erlaubt es, im Winter nur einzelne Raumteile zu beheizen. Die tortenförmigen Keile, die aufgrund der Bauweise zwischen den Zimmerwänden entstanden, sind als Stauraum genutzt; es gibt Schiebetüren, zusammenklappbare Tische und ein Sprachrohrsystem – schließlich ist es nicht jedermanns Sache, unter der Kuppel zu stehen und über 20 m hinweg ins Erdgeschoß zu rufen. Die Parminters haben sich dann noch 13 glückliche Jahre lang mit der Inneneinrichtung befaßt: *Pièce de résistance* ist der Kuppelraum, über und über mit Muscheln, Steinen, Glas und Federn ausgelegt, in unterschiedlichen Mustern und Zusammenstellungen. Als Fingerübung mag da der Federfries im Wohnraum entstanden sein. Alle Räume zeugen vom Geschmack ihrer Erbauer: Die Schwestern sammelten Miniaturbücher, Aquarelle, Scherenschnitte, Intarsienarbeiten in Möbelstücken, Nadelarbeiten und Muschelcollagen – ein Haus wie ein Schmuckkästchen aus vergangenen Zeiten.

Lyme Regis und die Fossilienküste

Von **Exmouth** 32, dem ältesten Badeort der Umgebung mit langen Kieselstränden und nach Osten hin roten Felsklippen, ist es nicht weit nach **Lyme Regis** 33 (S. 356), einem alten Fischerdorf, das sich gegen Ende des 18. Jh. zu einem außerordentlich modischen Treffpunkt der guten Gesellschaft mauserte – Bath und seine Thermen waren nicht mehr ›in‹ – Seeluft und Salzwasser waren für die Gesundheit entdeckt worden, und die kleine Stadt (die Stadtrechte sowie der königliche Beiname stammen aus dem 13. Jh.) mit dem sicheren Hafen und seiner aus dem Mittelalter stammenden, weit ins Meer reichenden Mole, **the Cobb,** wurde durch eine Promenade ergänzt und Reihen eleganter, zierlich ornamentierter Sommervillen die über den Kolonnaden der Promenade direkt aufs Meer blicken und heute, alt und wacker herausgeputzt, den Pensionsgästen Unterkunft bieten.

Lyme, buckelig, mit steilen, engen Gassen, einer bunten, lebhaften Hauptstraße, die sich mühsam den Berg hinaufwindet, ist berühmt wegen der hier gemachten Fossilienfunde und den literarischen Assoziationen, die sich wie ein melancholischer, dramatischer Schleier über den Ort gelegt haben.

Jane Austen wohnte zeitweilig in **Bay Cottage** an der Parade und schrieb dort ihren 1818 erschienenen Roman »Persuasion« (»Überredungskunst«). Einer der bedeutendsten englischen Autoren der Gegenwart, John Fowles, lebt heute hier. Sein bekanntester Roman, »Die Geliebte des französischen Leutnants«, spielt ebenfalls in Lyme Regis, und während der Verfilmung mit Meryl Streep in der Hauptrolle zogen die Kamera- und Filmteams in die Hotels und Pensionen des Badeortes ein.

Die spektakulären Fossilienfunde von Lyme Regis – 1811 grub man das vollständige Skelett eines Ichthyosaurus aus – machten den Ort im 19. Jh. zu einem Fokus der leidenschaftlichen Suche nach naturkundlicher Erkenntnis: In den Buchten, Felshöhlen, an den Stränden und Klippen wurde gesucht, gesammelt, betrachtet, geordnet und aufgezeichnet. Auch heute noch gehen die Engländer hingebungsvoll diesem Vergnügen nach – Funde gibt es genug. In den Läden werden kleine Gesteinshämmerchen angeboten, und überall sind Fossilien ausgestellt oder zu kaufen. Ammoniten und Belemniten sind die häufigsten Funde im Liasgestein der Klippenküste, besonders westlich vom Cobb, am Monmouth Beach, an den Blue Ven Klippen, Stonebarrow und am etwa 6 km entfernten Golden Cap, weiter östlich auch um Lulworth Cove und in der Kimmeridge Bay. Ausgestellt sind die Funde im *Dinosaurland* in Coombe Street und im Lyme Regis Museum in Bridge Street.

Vorsicht: Bevor man am Fuß der Klippen, auf den Kieselstränden und in den versteckten Buchten auf die Suche nach Fossilien geht, muß man sich über die Gezeiten informiert haben; bei einlaufender Flut werden die Strände überspült, und es gibt kein Entkommen. Die Klippen sind gefährlich bröckelig, Steinschlag und Erdrutsche kommen ständig vor. Man sollte niemals versuchen, sich vom Klippenvorland zum Strand herunterzuhangeln!

Geologische Funde und ihre Folgen

In Lyme Regis wird das viktorianische Zeitalter wieder lebendig und mit ihm die großen, erregenden philosophisch-naturwissenschaftlichen Konflikte, die wie ein Wirbelsturm durch alle Gesellschaftsschichten fegten und das christliche Weltbild erschütterten: Die Funde und Erkenntnisse in der Anthropologie, Zoologie, Biologie, Botanik und Geolo-

gie führten schließlich zur Formulierung der Darwinschen Evolutionstheorie – und die wiederum rüttelte an den Grundfesten der biblischen Überlieferung zur Entstehungsgeschichte und Schöpfung der Welt. Tausende von unterschiedlichsten Fossilienfunden entlang der Dorset-Küste wiesen in erdzeitliche Dimensionen zurück, die in der biblischen Zeitrechnung keine Berücksichtigung gefunden hatten. Was nun? Wie hatte Noah die unüberschaubare Zahl der Tierarten in seiner Arche unterbringen können, wenn – das hatte man errechnet – der zur Verfügung stehende Raum nicht größer gewesen war als ein Teilbereich des Kristallpalastes in London?

Es bildeten sich zahllose naturgeschichtliche Zirkel, Gesellschaften und Forschungskreise. Auch die eingeschränkte Welt der Frau öffnete sich zu ungeahnten Freiheitsräumen. Nicht nur Männer und Kinder der Mittelschichten machten sich mit Botanisiertrommel und Schmetterlingsnetz auf, um in der Natur nach neuen Arten zu spähen, sondern auch die Frauen fanden ein neues Betätigungsfeld. Die ›Abende vor dem Mikroskop‹ wurden gesellschaftsfähig; sie garantierten, immer im Rahmen der Sittsamkeit, Abwechslung und Belehrung.

Dorsets Küste – Von Weymouth bis Bournemouth

Weymouth: Ein Bad in der Menge, at the Seaside

1 (S. 370) Weymouth ist ein sehr hübsches, reizvolles Seebad: Mit knapp 50 000 Einwohnern ist es nicht zu groß und nicht zu klein, weder malerisches Dorf noch entnervend urban. Alles ist kompakt beieinander und gruppiert sich zuverlässig um die ca. 3 km lange Bucht herum. Mittelpunkt und *raison d'être* von Weymouth ist der in der Tat goldene, feine Sandstrand, der in den Kurven der Bucht sauberen Kieselsteinen Platz macht. Dahinter liegt, nur durch Treppchen getrennt, die lange Promenade mit Liegestühlen und Sitzbänken, die, von Pralinenkästen aus ornamentalem Gußeisen umhüllt, Schutz vor Sonne – jawohl! – oder Wind bieten. Dann die Straße – mäßig befahren, da Weymouth Ziel und nicht Durchgangsort ist – dann die immer noch eleganten, großzügigen georgianischen Häuserreihen und Hotelbauten, hinter denen sich das Einkaufs- und Geschäftszentrum breitmacht. An einem Ende der Bucht befindet sich der alte Hafen, sehr lebendig und bunt, mit umgebauten Speichern, Pubs, Yachtclub und Restaurants gegenüber in einer bezaubernden Häuserreihe mit Tonnenerkern und gewölbten Scheiben. Alles sehr ansprechend – nur nicht in der Hochsaison: Im Juli und August gerät Weymouth in englischer *seaside*-Manier außer Rand und Band. Der Strand ist vor Menschen nicht mehr zu sehen, riesige Gummitiere schwanken unter der Last der Kinder, vor den Fish & Chips-Buden bilden sich lange Warteschlangen, zur Übernachtung

◁ *Die Kimmeridge Bay*

Die Küste von Dorset

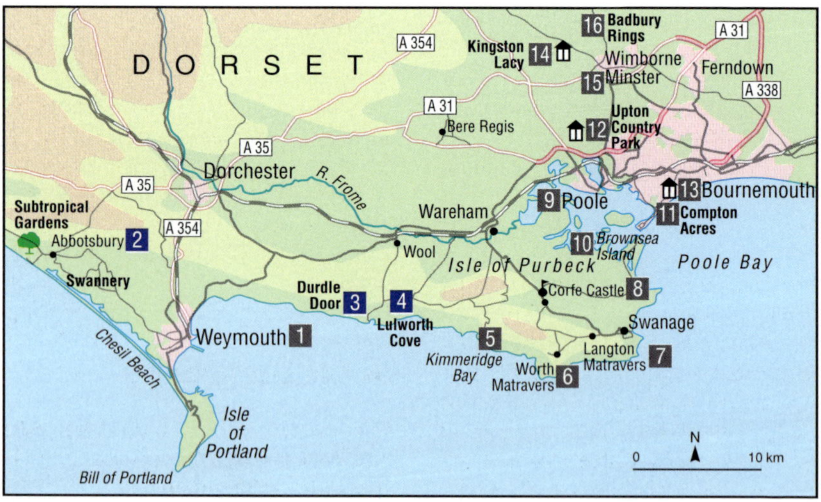

Fischen am Chesil Beach

müssen die winzigsten Dachzimmer herhalten ... Aus dem Pavilion, in dem Bingo, *seaside entertainment* und wöchentlich einmal *ballroom dancing* angeboten werden, dringt die Geräuschkulisse der piepsenden und ratternden Spielautomaten – wobei kurz nach 23 Uhr der ganze Spuk vorbei ist, die Lichter verlöschen.

Mitten auf der Promenade blickt von hohem Sockel die eher farbenfreudige denn künstlerisch wertvolle Statue Georgs III. (1760–1820) auf das Treiben in der Meeresbucht hinab. Ihm verdankten die Bürger Weymouths ihren Ruf als mondänes Bad, denn der königliche Gast, der angeblich den Badekarren *(bathing machine)* salonfähig machte, kam oft und gern hierher. Der Überlieferung zufolge hat er nackt in seinem Badekarren gelegen, den Blick aufs Meer gerichtet, in respektvollem Abstand umgeben von mehreren Kapellen, die sich abmühten, Händelsche Klänge gegen Wind und Brandung zu intonieren. Am entgegengesetzten Ende der Bucht reitet der hohe Mäzen, als Kreidezeichnung auf grünen Hügeln weithin sichtbar, wieder davon, und die Lokalgeschichte will, daß er, eben weil er hinausreitend dargestellt ist, beleidigt gewesen und tatsächlich nie wieder gekommen sei ...

Weymouth eignet sich hervorragend, um *›a day at the seaside‹* zu verbringen und einem Vergnügen nachzugehen, das ein italienischer Journalist kürzlich als *›Brit-watching‹* bezeichnet hat; in der ruhigen Brunswick Terrace, direkt am Wasser, reiht sich ein blumengeschmücktes, freundliches *guesthouse* ans andere.

In der Umgebung

Von Weymouth aus lassen sich sehr schöne Ausflüge, Wanderungen und Tagesfahrten unternehmen.

Die Weymouth vorgelagerte Halbinsel **Portland** besitzt einen ganz eigenen, nüchternen Charakter, der Tourismus spielt eine untergeordnete Rolle. Haupterwerbszweig der Insel ist der weißlich-graue Portland-Stein, und neben den gewaltigen *quarries,* den Steinbrüchen, sieht man behauene und numerierte Quader die Straßen säumen. Schon die St. Paul's Cathedral in London ist aus Portland-Stein erbaut worden.

Am Nordende der Insel liegt hoch auf den Klippen in Fortuneswell ein altes Festungsgefängnis. Dessen Häftlinge bauten Mitte des 19. Jh. zwei riesige Steindämme als Wellenbrecher (30 m breit, 3 km lang), die noch heute der Schiffahrt natürlichen Schutz bieten. In den zahlreichen kleinen Kirchen ist viel für die sichere Heimkehr der Fischer gebetet worden, und die winzige St. Andrew's Avalance Memorial Church in **Southwell** ist in Erinnerung an die tragische Kollision der Schiffe Avalanche und Forest im September 1877 errichtet worden, bei der 106 Menschen ertrunken waren – zum größten Teil englische Siedlerfamilien, die in ihre neue Heimat Neuseeland zurückkehren wollten. Von schlichter Eindrücklichkeit sind zwei moderne Bleiglasfenster, die die Seelen der Ertrunkenen in den sieben Weltmeeren, »little white bubbles in the blue«, symbolisieren.

An der Südspitze der Insel, **Bill of Portland,** steht einer der wenigen noch bemannten Leuchttürme – quält man sich die Wendeltreppe hinauf, wird man mit einem herrlichen Blick über Portland belohnt.

Eine geologische Besonderheit ist **Chesil Beach,** eine knapp 20 km lange, dünenhohe Kieselbank, die mit der eingeschlossenen Fleet-Lagune die Insel mit dem Festland verbindet. An ihr brechen sich starke Strömungen (Baden verboten), und ohne sie wäre Weymouth nicht mehr auf der Landkarte zu finden. Die ›Kieselbank‹ strahlt eine eigentümliche Stimmung aus: Licht, Wasser, Horizont, Leere und das mahlende Geräusch der aneinanderschabenden Steine, zu hohen Wällen aufgetürmt, auf denen hin und wieder ein einsamer Angler im Klappstuhl sitzt.

Abbotsbury – Der Gesang der Schwäne

Am nördlichen Ende der Lagune liegt Abbotsbury, ein bezaubernder, stiller Ort, der Ungewöhnliches zu bieten hat. Hier könnte man sehr gut einige Tage verbringen, und in Tagesausflügen die Küste und das Hinterland erkunden, in dem sich einige der schönsten Schlösser, Landhäuser und Gärten Englands befinden.

Abbotsbury 2 selbst ist ein altes Dorf mit reetgedeckten, honiggelben Steinhäuschen, wohlhabend, gut erhalten, mit schönen Teagardens, ein oder zwei Inns und Pubs, einigen wenigen Antiquitätenläden, einer Kirche und der Seefahrerkapelle St. Catherine's, die, auf einer grünen Anhöhe liegend, von überall her sichtbar ist und einen herrlichen Rundblick bietet.

Auf der Welt einmalig ist die in der Lagune versteckte, von Benediktinermönchen im Mittelalter gegründete **Swannery,** in der Hunderte von Schwänen überwintern. Sie verbringen ihre Brutzeit hier, werden aufgezogen und in Freiheit gehalten, bis sie sich in andere Reviere aufmachen. »They like to travel a bit, just like people«.

Die Schwäne standen immer unter dem besonderen Schutz der Monarchen, und noch heute gehören alle

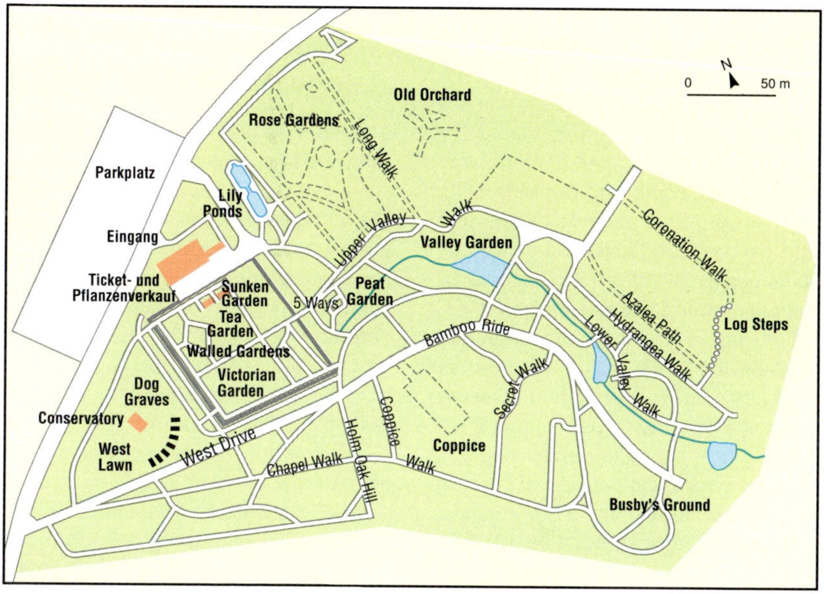

Abbotsbury Sub-Tropical Gardens, Vorschlag für einen Rundgang: *Walled Gardens, West Lawn, West Drive, Bamboo Ride, Secret Walk, Azalea Path, Log Steps, Coronation Walk, Upper Valley Walk, Long Walk, Rose Gardens, 5 Ways, Peat Garden, Tea Garden*

Schwäne in Großbritannien, die frei auf dem Wasser geboren werden, nominell der Queen. Sie sind in der Swannery durch einen gelben Beinring gekennzeichnet. Tier- und Naturschutz werden hier sorgsam gepflegt; Tafeln und Hinweisschilder klären über die Arbeit in der Swannery auf.

Galten früher die Schwäne als königlicher Leckerbissen (noch in den 50er Jahren wurden sie gelegentlich verzehrt), so sind es heute immer noch die Austern: In der Fleet Lagune werden Austern gezüchtet. Einige Tausend davon werden am letzten Mai-Sonntag beim Austern-Festival in Weymouth verkauft.

In einer windgeschützten Talsenke am Rand des Ortes liegen die **Sub-Tropical Gardens,** in denen man gut und gerne einen halben Tag verbringen kann: Der Earl of Ilchester hatte um 1750 mit der Pflanzung begonnen, nachdem er als begeisterter Botaniker sieben Jahre lang in Ostasien, Süd- und Nordamerika Pflanzen und Sämlinge zusammengetragen hatte.

Die Gärten von Abbotsbury sind Kompositionen, die unmerklich in ihrem Charakter wechseln und ständig neue Vistas bieten – sonnendurchflutete Lichtungen, Blütenfarbspiele, schattige Haine, Palmrondelle, Rosenbordüren, Bambusmauern, Rhododendrontunnel – und den Eindruck vermitteln, daß hier eine üppige Natur aus allen Winkeln der Welt sich gleichsam allein hervorbringt und – sich selbst überlassen – ein überwältigendes Bild nach dem anderen kreiert.

Die Isle of Purbeck

Zwischen Weymouth und dem urbanen Konglomerat Poole und Bournemouth, das die Ostgrenze Dorsets bildet, liegt eine der spektakulärsten Küstenstriche Südenglands mit bizarren Gesteinsformationen, weißen Kalksteinfelsen, kreisrunden Buchten und unversehrten Naturreservaten. Hier sollte man unbedingt wandern – auf dem **Dorset Coastal Path,** der in Osmington, 2 km östlich von Weymouth, erneut beginnt, dem Küstenlauf folgt, die Isle of Purbeck umrundet und in Studland Bay endet.

Die Charakteristika der **Isle of Purbeck** klingen wenig vielversprechend: Große Teile der Landzunge sind militärisches Sperrgebiet, und die Landschaft trägt die Narben zahlloser Steinbrüche. Der ›Purbeck-Marble‹, eigentlich ein schwärzlicher, muschelhaltiger Sandstein, der in poliertem Zustand aber wie Marmor glänzt, wurde seit dem Mittelalter in nahezu jeder Kathedrale Englands zu Grabdenkmälern und Taufbecken verarbeitet. Sogar Öl wird hier gefördert, aber die Isle of Purbeck ist Naturschutzgebiet; an der ›Heritage Coast‹ folgt ein Postkartenmotiv dem anderen; und es gibt keine Küstenstraße, für den Autofahrer nur Sackgassen, die – natürlich – immer am Meer enden . . .

»Will man einen Ausläufer England zeigen, sollte man ihn zu den Purbeck Hills bringen und ihn einige Meilen östlich von Corfe auf einer der Anhöhen plazieren«; schrieb E. M. Forster.

Beginnen wir bei **Durdle Door** 3, einem phantastisch geformten, ins

Corfe Castle

Meer ragenden Felsportal. Von hier aus geht es über grüne Klippenpfade, Sandboden und Kreidegeröll bis zur nächsten Berühmtheit, der fast kreisförmigen steilwandigen Bucht von **Lulworth Cove** 4. Unmittelbar hinter Lulworth Cove stoßen wir auf den **Fossil Forest.** Dieser Streckenabschnitt beträgt etwa 5 km; er führt am Westrand des Sperrgebietes entlang und ist jederzeit begehbar. Die nächsten 8–9 Marschkilometer, von Lulworth Cove bis zur ebenfalls spektakulären **Kimmeridge Bay** 5, sind wegen der Schießübungen nur an Wochenenden und während der Ferien geöffnet. (»Keep an eye out for tank shells, Mavis. We don't want our picnic ruined«.)

Entlang dem militärischen Sperrgebiet sind Naturschutzgebiete entstanden, Reservate mit Wildbestand, seltene Vogelarten wie Kolibris und Kormorane und selbst Orchideen sind hier zu finden. Die Landspitze **St. Aldhelm's Head** mit der normannischen Kapelle belohnt nach arger Kletterei mit atemberaubenden Ausblicken; in **Worth Matravers** 6 – kleine Häuschen aus Purbeck Stein – freut man sich auf den Pub ›Square & Compass‹.

Wunderhübsch ist auch die St. George Kirche in **Langton Matravers** 7, deren Kirchenschiff den Turm um Längen überragt.

Die Hauptverkehrsader von Purbeck führt von Wareham über Corfe Castle nach Swanage. (Von Lulworth nach Corfe Castle ist die Straße nur an Wochenenden und in den Ferien geöffnet.) **Corfe Castle** 8 (S. 347) zählt zu den schönsten Burgruinen Englands und gehört zum Landbesitz der Domäne Kingston Lacy. Der imposante königliche Festungsbau, aus dem 11. und 12. Jh. stammend, ging 1635 zusammen mit

Worth Matravers

dem *estate* von Kingston Lacy in den Besitz von Sir John Bankes, *Chief Justice* unter Karl I., über. Nach monatelangen Belagerungen wurden sämtliche Besitzungen durch Cromwell konfisziert, Corfe Castle schließlich wurde geschleift.

Die eindrucksvollen Gemäuer auf grüner Anhöhe blicken auf das Städtchen mit gleichem Namen herab, das einst das Verarbeitungszentrum für den Purbeck-Stein war – heute ist der malerische Ort mit seinen grauen Steinhäusern und gewundenen Gassen ein beliebtes Ausflugsziel.

Die A 351 endet im Badeort **Swanage** – hier an der **Studland Bay** gibt es bei Ebbe lange Sandstrände, der Ferientraum der *›spade and bucket brigade‹*, der kinderreichen Familien.

Poole und Bournemouth

Poole 9 (S. 362) und Bournemouth bilden das einzige städtische Ballungszentrum im ländlichen Dorset – von den insgesamt 600 000 Einwohnern der Grafschaft leben 120 000 in Poole, 150 000 in Bournemouth – und der Superlative gibt es viele. Poole ist stolz auf seinen neben Sidney größten natürlichen Hafen der Welt; die Differenz macht nicht mehr als ein paar *square feet* aus. Poole Harbour, durch die Sandstrände auf der einen Seite von Studland Bay, auf der anderen Seite von *sandbanks* bis Branksome Chine umarmt, breitet sich aus wie ein unendlicher weiter, irregulär verfließender, blaßblauer Binnensee. Neben dem regen Container-, Fracht- und Fährschiffverkehr (Fähren nach Cherbourg und der Isle of Wight) hat sich das Hafen- und Strandareal zu einem El Dorado für Segler und die Schüler und Fans jeder nur erdenklichen Wassersportart entwickelt. Der Poole Quay besitzt noch einige nette alte Pubs und umgebaute Speicher an der Wasserfront; hier kann man auch die renommierte Poole Pottery besichtigen, den Glasbläsern, Töpfern und Kunsthandwerkern auf die Finger schauen.

Für Naturfreunde von besonderem Reiz ist **Brownsea Island** 10 (S. 344), vom Old Quay in 30 Minuten mit dem Boot zu erreichen. Die ca. 200 ha große, bewaldete Insel gehört dem National Trust; im Norden, im Vogelschutzgebiet, sind Graugänse, Krickenten, Seeschwalben und Reiher zu Hause; im Süden gibt es unberührte Sandstrände. Brownsea Island ist für Normalsterbliche nur ein Tagesparadies; übernachten dürfen hier

Badeleben an der Küste von Dorset

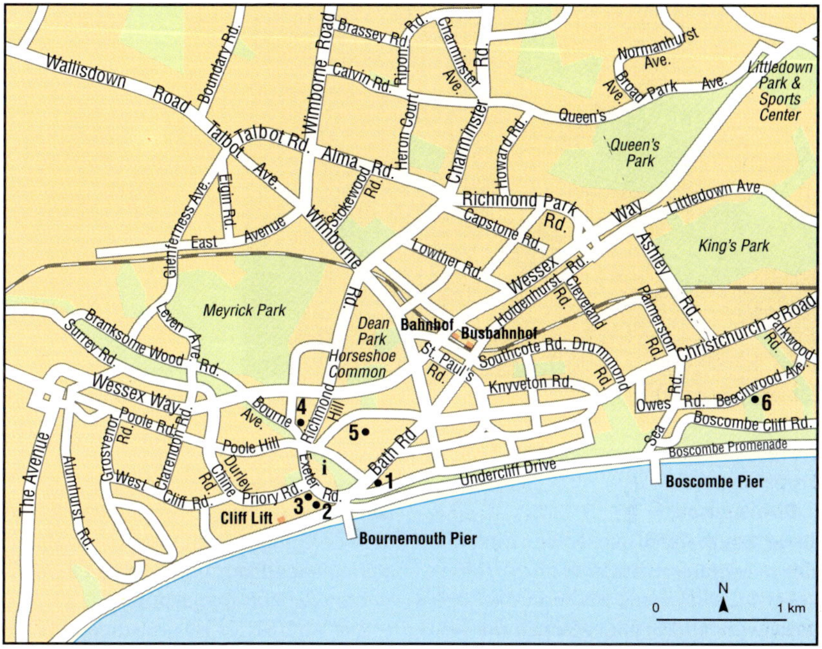

Bournemouth *1 Russell-Cotes Art Gallery & Museum 2 Pavilion Theatre 3 Bournemouth International Centre (Konferenzzentrum) 4 St. Stephen's Church 5 St. Peter's Church 6 Casa Magni Shelley Museum*

nur die *boy scouts,* die Pfadfinder. Ihr Gründervater, Baden-Powell, hatte hier im Jahr 1907 zum ersten Mal mit seinen Pimpfen campiert. Motto: »Always prepared«.

Wer dem *hustle and bustle,* der Geschäftigkeit Pooles, ausweichen will, sollte sich einen Besuch der Gärten von **Compton Acres** 11 (S. 347) an der Landspitze südlich von Poole gönnen. Erst kurz nach dem Ersten Weltkrieg für etwa 9 Mio. DM angelegt, war der ca. 6 ha große Besitz lange verwahrlost, bis er 1986 von Lionel Green, einem Immobilienmakler und leidenschaftlichem Gärtner, übernommen wurde. Der Besucher spaziert durch eine Abfolge verschiedener Gartentypen, vom intimen, gepflasterten römischen Garten, über die elegante Förmlichkeit des italienischen Gartens, die Rhododendronhaine, Stein- und Wassergärten bis hin zu dem einzigartigen japanischen Garten.

Eine Fülle an Skulpturen, Bronzen und Marmorstatuen und nicht zuletzt die herrlichen Ausblicke über die Küste tragen dazu bei, daß Compton Acres, neben Sissinghurst in Kent (s. S. 309), zu den herausragenden Gartenkunstwerken zählt, die in unserem Jahrhundert geschaffen worden sind.

Upton Country Park 12 (S. 369), etwa 5 Kilometer nordwestlich von Poole, von der A 35 abzweigend, bildet vom ästhetischen Konzept her als weitläufiger Landschaftspark, in Weideland, Wald und Salzmarsch übergehend, den extremen Gegensatz zur sorgsam

In Bournemouth

kreierten, gedrängten Üppigkeit von Compton Acres.

Bournemouth 13 (S. 342) ist eine junge Stadt: 1850 gab es ein Dorf mit 700 Einwohnern, das sich an der Mündung des Flüßchens Borne in die flach geschwungene Bucht zwischen die heidebewachsenen Klippen schmiegte, dann kam die Eisenbahn, und mit ihr begann die Erfolgsstory der viktorianischen *boom town.* 1870 genoß Bournemouth schon den Ruf »eines fashionablen Bades, eines mediterranen Orts des Müßiggangs und der Erholung«, wie Hardy sagte. Heute lockt Bournemouth die Besucherscharen als internationales, elegantes Seebad an: Viele wohlbetuchte Pensionäre haben sich wegen des milden Klimas hier niedergelassen; die vielen Sprachschulen bringen junge Leute aus aller Welt her. Der weiße, feine Sandstrand zieht sich über 10 km hin; es gibt natürlich einen Pier, eine Strandpromenade; der Höhenunterschied zwischen dem Strand unterhalb der Klippen und der Stadt wird durch Treppen und zwei Kabinenlifte überbrückt. Die zahlreichen bunten, weitläufigen Parkanlagen sind der Stolz der Stadt. Ein internationales Konferenzzentrum, ein hervorragendes Kunstmuseum, das Pavilion Theatre, das renommierte Bournemouth Symphony Orchestra, Kinos, Restaurants, Diskotheken und Bars haben Bournemouth zu einem springlebendigen und kulturell interessanten Badeort gemacht.

Die Architektur ist großzügig. Weiße und pastellfarbene Häuserzeilen, südländisch anmutende Villen und herrschaftliche Hotels prägen das Stadtbild. Die Hauptgeschäftsstraßen sind zu Fußgängerzonen umgestaltet worden, üppiger Blumenschmuck, schönes Schmiedeeisen und einige Art-deco-Bauten sorgen für angenehme Abwechslung.

Eine der beiden noch erhaltenen viktorianischen Kirchen **St. Stephen,** ist besichtigenswert. Auf dem Friedhof der anderen Kirche, **St. Peter,** liegt das Herz des Dichters Percy Bysshe Shelley (1792–1822) begraben, zusammen mit seiner Frau Mary Wollstonecraft Shelley, der Verfasserin des »Frankenstein«-Romans. Dem wildbewegten Leben Shelleys – Hitzkopf der romantischen Dichterbewegung und Verfechter revolutionärer Ideen –, der soziale Ungerechtigkeiten in polemischer Lyrik anprangerte und der in der Bucht von Livorno, gerade 30jährig, ertrank, ist das **Shelley Museum** gewidmet.

Kingston Lacy – Juwel ohne Krone

14 (S. 355) Im Spätsommer des Jahres 1981 starb, allein in den Zimmerfluchten seines großen alten Hauses, Ralph Bankes, 79 Jahre alt. Der kinderlose Witwer hatte seinen Besitz Kingston Lacy dem National Trust vermacht – wie seine Schwester Viola in ihrer »Story of Kingston Lacy« kommentiert, »die beste Tat seines langen Lebens«. Das genealogische Ende einer Familie aus Dorset, *»made good«,* »die es zu etwas gebracht hatte«. In der englischen Gesellschaftshierarchie befand sie sich nur am unteren Ende der oberen Sprossen: *landed gentry,* kein Hochadel, sondern ländliche *squierarchy* ohne erblichen Adelstitel.

Nachdem die formidable Lady Mary von Corfe Castle kein Dach mehr über dem Kopf hatte, ließ ihr Sohn während der Restauration den neuen Familiensitz Kingston Hall, wie er damals genannt wurde, ein wohltuend schlichtes Backsteinhaus, von dem Architekten Sir Roger Pratt erbauen, »for the polite way of living«. Man begab sich auf die *grand tour* nach Italien, verfeinerte Geschmack und Lebensart, brachte Mobiliar und Gemälde mit, ging zur Jagd, kam seinen ländlichen Pflichten nach, zeugte Erben, ließ sich von den besten Malern seiner Zeit portraitieren, von van Dyck, Lely, Reynolds. Bibliothek und Salon wurden umgebaut, der Park in der jetzigen Form angelegt, die Gemäldesammlung gereinigt und vervollkommnet.

Und dann kam William John Bankes (1786–1855), ein Mann mit großem Charme, Freund von Byron, Kunstkenner, Ästhet und obsessiver Sammler. Ein Jahrzehnt lang reiste er in Syrien, im Libanon, in Ägypten umher; dort erwarb er 1815 den berühmten Obelisk von Philae, der schließlich nach sieben Jahren in den Londoner Docks ankam und nach weiteren sieben Jahren seinen Ehrenplatz im Park von Kingston Lacy fand. Aus Italien ließ er »Das Urteil des Salomon« von Piombo nach Hause schicken. In Spanien schließt er sich der siegreichen Armee Wellingtons an. In ihrem Windschatten gelingt es ihm, exquisite Beutestücke zu ergattern, zahllose Möbelstücke, ganze Kassettendekken und einige der besten spanischen Gemälde: Velázquez, Murillo, Ribalta. Wellington: »Gentlemen, I will have no more looting; and remember, Bankes, this applies to you also.«*

Als er zurückkommt, wird er, der Liebling der Londoner Gesellschaft, zwischenzeitlich seßhaft. Er beauftragt den Architekten Sir Charles Barry (Houses of Parliament) mit dem Umbau von Kingston Lacy. Zwischen 1835 und 1841 wird das Haus in Stein verkleidet, erhält die Kuppel, die Balustraden, die markanten Eckschornsteine, die Terrasse an der Südseite; die Eingangshalle wird abgesenkt, und ein herrlicher Treppenaufgang aus Carrara-Marmor führt über eine doppelgeschossige Loggia in die Empfangsräume – prachtvoll, ein imposanter Rahmen für die unzähligen Kunstwerke, die der Sammler unentwegt zusammenträgt. Der Umbau ist fertig, da passiert es: Der homosexuelle William John wird – einer ›delikaten Angelegenheit‹ wegen – verurteilt und

*»Meine Herren, ich dulde keine Plünderungen mehr, und vergessen Sie nicht, Bankes, das gilt auch für Sie«

gegen Kaution auf freien Fuß gesetzt; er flieht aus England und ist damit ein Verbannter. Seinen Besitz überträgt er seinem Bruder, der geduldig über Jahre hinweg die Rechnungen begleicht, Kisten aus Italien in Empfang nimmt, mit weiteren Gemälden, mit geschnitzten Türen, Skulpturen, Mobiliar . . . Hin und wieder segelt William John in die Bucht von Studland ein und liefert seinem Bruder persönlich allerlei Kisten ab, mit Gemälden undsoweiter, undsoweiter. Das geschah nur sonntags: Es gab ein Gesetz in Großbritannien, daß es den Landesflüchtigen gestattete, sich an Sonntagen von Sonnenaufgang bis Sonnenuntergang auf heimischem Boden aufzuhalten – wahrscheinlich, um ihnen den Kirchbesuch zur Rettung ihrer Seele zu ermöglichen. 1855 starb Bankes in Venedig. Er hatte Kingston Lacy niemals wiedergesehen.

Zurück zum letzten der Bankes und in die Gegenwart: Nicht nur das Haus, das gesamte Mobiliar und eine einzigartige Gemäldesammlung, sondern auch 64 km^2 Land (Wert zu dem Zeitpunkt etwa 100 Mio. DM) mit zwei weiteren kulturhistorischen Zeugnissen, Corfe Castle und den eisenzeitlichen Badbury Rings, gingen an den National Trust.

Ein Meilenstein in seiner Geschichte: Es war nicht nur die bisher größte Schenkung, sondern der Trust beschloß, Kingston Lacy zum Musterexemplar und Schaukasten seiner eigenen Arbeit zu machen. Fünf Jahre lang blieb das Haus geschlossen; heute kann der Besucher jeden mühevollen Arbeitsabschnitt seit der Übernahme an Hand von Arbeitsproben, Photographien, Plänen und Ausstellungsstücken nachvollziehen. Bevor die Reparaturarbeiten am

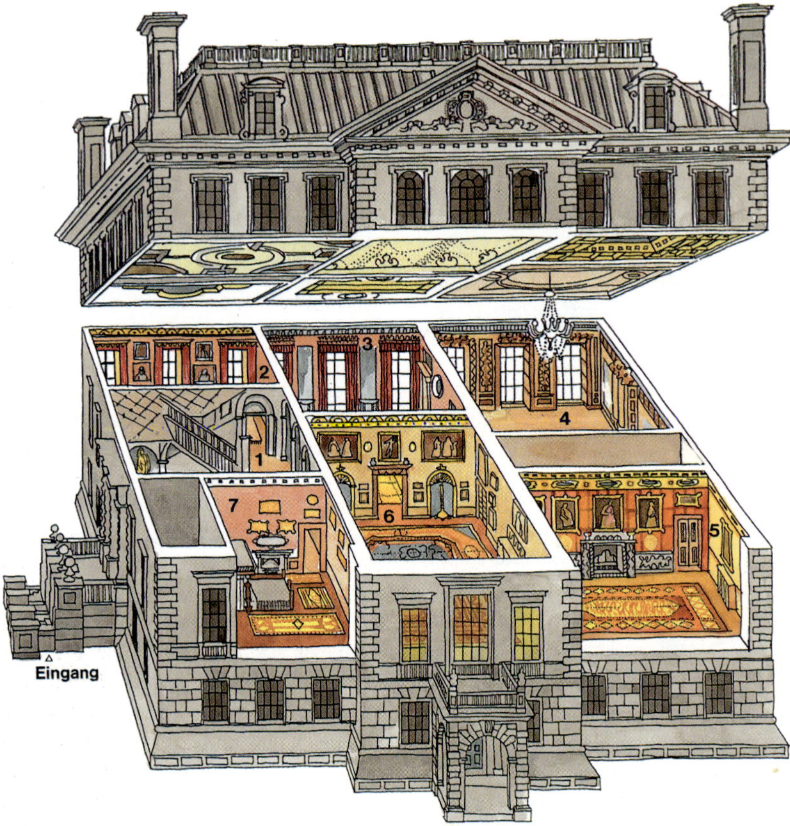

Kingston Lacy *1 Eingangshalle 2 Bibliothek mit Familienportraits von Lely 3 Drawing Room 4 Speisezimmer mit Sebastiano del Piombo-Gemälde 5 Spanisches Zimmer mit vergoldeter Ledertapete und spanischen Gemälden 6 Salon 7 Bankes' Schlafzimmer*

Bau begannen, wurde jeder einzelne Raum im Detail photographiert, das gesamte Inventar, einschließlich der zerbrochenen Teelöffel und angeschimmelten Handtücher, wurde aufgelistet; eine Armee von Konservatoren verbrachte drei Jahre damit, das Mobiliar durchzugehen, eigens entwickelte Restaurationsmethoden anzuwenden, 3000 Bücher in sorgfältiger Kleinstarbeit wiederherzustellen. Zwei Restauratoren waren allein für das antike Glas und die Lüster zuständig. Die kostbaren Teppiche, von Mäusen und Motten angenagt, mußten behandelt, Hunderte von Gemälden und Bilderrahmen restauriert, Rechnungen, Dokumente und Briefe aus 300 Jahren archiviert werden.

Die Bausubstanz befand sich in einem desolaten Zustand (»Charles Barry war ein genialer Pfuscher, und uns standen die Haare zu Berge«). Die Bleidachplatten waren zerborsten, das Gebälk war morsch, so daß die gesamte Dachkonstruktion erneuert werden mußte – 65 Tonnen Bleiplatten, 18 km Einrüstung. Die eisernen Krampen, mit denen die Steinplatten zur Verschalung im Ziegel befestigt waren, drohten das gesamte Gemäuer auseinanderzureißen und mußten Stück für Stück ersetzt werden. Im Spanischen Raum wurde die Ledertapete in briefmarkengroße Teilchen zerlegt und wieder zusammengefügt; ein Heer von Gärtnern pflegte die Parkanlagen, die Teestuben wurden eingerichtet, die Aufseher und freiwilligen Führer eingewiesen ... Seit 1986 nun kann jedermann dies Juwel ohne Krone selbst in Augenschein nehmen.

(Die Gemäldesammlung umfaßt Meisterwerke von Tizian, Rembrandt, Jan Brueghel d. J., Rubens, Murillo, Veronese, Velázquez, Van Dyck, Poussin, Reynolds, Romney, Lely, Kneller.)

Wimborne Minster 15 (S. 370) eine ruhige, reizende kleine Marktstadt ist durch ihre prachtvolle **Kathedrale** bekannt: ein massiver, doch anmutiger Bau aus hellem und dunklem, wie gesprenkelt aussehendem Stein und zwei gedrungenen Türmen. Normannische Stilformen wie die Arkaden im Hauptschiff, *Early English* und *Perpendicular* (der Westturm) haben sich hier harmonisch verbunden. Berühmt sind die Astronomische Uhr von 1320 im Westturm, auf der noch das ptolemäische Weltbild mit der Erde im Mittelpunkt dargestellt ist, und die Chained Library, die Bibliothek von 1686; sie war die erste frei zugängliche Bibliothek in England. Ihre kostbaren Buchexemplare wurden angekettet.

Im friedlichen Priest's House, heute Museum, führt der ummauerte Garten bis an den Fluß heran und bietet besonders im Frühling mit den blühenden Narzissen ein stilles Refugium. Große Anziehungskraft besitzen die überdachten und offenen Märkte, wo auch Antiquitäten, Nippes, Trödel und Kleidung in 200 bis 400 Ständen angeboten werden.

Einige Kilometer nordwestlich von Wimborne Minster liegt eine bedeutende Hügelfestung aus der Eisenzeit. Die **Badbury Rings** 16, drei kreisförmig angelegte, etwa 10 m hohe Erdwälle umschließen ein heute baumbestandenes Plateau, das auch von den Römern noch als Verteidigungsanlage ausgebaut und genutzt wurde. Mystischen Rang erhielten die Badbury Rings aber erst durch ihre Verbindung mit König Artus (s. 112 ff.), der hier, in der Schlacht von Mount Badon im Jahr 516, die Sachsen besiegt haben soll.

Sherborne New Castle, Walter Raleighs Wohnsitz im Herzen von Dorset ▷

Im Herzen von Dorset, mit Abstechern nach Somerset

Dorchester

1 (S. 349) Dorchester, Hauptstadt von Dorset, ist mit knapp 15 000 Einwohnern die kleinste aller Kapitale der südenglischen Grafschaften. Dennoch hat sie dem Besucher einiges zu bieten, wenn auch erst auf den zweiten Blick. Das lebhafte Städtchen *Durnovaria* war die einzige römische Stadtgründung in Dorset und lag an der Kreuzung zweier bedeutender Straßenverbindungen, auf der Route von London nach Exeter und von Yeovil nach Weymouth. Die breiten, schattigen Kastanien- und Ahornalleen, **The Walks,** zeichnen auf zwei Seiten den Verlauf der römischen Stadtmauern nach. Im **Römischen Haus** gegenüber der County Hall ist ein schöner Mosaikfußboden aus dem 4. Jh. freigelegt worden, und die aus der Bronzezeit stammende Kultstädte **Maumbury Rings** im Süden Dorchesters wurde von den Römern als Amphitheater und für Gladiatorenkämpfe genutzt.

Der allgemeine Markttag ist Mittwoch, der Viehmarkt findet donnerstags statt – an diesen beiden Tagen gibt sich die Landbevölkerung der Umgegend ein Stelldichein in Dorchester. In der South Street und High Street West, dem T-förmigen Stadtkern, geht man *shopping.* Am westlichen Ende der High Street West blickt der bedeutende Schriftsteller Thomas Hardy (Bronze von Eric Kennington) auf sein ›Casterbridge‹. Kurz vor der Kreuzung mit South Street finden wir im Dorset County Museum eine Rekonstruktion von Hardys Studierzimmer wieder, in der Kirche St. Peter, direkt daneben, die im 19. Jh. umgebaut und restauriert wurde, sind die Konstruktionszeichnungen von Hardy ausgestellt, die er als Anlernling des lokalen

Dorchester, Denkmal für Thomas Hardy

Architekten Hicks von St. Peter angefertigt hatte. Hardys Wohnhaus **›Max Gate‹,** von ihm selbst entworfen, liegt am südöstlichen Ausläufer der Stadt (Alington Avenue), ist aber nicht zu besichtigen.

Das **Dorset County Museum** ist ein kleines Schmuckstück: eine hervorragende Sammlung mit Ausgrabungsfunden von Maiden Castle bietet einen Überblick über die geologische und naturhistorische Geschichte der Grafschaft. Auch die römische Geschichte, bäuerliches Alltagsleben und Erinnerungsstücke an Thomas Hardy sind hier abwechslungsreich und liebevoll präsentiert; besonders schön ist die farbenprächtige doppelstöckige Halle.

Schlendert man die South Street hinunter, fallen besonders die winkligen Gebäude von **Napper's Mite** auf – im Innenhof des ehemaligen Armenspitals befinden sich heute ein Café und zahlreiche kleine Geschäfte. Ein wenig abseits der Hauptstraße, in Icen Way, kommen die Kinder zu ihrem Recht: Mitten im engen Vorgarten weisen die gewaltigen Umrisse eines Plastik-Dinosauriers auf das kleine **Dinosaur Museum,** und

Thomas Hardys Wessex

Ihm kann man nicht entgehen: Thomas Hardy (1840–1928) ist einer der großen Erzähler des ausgehenden 19. Jh., der zu Lebzeiten schon berühmt, seinen Platz gleichberechtigt neben Dickens, George Eliot und Thackeray behaupten kann. Sein Geburtshaus, Hardy's Cottage, liegt in Higher Bockhampton, 4 km nordöstlich von Dorchester, ein reetgedecktes Haus, dessen schöner Bauerngarten zu besichtigen ist, ebenso wie seine Grabstätte auf dem Friedhof der St. Michael's Kirche im benachbarten Stinsford. Hier liegt allerdings nur sein Herz; sein Leichnam wurde im Poet's Corner der Westminster Abbey in London beigesetzt.

Hardy, Sohn eines Steinmetzes, besuchte die Dorfschule, lernte das Handwerk eines Architekten und übte diesen Beruf in Dorchester, Weymouth und London aus. Gleichzeitig schrieb er seine ersten Romane, die ihm schnell Ruhm und Anerkennung brachten. Ab 1885 lebte er bis zu seinem Tod zurückgezogen in Max Gate in Dorchester, widmete sich in seinen späten Jahren vorzugsweise der Lyrik – auch sie nimmt einen bedeutenden Rang in der englischen Literaturgeschichte ein.

In zahlreichen Romanen und Kurzgeschichten beschwört er minutiös und bis ins kleinste Detail die Landschaft seiner Heimat herauf, die Alltäglichkeiten des bäuerlich geprägten Lebens, die schmerzhafte Enge und Vertrautheit der Dorf- und Kleinstadtgesellschaft. Dabei verwandelt er Fakten in Fiktionen: Die vier Grafschaften Avon, Dorset, Wiltshire und Somerset, Dörfer und Täler, Schlösser und Städte werden in seiner Romanwelt zu einem dichten Netz einer Topographie mit eigenständigen Namen und Bezeichnungen verwoben: Die Region ist ›Wessex‹, aus Dorchester wird Casterbridge, das Haus der Dewy Familie in »Under the Greenwood Tree« ist als sein Geburtshaus zu erkennen; das winzige Puddletown spiegelt sich als Weatherbury in »Far from the Madding Crowd« …

Noch heute ist Hardy in England sehr populär; sein ›Wessex‹ ist in den täglichen Sprachgebrauch eingegangen: Landkarten, Reiseführer, Informationsmaterial der Tourist Association, selbst Bausparkassen und Wasserwerke führen diese Bezeichnung, die ursprünglich Kurzform für das ›westsächsische‹ Reich unter König Alfred war. Es gibt zahllose Broschüren, die Hardys Verschlüsselungen säuberlich aufgelistet ans Tageslicht bringen, man kann auf ›Hardys Spuren‹ wandern oder den verschlungenen Lebenswegen der »Tess of the D'Urbervilles« nachgehen.

Zuvor sollte man seine schönsten Romane lesen: »The Mayor of Casterbridge« (»Der Bürgermeister von Casterbridge«); »The Return of the Native« (»Clyms Heimkehr«); »Jude the Obscure« (»Im Dunkeln«) oder die oben erwähnte »Tess«.

gleich um die Ecke wird **Hardy's Wessex** als »enjoyment for all the family« angepriesen: ein buntes Puppen-Sammelsurium, das das Landleben um die Jahrhundertwende vorgaukelt.

Drei Kilometer südwestlich von Dorchester liegt **Maiden Castle** 2, eine der größten und bedeutendsten Hügelfestungen Europas. Die eiförmig angelegten Erdwälle, 25 m hoch und an den Längsseiten 1 km lang, wurden zwischen 350 und 75 v. Chr. angelegt. Die ältesten Funde gehen bis in die Jungsteinzeit und die Windmill-Hill Kultur zurück.

In der Umgebung von Dorchester

Folgt man der A 352 nach Norden, löst im Cerne Valley ein zauberhaftes Dorf das andere ab. Am ›kleinsten Inn‹ Englands, ›Smith's Arms‹ in Godmanstone vorbei, ist jedes der Dörfer mit den schönen, geheimnisvollen Namen einen Abstecher wert: Nether Cerne, Up Cerne, Minterne Magna mit den **Minterne Gardens** 3 (S. 358). Die Gärten mit Seen, Flüssen, Wasserkaskaden und Rhododendronhainen wurden im 18. Jh. angelegt. Cerne Abbas ist durch die Figur des gigantischen Mannes berühmt, die irgendwann einmal – niemand weiß es genau – in den weichen Kreidefelsen geschnitten wurde. **Der Riese von Cerne Abbas** 4 – ein keulenschwingender, 60 m hoher nackter Mann, dessen Umrisse im Grün des Hügels von weither sichtbar sind, mag aus der Prähistorie stammen, vielleicht auch aus römischer Zeit – die gewaltigen Ausmaße seines Geschlechtsteiles sind über die Jahrhunderte hin jedenfalls als Fruchtbarkeitssymbol gedeutet worden, und die Einheimischen wissen – ohne das bei dem Thema obligatorische Augenzwinkern – zu berichten, daß sich die

Der Riese von Cerne Abbas

Schafe gerade auf diesem Hügel auf wundersame Weise prächtig vermehren, und es soll auch geschehen sein, daß junge Pärchen, Kindersegen beschwörend, eine Nacht zwischen den Rundungen des Giganten verbracht haben.

Etwa 15 km östlich von Cerne Abbas liegen **Milton Abbas** und **Milton Abbey** 5 (S. 358); die historische Häutungen, die Dorf, Abtei und Herrensitz miteinander gemein haben, bieten ein klassisches Beispiel englischer Kultur- und Sozialgeschichte.

Im 10. Jh. wurde Milton Abbas gegründet; nach seiner Zerstörung durch Brand im Jahre 1309 begann man mit dem Bau einer riesigen gotischen Abteikirche, die zur Zeit der Reformation, dem endgültigen Baustopp, nur die Südhälfte umfaßte. Das Kirchenschiff ist niemals gebaut worden, so daß das Westportal direkt in die Vierung führt. Im 18. Jh. dann ließ Joseph Damer, Lord Milton und 1. Lord of Dorchester, unmittelbar nachdem er Land und Titel erworben hatte, die crème de la crème der Architekten und Landschaftsgestalter für sich kreieren: Das klassizistische prachtvolle Herrenhaus, direkt neben der Kirche, stammt von William Chambers; die Gestaltung der Landschaft mit künstlichem See, weiten Rasenflächen und einer steilen Grastreppe zur St. Catherine's Kapelle beruht auf Plänen von Capability Brown, mit der Restauration der Kirche wurde James Wyatt betraut. Das Dorf Middleton, dem ästhetischen Feinsinn seiner Lordship nicht zuzumuten, wurde abgerissen und als Musterdorf Milton Abbas wiedergeboren. Heute dösen die reetgedeckten Häuser mit offenen Vorgärten entlang der Dorfstraße friedlich vor sich hin; dem Groll der Nachfahren über die Selbstherrlichkeit des autokratischen Ekels aber ist selbst noch in der offiziellen Broschüre Ausdruck verliehen:

»He only wanted peace and solitude but he:
banished a Grammar School to protect his apples;
demolished a Churchyard and died of a gruesome disease;
opened a sluice-gate to flood out a lawyer;
destroyed a town and built a ruin.«*

Der imposante Landsitz Milton Abbey beherbergt heute eine Public School, die Kirche, als Schulkapelle und hin und wieder für Konzerte genutzt, ist in ihrer spröden Eleganz außerordentlich eindrucksvoll – hell, leer und nur markiert durch das von Robert Adam entworfene Grabdenkmal der Lady Caroline Milton aus weißem Marmor.

Das kunstvolle Ensemble strahlt merkwürdigerweise immer noch einen eiskalten Glanz, eine eigenbrötlerische Feindseligkeit aus, als sei das Wesen seines Schöpfers in den Mauern eingefangen.

*»Er wollte nur Ruhe und Abgeschiedenheit, aber er
schloß eine Volksschule, um seine Äpfel zu beschützen,
zerstörte einen Friedhof und starb an einer schrecklichen Krankheit,
öffnete eine Schleuse, um einen Anwalt hinauszuschwemmen,
zerstörte eine Stadt und baute eine Ruine.«

T. E. Lawrence in Cloud's Hill – »A small cloud of dust«

Im ›Tal der Piddles und Puddles‹, wie die Einheimischen sagen, – Piddlehinton, Puddletown, Tolpuddle, Alfpuddle – südlich von Turners Puddle stoßen wir gleich viermal auf Lawrence von Arabien, dessen enigmatische Person im Bewußtsein der Engländer den Rang des wohl romantischsten Helden dieses Jahrhunderts einnimmt. Die letzten zwölf Jahre seines Lebens hat er, der ›König der Wüste‹, im *outback* Dorsets verbracht, in Cloud's Hill und Bovington Camp.

T(homas) E(dward) Lawrence, 1888 in Wales geboren, war ein Einzelgänger, der sich schon als Kind für Militärarchitektur und den Orient interessierte; er gewann mehrere Stipendien, studierte Geschichte und Archäologie in Oxford, lernte Arabisch, schrieb nach ausgedehnten Studienaufenthalten eine ausgezeichnete Arbeit über Kreuzritterburgen und ging dann, von 1910–1914, mit einem Archäologen-Team zu Ausgrabungen nach Syrien. Nach Ausbruch des Ersten Weltkriegs wird er als Verbindungsmann vom Britischen Geheimdienst nach Kairo geholt; der Rest ist Legende. Von den Militärs beauftragt, kämpft er auf der Seite der Araber für eine gesamtarabische Volkserhebung und gegen die mit Deutschland verbündeten Türken. Lawrence, dem persönlich die kulturelle Grenzüberschreitung, der völlige Identitätswechsel zu gelingen schien, scheitert am ›Unvermögen der Realität‹. Die Versprechen, die er seinem Freund, dem späteren König Feisal I., bezüglich der Gründung eines freien arabischen Staates gegeben hatte, werden auf der Friedenskonferenz von 1919 durch die britische Großmachtpolitik mit Füßen getreten.

Enttäuscht, seiner Glaubwürdigkeit beraubt, auch von den dunklen, verstörenden Seiten seines Charakters zutiefst beunruhigt, läßt sich Lawrence degradieren und tritt 1922 bei der Royal Air

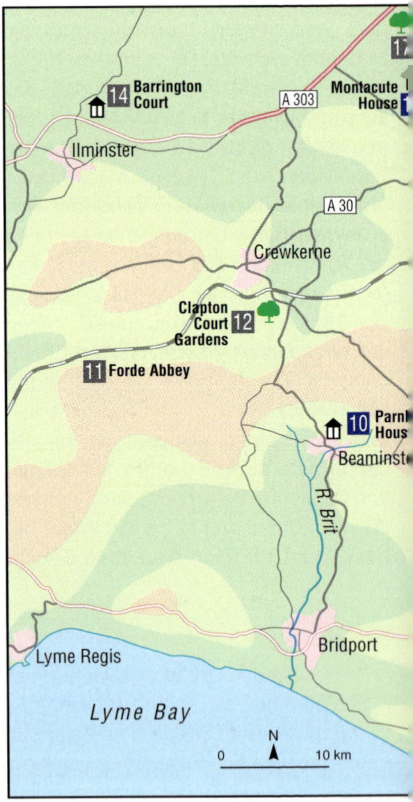

Force unter dem Pseudonym J. H. Ross den Dienst als einfacher Soldat an. Seinem Ruhm entkommt er nicht, man spürt ihn auf.

Nochmaliger Rollenwechsel: Ab 1923 versieht ›T. E. Shaw‹ seinen Dienst im Royal Tank Corps in **Bovington Camp** 6 (S. 342), und in seinem Refugium **Cloud's Hill** 7 (S. 346), einem einsam gelegenen Cottage, 3 km vom Camp entfernt, findet er endlich Ruhe. »Das Cottage steht in einer kleinen Senke in der Heide, sehr still, sehr einsam, sehr karg. Ausgestattet mit einem Bett, einem Fahrrad, drei Stühlen, 100 Büchern, einem Grammophon, einem Tisch. Viele Fenster, Eichen, eine Stechpalme, Birken, Föhren, Rhododendron, Lorbeer, Heidekraut. Zum Betrachten Dorsetshire.«

Das abweisende, fast fensterlose Haus, auf einer Lichtung zwischen Bäumen und hohem Buschwerk versteckt, entspricht in seiner Kargheit und Individualität dem Charakter seines Bewohners. Auf dem großen lederbezogenen Bett liegt die Decke mit der gestickten Aufschrift »Meum« – die Existenz der zweiten Decke, »Tuum«, ist verbürgt, doch hat man sie weggelegt – Lawrences Homosexualität wurde in der Öffentlichkeit jahrelang verschwiegen.

In Cloud's Hill empfing Lawrence seine »Gefährten der Nacht«, hier

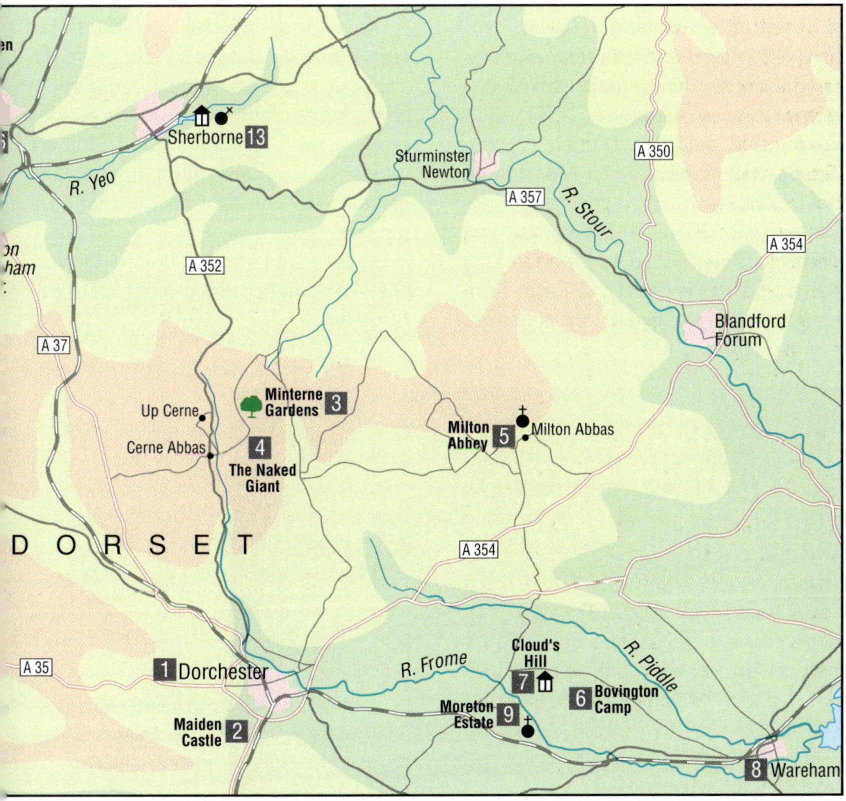

schrieb er seine brillante romanhafte Autobiographie »The Seven Pillars of Wisdom«. »Die Sieben Säulen der Weisheit« erschienen 1929 und wurden ein Riesenerfolg. Da er in seinem Werk Wirklichkeit und Imagination miteinander verwoben hatte, blieb seine Person weiterhin von der Aura des Geheimnisses eingehüllt. Aus Arabien zurückgekehrt und befragt nach seiner zukünftigen Lebensgestaltung, hatte Lawrence einem Freund mit rätselhaftem Lächeln geantwortet: »All you will see of me is a small cloud of dust on the horizon.«

Am 13. Mai 1935, kurz nach seinem Austritt aus dem Militärdienst, starb er auf dem Weg von Bovington Camp nach Cloud's Hill an den Folgen eines Motorradunfalls. Die Umstände seines Todes sind niemals vollständig geklärt worden, alle offiziellen Verlautbarungen an die Presse wurden damals vom Kriegsministerium ausgegeben ... Zu seiner Beerdigung auf dem kleinen Friedhof der St. Nicholas Kirche in Moreton bei Bovington kamen Hunderte von Trauergästen, u. a. auch der König des Irak; Winston Churchill, seine Freunde Lady Astor von Hever Castle, George Bernhard Shaw, Noël Coward, die Witwe von Thomas Hardy aus Dorchester. Sein Grab ist schnell zu finden: Kleine Blumensträuße, Postkarten und Votivgaben schmücken es. Der Bildhauer Eric Kennington schuf den Grabstein und ein Grabdenkmal, das dem Mythos ›Lawrence of Arabia‹ in Stein gemeißelt noch einmal Ausdruck verlieh: In arabische Kleidung gehüllt, ruht er mit dem Kopf auf einem Kamelsattel; seine Körperhaltung ist die der frühen Kreuzritter. Dies Denkmal befindet sich in der winzigen sächsischen Kirche St. Martin in **Wareham** 8 – es war ursprünglich der Kathedrale von Salisbury zugedacht, der Dekan jedoch verweigerte Lawrence das ehrenvolle Angedenken; diesem Gottesmann durften nur makellose Wesen ins Haus.

Die winzige **Kirche St. Nicholas** vom **Moreton Estate** 9 lohnt eine Besichtigung: Die schlichte Rundapsis ist von strahlendem Licht erfüllt; an den großen, mit Ornamenten und Blumenmustern dekorierten, geschliffenen Klarglasfenstern arbeitete der Künstler Lawrence Whistler ab 1950 über 30 Jahre lang. Eine zauberhafte, heitere Dorfkirche – in der jeder Hinweis auf T. E. Lawrence fehlt.

Denkmal für T.E. Lawrence in der Kirche von Wareham

Beaminster und Umgebung

Eingebettet in die Hügel des ländlichen Westdorset, versteckt im Netz schmaler gewundener Straßen, in hügeligem Weide- und Ackerland liegt das Städtchen Beaminster (gesprochen ›Bemminster‹), dessen Substanz sich in den letzten 100 Jahren nur wenig geändert hat, denn die Bahnlinie ist nie bis in diesen stillen Winkel Dorsets vorgedrungen. Vom Marktplatz aus zweigen alle Straßen ab, in der Hogshill Street reihen sich hübsche Cottages und gut erhaltene kleine Läden aneinander, die Inns und Hotels laden zu einem längeren Aufenthalt ein.

Parnham House

10 (S. 361) Parnham House, eine Meile von Beaminster entfernt, ist eines der wenig bekannten, jedoch bezauberndsten und interessantesten Landhäuser Englands. Einen Besuch von Parnham House sollten sie unbedingt einplanen. Die Ästhetik von Alt und Neu treibt hier ein Doppelspiel in müheloser, heiterer, unvollkommener Harmonie: Das Haus selbst stammt im Kern aus elisabethanischer Zeit, sein Inneres jedoch beherbergt modernes Möbeldesign und zeitgenössische Kunst – Malerei, Plastik, Kunsthandwerk. Die Gartenanlage ist von derart perfektem Raffinement, daß Natur und Kunst, Haus und Landschaft miteinander zu verschmelzen scheinen.

Gegen Ende des 16. Jh. erhielt der Bau seine heutige Form nach dem damals favorisierten E-Plan. Die *great hall* bildet den Mittelpunkt des Hauses; die Flügelfronten trennen den Innenhof ab, und die Südseite ist dem repräsentativen Teil des Gartens zugewandt. Portale, Giebelchen, Erker, Bleiglasfenster schmücken den Bau. Leuchtend blaue Wisteria überwuchert das altersmürbe Gemäuer. Von der doppelgeschossigen Terrasse aus, durch symmetrische Treppenläufe gegliedert, breitet sich der Garten in seiner schlichten gestalterischen Raffinesse aus. Eine kurze Allee aus Buchsbaumkegeln mit parallelen Wasserläufen endet vor dem *great lawn,* einer abgesenkten weiten Rasenfläche, die von einem See und locker gruppierten seltenen Bäumen begrenzt wird: ein Naturgemälde, das eine magische Ruhe und von der Zeit völlig losgelöste Schönheit ausstrahlt. Auf der Westseite des Hauses schlängelt sich das Flüßchen Bir durch den Landschaftspark; hier kann man sich das Picknick schmekken lassen, wenn man nicht einen ›Cream Tea‹ in der Buttery oder im Holländischen Garten, einem geschützten kleinen Innenhof, vorzieht.

Der Kontrast nun zu dieser, im besten Sinne herkömmlichen Wonne, das, was

Englische Hölzer:

Ash	Esche
Beechwood	Buche
Cherry	Kirsche
Elm	Ulme
Hawthorne	Weißdorn
Holly	Stechpalme
Maple	Ahorn
Mulberry	Maulbeere
Oak	Eiche
Sycamore	Platane
Yew	Buchsbaum

Sitzmöbel aus der Werkstatt von John Makepeace in Parnham House

Parnham House so besonders reizvoll macht, liegt in der Gestaltung der Innenräume. 1978 hatte der international renommierte Möbeldesigner John Makepeace mit seiner Frau Jenny, Malerin und Bildhauerin, das heruntergekommene Anwesen gekauft, um dort »zeitgenössisches Mobiliar mit alter Umgebung zu verbinden«. Parnham House wurde restauriert und ist heute Wohnhaus, Galerie und Werkstatt zugleich. John Makepeace, in Deutschland nahezu unbekannt, stellt seine Arbeiten vor der Auslieferung an Privatsammler oder öffentliche Auftraggeber für eine Weile in Parnham House aus. Er verwendet vorzugsweise englische Hölzer wie Eiche, Esche, Kirsche, aber auch Buchsbaum, Maulbeere, Ahorn und Platane, die mit Granit, Stahl, oder Gold, Silber und Bronze-Einlagen kombiniert werden. Aus den Harthölzern und spröden Werkstoffen baut er Möbel in organischen, weich gerundeten Formen, die das Material gleichsam aus sich selbst hervorzubringen scheint.

Die *great hall* besticht durch ihre schöne Architektur, in der das moderne Mobiliar einen lebhaften Kontrapunkt setzt; im lichtdurchfluteten, crèmefarbenen *drawing room* mit modernen italienischen Kristallüstern finden wechselnde Ausstellungen zeitgenössischer Maler und Bildhauer statt. Im Obergeschoß, vorbei an einer prachtvollen Trompe l'oeil-Malerei, befinden sich die Privaträume, Gästezimmer und Bäder, die alle individuell ausgemalt und gestaltet sind – Prachtstück des *Strode rooms* ist das große, von Makepeace für eine Ausstellung in Washington entworfene Himmelbett, aus einem einzigen Buchsbaumstamm gearbeitet.

Mit dem Erwerb von Parnham House gründete Makepeace eine Schule für Holzverarbeitung; deren Studenten leben im Westflügel des Hauses. Und im etwa 5 km entfernten Hooke Park ist das inzwischen weltweit anerkannte Parnham College zu Hause, das, auf die Entwicklung unterschiedlichster Fertigungstechniken in der Holzwirtschaft spezialisiert, mit einem spektakulären Holzschalenbau die Theorie gleich in die Praxis umzusetzen gewußt hat.

Ein weiterer Ausflug führt etwa 15 km nordwestlich von Beaminster zur **Forde Abbey** 11 (S. 351) bei Chart in der Grafschaft Somerset. Als Zisterzienserabtei im Jahr 1140 gegründet, entwickelte sich Forde Abbey in den nächsten 400 Jahren zu einem blühenden geistigen und wirtschaftlichen Zentrum der Grafschaft. Da sich die Abtei Heinrich VIII. kampflos ergab, wurde zwar die Kirche geschleift, aber die große Halle, Chart's Tower, Kreuzgänge, Kapitelsaal und Refektorium blieben erhalten und wurden zwischen 1650–60 von der Prideaux Familie aus- und zu einem privaten Wohnsitz umgebaut: Forde Abbey ist heute ein Prachtexemplar dieser höchst eigenwillig-englischen Mischform aus Sakralbaukunst und hocheleganter, kostbarer Wohnkultur.

Eine herrliche geschnitzte Eichendecke ziert die *great hall,* im Salon aufwendige Stuckarbeiten und berühmte Gobelins aus den Werkstätten in Mortlake. Die ›Mortlake Tapistries‹ haben die Apostelszenen Raffaels aus der Sixtinischen Kapelle in Rom zum Vorwurf, deren Kartons wiederum von Charles I. erworben wurden und im Victoria & Albert Museum in London gehütet werden. Seit Beginn dieses Jahrhunderts ist die Abbey im Besitz der Roper Familie, die auch die Gartenanlagen in neuer Pracht hat erstehen lassen.

Eine kleinere, intimer gehaltene Gartenlandschaft, die *en miniature* alle historischen Formen der Gartenbaukunst auf informelle, familiäre Weise repräsentiert, **Clapton Court Gardens** 12 (S. 346), liegt nur einige wenige Kilometer entfernt – und auch hier lohnt sich ein Spaziergang.

Parnham House

Sherborne und Umgebung

13 (S. 366) Das gemütliche, historische Städtchen Sherborne (10 000 Einwohner) hat viel zu bieten und eignet sich bestens als Ausgangspunkt für verschiedene Tagestouren, die im Herzen des ländlichen Südengland, in Teilen von Dorset, Somerset und Wiltshire, gleich zu mehreren Höhepunkten des *sightseeing* einladen.

Ein Rundgang durch Sherborne sollte mit der grandiosen, weithin bekannten **Abteikirche St. Mary The Virgin** beginnen. (In fast allen großen Abteikirchen und Kathedralen finden um 11 Uhr kostenlose Führungen statt.) Ihre Ursprünge gehen auf das Jahr 705 zurück, als der erste Bischof des angelsächsischen Königreichs Wessex hier eine Kirche errichten ließ. 1075 wurde der Bischofssitz nach Old Sarum, Salisbury, verlegt. Die nachfolgenden Umbauten, teils in normannischem Stil wie das Südportal und die Wykeham-Kapelle, teils in *Early English* (Marienkapelle – *Lady Chapel*) wurden im 15. Jh. durch den *Perpendicular Style* gekrönt: Das wunderbar leichte und zart gesponnene Fächergewölbe ist das früheste (ca. 1425) und eines der schönsten seiner Art in England. Die Klostergebäude mit Kapelle an der Nordseite (dem ehemaligen Refektorium der Benediktiner) beheimaten die Sherborne School, eine renommierte Public School. Nach der Auflösung des Klosters hat die Gemeinde Sherborne die Abteikirche für mickrige 320 Pfund erwerben können.

Unmittelbar neben dem Südeingang in der Half Moon Street ist noch das ursprüngliche Armenhospiz aus dem 15. Jh. erhalten, das heute als Altersheim bewohnt wird. Am Ende der Half Moon Street markieren einige schöne Fachwerkhäuser und das Marktkreuz den Eingang in die Cheap Street, die Hauptstraße von Sherborne.

Ein kurzer Spaziergang führt zum **Sherborne Park.** Hier stehen Sherborne Old Castle und Sherborne Castle inmitten eines abwechslungsreichen, weitläufigen Landschaftsparks, und einen Nachmittag in Muße sollten Sie sich für deren Erkundung schon gönnen.

Raleighs Rache

Die sehr malerisch und dramatisch auf einer grünen Anhöhe liegende Ruine des **Old Castle,** einer bischöflichen Burganlage aus dem 12. Jh., hatte es Sir Walter Raleigh dermaßen angetan, daß er Elisabeth I. erst zum Kauf, dann zur Schenkung drängelte. Mit großem Aufwand ließ er die Gemäuer in luftiger Höhe ausbauen, änderte dann seine Meinung (!) und entschied sich im Jahr 1594 nach seiner Hochzeit mit Elizabeth Throgmorton, das bescheidene Jagdhaus am Fuß der Burg in einen hochmodischen, prachtvollen Herrensitz zu verwandeln. Das Old Castle wurde von Cromwells Truppen geschleift, und mit den Steinen konnten die Bewohner Sherbornes baufällige Cottages recht stattlich herrichten …

Von Raleigh stammt der Mittelbereich des **New Castle;** nach seinem Sturz wurde das Anwesen von James I. konfisziert und schließlich Sir John Digby vermacht, dessen Nachfahren noch heute hier leben. Sir John baute vier weitere Flügel an – der so entstandene

Glanz und Elend des Sir Walter Raleigh

Klug, besonnen, kühn, integer und schön: Raleigh war Soldat, Entdekker, Schriftsteller, Poet, formvollendeter Courtier, der Liebling Elisabeths I., ihr Ratgeber, ihr Vertrauter, überschüttet mit königlichem Wohlwollen, Reichtümern, Ehrentiteln. Bis er den unverzeihlichen Fehler beging, die Hofdame Elizabeth Throgmorton heimlich zu heiraten. Da die Virgin Queen persönlich für die Ehre ihrer Hofdamen haftete, fiel Sir Walter in Ungnade, wurde vom Hof verbannt. Er zog sich mit Bess und seinem Sohn nach Sherborne zurück und baute. Aber der Mann, der sich als Heerführer und Diplomat in Irland, den Niederlanden und im Kampf gegen die Spanier ausgezeichnet, der für seine Königin in Nordamerika Land entdeckt hatte und dieses unter dem Namen Virginia besiedelte, war unverzichtbar – die alternde Elisabeth brauchte ihn und holte ihn zurück.

Eines der berühmtesten zeitgenössischen Gemälde (von Robert Peake d. Ä., s. Abb. S. 48), das in jedem englischen Schulbuch abgebildet ist, hängt im Roten Empfangszimmer von Sherborne Castle und zeigt »The Queen in Progress«, die junge Königin in einer kostbaren über und über bestickten jungfräulich weißen Robe, wie sie in einer Sänfte unter einem Baldachin sitzend auf dem Weg zu den Schlössern und Landsitzen ihrer Peers ist. Die Sänfte wird von den Courtiers getragen, einer von ihnen mag Raleigh gewesen sein.

Elisabeth I. starb 1603, James I., der Sohn Maria Stuarts und König von Schottland, wurde ihr Nachfolger, und damit begann Raleighs Leidensweg. Aus feigem Opportunismus, vielleicht aus kaum durchschaubarer Staatsraison, klagte James I. ihn des Hochverrats an; der Prozeß fand in Winchester statt. Sir Walter wurde zum Tode verurteilt, aber da der entscheidungsschwache James I. auf zuviel Widerstand und Empörung stieß, wurde das Urteil in lebenslängliche Haft umgewandelt. Raleigh, Frau und Kind wurden in den Tower verbannt, seine Besitzungen konfisziert. Sherborne Castle ging an den Günstling Sir John Digby; der sollte, als Botschafter in Madrid, eine Heirat zwischen Henry, dem Prinzen von Wales, und der spanischen Infantin zustande bringen. Henry wiederum wurde ein enger Freund von Raleigh und half ihm so gut es ging, sein Dasein im Tower zu ertragen. In den darauffolgenden Jahren schrieb Raleigh dort Gedichte, wunderschöne Liebesbriefe an seine Frau und eine Geschichte der Welt, die 1614 erschien. Im Jahr 1616 wurde Raleigh unter der Bedingung freigelassen, eine Entdeckungsreise an den Orinoko zu leiten – Gold sollte her –, ohne den Spaniern dort in die Quere zu kommen. Die Expedition wurde ein Alptraum; »der Zorn Gottes« lag als Fluch über dem Unternehmen. Raleighs Mannschaften wurden von Krankheiten aufgezehrt, seine Schiffe zerschellten, er selbst war todkrank und mußte den Marsch ins Landesinnere einem Offizier übertragen; der ließ sich auf ein Gemetzel mit Spaniern ein, wobei Raleighs einziger Sohn ums Leben kam. Zwei Jahre später kehrte Raleigh mit nur einem Schiff, allein und gebrochen, nach Plymouth zurück. Sein Auftrag war gescheitert: Das alte Todesurteil wurde im Jahr 1616 auf Befehl von James I. vollstreckt. Der Mythos der großen Männer jedoch, die mit ihrer Queen das Goldene Zeitalter Englands gestalteten, lebt weiter.

Lesefutter: Hermann Kestens historischer Roman »König Philipp II.« Oder ein nicht weniger spannendes, hervorragendes Sachbuch: Garrett Mattingly: »Die Armada«.

Grundriß in H-Form, wahrscheinlich als Hommage an Henry, Prince of Wales, gedacht, ist eine Abwandlung oder Weiterentwicklung des in elisabethanischer Zeit beliebten E-Grundrisses.

Im 18. Jh. ließen auch die Digbys sich nicht lumpen, und holten den meistbeschäftigten Mann ihrer Zeit heran, um Park und Garten umzugestalten: Capability Brown – ihm verdanken wir den verzaubernd schönen Landschaftspark, der mit sparsam gesetzten Akzenten eine opulente Wirkung erzielt. *Castle,* sanft geschwungener See und die verbliebenen Ruinen sind geschickt als ein ganzheitliches Flächenbild komponiert.

Abgesehen von den mehrfach umgebauten Repräsentationsräumen des Hauses – der neogotischen Bibliothek, einer Sammlung orientalischen Porzellans sowie einigen guten Portraits von Gainsborough, Kneller und Angelika Kauffmann –, hat sich in den Mauern von Sherborne Castle die Erinnerung an Raleigh so verfestigt, daß die armen Digbys – schließlich sind sie knapp 400 Jahre hier zu Hause – von dem strahlenden Stern Raleighs immer noch geblendet scheinen, und das mutet wie die samtene, aber stete Rache eines Mannes an, dessen glanzvolles und tragisches Leben sich hier in bitterer Ironie noch einmal zum Ausdruck bringt.

Ein paar Kilometer westlich von Sherborne liegen in der Grafschaft Somerset dicht beieinander drei prächtige *countryhouses,* denen man mehr als einen flüchtigen Blick widmen sollte: Barrington Court bei Ilminster, Brympton d'Evercy und Montacute House, beide bei Yeovil, und der kleine, aber für die Kenner des Gartenbaus wichtige Tintinhull Garden. Montacute sollten Sie auf keinen Fall versäumen.

Barrington Court 14 (S. 339), noch von der d'Lyle Familie bewohnt, wurde um 1520 fertiggestellt und ist ein stattlicher, anheimelnder Tudorbau mit zahlreichen Spitzgiebeln und gedrehten Kaminschornsteinen, der aber mit seiner überraschend klaren Symmetrie im E-Grundriß den elisabethanischen kraftstrotzenden, gleichwohl ›klassisch‹ geläuterten Repräsentationsbau schon ankündigt. Antike Möbel und handwerklich exzellente Repliken aus der Stuart Zeit werden hier ausgestellt und als Auftragsarbeiten gefertigt.

Montacute House

15 (S. 358) Montacute House, das zwar nicht den Rang eines *stately home* wie Longleat besitzt, aber doch schon im erlauchten Kreis der kulturhistorisch bedeutenden *grand houses* Südenglands aufgenommen ist, repräsentiert jenen Typ der ›klassisch‹ geläuterten Repräsentationsbauten aufs allerschönste. Sein größter Triumph ist die längste aller noch erhaltenen *long galleries* in England. Gebaut wurde es von Edward Phelips, einem Landbesitzer aus Somerset, der es während der Regierungszeit von James I. bis zum *speaker* im Unterhaus gebracht hatte und später der vorsitzende Richter im Prozeß gegen die Guy Fawkes-Verschwörung von 1605 gewesen war. Sein Architekt William Arnold war ein heimischer Steinmetz mit nahezu genialen Fähigkeiten, dem eine innovative Verschmelzung von herkömmlichen Elementen des Tudor-Wohnhauses, der gotischen Baukunst und ungewohnten, kontinentalen Ideen der Renaissance gelang. Der langgestreckte Bau in H-Form betont die Horizontale, wird aber durch die in drei Geschossen übereinandergesetzten, großen, durch Steinsprossen gegliederten Fensterflächen ausbalanciert.

Die Ostfassade ist völlig unverändert, und hier war ursprünglich der Eingang, bis um 1780 ein weiterer Phelips auf der Westseite die ornamentierte Fassade eines anderen Hauses, Clifton Maybank, anbauen ließ, um die langen, ineinander übergehenden Zimmerfluchten durch Korridore und Einzelzugänge besser nutzbar zu machen. Die Ornamentik an der Ostfront ist eine in ihren Einzel-

Montacute House, Gartenpavillon

heiten kunterbunte Mixtur verschiedenster Renaissance-Details: freistehende Säulen, niederländische Ziergiebel, eine durch Obelisken aufgelockerte Dachbalustrade, in Wandnischen eingearbeitete Skulpturen der allseits beliebten ›*Nine British Worthies*‹, eine in römische Rüstung gezwängte Heldengalerie merkwürdigster Provenienz: Josua, David, Judas Makkabäus, Hektor, Alexander der Große, Cäsar, König Artus (!), Karl der Große und Gottfried von Bouillon.

Die zärtliche Tändelei mit Licht und Schatten, Flächigkeit, Umriß und Form im honigfarbenen Ham Hill Stein spinnt sich fort in den umliegenden **Gärten,** deren ursprüngliche Anlage noch erhalten ist. Symmetrie in Längs- und Querachsen, im Nordgarten Bosketten, abgesenkte Rasenflächen und eine meterhohe, prachtvoll dicke, wie trunken gewellte Buchsbaumwand. Im Vorhof der Ostfassade wird das Motiv der Obelisken und Balustraden nochmals aufgegriffen und um abgrenzende kleine Pavillons ergänzt – Minihäuschen mit geschwungenen Dächern und zweigeschossigen Fenstern, die ein schelmisches Spiel treiben: Sie sind innen leer und ohne Stockwerkaufteilung.

Die Familie Phelips konnte das Anwesen nach der Jahrhundertwende nicht mehr halten; zwischen 1915 und 25 wurde es an Lord Curzon, zeitweilig Vizekönig von Indien, vermietet, und 1929 wurde es, traurig verwahrlost, für 30 000 Pfund aufgekauft und in einer komplizierten Aktion 1931 dem National Trust überantwortet. So wurde Montacute mit Leben erfüllt. Das Mobiliar aus alt und neu ist sorgsam zusammengestellt worden, und die National Portrait Gallery hat Montacute etwa 90 hervorragende Portraitgemälde aus der elisabethanischen und jakobäischen Zeit als Dauerleihgabe zur Verfügung gestellt.

Und da wären wir, im Obergeschoß des Hauses, in der **Long Gallery** angelangt: ein Raum, der sich über die gesamte Länge und Breite des Hauses ausdehnt, 52 m lang, 6,50 m breit, mit Wandnischen, die früher als Schlafgemächer dienten, und je einem Erker an der Stirnseite. Eine spektakuläre, grandiose Geste, mit der der Besitzer des Hauses sich selbst, seinen souveränen Geschmack, Gastlichkeit und Reichtum feierte: Wenn es nicht genehm war, in den Gärten zu wandeln oder zur Jagd zu gehen, spazierte oder spielte man in der *long gallery* und begnügte sich mit den herrlichen Ausblicken ... Es gab zwischen der *landed gentry* auf und ab im Land regelrechte Wettbewerbe um die größte *gallery* mit den nobelsten Proportionen. Longleat (s. S. 84), Lanhydrock (s. S.140), Parham (s. S. 253) schnitten auch nicht schlecht ab, aber Montacute war und ist unübertroffen. Die Portraits derer, die die elisabethanische Welt bewegten, passen vorzüglich hierher.

Brympton D'Evercy 16 (S. 344), gleich hinter dem Dörfchen Montacute, hat nichts Herrisches an sich: Die verschiedenen Gebäude, *manor house,* Kirche und Gehöft sind über die Jahrhunderte hinweg zusammengewachsen und bilden eine kleine autarke Welt ländlichen Lebens, eine funktionierende Wirtschaftseinheit. Cider, Apple Brandy und Wein werden hier produziert und verkauft. Das Haus selbst, 1520 erbaut, mit seiner schönen palladianischen Südfassade, ist immer noch ein Familienheim; der Park mit Terrassen, See und Rasenflächen umgibt dieses ländliche Idyll mit anmutiger Großzügigkeit.

Tintinhull House & Garden 17 (S. 368) ist ein für englische Verhältnisse winziger Garten, der aber für den ›leidenschaftlichen Gärtner‹ von größtem

Richtig Reisen
Thema

Porträt einer ungewöhnlichen Frau
Bess of Hardwick

Eines der Portraits in der *long gallery* zeigt Elizabeth Shrewsbury, ›Bess of Hartwick‹, eine Frau, deren Energie und Durchsetzungswille, schlauer Geschäftssinn und kreative Vorstellungskraft all ihre Zeitgenossen in den Schatten stellte. Hier sei mir ein kleiner Exkurs erlaubt, denn Bess lebte und wirkte in Derbyshire, nicht in Südengland.

1520 als Tochter eines wackeren, kleinen Landbesitzers geboren, heiratete sie sich nach oben: 12jährig einen Nachbarssohn; der stirbt, 15 Jahre alt, kurz nach der Hochzeit. Sie erbt einen ordentlichen Batzen Land. Mit 27 heiratet sie William Cavendish, der aus seiner nicht unbedeutenden Position am Hof bedeutende Summen Geldes herauszuschlagen weiß. Er stirbt, sie erbt. Bei einem dritten Gatten dasselbe: Er stirbt, sie erbt.

1568 angelte sie sich, immerhin 48jährig, einen vierten Ehemann, noch reicher, noch angesehener, den 6. Earl of Shrewsbury. Er besaß sieben formidable Anwesen, sie vier, und zu jedem Zeitpunkt war sie – abgesehen von der Queen – die reichste Frau im Inselreich. Bess baute. Neben das bescheidene Haus ihrer Vorfahren setzte sie einen Riesenkasten, und als sie wieder Witwe wurde, tröstete sie sich, im Alter von 70 Jahren, mit einem weiteren Bauprojekt, direkt daneben. Hardwick Hall steht heute noch in seltsamer Exzentrik da – gemauerte Arroganz und lustvolle Überheblichkeit. Bess dirigierte die Bautruppen, führte Buch über jede Ausgabe, bemerkte jede Nachlässigkeit, ließ nichts durchgehen, und nach knapp drei Jahren Bauzeit, im Oktober 1593, war ihr Wille geschehen. Hardwick ist eines der ganz großen *country-houses,* kraftvoll schamlos in seiner Prachtentfaltung und von spröder, entschiedener Schönheit – wie seine Erbauerin.

Interesse ist, zeigt er doch, daß es auch auf kleinem Raum möglich ist, mit Raffinement und Intelligenz eine Anlage zu schaffen, in der es das ganze Jahr über abwechslungsreich grünt und blüht. Eine Abfolge von mauergesäumten Gartenräumen spielt alle Möglichkeiten des *formal garden* mit ›informeller‹ Pflanzung durch. Angelegt wurde er von Phyllis Reiss um 1935, die stark beeinflußt war von dem Architekten- und Landschaftsgärtner-Gespann Edwin Lutyens und Gertrude Jekyll, die ab der Jahrhundertwende ihren *New Style* zum Inbegriff der Gartengestaltung machten. Hecken, Pavillons, Wasserspiele, Pfade aus Stein und die kontrastreiche Bepflanzung auf kleinem Raum bieten Hobbygärtnern Aufregendes zur Nachahmung.

In Hampshire

Rund um den New Forest

■ (S. 359) Im Inlandabschnitt zwischen Bournemouth und Southampton liegt der New Forest, ein ca. 350 km² umfassendes Naturschutzgebiet, das Wilhelm der Eroberer im 11. Jh. zum königlichen Jagdrevier erklärt hatte. Im Lauf der Jahrhunderte jedoch wurden die dichten Eichenwaldbestände abgeholzt – der Schiffbau verschlang Großteile der britischen Wälder –, und erst wieder im 19. Jh. begann man mit intensiver Aufforstung und einem rigiden Schutzpro-

◁ *Furzey House im New Forest*

Hampshire

gramm, um die herrlichen Wälder, die Heideflächen, das Rotwild, die Ponies, Flora und Fauna in ihrer Naturwüchsigkeit zu pflegen. Im leicht hügeligen New Forest wechseln Buchen, Eichenhaine, Birken und Eschen einander ab, auf den Lichtungen, in den Mulden und Talsenken grasen die wilden Ponies und lassen sich von Spaziergängern und Wanderern nicht aus der Fassung bringen. Auf den weiten Ebenen stößt man auf Schafherden, Rinderherden, Ziegen, und selbst rosige Schweine laufen frei über die Straßen – im New Forest haben die Tiere überall Vorfahrt.

Das Zentrum des Naturschutzgebietes ist **Lyndhurst** 1 (S.359) – ein ländliches Städtchen, das in den Sommermonaten allerdings aus den Nähten platzt. Dort befindet sich das größte Informationszentrum, das eine Fülle an Materialien, Wanderrouten und Unterkünften anbieten kann. Wenn Sie sich nur ein, zwei Tage aufhalten wollen, wäre es vielleicht günstiger, sich an den Nordwestteil des New Forest zu halten; Lyndhurst und **Brockenhurst** 2 (S. 359) im Osten liegen dicht bei Southampton und sind sehr beliebt. Und da die A 31 das Forestgebiet als vierspurige Schnellstraße durchschneidet, die Auf- und Abfahrten selten sind, sollte man sich im vorab entscheiden, welchem Teil man den Vorzug gibt.

Im Nordwesten ist **Fordingbridge** 3 (S. 359) der größte Ort, auch hier befindet sich ein Informationszentrum. Sehr hübsch ist der High Corner Inn bei **Linwood** 4 (S. 359), abseits der Hauptstraßen findet man hier ein gutes Nachtquartier, mehrere Snackbars, Restaurants und Gartenterrassen bieten für jeden Geldbeutel etwas. Tritt man vor die Tür, ist man sofort in den schönsten Wäldern. Auf den von Farmen und Büschen umgebenen, sonnengefleckten Lichtungen hört man nur das leise Schnauben der Pferde, ein Knacken der Äste, wenn sie langsam weiterziehen.

Der New Forest ist kleiner, sanfter und lieblicher als Dartmoor und Exmoor, dafür weniger unnahbar und drohend; aber auch hier sind bei längeren Wanderungen grundsätzliche Orientierungshilfen notwendig. Parken ist nur auf den angegebenen Parkplätzen erlaubt; für Campingplätze und Wohnwagen ist gesorgt, und einige Sehenswürdigkeiten, die die Ränder des New Forest säumen, bieten unterhaltsame Abwechslung.

Zwei Vorschläge nun für jeweils einen Tagesausflug, einmal nach Norden, einmal nach Süden. Beide sind so reizvoll, daß ich sie auf einer Prioritätenliste der Highlights in Südengland nicht auslassen würde – Broadlands und Beaulieu.

Romsey und Broadlands

Der elegante palladianische Herrensitz **Broadlands** 5 (S. 344), etwa 3 km außerhalb von Romsey gelegen, einst von dem Premier Lord Palmerston bewohnt, dessen weiter, von Capability Brown angelegter Landschaftspark zum Flüßchen Test hinabgleitet, wäre ›nur‹ ein weiteres, schönes und gepflegtes Landhaus in England, das man bei einer geplanten Urlaubsreise wohl übersehen könnte, wenn es nicht – und das ist das Besondere – das Leben eines Mannes widerspiegelte, der am politischen Geschehen des 20. Jh. maßgeblich beteiligt, in den Korridoren der Macht zu Hause war, Aufmerksamkeit, Neid und Bewunderung hervorrief: Louis, Earl Mountbatten of Burma (1900–1979). Wollen wir als Besucher gleichsam atmosphärisch, auf persönlicher Ebene, einen Eindruck von der britischen Geschichte dieses Jahrhunderts im Rahmen der Weltpolitik

Richtig Reisen
Thema

Lord Louis, Earl Mountbatten of Burma

Nicholas Louis wurde 1900 als Sohn von Prinz Louis von Battenberg und Prinzessin Viktoria von Hessen und als Urenkel Königin Viktorias in der Nähe von Windsor geboren. Als Georg V. im Jahr 1917 verfügte, daß alle deutschen Namen im Königshaus anglisiert werden sollten, behalfen sich die Battenbergs mit der schlichten Übersetzung: ›Mountbatten‹. Da die Familie von der Thronfolge ausgeschlossen werden mußte, durfte sie sich mit neuen Adelstiteln trösten, und ›Dickie‹, wie ihn alle Welt nannte, war nun offiziell Lord Louis Montbatten. Als solcher trat er in die Fußstapfen seines Vaters, ging zur Marine und nahm sich vor, den ehrenwerten, aber traurigen Abgang seines Vaters wiedergutzumachen und selbst Erster Seelord zu werden. Als er 1922 dann die kapriziöse, eigenwillige Millionenerbin Edwina Ashley heiratete, wurde dieses ›Traumpaar der 20er Jahre‹ zum Objekt unerschöpflicher öffentlicher Begierde. Schön, glücklich, reich und sorglos, tanzten sie durch die glamouröse Welt der High Society, und Broadlands wurde zu einem glanzvollen gesellschaftlichen Treffpunkt – wenn die Mountbattens, die inzwischen zwei Töchter hatten, zufällig einmal zu Hause waren.

Bei Ausbruch des Zweiten Weltkrieges änderte sich ihr Lebensstil grundlegend: ›Dickie‹ war Kommandant einer Zerstörerflotte, wurde 1943 Oberbefehlshaber der alliierten Streitkräfte in Südostasien, war im Koordinationsstab der alliierten Invasionstruppen, die den D-Day an der französischen Küste vorbereiteten; schließlich vertrat er Großbritannien bei der Kapitulation Japans in Singapur. Edwina war inzwischen Vorsitzende der englischen Johanniter-Schwesternschaft geworden, machte in Südostasien ehemalige Internierungslager ausfindig und organisierte medizinische Hilfsleistungen. 1947 – im Subkontinent Indien gärten die Unabhängigkeitsbestrebungen – wurde er zum

gewinnen, bieten sich zwei Häuser an: Broadlands und Churchills Landhaus Chartwell in Kent (s. S. 296ff.).

Die kostbar und behaglich ausgestatteten Räume Broadlands – besonders schön die überkuppelte, festliche Eingangshalle, der Wedgwood Room und das Speisezimmer –, strahlen Eleganz und noble Heiterkeit aus – hier haben 1947 die Queen und Prinz Philip und 1981 Prinz Charles und Lady Diana ihre Flitterwochen verbracht.

In einer hervorragend zusammengestellten Ausstellung und einem Video

Traumpaar der 20er Jahre: Lord Louis Mountbatten und Countess Edwina Ashley

britischen Vizekönig von Indien ernannt. Er war der letzte, denn seine Aufgabe bestand darin, Indien in die Unabhängigkeit zu entlassen: eine außerordentlich schwierige und bedrückende Pflicht, da der Bürgerkrieg zwischen Moslems und Hindus unvermeidlich schien, eine Teilung in Indien und Pakistan vorgenommen werden mußte. Zurück in England nahm er gleichsam die Fäden wieder auf, widmete sich der Marine, der Admiralität und erhielt 1955 das, was er als Ziel seines Berufslebens angestrebt hatte: Churchill ernannte ihn zum Ersten Seelord. Edwina starb 1959 in Borneo, während einer Repräsentationsreise für den Johanniter-Hilfsdienst. Bis zu seiner Pensionierung 1965 war Mountbatten dann Chef des britischen Verteidigungsstabes, und 1979, im gleichen Jahr, da er Broadlands für Besucher öffnete, wurde er im August, während er mit der Familie Urlaub auf seinem Schloß in Classiebawn, Irland, machte, von der IRA ermordet: Das Boot, auf dem sich einige seiner Familienmitglieder befanden, wurde in die Luft gesprengt; Mountbatten, einer seiner Enkel und ein irischer Junge waren sofort tot. Bei der Beisetzung in der Abteikirche von Romsey hielt Prinz Charles, der ein besonders enges Verhältnis zu ihm hatte, die Trauerrede.

Mountbattens starke Persönlichkeit, die schwierige Ehe mit Edwina, einige seiner militärischen und politischen Entscheidungen und Vorgehensweisen haben immer wieder Anlaß zu wilder Spekulation und Kritik geboten, und sein offizieller Biograph, Philip Ziegler, gibt am Schluß seines Buches mit entwaffnender Ehrlichkeit zu, daß er sich im Laufe der Arbeit ständig einbläuen mußte, daß Mountbatten – ehrgeizig, selbstgewiß, von großem Charme und verblüffendem Charisma, spontan, großherzig, eitel, oftmals bedenkenlos und unüberlegt – »nichtsdestotrotz ein großer Mann war«.

sind die Stationen des außergewöhnlichen Lebens von Mountbatten kommentiert. Und da er große Beliebtheit und Verehrung genoß, ist Broadlands dementsprechend stark besucht.

Der ganze Stolz von **Romsey** 6, der kleinen Stadt am Fluß Test mit knapp 10 000 Einwohnern, ist ihre wunderbare **Abteikirche.** Ihre imposante, kraftvoll in sich ruhende Gestaltung erhielt sie in ihrer jetzigen Form zu Beginn des 12. Jh.; Fundamente der früheren sächsischen Kirche des Benediktinerklosters (um 1000) sind unterhalb des nördlichen

Querschiffs erhalten, ein sächsisches Relief am Südportal und ein steinernes Kruzifix sind die wertvollsten Zeugnisse des ehemaligen Klosters. Bedeutend ist Romsey Abbey als besterhaltener normannischer Kirchenbau dieser Größe in England. Als Heinrich VIII. im Zuge der Reformation auch dieses Kloster auflösen ließ, taten sich die Bürger Romseys zusammen und kauften die Kirche für 100 Pfund – sie entging der Zerstörung und ist seither Mittelpunkt des Gemeinwesens. Nicht nur die ersten Besitzer von Broadlands, die Familie St. Barbe, deren prachtvolles Grabdenkmal noch die Lust der Elisabethaner an farbfreudiger, weltlicher Ausschmückung zeigt, ist hier beigesetzt, sondern auch der Earl of Mountbatten und Mitglieder seiner Familie.

Etwa 8 km nördlich von Romsey liegt **Mottisfont Abbey** 7 (S. 358) – ein besonderes Kleinod unter den Schätzen des National Trust. In einem herrlichen Landschaftspark, zwischen weiten Rasenflächen, Kastanien, Eichen, Zedern und einer gewaltigen Platane, der größten Englands, zwischen Cricketrasen und Birkenrondell versteckt sich im ehemaligen ummauerten Küchengarten eine einzigartige Kollektion alter Rosen aus allen Teilen der Welt, chinesische, persische, französische, die im Sommer in den köstlichsten und feinsten Farbschattierungen blühen und den sonnendurchströmten, geschützten Garten in betörenden Duft hüllen.

Das Haus selbst, von zeitloser Schönheit, war ursprünglich eine Priorei, die nach der Reformation zu einem repräsentativen Tudor-Wohnhaus umgebaut wurde. Im Jahr 1938 beauftragte die letzte Besitzerin den Maler Rex Whistler mit der Ausgestaltung eines Raumes im Trompe l'oeil. Der **Whistler Room** ist nur an Mittwoch-Nachmittagen zu besichtigen: gemalte Architektur, eine andere Variante der englischen Vorliebe für inszeniertes Spiel, die heute wieder außerordentlich begehrt ist.

Beaulieu – Auf der Liste der Top Ten

Beaulieu 8 (S. 341) – sprich Bjulee – im Süden von Southampton gehört dem knappen Dutzend *stately homes* an, die als ›Schatzhäuser der Nation‹ geliebt werden (s. S. 86). Jeder hat ihnen schon einmal einen Besuch abgestattet, und ihre Besitzer, ihre Familiengeschichten, ihr Wohl und Wehe, die angehenden Erben, die in London über die Stränge schlagen, sind gleichsam in die Runde einer jeden Durchschnittsfamilie aufgenommen. Film, Fernsehen und Presse widmen sich dieser erlauchten Schar mit Inbrunst, nicht selten auch mit unmißverständlichen, bürgerlich-pädagogischen Impulsen.

Im Süden Englands gehört nun eben Longleat Beaulieu ganz eindeutig in die Liste der Top Ten. Es ist nicht das größte, keineswegs so überwältigend prachtvoll und überbordend mit Kunstschätzen, daß ein gedämpftes Flüstern angebracht scheint, sondern das gesamte Anwesen, einschließlich des dazugehörenden malerischen Dorfes, überzeugt durch den persönlichen, geradezu intimen Charme, mit dem Lord Montagu of Beaulieu scheinbar völlig unangestrengt und plauderig sich und das Seine erläutert, kommentiert und darbietet.

Unabhängig davon ist das **National Motor Museum** ein Hauptanziehungs-

Romsey Abbey, elisabethanisches Grabmal der Familie Saint Barbe

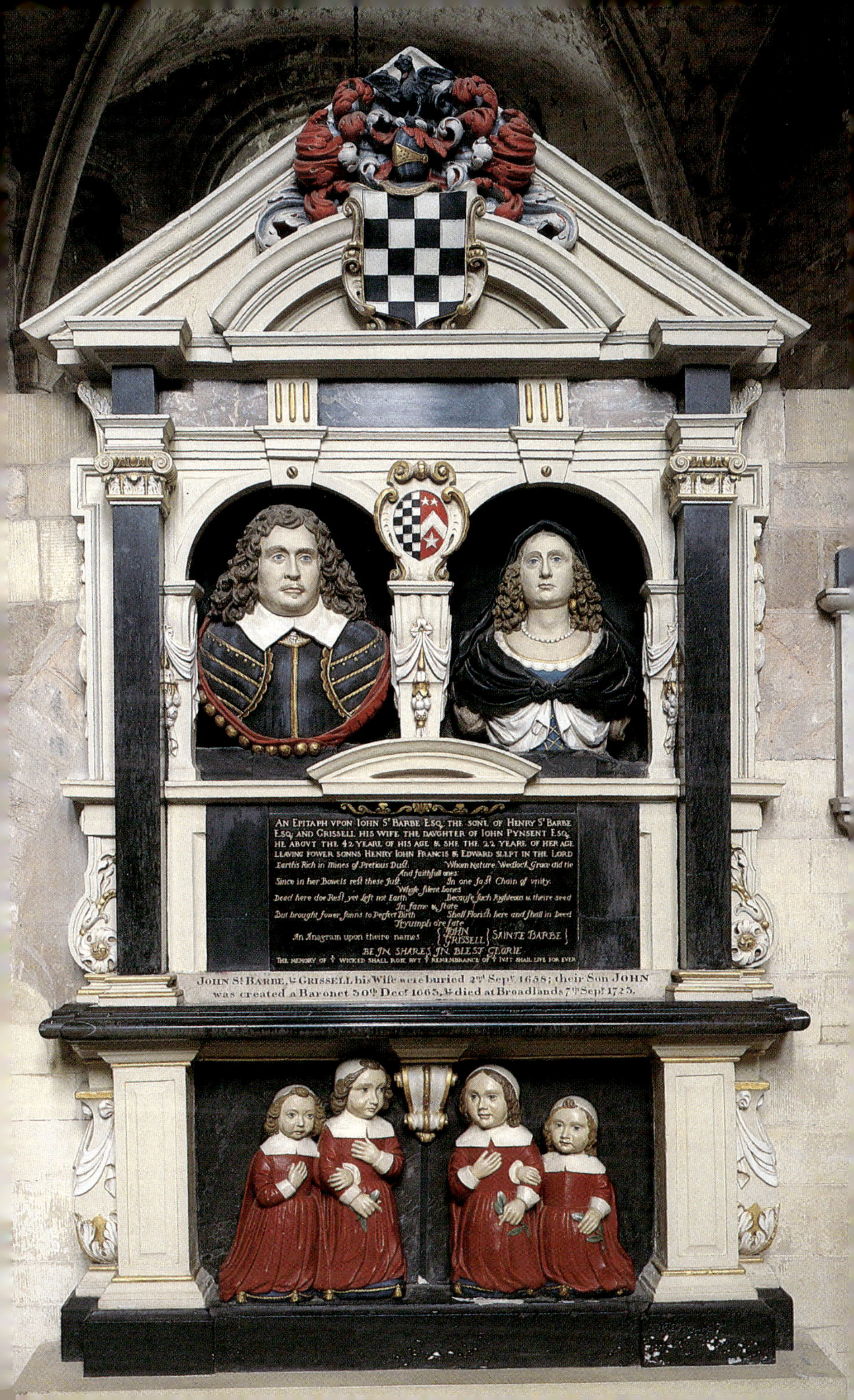
AN EPITAPH VPON IOHN S^T BARBE ESQ: THE SONE OF HENRY S^T BARBE
ESQ: AND GRISSELL HIS WIFE THE DAVGHTER OF IOHN PYNSENT ESQ:
HE ABOVT THE 42 YEARE OF HIS AGE & SHE THE 22 YEARE OF HER AGE
LEAVING FOWER SONNS HENRY IOHN FRANCIS & EDWARD SLEPT IN THE LORD
Earth's Rich in Mines of Pretious Dust. Whom Nature, Wedlock Grace did tie
And faithfull ones:
Since in her Bowels rest these Just. In one fast Chain of unity.
Whose silent bones
Dead here doe Rest yet Left not Earth Because such Righteous & theire seed
In fame & state
But brought fower sonns to Perfect Birth Shall Florish here and shall in Deed
Tryumph ore fate
An Anagram upon theire names JOHN GRISSELL SAINTE BARBE
BE IN SHARES IN BLEST GLORIE
THE MEMORY OF Y^E WICKED SHALL ROT BVT Y^E REMEMBRANCE OF Y^E IVST SHALL LIVE FOR EVER
JOHN S^T BARBE, & GRISSELL his Wife were buried 2^d Sepr 1658; their Son JOHN
was created a Baronet 30th Decr 1663, & died at Broadlands 7th Sepr 1723.

Beaulieu, viktorianische Küche im Palace House

punkt. Bei der Öffnung des Hauses im Jahr 1952 bestand es gerade aus fünf Wagen, die Lord Montagu von seinem Vater geerbt hatte. Heute zählt es mit 250 Oldtimern, Sportwagen, Motorrädern und Rennwagen zu den umfangreichsten seiner Art in Europa.

Wandert man durch den Park, stößt man auf **Palace House** und **Abbey**, eine verwinkelte und verschachtelte Ansammlung von baulichen Einzelteilen mit Zinnen, Schornsteinen, Rundtürmen und Spitzgiebeln aus goldfarbenem, wunderbar mürbem Stein, die sich zu einem kompakten, wohnlichen Ganzen fügen. Die Vorfahren der Montagus haben 1538 Überreste eines aus dem 13. Jh. stammenden Zisterzienserklosters zu einem Wohnhaus umgebaut; die Ruinen der Kreuzgänge sind noch vorhanden, das ehemalige Refektorium ist die heutige Pfarrkirche von Beaulieu, und das Haus selbst, einst das klösterliche Pförtnerhaus, wurde im 19. Jh. von dem renommierten Architekten Blomfield in ›viktorianischer Gotik‹ dem ursprünglichen Charakter angeglichen. So finden wir farbige Deckengewölbe im *dining room*, zierliches Maßwerk der Kapelle im *drawing room* wieder, und überall vermitteln die großen und kleinen Memorabilia der Familie, Gemälde, Reiseerinnerungen, Roben und Kostüme, die Erläuterungen über die interne Organisation ein lebhaftes und mit Freude zusammengesetztes Bild dieses ›englischen Erbes‹, das natürlich auch die vielbespöttelte und liebgewordene Vorstellung des in zugigen Hallen sitzenden *Lord of the manor* perpetuiert: »And I well remember as a child eating meals in a howling draught«, kommentiert der Hausherr die umgestaltete *dining hall*.

Ein schöner Spaziergang entlang des Flüßchen Beaulieu führt in das historische Dörfchen **Buckler's Hard** 9 (S. 344), das, an der Flußmündung gelegen, im 18. Jh. wegen seiner hervorragenden Werftanlagen berühmt war. In einer Zeit, in der ein Schiffsrumpf noch aus Eiche gebaut wurde, sind hier die Segler für Nelsons Flotte vom Stapel gelaufen, und heute präsentiert sich die Dorfstraße als lebendiges Museum.

Southampton und Portsmouth

Die Städte Southampton und Portsmouth mit 200 000 bzw. 180 000 Einwohnern bilden den größten Ballungsraum im Süden Englands . Beide Städte sind durch ihre Häfen groß geworden; beide waren und sind bedeutende Marinestützpunkte. **Southampton** 10 (S. 366) hat es schwer gehabt. Im Zweiten Weltkrieg wurde es von den Deutschen schwer zerstört, so daß vom alten Stadtkern auf der Landzunge zwischen den Mündungstrichtern der Flüsse Itchen und Test nur sehr wenig geblieben ist: Teile der mittelalterlichen Stadtmauern und ihre Türme, zwei schöne, alte Kaufmannshäuser aus der Tudorzeit, einige wenige schmale Gäßchen und historische Pubs (der ›Duke of Wellington‹ in der Bugle Street und der ›Red Lion‹ in der High Street).

Der Hafen mit seinen Erinnerungen ist geblieben: Am 5. August 1620 stachen die Mayflower und Speedwell mit insgesamt 120 Passagieren in See. Die Speedwell stellte sich rasch als nicht seetüchtig heraus, so daß beide Schiffe in Plymouth Zwischenstation machten. Von dort segelte die Mayflower dann am 6. September in eine ungewisse Zukunft. Daher also können beide Städte, Southampton und Plymouth, die Reise der legendären Pilgerväter für sich reklamieren. Southampton besitzt ein Mayflower-Denkmal, Plymouth die Mayflower Steps. Plymouth, die erste Siedlung in Massachusetts, bildete den Auftakt für die britische Kolonisierung Nordamerikas, und noch heute gibt es eine Mayflower-Verbindung, der nur die männlichen Nachkommen der Mayflower-Besatzung in gerader Erblinie angehören dürfen!

Lord Nelson bewacht den Historic Dockyard von Portsmouth

Durch das gesamte 19. Jh. und noch bis in die 30er Jahre unseres Jahrhunderts hinein war Southampton, gefolgt von Liverpool, der größte Überseehafen der Insel; Hunderttausende von Emigranten haben hier von ihrer Heimat Abschied genommen. Gewaltige Passagierschiffe, wie die ›Queen Mary‹, sind hier gebaut worden; im Jahr 1912 die ›Titanic‹, die auf ihrer Jungfernfahrt nach New York einen Eisberg rammte und mit 1513 Passagieren unterging. Die große Zeit der glanzvollen Überseepassagen auf hocheleganten Ozeanriesen, unweigerlich mit dem Namen Southampton verbunden, ist vorbei. Heute gibt es nur noch zwei große Passagierschiffe, die diese Tradition wacker aufrecht erhalten: die ›Canberra‹ von P & O, und die ›QE 2‹, die ›Queen Elizabeth 2‹

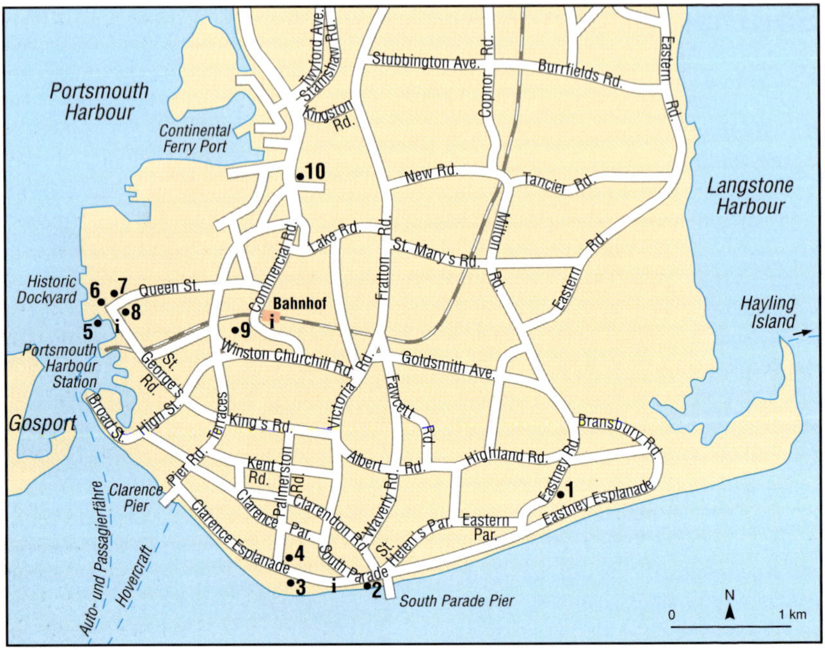

Portsmouth *1 Royal Marine Museum 2 Pyramids Centre 3 Southsea Castle 4 D-Day Museum 5 HMS Warrior 6 HMS Victory 7 Mary Rose & Mary Rose Museum 8 Victory Gate 9 Guildhall 10 Charles Dickens Haus*

der Cunard Reederei. Beide sind hier zu Hause.

Portsmouth 11 (S. 363) bietet im Vergleich zu Southampton einen großen Reichtum an Sehenswürdigkeiten und Zeugnissen der Seefahrtsgeschichte. Wenn Sie an englischer Geschichte teilnehmen, englischem Selbstverständnis auf die Spur kommen wollen oder einfach nur Meer, Schiffe, Hafenbetrieb und Seefahrt lieben, sollten Sie sich in Portsmouth, ›dem Flaggschiff des Maritimen England‹, zwei bis drei Tage Zeit nehmen – es gibt viel zu sehen.

Portsmouth hat Glück: Es ist nicht nur Hafenstadt, sondern sein Ostteil **Southsea** ist zudem noch ein voll ausgewachsenes Seebad mit langen Reihen schneeweißer Häuser, Hotels und Pensionen. Sehr großzügig, sehr weitläufig, sehr proper mit einem Hauch Melancholie. Hier gibt es ungewöhnlich wenige Ramschbuden und Plastiktrödel, sauberen, hellen Kieselstrand, natürlich einen, mehrfach erneuerten, ›South Parade‹-Pier, Liegestühle.

Rundgang durch Portsmouth

Kämpfen wir uns von Ost nach West durch alle Sehenswürdigkeiten hindurch, beginnt der Reigen mit dem **Museum der Royal Marines**, der britischen Elitetruppe. In der eleganten viktorianischen Offiziersmesse auf dem

Gelände der Eastney Barracks nimmt der Besucher an patriotischer Geschichtsbetrachtung teil: Dort tobt lautstark der Kampf um die Falkland-Inseln; simulierte Kälteschübe auf einer Arktis-Expedition erzeugen eine echte Gänsehaut, die noch verstärkt wird, wenn man sich, ins 18. Jh. zurückversetzt, ›dem Leben auf See‹ zu widmen hat: Da wimmelt es von Maden, die sich durch den Speck fressen, und Flöhen in den Hängematten!

Nach dieser erhabenen Schocktherapie kann man nun die Esplanade in westlicher Richtung entlangschlendern, am Pier und dem Badeland des ›Pyramids Centre‹ vorbei. Bei der restaurierten **Festung Southsea**, von Heinrich VIII. als Teil der Verteidigungsanlagen der englischen Südküste errichtet, stößt man, stadteinwärts biegend, auf ein neues Museum, wie es englischer und uns Deutschen fremder nicht sein kann: das **D-Day Museum**. Es erzählt die Geschichte, so die Broschüre, »eines der dramatischsten Ereignisse des Zweiten Weltkrieges«, der Landung der alliierten Streitkräfte in der Normandie am 6. Juni 1944. Das Codewort ›D-Day‹ war die Abkürzung von ›Deliverance-Day‹ (biblisch: Erlösung). Mit Videos, Ton- und Bilderläuterungen, Fotos, Landkarten und den in England so beliebten ›stillen Tableaus‹ werden wir in die gigantische ›Operation Overlord‹ hineingezogen, das größte Landungsunternehmen der Kriegsgeschichte. Die Vorbereitungen zu der angloamerikanischen Invasion Europas hatten ihre Schatten über den Süden Englands geworfen. Die gesamte Südküste war in die Planung einbezogen; über 1,5 Mio. amerikanischer Soldaten galt es zu versorgen und zumindest oberflächlich zu integrieren: »overfed, overpaid, over-sexed and over here.«

Mittelpunkt des Museums ist der 83 m lange, gestickte Wandteppich ›Overlord Embroidery‹, der den Ablauf der militärischen Operation in 34 Teilabschnitten photographisch genau wiedergibt: Er wurde von der Royal School of Needlework gearbeitet – fünf Jahre hat es gedauert – und ist schlicht »den Männern und Frauen der Nation« gewidmet. Und eben diesen gereicht das kunsthandwerkliche Stück zur höchsten Befriedigung, wird damit doch eine sinnbildli-

Lord Nelsons Schiff, die HMS Victory, im Historic Dockyard von Portsmouth

Lord Nelsons Schiff, die HMS Victory

1 Achterdeck
2 Verzurrte Hängematten
3 Kreuzmast
4 Steuerrad
5 Hier fiel Nelson
6 Achterdeck
7 Großmast
8 Schiffsbarkasse
9 Admiralsbarkasse
10 Vorderdeck
11 Fockmast
12 Bugspriet
13 Captain Hardys Kabine
14 Nelsons Kajüte
15 Nelsons Speiseraum
16 Nelsons Schlafkajüte
17 Oberes Geschützdeck
18 Ankerwinde
19 Offiziersmesse
20 Ruderpinne
21 Kadettenmesse
22 Midshipman's Koje – Hier starb Nelson
23 Mittleres Geschützdeck
24 Eingang
25 Wassertank
26 Brotkammer
27 Apotheke
28 Pulverkammer
29 Magazin
30 Achter
31 Kugelraum
32 Unteres Geschützdeck
33 Geschützlager
34 Magazin
35 Hauptlager
36 Kerzenkammer
37 Geschützlager
38 Pulverlager

che Brücke geknüpft zum Teppich von Bayeux: Der zeichnet die Stationen der ersten und einzigen erfolgreichen Invasion der Insel auf – durch den normannischen Wilhelm den Eroberer: Mit der Schlacht von Hastings im Jahr 1066 einte er die Insel unter seiner Herrschaft und läutete die Geschichte der Neuzeit ein. Der Overlord-Teppich wiederum thematisiert die erste und einzige erfolgreiche Invasion, die von Großbritannien ausging.

Engländer lieben ihre Geschichte, kennen sich aus und wollen sie immer wieder hören, und gerade im D-Day Museum ist die Verzahnung von Region, Landschaft, Bewohnern und dem Militär als Teil des Ganzen handgreiflich zu spüren. Das britische Empire ist durch die Beherrschung der See groß geworden, und die Operation Overlord mag für viele auch als Schlußstein im Mosaik der militärischen Weltmachtposition gelten.

Doch nun zum **Portsmouth Harbour:** Im **Historic Dockyard**, den alten Werft- und Dockanlagen, die dem Verteidigungsministerium unterstehen, ballt sich die Seefahrtsgeschichte der Nation zusammen. Seit 500 Jahren ist hier die Royal Navy zu Hause, und noch heute ist Portsmouth der größte Flottenstützpunkt der Kriegsmarine.

Im Historic Dockyard liegen drei berühmte Schiffe, die uns in verschiedene historische Epochen zurückversetzen.

Schon von weitem sichtbar, schieben sich aus den grauen Riesenhügeln der modernen Schiffskörper drei Segelmasten in den Vordergrund. Sie gehören der **HMS Warrior**, die am Eingang des Dockyard im Hafenbecken liegt. Der Dreimaster, 1860 vom Stapel gelaufen, war der »Stolz der viktorianischen Marine« – ein schlankes, schnelles Kriegsschiff mit gußeiserner Panzerung. Die vier Decks sind voll ausgestattet, und selbst Wäschekammer, Kombüsen und der eindrucksvolle Maschinenraum tief unten im Bauch des Schiffes sind zu besichtigen.

Ein Stückchen weiter dann erwartet uns ein erstaunlicher Anblick: Wie vom Wind verschoben, der Ausschnittvergrößerung eines merkwürdigen Wolkenkratzers nicht ungleich, der vierstöckige, angeschrägte Heckaufbau des wohl berühmtesten englischen Schiffes, das noch heute jedermann kennt: die **HMS Victory** – Flaggschiff von Admiral Nelsons Flotte, die in der Seeschlacht von Trafalgar im Jahr 1805 Napoleon besiegte und so zusammen mit Wellingtons Streitkräften zu Lande den Weg Großbritanniens zur uneingeschränkten Herrschaft und zur imperialen Weltmachtstellung im 19. Jh. freischlug. Nelson, Victory, Trafalgar, Wellington – diese Namen finden sich, dem Alltag anverwandelt, überall auf der Insel wieder: in Form von Denkmälern, Straßennamen, Pubschildern, Hotels. Nelson, an Bord tödlich verwundet, wurde zum romantischsten aller Helden stilisiert; sein Leichnam wurde von Greenwich aus in einer offenen Staatsbarkasse von Hunderten von Booten begleitet, themseaufwärts in die City gebracht; er ist in St. Paul's Cathedral bestattet.

Die offizielle Geschichtsschreibung dient den Führern, die die Besucher durch die Ecken, Nischen und Decks der Victory schieben, nur als Hintergrund, vor dem sie das Leben an Bord in allen greulichen Einzelheiten ausmalen.

Die Victory – deutsches Kopfschütteln – ist heute noch voll seetauglich und einsatzfähig, hat immer noch einen designierten Kapitän und ist das Flaggschiff des Lord Lieutenant der Royal Navy, Home Command: schön und unübersetzbar.

Unmittelbar daneben liegt ein weiterer Segler, die **Foydroyant**, 1817 erbaut. Sie dient heute als Ausbildungs- und Schulschiff für Matrosen, die in ihren blauen Uniformen überall zu sehen sind.

Im Jahr 1982 wurde die **Mary Rose** in einer Aufsehen erregenden Bergungsaktion aus ihrem Meeresgrab befreit: Sie war das prächtige Flaggschiff Heinrichs VIII. gewesen; das Breitseiten feuern konnte – die Form der Seekriegsführung, die über Jahrhunderte hin Gültigkeit behielt. 437 Jahre lang lag sie auf dem Meeresgrund: Im Sommer 1545, als die Franzosen die englische Küste angriffen und ihre Flotte schon die Isle of Wight erreicht hatte, sank die Mary Rose – gerade vom Stapel gelaufen, kampfbereit und voll bemannt – aus unbekannten Gründen vor den Augen Heinrichs VIII., der der bevorstehenden Schlacht vom Southsea Castle aus zusehen wollte. Ihre Bergung, die völlig neue technische Mittel erforderte, versetzte Archäologen und Historiker in helle Aufregung: Der Schiffsrumpf war nahezu vollständig erhalten, und Tausende von Ausrüstungsgegenständen mit ihm. In einer Spezialhalle, dem **Mary Rose Museum**, ist eine Längshälfte der Mary Rose zu besichtigen. In feinem Sprühregen, der 20 Stunden am Tag die Planken des Schiffes naßhält, und bei einer konstantenTemperatur von 5 °C fühlt man sich selbst wie auf den Meeresgrund versetzt. Restauratoren, Techniker und Chemiker arbeiten an der Entwicklung eines Konservierungsstoffes, der es erlauben soll, die Mary Rose in einigen Jahren ›trockenzulegen‹, ohne daß der Rumpf seine Konsistenz verliert und in Minutenschnelle zerfällt. Die geborgenen Objekte – Gebrauchsgegenstände des täglichen Lebens an Bord – sind zusammen mit dem Dokumentarfilm über die Bergungsaktion in einer Ausstellung vor uns ausgebreitet.

Wenn man dann noch will und kann, warten in den restaurierten Speichern und Lagerhallen des Dockyard die Schätze des **Museums**, die die Jahrhunderte der britischen Seefahrtsgeschichte von den Anfängen bis hin zum Atom-U-Boot ›Polaris‹ umspannen: Schiffsmodelle, Seekarten, die Geschichte der Entdeckungsreisen, Uniformen, prachtvolle Galeonsfiguren, Häfen und Kohlestationen der viktorianischen Handelsmarine, die Ozeanriesen der 20er Jahre, undsoweiter undsoweiter...

Tritt man durch das Victory Gate von 1711 wieder hinaus, ist man umgeben vom Gewirr und Gewimmel des Hafenbetriebs: Neben dem Bahnhof und dem Busbahnhof liegt der Kai für die Fähren zur Isle of Wight; die Hafenrundfahrten starten hier, und kleine Segeljollen, Paddelboote und Hafenschlepper kurven zwischen den turmhohen, grauen Riesen der Zerstörer, Flugzeugträger und den langgestreckten, glänzenden Walfischrücken der U-Boote umher. Nördlich vom Marinehafen machen die Fährschiffe nach Frankreich und Spanien fest; auf der gegenüberliegenden Hafenseite, in Gosport, gibt es noch ein U-Boot Museum zu besichtigen, und wer dann noch nicht genug Maritimes gehabt hat, kann sich im schwankenden Bötchen bis zur Seefestung Spithead schippern lassen.

Das **Stadtzentrum** von Portsmouth ist vom Hafen aus schnell zu erreichen, und auch dort gibt es einiges zu sehen: Um die **Guildhall** herum breiten sich die Haupteinkaufsstraßen und Fußgängerzonen aus, und im Norden der Stadt, in der jetzigen Commercial Road 393, früher Mile End, steht das **Charles Dikkens Haus**, in dem er 1812 geboren wurde, heute ein kleines Museum.

Die Isle of Wight

Die **Isle of Wight** 12 (S. 355) ist eine Miniaturausgabe Englands (380 km^2 groß) – mit Kreidefelsen, schmucken Dörfern und reetgedeckten Häusern, Klippenpfaden, kleineren Städten, die sich im 19. Jh. zu mondänen Badeorten mauserten, vielen Seglern, Ornithologen und Wanderern. Das Flair der 50er Jahre liegt über dieser milden, sonnigen Insel, die auch als das ›Madeira Großbritanniens‹ gilt und einige ausgezeichnete Weine zu bieten hat. Nicht umsonst ist die Isle of Wight für viele Briten bevorzugte Sommerfrische.

Wie kommt man hin? Mit den unterschiedlichen Fähren dauert die Fahrt jeweils etwa 30 Minuten: Portsmouth Harbour – Fishbourne oder Ryde; Southampton – Cowes; Lymington – Yarmouth.

Was gibt's zu sehen? Die geheiligte Pilgerstätte aller Segler ist **Cowes**; zu den berühmten Regatten in der ersten Augustwoche, der ›Cowes Week‹, stellen sich alle ernsthaften, betuchten Segler ein, und der Hafen selbst verausgabt sich in überschäumender Festtags- und Partystimmung. ›The Royal Yacht Squadron Club‹ ist das Hauptquartier der *upper class*. Hier hat schon Kaiser Wilhelm II., ›Kaiser Bill‹, gegen die Etikette verstoßen, während seine Yacht ›Hohenzollern‹ gegen die ›Osborne‹ seiner Verwandten, der englischen Könige, antrat. Cowes Week zum Vorbild nehmend, initiierte er die ›Kieler Woche‹.

In **Osborne House** lebte Queen Victoria mit ihrem *dear Albert*; der Prinzgemahl, Albert von Sachsen-Coburg-Gotha, hatte Osborne House als Heim für die königliche Familie entworfen. Dem Stil eines Palazzo am Golf von Neapel nachempfunden, schwebt das opulente Privathaus in wunderbaren Parkanlagen über dem Solent. Von 1845 bis zu ihrem Tode in Osborne House im Jahr 1901 war dies Viktorias Refugium. Und gerade hier wird man sich der engen Verbindungen zwischen Deutschland und Großbritannien bewußt: Sechs von Viktorias neun Kindern haben Deutsche geheiratet, und ›Kaiser Bill‹ war einer ihre Enkel.

Bewegt man sich im Uhrzeigersinn weiter, trifft man in **Ryde** auf das typische englische *seaside resort* mit grauweißem, feinem Strand und einem über 800 m langen Pier, auf dem ausrangierte Londoner U-Bahn-Waggons die Beförderung der Badegäste übernehmen. Viktorianischem Zeitgeist kann man in den ehemals noblen Kurorten **Sandown** und **Shanklin** nachspüren, wo sich die *upper class* des 19. Jh. in ihren Ferienvillen ein Stelldichein gab. Heute sind beide Orte fast zusammengewachsen und zu den beliebtesten Ausflugszielen geworden. Die Westspitze der Insel ist geologisch hochinteressant: Weiße Kreideklippen an der **Freshwater Bay**, die hoch aufragenden Spitzen der **Needles,** sind ein Wahrzeichen der Insel, und in **Alum Bay** leuchten die Gesteine in über zehn verschiedenen Farben und Schichten am Rand des Meeres. Ein 80 km langer Wanderweg führt rund um die Insel und böte ein herrliches Ferienvergnügen für etwa eine Woche – schließlich lohnt die Einkehr in einen der zahlreichen Pubs und Inns mit samtig weichem Insel-Bier und Fischers Fritzens frischen Fischen…

Königliches Winchester

13 (S. 371) Winchester, mit 30 000 Einwohnern, ist heute die lebhafte, Altes und Neues miteinander verbindende Hauptstadt und das Verwaltungszentrum der Grafschaft Hampshire: Bis etwa 1200 jedoch war sie die Hauptstadt Englands, mit Königspalast, Bischofssitz und Kathedrale eine machtvolle Einheit, von der aus die Geschicke des Inselreichs gelenkt wurden. Die stolze Geschichte Winchesters ist an ihrer Kathedrale abzulesen: Der jetzige, dritte Bau besitzt das längste Kirchenschiff in Großbritannien, und in den Sargtruhen liegen die Gebeine zahlloser vor-normannischer Könige, die hier gekrönt und begraben wurden, bevor London und die Westminster Abbey eindeutig die Vorrangstellung einnahmen.

Schon zur Römerzeit war *Venta Belgarum* ein wichtiges Handelszentrum, während der sächsischen Machtkämpfe war die Stadt als *Caer Gwent* bekannt. 827 ließ sich Egbert als König von Wessex im damaligen Münster krönen und ernannte *Wintanceaster* zu seiner Kapitale. Mit Alfred dem Großen schließlich (871–899), der Wessex mit dem Stammeskönigreich Mercia verband und damit ganz England regierte, stieg Winchester in den Rang der Reichshauptstadt auf. Wilhelm der Eroberer ließ sich gleich zweimal, in Winchester und London, krönen und hielt jedes Jahr über Ostern in Winchester Hof. Das erste Münster wurde durch einen zweiten Bau ersetzt, von beiden sind keine Spuren mehr erhalten – die Gebeine der Könige, Alfreds des Großen, seiner Nachfolger, den Dänenkönigen Knut und Hardikanut, wurden in die neue Kathedrale überführt.

Die Kathedrale

Wilhelm der Eroberer setzte Walkelyn als Bischof ein, der ab 1079 einen großartigen Dom im normannischen Stil erbauen ließ, mit einem Langschiff, welches das heutige noch um einige Meter übertroffen hat. Wie harmonisch und wohlproportioniert die Kathedrale gewesen sein muß, läßt sich noch sehr gut im **Chor**, den nördlichen und südlichen **Querschiffen** erkennen – sie sind vollständig erhalten.

Im Jahr 1100 wird Wilhelm Rufus, ungebärdiger Sohn Wilhelm des Eroberers, der bei einem Jagdunfall ums Leben kam, in der **Vierung** beigesetzt, und als der Vierungsturm sieben Jahre später einstürzt, deuteten das alle wakkeren Gläubigen als Zeichen Gottes, hätten sie doch dem gotteslästerlichen Königssohn die Bestattung in der Kathedrale am liebsten verweigert! Aber auch heute noch ist sein Sarkophag in der Vierung plaziert.

Etwa ein Jahrhundert später wird der alte Ostteil abgerissen, ein neuer Hochaltar mit Retrochor geschaffen, um den Schrein von St. Swithun, einer vielbesuchten Pilgerstätte, angemessener plazieren zu können. Gleichzeitig wird die normannische Apsis durch die **Marienkapelle** im *Early English Style* ersetzt: die zweite, am Stilwechsel deutlich erkennbare Bauphase.

Mit den Bischöfen Edington und William Wykeham sowie dem Baumeister William Wynford erhält das normannische **Langhaus** in der ersten Hälfte des

Winchester, das Schiff der Kathedrale

14. Jh. seine gotische Form: Die hoch aufragenden schlanken Pfeiler treffen sich in einem feingliedrigen Fächergewölbe mit herrlich gestalteten, individuellen Schlußsteinen, verschiedenen Wappen, Tieren, Mönchen, Engeln.

Während des Bürgerkriegs ist die Kathedrale durch Cromwells Truppen furchtbar zugerichtet worden; die Schreine und Grabmäler wurden zerstört, die Gebeine herumgestreut, und Cromwell hatte vom Parlament schon die Zustimmung zur Zerstörung der Kathedrale erwirkt, als sie buchstäblich in letzter Minute durch eine Petition der mutigen Bürger gerettet werden konnte.

Die **Westfassade** sieht trügerisch bescheiden aus – keine Skulpturen, keine

Winchester *1 Kathedrale 2 Pilgrim's Hall & Pilgrim's School 3 King's Gate 4 Wolvesey Castle 5 Winchester College 6 Abbey Gardens 7 Statue Alfreds des Großen 8 West Gate 9 Great Hall*

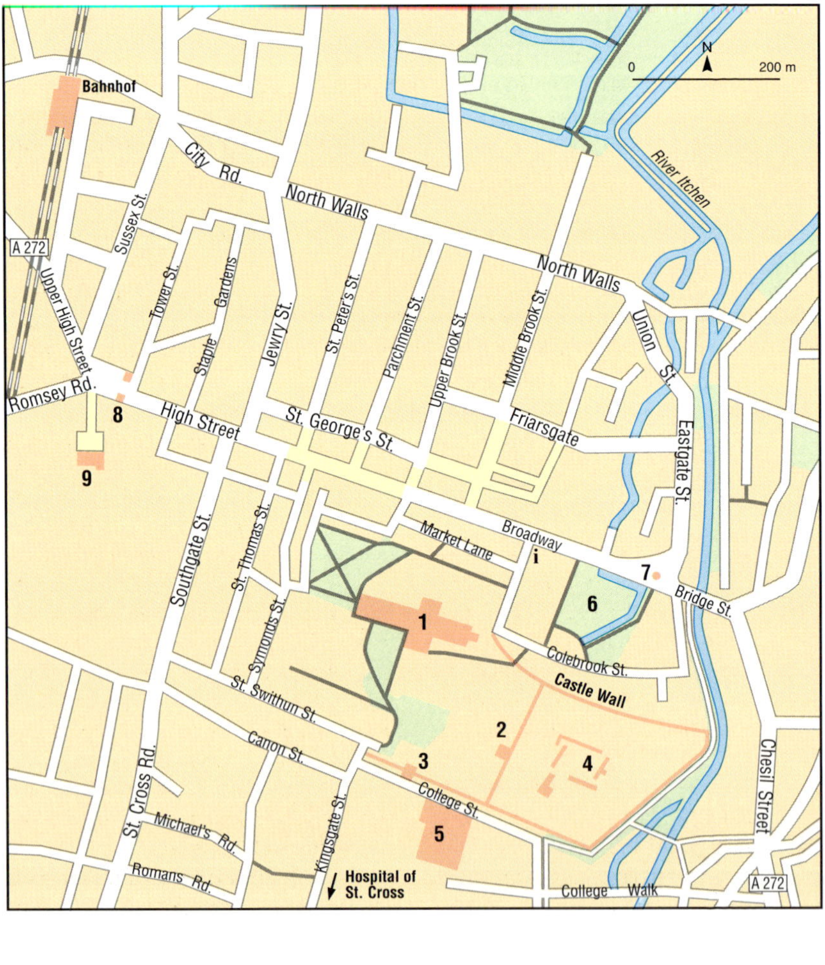

Ornamentik, sondern, wie auch in Salisbury, die nach außen gekehrte Wiedergabe des Ordnungssystems im Innern: ein vorgesetztes Mittelschiff, das durch das große Fenster dominiert wird, flankiert von den niedrigen, mit Fialen gekrönten Seitenschiffen.

Erst im **Innern** wird man der Raumfülle, Höhe, Lichte und Länge gewahr, ihrer prachtvollen Ausstattung mit unzähligen Schreinen, Grabkapellen und Denkmälern. Auf nur einige der Kostbarkeiten sei hier hingewiesen: Besonders schön und wertvoll ist das normannische **Taufbecken** (12. Jh.) aus schwarzem, belgischen Tournai-Marmor, das mit Szenen aus dem Leben des St. Nicholas geschmückt ist. In unmittelbarer Nachbarschaft erinnert eine schlichte **Grabplatte** an **Jane Austen**, die 1817 in ihrem Haus in der College Street starb und hier beerdigt wurde; das Gedenkfenster ihr zu Ehren stammt aus dem frühen 19. Jh.

Schauen Sie sich das **Fächergewölbe in der Vierung** an: Bischof Fox ließ, 200 Jahre nach Vollendung des gotischen Langhauses, dessen schöne Gewölbeornamentik in Eichenholz imitieren, um die Abfolge der Rippen noch zu verlängern – eine perfekte Arbeit. Hinter der Altarrückwand befindet sich eines der wertvollsten Werke der frühgotischen Sakralkunst (die Figuren wurden im 19. Jh. ersetzt), der **Schrein von St. Swithun**, flankiert von den üppig ornamentierten **Grabkapellen für Bischof Waynflete und Kardinal Beaufort**, der gegen Jeanne d'Arc, die Jungfrau von Orleans, als Gegner antrat. Und in der **Kapelle von Bischof Gardiner**, im nördlichen Chorumgang, ist Maria Tudor, Tochter Heinrich VIII., die 1553 den Thron bestieg und als katholische Königin regierte, mit Philipp II. von Spanien getraut worden.

Auf der Südseite wird die Marienkapelle von der **Kapelle für Bischof Langton** flankiert. Vor ihrem Eingang steht die schöne Bronze von Charles Wheeler für den Taucher **William Walker:** Seiner Arbeit allein ist es zu verdanken, daß die Kathedrale zu Beginn unseres Jahrhunderts nicht langsam eingestürzt ist; ihr Fundament bestand aus riesigen Holzbohlen, die in dem morastigen Boden gefährlich einzusinken begannen. ›Will the diver‹ hat sieben Jahre lang den Torfuntergrund mit Beton ausgegossen – 114 900 Betonblöcke und 25 000 Säcke Zement sind von ihm verbraucht worden.

Und noch ein für die Engländer bedeutungsvolles Monument: Auf der Ostseite des südlichen Querschiffs, in der **Grabkapelle des Bischofs Silkstede**, wurde 1683 Izaac Walton begraben: Er schrieb den »Complete Angler«, ein kontemplatives Werk, das heute noch in aller Welt als die Bibel der Angler und Fischer gilt – das reich geschmückte Fenster, 1914 von Fischern Englands und der Vereinigten Staaten gestiftet, zeigt Walton rechts unten am Endpunkt der allegorischen Bilderkette.

Noch innerhalb der Domfreiheit liegen **Deanery** und die aus dem 14. Jh. stammende **Pilgrim's Hall** neben der **Pilgrim's School**, wo die Chorschüler unterrichtet werden. Durch das King's Gate hindurch gelangen wir in die **College Street**, die auf ihrer Nordseite durch die alte Stadtmauer begrenzt wird. Dahinter stehen noch die Ruinen des einstigen Bischofspalastes **Wolvesey Castle** – er wurde von Cromwells Truppen bis auf den Westflügel zerstört. Der jedoch, möglicherweise nach Plänen von Wren wiederaufgebaut, ist seither die Bischofsresidenz.

Die gegenüberliegende Straßenseite wird durch die wuchtigen Mauern und

den schweren Toreingang des **Winchester College** beherrscht – 1382 von William of Wykeham ins Leben gerufen, ist es die älteste, berühmteste public school in England.

Von hier aus führt ein längerer Spazierweg durch die Flußwiesen zum 3 km südlich gelegenen **Hospital of St. Cross**, dem ältesten Armenspital und Hospiz in England. Es wurde 1136 für 13 ›Bedürftige‹ gegründet, und die Tradition hat sich bis heute fortgesetzt; auch die Ausgabe des *wayfarer's dole*, Bier und Brot für jeden, der um eine Gabe bat, wird heute noch zelebriert.

Geht man von der College Street den hübschen Weg am Itchen Fluß in nördliche Richtung, stößt man hinter den **Abbey Gardens** linker Hand auf den Broadway, der in die **High Street** übergeht – das Zentrum Winchesters. An der kolossalen Statue Alfreds des Großen vorbei, endet die reizvolle Fußgängerzone der High Street im **Westgate**. Es stammt aus dem 13. Jh. und beheimatet ein Museum für alte Maße und Gewichte. Der anschließende Verwaltungskomplex wurde im 19. Jh. auf den Ruinen der Festungsanlage Wilhelm des Eroberers errichtet; der älteste, noch erhaltene Teil des Burgareals ist die erst 1234 fertiggestellte **Great Hall**, die in ihrem langen Leben höfische Feste, Gerichtsverhandlungen und die ersten Parlamentssitzungen Englands gesehen hat. An der Stirnwand hängt der *Round Table* von König Artus mit den Namen seiner Ritter – wie alt die Tischplatte ist, kann niemand genau sagen, wahrscheinlich stammt sie aus dem 11. Jh., nachdem der Mythos um König Artus seinen ersten Höhepunkt erreicht hatte (s. S.112ff.).

Winchester, St John's Hospital

In Sussex – Noble Seebäder und die Gärten Albions

In den South Downs

Von Midhurst nach Chichester

Ein zauberhafter Ort im Herzen von West Sussex ist **Midhurst** 1 (S. 357) romantisch, satt und still. Von dieser kleinen Oase aus lassen sich abwechslungsreiche Tagesausflüge zu den Sehenswürdigkeiten der Umgebung unternehmen. Bekannt, teuer und edel ist das Hotel ›Spread Eagle Inn‹, eine ineinandergeschobene Ansammlung schöner Fachwerkbauten, die bis ins 15. Jh. zurückgehen. In den gewundenen Kopfsteinpflastergassen um die Hauptstraße, zwischen Kirche und der zauberhaften Knockhundred Row, finden sich eine Reihe von Inns, Hotels und Pubs, die genug alternative Übernachtungsmöglichkeiten bieten.

Am Flüßchen Rother locken schöne Spazierwege in die Felder, Wälder und Wiesen der näheren Umgebung. Unweigerlich stößt man dann auf **Cowdray Park**, ein 200 ha großes Parkgelände mit drei berühmten Poloplätzen, auf denen sich die *upper class* (auch *royalty*) an den Sommer-Wochenenden austobt. Sehr pittoresk und imposant ist **Cowdray Castle** 2, dessen halbverfallene Gemäuer im Morgendunst wie eine Fata Morgana aus den Wiesen aufzusteigen scheinen: Cowdray war zur Tudor-Zeit einer der prachtvollsten befestigten Landsitze Englands und gehörte den Earls of Southampton. 1793 brannte das Haus ab; es wurde nie erneuert, und zu Beginn dieses Jahrhunderts ging der gesamte Landbesitz an die Viscounts Cowdray of Midhurst über. In den Nebengebäuden gibt es ein kleines Museum zur Geschichte des Anwesens.

◁ *Eastbourne bei Nacht*

Von Midhurst zur alten Markt- und Kathedralstadt Chichester sind es nur etwa 20 km. Auf dem Weg dorthin dockt das **Weald & Downland Open Air Museum** 3 (S. 370), ein Freilichtmuseum in schöner Umgebung, mit mittelalterlichen Bauernhäusern, einer Markthalle, Scheunen, Katen, Bauerngärten, mehreren Handwerksbetrieben – Schmiede, Weberei, Korbflechterei – und funktionierender Wassermühle. Gleich auf der anderen Straßenseite liegen die **West Dean Gardens** 4 (S. 370), mit seltenen Bäumen, einer 50 m (!) langen Pergola, herrlichen Spazierwegen, die weite Ausblicke auf die Downs bieten – u. a. auch auf das College-Gebäude von West-Dean, das Thomas Wyatt erbaute und das seit 1971 ein Kunstgewerbe- und Handwerkszentrum hat. Der eindrucks-

Goodwood House

volle Wandteppich von Ursula Benker-Schirmer in der Kathedrale von Chichester ist hier gefertigt worden.

Uppark 5 (S. 369), südwestlich von Midhurst, ist ein bezauberndes, kostbares Landhaus im makellosen *Queen Anne Style* und war eines der größten Schätze des National Trust in Sussex. Ein Brand hat es 1989 bis auf die Grundmauern zerstört – zum 100. Geburtstag des National Trust ist es wiederauferstanden. Die gewaltige Arbeit der Konservatoren und Restauratoren läßt sich in einer interessanten Aufsstellung nachvollziehen.

Eingebettet in die weiten Hügelwellen der South Downs liegt der 4000 ha umfassende Landbesitz **Goodwood** 6 (S. 352) der Herzöge von Richmond; dazu gehört eine der berühmtesten Pferderennbahnen Großbritanniens, **Glorious Goodwood**, die zu den großen Rennen der Saison zwischen Mai und September Zehntausende von Besuchern anzieht. Die Rennen finden hier seit über 150 Jahren statt, und die High Society, die Mitglieder des Königshauses und alle, die zum Kreis der Erwählten gehören, wohnen entweder in Goodwood House selbst oder dem nicht minder exklusiven Golf & Country Club Hotel.

Die Herzöge von Richmond stammen in einer Nebenlinie von einem unehelichen Sohn Karls II. ab. Sie haben ihren Landsitz in überwältigender Prächtigkeit aus- und umgebaut, wobei das jetzige Gebäude nur drei vorgesehene Flügel eines von Thomas Wyatt als Oktagon geplanten Bauwerkes umfaßt, das mit den älteren Gebäudeteilen von William Chambers verbunden ist. Es ist ein faszinierender, seltsamer Bau aus gesprenkeltem Flintstein, der an eine gigantische Bühnendekoration erinnert. Seine Flügel stehen da wie ein aufgeklappter Paravent. Runde, überkuppelte Ecktürme und ein beeindruckender, zweistöckiger Säulenportikus gliedern den Bau.

Die Abfolge der lichten, schimmernden, hocheleganten Säle ist mit kostbaren Möbel-, Porzellan- und Gemäldesammlungen ausgestattet: Canaletto, Van Dyck, Romney, Reynolds, Lely und einer ganzen Reihe von Bildern des Tiermalers George Stubbs. Das ganze Anwesen mit riesigem Landschaftspark, Golfplatz, Pferdeställen, Dressage-Platz und Home-Farm ist zu einem hochkarätigen kommerziellen Unternehmen geworden: Im Haus selbst werden Veranstaltungen, Bankette, Firmen-Präsentationen und Tagungen abgehalten, so daß die Öffnungszeiten für die Schar der gemeinen Einzelbesucher variieren und Führungen obligatorisch sind.

Chichester

7 (S.346) Chichester (24 000 Einwohner) ist eine rundum schöne, in sich ruhende Kleinstadt, die nicht nur von ihrer bedeutenden Vergangenheit eingehüllt ist, sondern viel für das Theater und die Künste der Gegenwart tut, und damit auch für ihre Bewohner und Gäste. Berühmt ist das **Chichester Festival Theatre**, ein hervorragend ausgestattetes Theater aus dem Jahr 1962, das unter der Leitung von Sir Laurence Olivier bedeutende Künstler anzog und mit viel beachteten Produktionen frischen Wind in die englische Theaterlandschaft brachte, die außerhalb der Metropole überall schwer zu kämpfen hat. Das Theater bietet das ganze Jahr über Veranstaltungen; von fern und nah jedoch reisen die Besucher während der Festspiel-Saison zwischen Mai und September an.

Das alte Zentrum von Chichester ist für jeden Besucher eine Freude: Die Römer legten ihrer Stadt ein kreuzförmiges Straßenraster zugrunde, das bis heute erhalten blieb. Umgeben von einer begrünten Wall-Anlage, liegt alles hübsch kompakt, übersichtlich und doch malerisch individuell beieinander. Eine ganze Reihe sehr gut erhaltener georgianischer Stadthäuser wechselt ab mit gotischenTorbögen, Cottages, Geschäfts- und Wohnhäusern der unterschiedlichsten Stilrichtungen. North, East, West und South Street treffen am **Market Square**, am runden Marktkreuz

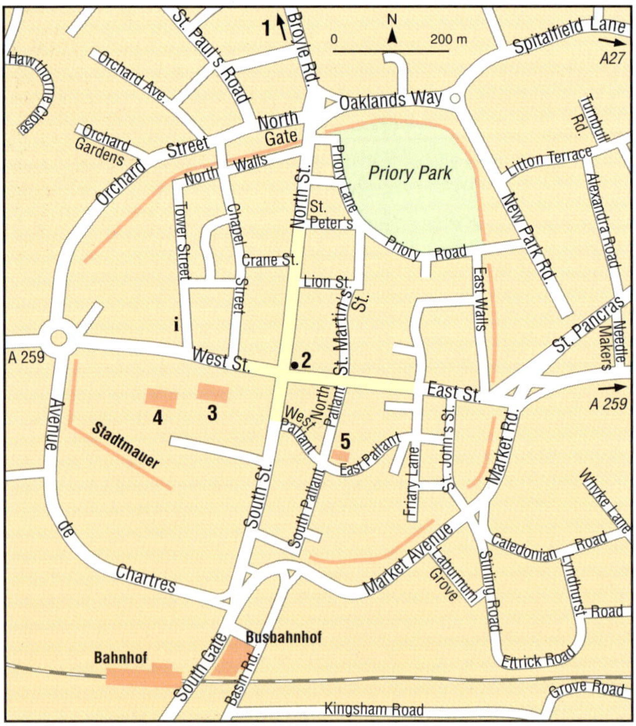

Chichester
1 Chichester Festival Theatre
2 Marktkreuz
3 Kathedrale
4 Bischofspalast
5 Pallant House

mit ornamentierten Haubendach (15. Jh.) aufeinander – und von hier aus sind es nur wenige Schritte bis zur **Kathedrale**.

Seit über 800 Jahren ist sie Mittelpunkt des Gemeinschaftslebens, als der erste normannische Bischof Luffa beschloß, einen neuen Dom in Chichester zu errichten. Als Mutterkirche ist sie heute für die Diözese West und East Sussex zuständig. Das vorherige Münster stand in Selsey, auf der Chichester vorgelagerten südlichen Landzunge, war aber als Glaubenszentrum zu isoliert. Die Entstehungsgeschichte der Kathedrale ist kompliziert: Ihr Baukörper ist im wesentlichen romanisch; er wurde 1108 geweiht. Durch Aus- und Umbauten immer wieder ergänzt und erweitert, kamen Elemente aus der Übergangsphase zum *Early English* hinzu, die man in England *Transitional* nennt (1180–1200). Der Kreuzgang sowie der einzige in England noch existierende, separate Glockenturm mit acht Glocken stammen aus dem frühen 15. Jh. Der jetzige, viereckige **Vierungsturm** mit schlanker Spitze wurde im neogotischen Stil 1866 von George Gilbert Scott errichtet, dem wir ja schon mehrfach begegnet sind.

Die Westfassade ist wenig bemerkenswert, der **Innenraum** glänzt um so strahlender. Besonders schön sind die normannischen, kräftigen Arkaden und Rundbögen, die, nach oben hin zierlicher und feingliedriger, in das zarte Netz des schlichten Gewölbes im *Early English Style* übergehen. Hinter der hochbeinigen, eleganten Chorschranke, die aus dem 15. Jh. stammt, leuchten und glühen die Farben eines modernen Gobelins: 1966 von John Piper entworfen, versinnbildlicht der **Wandteppich am Hochaltar** das Motiv der Heiligen Dreieinigkeit. Und dies ist nicht das einzige Werk moderner Kunst – in der Kathedrale ist die Mischung von alt und neu beglückend gelungen.

Chichester, die Kathedrale

Zu den großen Kostbarkeiten aus dem Mittelalter gehören zum einen zwei **normannische Reliefs** im südlichen Chorumgang: Sie zeigen die Ankunft Christi in Bethlehem und die Erweckung des Lazarus (12. Jh.). Zum anderen befindet sich auf der Nordseite im Langschiff das wunderbar klare und ruhige **Grabmal des Grafen von Arundel**, der in Ritterrüstung neben seiner Gemahlin liegt und ihre Hand hält (14. Jh.).

In Sussex

Gleich rechts hinter dem Westeingang steht, genauso klar und ruhig, nur Form und Material betonend, der schwarze, zeitgenössische **Taufstein** von John Skelton (1983), dahinter ein **Gemälde** von Hans Freibusch (1952), die Taufe Christi zeigend.

Den Retrochor schmückt, die Grabstätte des Heiligen Richard (Bischof von Chichester 1245–1253) markierend, ein grandioser **Wandteppich** mit abstrahierten Darstellungen des Heiligen und der Bibel. Diese deutsch-englische Gemeinschaftsarbeit (1985) reflektiert zum einen das Lebenswerk von Bischof Bell, der im Zweiten Weltkrieg sehr viel für deutsche Exilanten getan hat, zum anderen den Geist der Freundschaft und Versöhnung zwischen den zwei Nationen. Die Arbeit wurde von Ursula Benker-Schirmer entworfen, in West Dean und Marktredwitz in Bayern gewebt.

In der Maria Magdalena-Kapelle befindet sich ein bedeutendes **Altarbild** von Graham Sutherland, »Noli me tangere«, auf der Nordseite im Retrochor schließlich ein von Marc Chagall gestaltetes **Kirchenfenster** und in der *Lady Chapel* eine wunderbare **Marienskulptur**, auch sie von John Skelton (1988).

Zwischen Kathedrale und East Street eingezwängt ist das verschlungene Gas-

senviertel der **Pallants**, mit dem hervorragend ausgestatteten, ehemaligen Weinhandelskontor **Pallant House**, das als nobles Stadtpalais nicht nur die Wohnkultur des 18. Jh. vor Augen führt, sondern zugleich eine erstaunliche Sammlung moderner britischer und europäischer Kunst bereithält (Sutherland, Henry Moore, Ben Nicholson, Klee, Léger).

In der Umgebung

Im Süden, vor den Toren der Stadt, breitet sich das natürliche Hafengelände von Chichester aus. **Chichester Harbour** mit seinen weiten Buchten, Landzungen und offenen Kanälen ist ein Paradies für Wassersportler, Segler, Taucher, Angler und Spaziergänger.

Der **Römische Palast von Fishbourne** 8, zwischen Chichester Harbour und Stadt gelegen, ist das größte und besterhaltene römische Wohnhaus in England. Der im ersten Jahrhundert unserer Zeitrechnung erbaute Palast brannte im 3. Jh. ab und wurde erst 1961 wiederentdeckt. Von dem gewaltigen Rechteck mit etwa 100 ineinander übergehenden Räumen, das einen Innenhof umschloß, ist bisher nur der

Nordflügel vollständig ausgegraben worden. Unter einem offenen Schutzdach sind hier die Mosaike, Mauerreste, Wasser- und Heizanlagen zu besichtigen.

Der nach römischem Vorbild angelegte und bepflanzte Garten vermittelt einen Eindruck von der strengen Schönheit der ursprünglichen Anlage. In einem kleinen Museum sind die Funde zusammengetragen, und eine Video-Show erweckt die römische Provinz im hohen Norden noch einmal zum Leben.

Arundel und Umgebung

Zwischen Midhurst und Arundel liegen zwei vom Charakter her völlig unterschiedliche *countryhouses*, die beide unbedingt einen Besuch lohnen: Petworth House und Parham House. Der zweite kostbare römische Fund in Südengland neben Fishbourne bei Chichester, die römische Villa von Bignor, ist auch nahebei.

Das kleine, altertümliche, enge Städtchen **Petworth** mit vielen krummen Fachwerkhäusern, winzigen, holperigen Gassen und einem lebhaften Marktplatz wird durch die gewaltige Mauer beherrscht, die die ausgedehnten Parkanlagen von **Petworth House** 9 (S. 361) umgibt. Der Ort scheint sich unter den Schwingen der machtvollen Familien verkrochen zu haben, die Petworth House zu einem der großen Schatzhäuser des Landes machten. Große Namen der englischen Geschichte sind mit diesem Haus verbunden: Seit dem 14. Jh. gehörte das Anwesen den Percys, Earls of Northumberland; im 17. Jh. ging es an die Linie der Seymours über. Charles Seymour, der 6. Duke of Somerset, hatte eine Percy-Erbin geheiratet, und er war es auch, der zwischen 1688 und 1696 mit einem unbekannten Architekten den langen, schmalen, nahezu schmucklosen dreigeschossigen Bau errichten ließ. Die Betonung der Horizontalen, das schlichte Gleichmaß der Fensterreihen war ursprünglich durch eine Zentralkuppel aufgelockert, die aber durch einen Brand zerstört und nicht wieder erneuert wurde. Die wunderbare ›englische‹ Parkanlage von Capability Brown ist den eingeheirateten nachfolgenden Besitzern, den Wyndhams, Earls of Egremont, zu verdanken.

Der 3. Earl (1751–1837) war einer der glanzvollsten Gastgeber und großzügigsten Mäzene seiner Zeit. Er ergänzte die vorhandenen Gemälde- und Skulpturensammlungen, die kostbare Innenausstattung und förderte Künste und Künstler. Der Historienmaler Benjamin Haydon schrieb rhapsodisch: »His greatest pleasure was sharing with the highest and humblest the luxuries of his vast income. The very animals at Petworth seemed happier than in any other spot on earth.« (»Sein größtes Vergnügen war es, den Luxus, den ihm sein unermeßliches Vermögen erlaubte, mit den Höchsten und den Geringsten zu teilen. Sogar die Tiere in Petworth schienen glücklicher als an irgendeinem anderen Ort dieser Welt.«)

Reynolds, Constable u. a. lebten zeitweilig in Petworth House; Turner hatte hier ein eigenes Atelier und einen enthusiastischen Förderer, der schließlich 20 Ölgemälde und zahlreiche Aquarelle zur größten Turner-Privatsammlung der Welt vereinte, die noch heute als ganzes im **Turner Room** zu besichtigen ist.

Im 19. Jh. wurde Petworth noch einmal, stark barockisierend, von Anthony Salvin umgestaltet. 1947 gingen Haus und Park in die Obhut des National Trust über, der jetzige Earl of Egremont lebt aber immer noch hier.

Arundel

In den die gesamte Längsachse des Hauses einnehmenden Raumfluchten mit lichtdurchfluteten langen Vistas, kostbarer Ausstattung und Mobiliar sind es die Gemälde, die alles beherrschen. Für sie wurden die Räume zeremoniell gestaltet. Am prachtvollsten der berühmte **Carved Room**: Die dunkle Wandtäfelung wurde um 1690 von Grinling Gibbons erschaffen, dem unübertroffenen Meister der Schnitzkunst; er war gleichzeitig in der St. Paul's Cathedral in London und in Chatsworth, Derbyshire beschäftigt. Fruchtkörbe, Engel, Blumensträuße, Musikinstrumente und feinste Ornamentik hüllen den ganzen Raum ein und bilden die Umrahmungen für ein Portrait Heinrichs VIII. nach Holbein d. J. und für Werke von Reynolds und Lely. Gemälde von Tizian, van Dyck, Claude Lorrain, Gainsborough, Fuseli, Blake, Kneller und von holländischen Meistern sind hier in beeindruckender Fülle zusammengetragen. Hinzu kommt noch die **North Gallery** – ein eigener Museumsflügel, der für weitere Gemälde und die Sammlung antiker und klassizistischer englischer Skulpturen angelegt wurde. Und schließlich in barocker Saftigkeit: **The Grand Staircase**. Der hochherrschaftliche Treppenaufgang, von Laguerre um 1720 vollständig ausgemalt, zeigt verwickelte Allegorien, in einem Gemälde die Duchess of Somerset, in einem anderen die Pläne des Hauses, die sonst nirgendwo mehr erhalten sind. Hier ist auch der Ort, wo kunstbegeisterte Besucher im Rausch der Fülle rücklings auf der Treppe liegen und mit dem Fernglas um sich spähen!

Parham House 10 (S. 361) bietet sich ganz anders dar. Häuslich, wärmend und sehr intim umgibt es den Besucher mit herzlicher Freundlichkeit: ein schönes, frühelisabethanisches Haus aus verwittertem Stein mit einem Gewirr von Giebeln, Schornsteinen, Winkeln und Höfen, das auf der Parkseite zu einer geordneten Fassade zusammenfindet. Parham ist seit 1577 ununterbrochen bewohnt. Die Abfolge der Räume läßt uns am Kunststil und Lebensgefühl

Die Long Gallery von Parham House

der vergangenen Epochen teilnehmen und bietet eine Fülle an Schönheiten: die **Great Hall** in ihrer zurückhaltenden, meisterlichen Gestaltung, der klassizistische, sonnenwarme **Salon** und im Obergeschoß die hinreißende **Long Gallery**, eine der längsten im Land, deren niedrige, fünfkantige Tonnendecke mit zarten, lindgrünen Blattornamenten geschmückt ist.

Bemerkenswert ist die über 300 Gemälde umfassende Sammlung aus der Tudor- und Stuart-Zeit; hier hängt auch das berühmteste Gemälde der jungen Elisabeth I. von Zuccari, das die Königin in juwelengeschmückter Staatsrobe zeigt. Ebenso bedeutend ist die Kollektion der Stickereien, der handgearbeiteten Vorhänge, Bezüge, Sitzkissen und Gobelins, die im Laufe von drei Jahrhunderten für die Einrichtung geschaffen wurden. Prunkstück: die orientalisch inspirierten Seidenstickereien des Himmelbetts aus dem frühen 17. Jh.

Nachdem im Jahr 1811 ein Bauer beim Pflügen auf die Mauern einer römischen Villa stieß, wurde der Name **Bignor** 11 (S. 341) mit einem der kostbarsten Funde der Römerzeit gleichgesetzt. Zwischen dem 2. und 4. Jh. n. Chr. bewohnt, stand die in Rechteck-Form erbaute Residenz mit etwa 70 Räumen innerhalb eines Gartens, der wiederum durch eine Wallanlage eingefaßt war. Im Museum sind zahlreiche Funde, Münzen, Schmuck, Keramik zusammen mit einem Modell der Anlage ausgestellt; die prachtvollen Mosaike zeigen einen Kampf der Gladiatoren und einen ausdrucksvollen Venuskopf.

Das Panorama von **Arundel** 12 (S. 338) gleicht einem märchenhaften Bilderbuchmotiv: Hinter dem Flüßchen Arun winden sich Häuser und Straßen dicht an dicht den Bergrücken hinauf, auf einer Seite flankiert von den gewaltigen Türmen und Zinnen der Burg, auf der anderen Seite überragt von den Turmhelmen der recht und schlecht neogotischen Kathedralkirche, die der 15. Duke of Norfolk gegen Ende des 19. Jh. hatte bauen lassen. Sie ist seit 1965 die Mutterkirche der katholischen Diözese von Arundel und Brighton.

Die 2500 Einwohner der kleinen Marktstadt wissen schon, was sie an Atmosphäre zu bieten haben: Die steil ansteigende Hauptstraße ist gesäumt von schönen alten Hausfassaden, in den winkeligen Gassen reihen sich Antiquitätengeschäfte, *tea rooms*, Restaurants und viel Schnickschnack aneinander. Absoluter Triumph historisierender Träumereien jedoch ist **Arundel Castle**. Diese gewaltige Trutzburg aus dem 13. Jh. wurde nämlich vor 100 Jahren errichtet (zwischen 1890 und 1903) und feiert in schamlosem Prunk die Geschichte der machtvollen Familien, die hier seit 700 Jahren ihren Stammsitz haben: die Montgomerys, Fitzalans und Howards, die die Titel der Earls of Arundel, Earls of Surrey und Dukes of Norfolk auf sich vereinigen.

Von den vorhergehenden Bauten ist nicht mehr viel vorhanden: das Torhaus aus dem 11. Jh., der Vorplatz mit Ziehbrücke aus dem 13. Jh. und die mehrfach umgestaltete **Fitzalan-Kapelle**. Sie verdeutlicht symbolisch die langanhaltenden Glaubenskämpfe, die gesellschaftlichen Spaltungen, die einst tiefe Kluft zwischen den Religionen: Die Dukes of Norfolk blieben auch nach der von Heinrich VIII. verordneten Abkehr von Rom Katholiken. Die Fitzalan-Kapelle nun ist nach dem Bürgerkrieg mit deraus dem 14. Jh. stammenden Kirche St. Nicholas verbunden worden; bis heute in der Mitte geteilt, dient sie zum einen als anglikanische Pfarrkirche, zum anderen den katholischen Dukes of Norfolk.

Vom Flair der eduardischen Zeit umgeben ist **Little Thakeham** bei **Storrington** 13 (S. 367). Wenn Sie im schönsten englischen Landhausstil übernachten wollen, in einem luxuriösen Haus, einer Oase des Friedens, dann bietet dieses *Countryhouse* den rechten, allerdings teuren, Rahmen. Es zählt zu den wenigen Landhäusern, die, von dem Gespann Edwin Lutyens und Gertrude Jekyll gestaltet, noch vollständig erhalten und, vor allen Dingen, zugänglich sind.

In Küstennähe – Von Brighton bis Hastings

Aus Arundel kommend reisen wir, immer in Küstennähe, nach Osten bis Dover. Mit Ausnahme von Brighton und der Klippenformation ›Beachy Head‹ liegen die schönsten Sehenswürdigkeiten nicht direkt an der Küste, sondern ein wenig landeinwärts.

Die Wanderstrecke ›South Downs Way‹

Der knapp 130 km lange Reit- und Wanderpfad ›South Downs Way‹, ein wunderschöner Fernwanderweg mit herrlichen Ausblicken weit über das Land hinweg, bietet jedem Wanderfreund ein abwechslungsreiches Vergnügen. Im Westen endet oder beginnt er bei **Buriton** in Hampshire, führt durch verschlafene Dörfer, auf den Kämmen und am Fuß der South Downs quer durch Sussex, schlängelt sich zwischen den prähistorischen gewaltigen Hügelforts von **Cissbury Ring** und **Chanctonbury Ring**, trifft auf das reizvolle, denkmalgeschützte Dorf **Steyning** mit seiner schönen normannischen Pfarrkirche und die berühmten Aussichtspunkte **Devil's Dyke** und **Ditchling Beacon**. Um die alte Stadt **Lewes** (s. S. 356) macht er

Rechts: Brighton, Palace Pier
Unten: Punch & Judy Show auf dem Palace Pier

einen Bogen, führt nach **Alfriston** (s. S. 338) und zum **Long Man of Wilmington** (s. S. 81). Absoluter Höhepunkt ist die etwa 10 km lange Strecke zwischen den Klippenformationen der **Seven Sisters** und den steil abfallenden weißen Kreideklippen von **Beachy Head**.

Das gesamte, grasbewachsene Klippenvorland der Landzunge, 170 m über dem Meer gelegen, steht unter Landschaftsschutz, wie überhaupt große Teile des South Downs Way durch Gebiete ›außergewöhnlicher Naturschönheit‹ führen. In **Eastbourne** beginnt oder endet der Wanderweg. Für die gesamte Strecke braucht man etwa acht Tage; Broschüren und detailliertes Kartenmaterial mit Übernachtungsmöglichkeiten gibt es bei den Tourist Information-Büros.

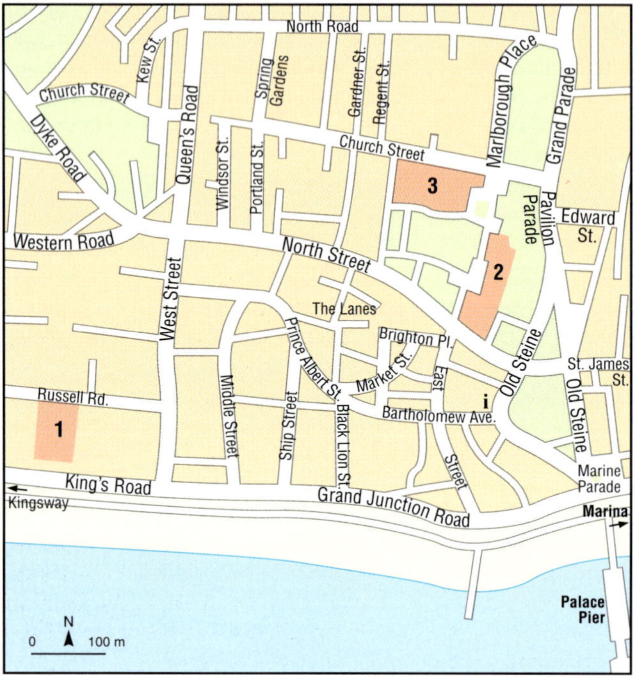

Brighton
1 Brighton Centre
2 Royal Pavilion
3 The Dome & Brighton Museum

Dirty Weekends mit Exotik – Brighton

14 (S. 343) Brighton ist der Inbegriff des englischen Seebades. Zum Mekka der eleganten Welt und der feinen Gesellschaft wurde das winklige und enge Fischerdorf in den letzten Jahrzehnten des 18. Jh., als sich der Prinzregent von Henry Holland eine palladianische Villa bauen ließ und später seinen Traum vom märchenhaft üppigen, orientalischen Luxuspalast in die Wirklichkeit umsetzte. Der Royal Pavilion wurde zum Zentrum der höfischen Vergnügungen, eine elegante Stadt mit Regency-Architektur entstand, alle Welt ging nach Brighton, um das Seeklima zu genießen, zu sehen und gesehen zu werden. Man flanierte auf der Strandpromenade, die sich neben den Kieselstränden hinzog, dem darüberliegenden kilometerlangen Prachtboulevard Marine Parade mit seinen herrlichen, strahlendweißen Häuserreihen. Als dann die Eisenbahn kam und mit ihr die Tages- und Wochenendbesucher aus London, als die berühmten gußeisernen Piers gebaut wurden, die hochbeinig über 100 Meter ins Meer hineinstaksten, da wurde es der rechtschaffenen Queen Victoria zu voll, zu laut, zu halbseiden; sie verkaufte den Royal Pavilion an die Stadt und ließ sich nie wieder in Brighton sehen. Heute ist Brighton mit Hove eine kleine Großstadt von knapp 250 000 Einwohnern, mit lebhaftem kulturellem Eigenleben, Universität, einem modernen Kongreß- und Tagungszentrum, nagelneuem Yachthafen und eben auch ihren ganz speziellen Problemen – doch davon später. Mindestens einen Tagesaufenthalt sollte man sich in Brighton schon gönnen; Hotels und Pensionen gibt es in Hülle und Fülle, und ist man gut zu Fuß, lohnt es sich, nicht nur Brighton zu durchstreifen, sondern am Wasser entlang bis nach Rottingdean zu wandern.

Rundgang

Die Stadt ist einfach gegliedert: im Süden der Strand; zwischen dem riesigen neuen Tagungszentrum **Brighton Centre** und dem unübersehbaren **Palace Pier** liegt das Gassengewirr des ursprünglichen Fischerdorfes Brighton. In den **Lanes** brodelt das Leben, zwischen den malerischen Häuserfassaden, in engen, winkligen Sträßchen reiht sich ein Geschäft ans andere: Antiquitäten, Trödel, Schmuck, Bistros, Restaurants, Boutiquen, Caféstuben und modernste Designerläden. Im Osten stoßen die Lanes auf die trostlose Rückseite des Queen's Hotel. Etwas weiter östlich liegt der dreieckige, begrünte Platz **Old Steine**, der nach Norden hin in den verkehrsreichen, eleganten Garten-Boulevard **Grand Parade** übergeht.

Von hier winkt und strahlt uns schon die Kuppellandschaft des **Royal Pavilion** entgegen. Diese indisch, persisch und chinesisch anmutende Extravaganz ist die wohl berühmteste *folly* in Großbritannien; in ungeheurer, üppigster Verschwendung und ungehemmter Prunksucht erscheint dieser Feenpalast wie aus dem Orient unter den nordischen Himmel auf grünen Rasen gezaubert. Er ist das Werk von Hofbaumeister John Nash (1752–1839), der im Auftrag des Prinzregenten das Londoner Stadtbild maßgeblich verändert hat: Er entwarf hochelegante, neoklassizistische Häuserreihen, weite Straßen- und Parkensembles, riesige, blendendweiße *terraces*, die in sanften Bögen ausschwingen, wie die Regent Street, die Carlton House Terrace und der Gesamtkomplex um und im Regent's Park.

Während im Inselreich im Schatten der Industriellen Revolution schwere soziale Unruhen toben, läßt der Prinz seine klassizistische Villa von Nash in einen Prunkbau verwandeln, der jedem Großmogul in Indien zur Freude gereicht hätte: mit Zwiebeltürmen, gußeisernen Baldachinen, schlanken Minarettürmen, Fenstern mit netzartiger Ornamentik und Fassaden, die mit steinerner, arabisch inspirierter Schnitzarbeit bedeckt sind.

Die Innenräume spinnen das Modethema der Chinoiserie aus und explodieren in kräftigen Farben und goldschimmernder Exotik: exzellent imitierte ›Bambus‹-Möbel, chinesische Seidenmalerei, chinesisches Porzellan, schwere Teppiche.

Der **Bankettsaal** wird von einer milchfarbenen Glaskuppel überspannt, in deren Mitte sich die Blätterkrone eines Bananenbaumes wiegt: halb Trompe l'œil-Malerei, halb in Bronze gegossen. Zwischen den ausgespannten Flügeln eines Drachens hängt ein riesiger Kristallüster mit Lotusblütenlampen und Tausenden von funkelnden Glassteinen. Die Wandmalereien bieten chinesische Szenerien, und im Schimmer der Lampen tafelte man in einem Tagtraum-Zwielicht.

Durch mehrere aufeinanderfolgende kostbarste Räume mit dem kreisrunden Salon als Mittelpunkt schritt man hernach wie auf der Via Triumphalis dem **Music Room** entgegen, dem absoluten Höhepunkt des Ensembles: Die Kuppel ist in einem goldenen Fischschuppenmuster ausgelegt, die riesigen Lüsterschalen mit Drachen- und Flammenornamenten hängen tief in den Raum hin-

Brighton, Royal Pavilion

ein, die Farben des Raumes, Blau, Rot und Gold, betonen den höhlenartigen, geheimnisvollen Charakter.

Selbst die gewaltige Küche ist von palmartigen Pfeilern gestützt, und nur die Privatgemächer Georgs IV., der Salon von Mrs. Fitzherbert, und Queen Victorias Räume sind in noblem, geradezu nüchternem Regency-Stil gehalten.

Vor dem Umbau seiner Villa ließ der Regent seine Reitställe von William Porden in ›muselmanisch-hindustanischem‹ Stil errichten; zwischen Pferdeboxen setzte er einen exotischen Kuppelbau, **The Dome**, der heute als Konzerthalle genutzt wird.

Der Prinzregent regierte als Georg IV. nur zehn Jahre, und die Regency-Periode, die das Modell des perfekten Dandy in Gestalt des Beau Brummell kreiert hatte und in einem rauschhaften Taumel der Oberflächlichkeiten schwamm, nahm damit ein Ende. Wie schon gesagt, entwickelte Queen Victo-

ria, ernsthaft, tugendsam und mit hohen Moralanforderungen, eine heftige Abneigung gegen die hitzige und laszive Atmosphäre des Royal Pavilion; sie verkaufte ihn für nur 50 000 Pfund an die Stadt Brighton; große Teile des Mobiliars wurden im Buckingham Palace eingelagert. Nach jahrzehntelangen Renovierungsarbeiten gab Queen Elizabeth in den 50er Jahren das Mobiliar zurück, und heute erstrahlt der Royal Pavilion in alter Pracht.

Gleich um die Ecke, in der Church Street, bietet das **Brighton Museum** eine hervorragende, große Sammlung an Mobiliar und Kunstgegenständen des Art-deco, sowie eine bedeutende Modeausstellung – beides einen Besuch wert.

Die etwa 8 km lange Strandpromenade wird in der Mitte vom **Palace Pier** markiert; die darüberliegenden Boulevards mit ihren herrlichen Häuserfassaden, im Westen der **Kingsway**, im

›Prinny‹
Georg IV. in Brighton

Der Prince of Wales, Thronfolger Georgs III., mußte im Jahr 1810 die Regentschaft übernehmen, da sein Vater in geistige Umnachtung gefallen war. ›Prinny‹, wie ihn seine zweifelhaften Freunde nannten, war von schwachem Charakter, ausschweifend, vergnügungssüchtig, ein Trinker, ein Spieler, ein verantwortungsloser Regent, der die Frau, die er liebte, Mary Fitzherbert, nur in heimlicher, morganatischer Ehe heiraten konnte – sie war zweifach verwitwete Katholikin. 1795 hatte ihn sein aufwendiger Lebensstil derart hoch verschuldet, hatte er den Hof derart in Verruf gebracht, daß ihm das Parlament die Daumenschrauben ansetzte: Tilgung der Schulden gegen standesgemäße Ehe mit Aussicht auf Erben. Also heiratete Georg 1795 die nicht minder unangenehme Karoline von Braunschweig, brachte mit ihr eine Tochter zustande, ließ sich dann offiziell trennen, um sich wieder Mrs. Fitzherbert und anderen zu widmen.

Georg IV.

Als er 57jährig nach dem Tod seines Vaters im Jahr 1820 als Georg IV. den Thron übernimmt und in Westminster Abbey gekrönt wird, funkt Karoline lärmend und randalierend dazwischen. Der Kritiker Leigh Hunt nahm bei der Beurteilung seiner Person kein Blatt vor den Mund: »Ein Libertin, der bis über beide Ohren in Schuld und Schande verstrickt ist, ein Mann, dem familiäre Verantwortung ein Greuel ist, ein Kumpan der Demimonde, ein Mann, der über ein halbes Jahrhundert gelebt hat, ohne seinem Volk auch nur ein einziges Mal Anlaß zur Dankbarkeit gegeben zu haben, ein Mann, der keinen einzigen Grund hat, den Respekt der Nachwelt einklagen zu wollen.«

Osten die **Marine Parade**, bergen in ihrem Rücken schachbrettartig angelegte Straßen und Wohnanlagen – alle im Regency-Stil erbaut; rechteckige, ovale oder quadratische *squares* mit Grünanlagen und Blumenrabatten. Die Häuserfassaden haben schmiedeeiserne Balkone, glatte Schiebefenster, Erker und Säulenvorbauten. Adelaide Crescent, Brunswick Square, Regency Square – im Osten, an den riesigen aufgeblasenen Plastikrutschen, dem Rummelplatz mit Jahrmarktsbuden vorbei, zieht sich die Perlenkette der schmalen Nebenstraßen bis zum hochmodernen Yachthafen; besonders schön ist die Anlage des **Royal Crescent**, dessen Fassadenhalbrund in schwarz glasierten Fliesen glänzt.

Bei diesem Spaziergang schleichen sich Trauer und Melancholie ein. Die Probleme, die Brighton zu schaffen machen, treten deutlich hervor: Die Pracht, die strahlende Eleganz kann sich nur mühsam am Leben halten; der Unterhalt der stattlichen Gebäude ist so teuer, braucht so viele Gäste und Besucher, verschlingt so viel Kraft und Mittel, daß wir überall auf die sichtbaren Anzeichen des Niedergangs stoßen: abblätternde Farbe, Wasser- und Nässeschäden, verbarrikadierte Fenster und unbewohnte Etagen hinter abbröckelnden Treppenaufgängen.

Brighton hat es schwer, sich mit seinem kulturellen Angebot gegen London durchzusetzen; auch hier leben viele Pendler; die jungen Leute, Studenten und Tausende von Sprachschülern, haben selbst zu knapsen. Brighton zieht seit langem hauptsächlich Tagesausflügler an, die sich bescheiden vergnügen und nicht genug Geld dalassen.

Noch bis in die 60er Jahre hinein sonnte sich Brighton in halbseidenem Glanz; es war außerordentlich attraktiv für die sogenannten ›*dirty weekends*‹: Hier tummelten sich die Liebespaare, und um den notwendigen Ehescheidungsformalitäten zu genügen, ließ sich der ›schuldige‹ Partner gern in eindeutiger Situation ›offiziell‹ erwischen. Das Scheidungsrecht hat sich geändert, aber die Legende ist geblieben: Brighton ist *seedy*, ein bißchen unordentlich, chaotisch, verschlissen, aber sehr lebendig. Lange Jahre hat es sich der Invasion der Rocker- und Punker-Szene erwehren müssen. Sicher hat auch Graham Greenes berühmter Roman »Brighton Rock« (»Am Abgrund des Lebens«), ein sehr vielschichtiges Werk über Moral und Sühne, über eine Gruppe junger Menschen, die sich in Brighton in kriminelle Schuld verstricken, zum morbiden Ruf des Seebads beigetragen.

Um neue Anreize zu schaffen, wurde am Ostende der Promenade ein riesiger Yachthafenkomplex gebaut. Die **Marina**, für 2000 Yachten konzipiert, mit Apartmentblöcken, Shopping Center und Restaurants, ist auf der Binnenseite architektonisch völlig mißglückt. Riesige Betonrampen und Parkblöcke bieten trübe Aussichten – das auch im übertragenen Sinn, denn durch die Rezession ist der rechte Erfolg ausgeblieben.

In der Umgebung

Der Ort **Rottingdean** 15, auf dem Klippenvorland gelegen, ist von Brighton aus leicht zu erreichen. Dem malerischen Dorfanger schließen sich die **Kipling Gardens** an, eine schöne Parkanlage, die einst zu dem Haus ›The Elms‹ gehörte, in dem Rudyard Kipling zwischen 1897 und 1902 lebte, bevor er auf seinen Landsitz Bateman's (s. S. 284) nach Burwash zog. Direkt gegenüber,

Opern-Picknick in Glyndebourne

im Prospect House, wohnte seine Tante, die mit dem Präraffaeliten Edward Burne-Jones verheiratet war. In der Pfarrkirche St. Margaret leuchten sieben große Buntglasfenster, von Edward-Burne-Jones entworfen und von William Morris ausgeführt. Im ehemaligen Pfarrhaus The Grange, das nach Entwürfen von Lutyens (1919) umgestaltet wurde, ist ein Raum der Erinnerung Kiplings gewidmet, das Spielzeugmuseum ist üppig ausgestattet und bereitet besonders Kindern großes Vergnügen.

Lewes 16 (S. 356), 15 km nordöstlich von Brighton, ist im Vergleich zu Brighton und Eastbourne ein Winzling (15 000 Einwohner), doch ist es die Verwaltungshauptstadt von East-Sussex. Die steilen Straßen und Gassen mit der zentralen High Street führen alle auf das normannische Castle zu, das auf einem Bergkegel liegt und einen wunderbaren Ausblick auf die wirre Dächerlandschaft von Lewes und die Küstenlinie bietet. Der Burgfried war 1077 errichtet worden; das prachtvolle Burgtor stammt aus dem 14. Jh. Im gegenüberliegenden Barbican House ist ein beachtliches archäologisches Museum mit prähistorischen, römischen und angelsächsischen Funden aus Sussex beheimatet. Die nördlich abzweigende Keere Street bietet ein buntes Sammelsurium an alten Fachwerkhäusern mit Antiquariaten und kleinen Läden; in der High Street dominieren georgianische Hausfassaden, und überall findet man Gebäude mit dem typischen *tile hanging*, schuppenartig angeordneter Schindelverkleidung.

Am Südrand der Stadt, in der Southover Street, liegt das **Anne of Cleves House**, ein bezaubernd ausgestattetes, mittelalterliches Haus, das zum Besitz der vierten Frau Heinrichs VIII. gehörte. Die Deutsche Anna von Kleve kam mit der Scheidung davon, zog sich aufs Land zurück, hat aber hier, wie auch in dem ihr zugesprochenen Haus im benachbarten Ditchling, nie gelebt.

Glyndebourne – Oper mit Kühen

17 (S. 352) Ein reicher Country-Gentleman ist mit einer unbeschäftigten, 18jährigen Sopranistin verheiratet, die unbedingt Mozart singen will: Was fällt Ihnen dazu ein? Well, John Christie baut seinen Landsitz aus, erweitert ihn um ein technisch perfektes Opernhaus, holt international anerkannte Künstler aus der Musikwelt zusammen und eröffnet seine Privatoper – natürlich mit singender Gattin – im Mai 1934 mit der »Hochzeit des Figaro« und zwei weiteren Mozart-Opern. Die Gäste aus Freundes- und Bekanntenkreis erscheinen »den Künstlern zuliebe« in großer Garderobe und warten neugierig auf die Blamage. Die eigens angereisten Kritiker erhalten ein vorzügliches Dinner, spazieren im herrlichen Garten umher, und alle hören zu ihrem größten Erstaunen hervorragend dargebotenes Musiktheater.

Inzwischen sind die Opernfestivals von Glyndebourne, immer noch von der Familie geführt und von Industrie-Sponsoren unterstützt, weltberühmt – zwischen Mai und August werden eine Reihe von Neuinszenierungen geboten, an denen führende Künstler der Gegenwart beteiligt sind. Neben Mozart, Richard Strauss, Britten, Strawinsky wurden auch Händel, Monteverdi, Pro-

Richtig Reisen *Tip*

Ein Abend in Glyndebourne

Nisten Sie sich zwei oder drei Tage in oder bei Lewes ein: Ein Nachmittag und Abend in Glyndebourne läßt sich wunderbar kombinieren mit dem Besuch der Bloomsbury-Enklaven Charleston Farmhouse und Monk's House – beide sind mit dem Auto in wenigen Minuten zu erreichen. In dieser Konzentration bietet sich England in seiner liebenswerten kulturellen Eigenwilligkeit auf unvergeßliche Weise dar.

Mit dem neuen Opernhaus sind auch mehr Plätze vorhanden, so daß das Problem der Karten keines mehr ist, und selbst am gleichen Nachmittag gibt's oftmals noch Chancen.

Schriftliche Vorbestellung ab Ende März:
Glyndebourne Festival Opera Box Office
Glyndebourne, Lewes, East Sussex BN8 5UU
Kartenvorverkauf und telefonischer Kartenvorverkauf ab Ende April, 10–18 Uhr, ✆ 0 12 73/81 38 13

Alle Unterlagen über Zugverbindungen, Picknicks oder Dinners (auf Vorbestellung) werden zugesandt. Unterkunftsverzeichnisse über Lewes Tourist Information.

kofjew und Henze in zum Teil aufsehenerregenden Produktionen aufgeführt – und dies in intimer ländlicher Atmosphäre, deren einzigartiger Charme eine ganze Reihe genußvoll zelebrierter, kultischer Handlungen hervorgebracht hat, die unbedingt dazugehören, ohne die Glyndebourne eben nicht Glyndebourne wäre: Die Opern beginnen am späten Nachmittag; in der langen Pause ist genug Zeit, um auf den legendären Rasen und Weideflächen, die das Landhaus umgeben, das Picknick zu genießen. In Frack und Abendrobe sitzt man zwischen Kühen und Schafen, holt den Champagner gekühlt aus dem Bach und tafelt auf ausgebreiteter Tischdecke im milden Abendlicht.

Bei Harrod's in London werden erlesene Picknick-Körbe zusammengestellt; schon in den Sonderzügen aus London, die spätabends zurückfahren, stößt man aus vorsichtig transportierten Kristallgläsern an, und die überregionalen Zeitungen veröffentlichen, von den Champagnerfirmen gesponsort, die preisgekrönten Glyndebourne-Menüabfolgen. Selbstverständlich ist der Picknick-Kult auch schon zu Buche geschlagen: In „Glyndebourne Picnics" von Michael Smith finden sich mundwässernde Vorschläge für (beinahe) alle Lebens- und Wetterlagen, die es zu berücksichtigen gilt. Zum Beispiel das Picknick für den Bahntransport, das Picknick im Kofferraum, selbiges für Regenwetter, für Kinder, für das romantische Tête à Tête, für Kochunlustige undsoweiter undsofort.

Ein neues, großes Opernhaus mit 1200 Plätzen ist 1994 eingeweiht worden – und zum Entzücken aller Gäste und Architekturfans hat der zurückhaltende Ziegelsteinbau mit kreisrunder Schieferdeckung von Michael Hopkins weder Rasen, Schafe noch Besucher in ihrer bukolischen Eintracht gestört. Hochelegant und funktional bietet der Bau hervorragende Akustik, trotz seiner Größe ein intimes Raumgefühl und – falls es

einmal regnen sollte – überdachte Rundgänge und eine schöne Flaniermeile mit luftig-transparenter Segeltuchüberspannung.

nahekommen und uns dadurch ganz besonders zu berühren vermögen.

Die zwei bescheidenen Häuser, die wir jetzt besuchen, symbolisieren einen

Bloomsbury auf dem Land: Virginia Woolfs Wohnzimmer in Monk's House (links) und das Atelier von Vanessa und Clive Bell in Charleston Farmhouse (oben)

Topographie der Liebe, Teil 1: Virginia, Vita, Vanessa & Co – Bloomsbury auf dem Land

Es gibt in Südengland einige wenige Häuser und Landsitze, die uns dicht an die Gegenwart heranführen, die die Lebensläufe und Werke individueller Personen lebendig machen, deren Auswirkungen, einer geistigen Zeitgenossenschaft gleich, unserer Lebenswelt radikalen Bruch mit der Vergangenheit. Den Werken, die hier geschaffen wurden, lag eine völlig neue, bahnbrechende Sichtweise der Welt zugrunde, die England mit der Moderne in Literatur und Kunst bekanntmachte. Und hier wurden Leben gelebt, die gängige Konventionen mit Bravour beiseite fegten.

Monk's House

18 (S. 358) Etwa 10 km östlich von Lewes liegen, dicht beieinander, das Cottage

Monk's House in Rodmell und Charleston Farmhouse bei Firle. Monk's House war für viele Jahre das Heim von Virginia Woolf (1882–1941) und ihrem Mann Leonard; ihre ältere Schwester Vanessa Bell (1879–1961) scharte im Bauernhaus von Charleston Familie und Freunde um sich, die sich alle in London zusammengetan hatten und als *Bloomsbury Group* zunächst auf mißtrauische, zögerliche Beachtung, auch heftige Ablehnung stießen und später berühmt werden sollten. Die schönen Schwestern Vanessa und Virginia bildeten den Mittelpunkt des künstlerischen Zirkels, der bald als intellektuelle Avantgarde von sich reden machte. Zu ihren Freunden gehörten die Schriftsteller Lytton Strachey, E. M. Forster, Cyril Connolly und T. S. Eliot, der berühmte Wirtschaftstheoretiker John Maynard Keynes, die Maler und Kritiker Duncan Grant, David Garnett und Roger Fry. Fry machte als erster die englische Öffentlichkeit durch zwei große Ausstellungen mit den Werken der französischen Spätimpressionisten bekannt (1910 und 1920). Ihre Wirkung war so aufsehenerregend und tiefgreifend, daß Virginia schrieb: »Mit dem Dezember 1910 hat sich die menschliche Natur gewandelt.« Während des Ersten Weltkrieges schließlich zog Bloomsbury aufs Land.

Veränderte Wahrnehmungsweisen führten nicht nur in der Bloomsbury Group zu einer veränderten Kunst und Literatur. Nachdem Virginia Leonard Woolf geheiratet hatte, gründeten sie die Hogarth Press. Auf einer Presse, die sie in der Küche von Monk's House aufstellten, druckten sie eigenhändig ihre Werke und die ihrer Freunde. Vanessa war Malerin und hatte den Maler und Kritiker Clive Bell geheiratet, der 1913 zusammen mit den anderen einen Werkbund ins Leben rief, die Omega Workshops, die bis 1919 mehr schlecht als recht, desorganisiert, aber hoch kreativ Möbel, Textilien, Keramik und Wanddekorationen entwarfen.

Das Werk Virginia Woolfs hat Weltruhm erlangt, und es ist gewiß überflüssig, die Biographie der wahrscheinlich bedeutendsten Schriftstellerin dieses Jahrhunderts hier noch einmal vorzustellen. Ihr Haus, klein, intim, heiter und zugleich von Ernst durchdrungen, mit niedrigen Balkendecken, Omega-Möbeln, türkisfarbenen Wänden, Büchern, Gemälden und Photographien, scheint immer noch vom Geist der gefährdend zerbrechlichen, scheuen, geistreichen und genialen Virginia Woolf eingehüllt zu sein. 1941 hat sie sich, ihr Leben lang von schweren Depressionen gequält, im Flüßchen Ouse in der Nähe ihres Hauses ertränkt. Ihr Mann Leonard lebte bis zu seinem Tod im Jahr 1969 in Monk's House, und ihrer beider Asche ist im Garten verstreut.

Dort stoßen wir auf zwei markante Bronzebüsten des Paares, und in Virginias spartanischer Schreibklause im hinteren Teil des Gartens sind zahlreiche Photographien aus den Familienalben zusammengetragen. Die Woolfs gingen in Charleston ein und aus, brachten ihre eigenen Gäste mit, und da während der oftmals ausgedehnten Besuche der Freunde und Verwandten geredet und diskutiert, gemalt, geschrieben und photographiert wurde, Tagebücher die Gedanken und Ereignisse noch einmal festhielten, Briefe hin und her gingen, sind Monk's House und Charleston gleichsam in ein dichtes Referenzsystem verwoben, das nicht nur aus vertracktesten gefühlsmäßigen Bindungen bestand, sondern auch aus einer engmaschig gestrickten Dokumentationslust: Alles ist in verschiedensten Sichtweisen dargestellt; Einzelbegebenheiten spiegeln sich sowohl gegenseitig als auch in der Flut der Biographien wider, der Brief- und Tagebuchausgaben, Neueinschätzungen und Lebensdarstellungen, von Familienmitgliedern über Familienmitglieder erstellt.

Einen festen Platz in dieser Topographie der Liebe nimmt auch Vita Sackville-West ein. Die schwierige, extravagante und abenteuerliche Frau war zeitweilig in eine heftige Liebesaffaire mit Virginia Woolf verstrickt, ihre Freundschaft hielt ein Leben lang. Beide schrieben über sich und für sich, und da Vita in Knole (s. S. 306), einem der größten Landsitze Englands, aufgewachsen war und später in Sissinghurst (s. S. 309ff.) einen der schönsten Gärten Englands anlegte, finden wir auch dort wieder unzählige Querverweise auf Virginia, Vanessa & Co.

Charleston Farmhouse

19 (S. 345) Charleston Farmhouse ist in seiner Art einzigartig: Das ganze Haus, ein völlig normales, ursprünglich wenig komfortables Heim – ohne Heizung, ohne warmes Wasser, kalt und dunkel –, ist mit seiner zusammengesuchten Inneneinrichtung über und über dekoriert, bemalt und geschmückt – von Vanessa Bell, ihrem Mann Clive, den Malern Duncan Grant und David Garnett. Vanessa zog mit Kindern, Haustieren, Duncan und David während des Ersten Weltkrieges hierher – die Männer waren Kriegsdienstverweigerer und arbeiteten auf einer naheliegenden Farm. Später kamen alle während des Sommers her, und mit Beginn des Zweiten Weltkrieges wurde Charleston das Heim von Vanessa und Duncan; beide sind hier gestorben, Vanessa im Jahr 1961, Duncan als 93jähriger im Jahr 1978. Schon zu ihren Lebzeiten war Charleston ein Gesamtkunstwerk – Türen, Fenstersimse, Decken, Wände und Möbel wurden bemalt; Dekorationsstoffe entworfen, Sofa- und Stuhlbezüge mit Nadelarbeiten geschmückt, Kacheln, Keramik und Lampen gebrannt – jeder arbeitete und entwarf für sich *und* die anderen. Kunst aus Notwendigkeit und Freude: Gemäß dem Familienscherz »if it doesn't move, paint it – if it moves, paint it as well«, scheint das ganze Interieur wie von Sonnenlicht, Frühling und freundlichen Farbtupfern überzogen. Ein visuelles *opus magnum* mit ungeheuer sinnlicher und individualistischer Ausstrahlung. Ein Flair von genialischer Improvisation bezaubert den Besucher, von sorgloser Spontaneität – die ja auch herrschte: Die Wände sind schlecht gemalt; jeder Pinselstrich ist sichtbar, und um schon gehängte Bilder wurde einfach drumherum gestrichen.

Die Porträts und Gemälde der Bloomsbury Maler waren lange in Vergessenheit geraten; viele Kunsthistoriker standen und stehen ihnen äußerst kritisch gegenüber, aber noch bevor Duncan Grant starb, erlebte er die Renaissance seiner Werke, sah er sich selbst wieder in Mode kommen. Nicht nur das: Die Firma Laura Ashley hat einige Stoffdesigns aus den Omega-Workshops neu aufgelegt. Der zahlreiche und sehr gegenwärtige Familienclan, Enkel, Neffen und Großnichten der ersten Generation, gründete dann den Charleston Trust, fand Sponsoren, die das Haus erhalten konnten.

In der Pfarrkirche **St. Michael and All Angels** im benachbarten **Berwick** hängen einige auf Holz gezogene Wandmalereien, die von Duncan Grant, Vanessa und Quentin Bell in Charleston für die Kirche gemalt wurden; herausragend ist »Christ in Glory« von Grant.

Die Faszination des Hauses beruht natürlich auf dem Leben und Wirken seiner einstigen Bewohner und ihren, über jede Konvention erhabenen, Lebens- und Gefühlskonstellationen: Vanessa liebte Clive Bell, mit ihm hatte sie zwei Söhne; sie liebte auch Duncan, er liebte sie, aber auch David; Duncan ist der Vater von Angelica, die später den früheren Liebhaber ihres vermeintlichen Vaters heiratete; Vanessa liebte Virginia, Virginia liebte sie und die gesamte Großfamilie, aber auch Vita, die wiederum mit Harold verheiratet war, der ebenso wie seine Frau auch gleichgeschlechtliche Beziehungen hatte . . .

Diese *ménage à trois, quatre et cinq*, diese bürgerliche Bohème, hat ihre eigene Sicherheit, Wärme und Geborgenheit hervorgebracht, aber auch Forderungen nach Kreativität, intellektueller Schärfe und selbstgewisser Originalität gestellt. Angelica Garnett hat sich erst als geschiedene Frau und vierfache Mutter einer eigenen Identität versichern können, und ihre Autobiographie »Deceived with Kindness« schildert mit bemerkenswerter Offenheit und Schuldzuweisung die »Freundlichen Täuschungen« ihrer ungewöhnlichen Kindheit unter ungewöhnlichen Menschen.

Lesefutter: Die zweibändige Standardbiographie über Leben und Werk Virginia Woolfs stammt von ihrem Neffen Quentin Bell, ihre Brief- und Tagebuchbände hat Leonard Woolf ediert, das Gesamtwerk der Autorin liegt auch in mehreren deutschen Übersetzungen vor, und Jürgen Klein hat eine deutschsprachige umfassende Biographie vorgelegt.

Dorfladen in Alfriston

Charleston Farmhouse bewohnten Duncan und Vanessa immer nur zur Miete; es gehört zum Landbesitz der Gage Familie, die seit über 500 Jahren in **Firle Place** 20 (S. 351) zu Hause ist. Die Besucher der beiden ›Häuser‹ nimmt Lord

Gage mit freundlicher Zerstreutheit zur Kenntnis – bleibt es ihm doch völlig unverständlich, warum man jemals beschwerliche Schritte unternehmen sollte, um fremde Teetassen zu betrachten.

Das Herrenhaus aus der Tudorzeit hat zwei große Umbauphasen erlebt, und die Raumfluchten im palladianischen Stil bilden heute den eindrucksvollen Rahmen für eine sehr gute Gemäldesammlung europäischer und englischer Alter Meister, darunter Fra Bartolomeo, Corregio, Salvator Rosa, Tintoretto, Turner, Reynolds, Gainsborough und van Dyck. Die Porzellan- und Möbelkollektion ist ebenfalls von erstklassiger Qualität.

Von Firle und Berwick kommend, wenden wir uns bei Wilmington nach Süden; die riesige Hügelzeichnung des **Long Man of Wilmington** 21 (s. S. 81) hebt sich kreideweiß vor dem grünen Hintergrund ab.

Kurz darauf erreichen wir den malerischen Ort **Alfriston** 22 (S. 338), der sich parallel zum Cuckmere River hinzieht. Die lange High Street ist gesäumt von schönen alten Fachwerkbauten und Häusern aus dem typischen Flintstein. Da Alfriston ein beliebtes Ausflugsziel ist, laden zahlreiche urtümliche Pubs und Inns zur Einkehr ein. Hinter dem Dorfanger, am Ende des Dorfes, steht die aus dem 14. Jh. stammende, stattliche Pfarrkirche St. Andrews – ihrer ungewöhnlichen Größe wegen heißt sie auch die ›Kathedrale der South Downs‹. Das zauberhafte reetgedeckte Clergy House, gleichzeitig mit der Kirche als Pfarrei errichtet, ist eines der ältesten noch erhaltenen Wohnhäuser in England. Clergy House war der erste Ankauf des National Trust (vom Jahr 1891), und es wechselte den Besitzer für sage und schreibe 10 Pfund!

Eastbourne – Die Grand Lady der Seebäder

23 (S. 350) Eastbourne, mit knapp 75 000 Einwohnern, ist die *grand old Lady,* die aristokratische Matrone der Seebäder an der Ostküste Südenglands, und hier findet sich alles, was ein erlebnishungriger Urlauber von einem traditionellen ›*high-class*‹-Badeort erwarten kann: Theater, Kino, das typische *seaside entertainment,* Familienshows, Kurkonzerte und natürlich die *Parade* mit Pier und Liegestuhlreihen. Der feine, saubere Kieselstrand zieht sich über 4 km unterhalb des Klippenvorlands entlang; die weißen Häuserreihen und stattlichen Hotels, die prächtigen, bunten Gartenanlagen an der Promenade setzen immer wieder abwechslungsreiche, markante Zeichen: Am Südende, auf der King Edward's Parade, steht der **Wish Tower,** einer der 70 Martello-Türme, die zum Schutz gegen die drohende napoleonische Invasion entlang der Küste gebaut wurden. Hinter dem **Wintergarten** und dem **Musikpavillon** legt sich dann der gewaltige **Pier** als hochbeinige Barriere quer in die See. Der Marine Parade folgend, stoßen wir auf die kreisrunde Festungsanlage **Redoubt,** in deren Innenring im Sommer festliche Konzerte mit Feuerwerk stattfinden. Drei militärische Museen sind hier beheimatet. Eastbourne hat sich viel von seinem noblen Flair bewahren können, und gerade die Promenade ist von dem Überfall durch Bingohallen und Fastfood-Etablissements recht gnädig verschont worden.

Zahlreiche Parks und Gärten zwischen der Strandpromenade und der Innenstadt laden zur Erholung ein; für Kinder ist das Spielplatzareal **Treasure Island** ein wahres Paradies, und für sportliche Betätigung ist reichlich gesorgt: Es gibt allein über 60 Tennisplätze und 3 Golfplätze. Eastbourne, mit seinen Luxushotels und Hunderten von Pensionen, hat sich auch als Tagungs- und Konferenzzentrum einen Namen gemacht, von den Sprachschulen einmal abgesehen. Einkaufsmöglichkeiten gibt es in Hülle und Fülle, in den Fußgängerzonen finden sich die großen High Street-Geschäfte und Warenhäuser, in versteckten Winkeln laden überdachte Märkte (z. B. im Enterprise Centre) zum Bummeln ein.

›1066 Country‹ – Hastings und Umgebung

Tensixtysix, William the Conqueror, Battle of Hastings – jedem Engländer sind diese Daten und Begriffe geläufig, und die Umgebung von Hastings und Battle wird auch als *1066 country* bezeichnet: In Hastings ist der normannische Wilhelm der Eroberer im Jahr 1066 mit seinen Truppen gelandet, und auf den Wiesen und Wäldchen landeinwärts hat die große Schlacht *(battle)* zwischen ihm und dem angelsächsischen König Harold stattgefunden – für das Inselreich das entscheidenste Ereignis in der Geschichte der Neuzeit.

Es war das letzte Mal, daß das Inselreich erobert wurde – seit mehr als 900 Jahren hat es keine erfolgreiche Invasion mehr gegeben, obwohl die manische Furcht der Engländer durchaus berechtigt war: Die Galeonen der spanischen Armada hatten ja schon vor der Küste gelegen, und die Franzosen haben es immer wieder versucht. Im 20. Jh. konnte Hitler sein See- und Landemanöver nach der Luftschlacht um England – sie wird als *Battle of Britain* bezeichnet – nur auf dem Reißbrett durchspielen. Die gesamte Südküste von Sussex und Kent, ist daher gespickt mit den Festungs- und Verteidigungsbauten aus unterschiedlichsten Epochen. Pevensey gehört dazu – die normannischen Überbleibsel von **Pevensey Castle** 24 (S. 361), der alten Römerfestung, liegen etwa 10 km westlich von Hastings: heute eine eindrucksvolle Ruinenlandschaft zwischen grünen Hügeln über dem Meer.

Hastings 25 (S. 353) selbst ist ein merkwürdiger Ort, mit seinen knapp 8000 Einwohnern macht es einen quirligen, aber auch verlorenen Eindruck: eine weit auseinandergezogene *seafront* mit vielen bescheidenen Vergnügungen und schöner alter Bausubstanz, die aber zum Teil traurig verwahrlost ist. Im Mittelalter war der Ort wichtig und würdevoll, gehörte er doch den Cinque Ports (s. S. 26) an, aber in unserem Jahrhundert hat er buchstäblich den Anschluß verpaßt: Die Eisenbahnverbindung nach London war seit jeher eine eigenwillige Konstruktion, die wegen der Tunnel besonders schmale Waggons verlangte, und da die Strecke bis heute nur eingleisig verläuft, ziehen die Pendler und Wochenendler die schnelle Bahnlinie nach Brighton vor.

Auf dem **West Hill** thront der alte in Ruinen erhaltene Normannenpalast, den sich Wilhelm unmittelbar nach der Eroberung bauen ließ.

Die Stadt ist durch eine steil zum Wasser hin abfallende Straße in zwei Teile geteilt. Die **Old Town** zwischen Castle Hill und East Cliff ist das malerische Gassengewirr des ehemals bedeutenden Fischereihafens; der Hafen ist jedoch schon arg versandet, und die Fischerboote werden hier bis auf den dunklen Kieselstrand gezogen. Sehr schön und einmalig in ihrer Art sind die Netzspeicher der Fischer: auf traditionelle Weise aus schwarz geteerten Holzschindeln errichtet. Die Bauweise, *weatherbording* genannt, ist für East Sussex und besonders Kent ganz typisch. In der im 19. Jh. errichteten ›Fishermen's Chapel‹ in der Straße Rock-a-Nore ist heute ein kleines Museum zur Geschichte der Fischerei beheimatet, in dem auch der letzte in Hastings Werft erbaute Kutter aus dem Jahr 1909 gezeigt wird.

In der **Neustadt** hat sich seit viktorianischen Zeiten ein bescheidener Badebetrieb etabliert: Kleine Sandstrandflekken tauchen zwar nur bei Ebbe auf, aber es gibt natürlich eine Promenade und einen Pier. Direkt daneben der Conqueror's Stone – er markiert die Stelle, an der Wilhelm englischen Boden betreten hat. Im Rathaus, der Town Hall, ist das moderne Gegenstück zum Teppich von Bayeux (Replik in Battle) ausgestellt: Zum 900jährigen Gedenken wurde 1966 ein 70 m langer Wandteppich von der Royal School of Needlework gefertigt, der die großen Ereignisse aus fast einem Jahrtausend englischer Geschichte wiedergibt – die »Hastings Embroidery« ist eine beachtliche, kunsthandwerkliche Gemeinschaftsarbeit.

In **Battle** 26 (S. 340), auf dem vermeintlichen Schlachtfeld, gründete Wilhelm der Eroberer als Zeichen seines Dankes eine **Benediktinerabtei** – der Hochaltar der Kirche, die 1094 geweiht wurde, markierte die Stelle, an der Harold gefallen war. Heinrich VIII. überließ die Klosteranlage seinem Höfling Sir Anthony Browne, der die Kirche schleifen und Teile der Klostergebäude umbauen ließ. Das Torhaus stammt von 1339, Bankettหalle, Schlafsaal und die Gemächer des Abtes vermitteln noch einen Eindruck der einstmals großartigen Ausmaße der Abtei. Heute werden Teile der Gebäude als Schule genutzt, der Zugang zu diesem weitläufig angelegten Freilichtmuseum wird dadurch nicht eingeschränkt. Und wie so oft bei englischen *attractions* wird auch hier die Geschichte durch eine bunte Multimediashow in Szene gesetzt.

An der Seaside sehr beliebt: Dirty Postcards

In den Gärten Albions

Im Herzen von Sussex, im ländlichen Dreieck zwischen Billingshurst, East Grinstead und Haywards Heath, wartet ein unvergeßliches Erlebnis: Fünf überwältigend schöne Gärten liegen dicht beieinander, und hat man den ersten besucht, ist man schon der süßen Sucht verfallen, alle hintereinander sehen, vergleichen und unterscheiden zu wollen. Die berühmtesten Pilgerziele der Gartenfreunde sind Nymans' Garden und Sheffield Park, für Amateurbotaniker auch Wakehurst Place. Alle Gärten sind besonders für ihre Magnolien, Azaleen und Rhododendronhaine berühmt und schwimmen im April und Mai in einem unvergleichlichen Blütenmeer. Im Juni und Juli betören die Rosen, und im September und Oktober die Rot-, Gelb- und Grünfärbungen der Bäume: Die Öffnungszeiten der Gärten sind darauf abgestimmt. Will man nicht zuviel Zeit mit Herumfahren vertrödeln, bietet sich als Übernachtungsmöglichkeit in **Cuckfield** 27 (S. 347) die ehemalige Postkutschenstation ›The King's Head‹ an oder das wunderschöne, teure Countryhouse-Hotel Ockenden Manor.

Die **Gärten von Leonardslee** 28 (S. 356), wunderbare Ausblicke über die Hügelketten der South Downs bietend, sind seit über 100 Jahren im Besitz der Familie Loder und wurden in ihrer jetzigen Form größtenteils um die Jahrhundertwende angelegt. Der Wildpark mit Rehen, Hirschen, den frei herumturnenden Wallabies, einer Kängeruh-Art, wechselt über in ein schmales, langgestrecktes Tal mit Steingarten. An den

Sheffield Park Garden

Nymans' Garden

See- und Teichufern blühen Kamelien und Magnolienhaine; Azaleen stehen neben prachtvollen, seltenen Bäumen aus allen vier Erdteilen. Berühmt sind die von Loder gezüchteten orangefarben und gelb blühenden Rhododendren. Der große, verheerende Sturm vom Oktober 1987, der in ganz Südengland furchtbare Schäden anrichtete, hat Leonardslee eher gut getan: Bäume und Büsche sind, ganz im Sinne der Gärtner, ausgedünnt worden, und die Blütenpracht hat zugenommen.

In **Nymans' Garden** 29 (S. 360) sind die Schäden des Orkans noch heute zu sehen; 80 % des alten Baumbestandes sind zerstört worden, und die Neubepflanzung wird noch Jahre in Anspruch nehmen. Dennoch ist Nymans' zu Recht einer der geliebtesten und interessantesten Gärten Englands. Im Gegensatz zu Sheffield Park erscheint die 12 ha große Anlage ungeplant und naturhaft. Die Serie von kleinen Gärten mag an den eigenen zu Hause erinnern, und als Gesamtkomposition bezaubern sie durch ihren familiären, bunten, heiteren Charakter. Der Eingang liegt am Westrand der Gärten; im Norden bietet eine schnurgerade Lindenallee mit weiten Ausblicken über die South Downs einen ruhenden Pol, der den Kontrast zu den zahlreichen Abfolgen der Motivgärten um so überraschender erscheinen läßt. Vor den malerischen Ruinen des Hauses (1947 abgebrannt), überwuchert von Rosen und Wisteria, breitet sich der *great lawn* aus, gesäumt von Rhododendren und Hydrangeen, dahinter ein abgesenkter Gartenteil mit Rondell, gefolgt von einem Stein- und Heidegarten. Am Südwestende erwarten uns eine lange überwachsene Pergola und eine japanische Aussichtsplattform, von der aus man bis in den ummauerten Zentralgarten sehen kann, dessen Mittelachse auf einen Springbrunnen und vier beschnittene Taxuskugeln zuläuft. Im

Standen

Rosengarten dann umgibt uns eine überwältigende Fülle an Farben und Düften: 150 Rosenarten sind hier zusammengetragen.

Etwa 5 km südöstlich lockt **Borde Hill Gardens** 30 (S. 341), ein kleinerer ›Landgarten‹ mit informellem Charakter, der wegen seiner seltenen, exotischen Bäume und Büsche, der üppigen Pracht der Rhododendren, Azaleen und Magnolien gerühmt wird. Die Gärten sind umringt von Parkanlagen und lichtem, sonnendurchflutetem Wald, dessen Unterholz im Frühling und Sommer einem gelbblau getupften Teppich gleicht.

Wakehurst Place Garden 31 (S. 369) ist besonders von botanischem Interesse – die gewaltigen Bäume und exotischen Pflanzen wurden von Gerald Loder, dem späteren Lord Wakehurst, der auch Leonardslee angelegt hat, aus Süd- und Nordamerika, aus Australien, Neuseeland, Japan und Ostasien zusammengetragen. Der außergewöhnliche Reichtum seltener Gewächse hat schließlich zur Übernahme durch die Königlichen Botanischen Gärten (in Kew bei London) geführt. Wakehurst Place, 60 ha umfassend, hat alles: Wasser- und Sumpfgärten, Steingarten, Rhododendronhaine, formale Anlagen am Haus, Teiche, ein tief eingeschnittenes Flußtal, wo unter hohen Baumwipfeln Magnolien blühen, Glockenblumen und Lilien.

Und schließlich **Sheffield Park** 32 (S. 366), ein Wirklichkeit gewordener Traum, der vor etwa 300 Jahren angelegt, von Capability Brown umgestaltet wurde und bis 1909 im Besitz der Earls of Sheffield war. Der ›klassische englische Garten‹ mit seinem hochgelegenen gotisierenden Schloß+ erhielt seine endgültige Form erst zu Beginn unseres Jahrhunderts.

Sheffield Park ist eine dramatische Schöpfung, die sich mit malerischen Effekten und Vistas bis zur Vollendung steigert: Vier terrassenförmig angelegte

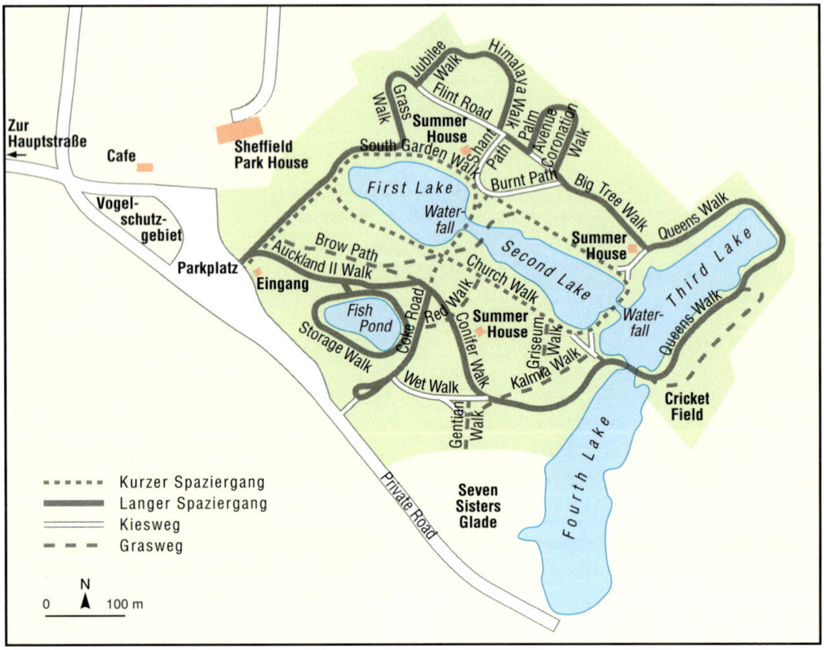

Sheffield Park

Seen, durch Brücken und Wasserfälle miteinander verbunden, werden umringt von unterschiedlich gestalteten Pfaden mit lockeren Baumgruppen, Wiesen und Rasenplätzen. Das von Thomas Wyatt erbaute, gotisierende Haus bildet die visuelle Zentralachse. Wie ein Märchenschloß mit Giebeln, Turmspitzen und Erkern taucht es immer wieder als Hintergrund vor den schillernden blauen Flächen des Wassers auf, auf denen rote Seerosen schwimmen, eingefaßt von silbrigweißem und in allen Grüntönen leuchtendem Blätterwald.

Diese Parkanlagen und Gärten muß man gesehen haben – sie sind vom Charakter her ganz verschieden, sie haben, wie beim menschlichen Antlitz, zwar alle die gleichen ›Bestandteile‹, sind aber ganz einzigartig in ihrer Individualität, ihrem ausdrucksstarken, unerschöpflichen Nuancenreichtum.

Standen, William Morris und der Landhausstil

33 (S. 367) Etwa 5 km nördlich von Wakehurst Place liegt Standen, ein zauberhaftes Kleinod der Wohnkultur – Haus und Garten sind zu einer Einheit verschmolzen, und im Unterschied zu den vorher aufgeführten Gartenanlagen in Sussex bildet auch das Haus, sein Interieur, einen unwiderstehlichen Anziehungspunkt: Standen ist eines der wenigen viktorianischen Häuser, die dem National Trust gehören, und in Südengland ist es das einzig zugängliche, das uns einen Eindruck von der Ideenwelt und dem Kunsthandwerk von William Morris vermitteln kann und etwas von dem Flair widerspiegelt, das die *Arts & Crafts*-Bewegung, und mit ihr auch die Präraffaeliten, seit jeher umgeben hat.

Gebaut wurde Standen zwischen 1891 und 94 von Philip Webb (1831–1915) für den wohlhabenden Anwalt James Beale. Als unprätentiöses Sommer- und Ferienhaus für eine Familie mit sieben Kindern geplant, nimmt Webb die alte Farm als Ausgangspunkt und konzipiert ein Haus aus rot-orangefarbenem Ziegelstein, das rechtwinklig an die vorhandenen Gebäude anschließt.

Die Südseite, durch fünf Spitzgiebel und einen lichten Wintergarten, *conservatory,* markiert, führt auf die Terrasse und den leicht abschüssigen Rasen, den *south lawn.* Die vorher schon begonnene Anlage der Gärten wird verworfen: Sie sollen sich den natürlichen Gegebenheiten anpassen. Das Aufregende an Standen entsteht aus der merkwürdigen Schräglage von Haus und Gärten. Sie schmiegen sich auf verschiedenen Ebenen parallel laufend den Hängen an, bieten herrliche Ausblicke über die Felder, Täler und das Wasserreservat. Auf der obersten Ebene verläuft ein langgestreckter Spazierweg, von Büschen und Bäumen gesäumt, der schließlich nahe beim Haus in einem engen, spiralförmigen Trichter mündet, dem *quarry garden.* In diesem kleinen Steinbruch, malerisch von kühlem Grün überwuchert, wurden die Steine für das Haus geschlagen.

Das Haus und der sonnenwarme, in präzisem Schachbrettmuster geschnittene Rasen, von Buschwerk und leuchtenden Blumenrabatten gesäumt, bilden die Mittelachse der Anlage; im Osten schließen sich Rosengarten, ein kreisrunder Bambusgarten, *orchard* und Rhododendronhain an – alles scheint über den weiten Wellen der Landschaft zu schweben. Standen ist ein heiteres, freundliches, auf den Menschen bezogenes Ensemble, geordnet und doch spontan wirkend, großzügig und gleichzeitig anheimelnd, komfortabel und ohne Prunk.

Standen, ein viktorianisches Haus, setzte ein antiviktorianisches Zeichen. Seinen Prinzipien gemäß machte Webb Schluß mit der manischen Neogotik der Viktorianer und setzte ihrer Sucht, die Innenräume dunkel, schamhaft, protzend und überquellend zuzudecken, eine neue Schlichtheit entgegen. Er stand damit nicht allein, auch Voysey und G. E. Street haben die Architektur um die Jahrhundertwende auf diesem Weg beeinflußt; eine Revolution der »Kunst für den Menschen« jedoch, eine neue Auffassung des Handwerks und bahnbrechendes Design, hat William Morris (1834–1896) mit seiner *Arts & Crafts*-Bewegung durchgesetzt.

Die Innenräume in Standen tragen seine Handschrift: edles Material, schlichte Formen, handwerkliche Vollkommenheit, die auf mittelalterliche Traditionen baut und die Dutzendware des ›Maschinenzeitalters‹ durch sorgsam verarbeitete Einzelstücke ersetzt. Dazu gesellen sich seine Textilentwürfe: handgeknüpfte Teppiche, Gardinenstoffe, Wandbespannungen, Tapeten – in den kräftigen Farben, die der viktorianischen Vorliebe für Molltöne den Garaus machten. Muster und Ornamente, Blätter- und Blütenranken, die die Natur widerspiegeln, einige wesentliche Elemente aufnehmen und sie in unendlicher Abfolge vervielfachen. Morris' Firma, die er anfänglich mit der ›Bruderschaft der Präraffaeliten‹, Rossetti, Burne-Jones, Webb, Ford Madox Brown u. a., betrieb, lieferte individuell entworfene, komplette Inneneinrichtungen, vom Buntglasfenster über Bettgestelle bis hin zum passenden Kerzenständer; 600 Designs für Tapeten, Dekorationsstoffe, Wandteppiche und Kacheln sind überliefert. Herrliche Kirchenfenster aus der Morris-Werkstatt sind in der Dorfkirche von Standen zu sehen. Der ›Morris-Stil‹ hat nicht nur die Entwicklungen der Werkbunde und des europäischen Jugendstils beeinflußt, sondern die Wohnkultur der Engländer bis auf den heutigen Tag geprägt.

Die schönen Häuser, die er liebte, aus Ziegelstein, mit Kachelarbeiten und tief heruntergezogenen Dächern, wie sie etwas später auch Lutyens baute, haben die Engländer mitten ins Herz getroffen; hunderttausendfach imitiert, sind sie zum Typus des *›stockbroker Tudor‹* verkommen. Seine Stoffmuster und Tapeten sind heute noch bei Liberty's erhältlich, haben den ›Landhausstil‹ der Engländer so recht erst zum Schwellen und Blühen gebracht. Die Blütenpracht und Blattornamentik auf Tapeten und Chintzen, die Verquickung von Rüschen, stoffbespannten Wänden, Vorhängen und Bettbezügen, passenden Notizblöcken und Einwickelpapier; die so kunstvoll unordentlichen Küchen mit offenen Geschirrschränken, getrockneten Blumensträußen und gemustertem Steingut – all das, von Laura Ashley romantisierend in die Gegenwart projiziert, millionenfach verkauft und als *›country-house living‹* weltweit nachgeahmt, geht auf William Morris zurück.

Morris war ein Universaltalent, war nicht nur Designer, sondern auch Maler, Dichter, Schriftsteller, Weber, Tischler, politischer Agitator, Sozialist, Realist und Träumer zugleich. Er gründete die Kelmscott Press, entwarf Schrifttypen und druckte im Stil illuminierter Manuskripte den berühmten ›Kelmscott-Chaucer‹: mit gotischen Lettern, ornamentierten Initialen und Holzschnitten von Burne-Jones.

Morris wollte eine Kunst für alle, reiste jahrelang als politischer Agitator herum, um für eine sozialistische Gesellschaft zu kämpfen; aber seine exquisiten Arbeiten waren nur für wenige erschwinglich: »Ich diene dem schweinischen Luxus der Reichen«, und seine Spötter haben immer bedauert, daß nicht auch das »Kapital« von Marx in der Kelmscott Press als erlesenes Rarum erschienen ist. Seine Kraft als Sozialreformer hat nicht ausgereicht, dafür schrieb er einen vielgelesenen utopischen Roman. »News from Nowhere« (»Kunde von Nirgendwo«) verbindet ein kommunistisches England mit mittelalterlichen Allegorien. Die Titelseite der Originalausgabe zeigt sein Haus Kelmscott Manor, in das die Helden der Geschichte schließlich zurückkehren.

Lesefutter: Über Morris, die Präraffaeliten, den einflußreichen Theoretiker Ruskin und ihre dramatischen und komplizierten, aufsehenerregenden Verschlingungen im Privatleben sind zahlreiche Bücher erschienen. Einen hervorragend illustrierten, umfassenden Überblick bietet im Deutschen Hans Christian Kirsch mit: »William Morris – Ein Mann gegen die Zeit«. Eine Auswahl von Morris Schriften bietet: William Morris: »Wie wir leben und wie wir leben könnten«.

Guildford und Umgebung
Abstecher nach Surrey

Guildford 1 (S. 353) (ca. 55 000 Einwohner) ist die Hauptstadt der Grafschaft Surrey, die sich recht erfolgreich gegen die Vereinnahmung durch Groß-London hat wehren können. Hügelig, mit lichten Laubwäldern und Heidegebieten, ist Surrey eine der bevorzugten Adressen der *upper-middle class,* die sich in den schönen Dörfern und Kleinstädten zu Hause fühlt. Guildford gilt fast noch als Londoner Vorstadt; Tausende von Pendlern arbeiten in London und leben hier oder in den umliegenden Dörfern, die alle wohlgepflegt den Stempel der ›*gentrification*‹ tragen, der sorgfältigen Aufpäppelung durch die gut verdienenden, ehemals großstädtischen Neuzuzügler.

Guildford ist eine der wenigen größeren Kleinstädte in Südengland, die nicht in dem Kokon der ›Old England‹-Mentalität eingesponnen sind und unschuldig den süßen Träumen der Vergangenheit nachhängen. Guildford ist selbständig, unabhängig und modernen Entwicklungen gegenüber aufgeschlossen. Alt und neu, Geschäftigkeit und Muße treffen hier zusammen, und es lohnt sich durchaus, von der freundlich-offenen Atmosphäre beschwingt, einen längeren Stadtbummel zu unternehmen und sich einen weiteren Tag für die Sehenswürdigkeiten der Umgebung zu gönnen.

Von der prosperierenden mittelalterlichen Handelsstadt sind zahlreiche Zeugnisse erhalten. Steigt man die Anhöhe der steilen High Street hinauf, stößt man auf das **Abbott's Hospital,** ein Armenspital, das im 17. Jh. gegründet wurde. Noch heute leben hier verdiente Pensio-

Guildford und Umgebung

näre in einer palastartigen Umgebung mit schönem Innenhof und bemerkenswertem *gate house.*

Die **High Street** bezaubert durch ihren kleinstädtischen Charme, gute Geschäfte, anheimelnde Teestuben. Die **Guildhall** mit ihrer weit in die Straße kragenden Uhr ist allgemeiner Treffpunkt.

Erst 1927 wurde Guildford durch die Aufspaltung der Diözese Winchester auch Bischofssitz. Die **Kathedrale,** 1961 geweiht, ist die jüngste aller großen Sakralbauten in Großbritannien. In zurückhaltender Kühnheit liegt sie auf dem Stag Hill. Ihr Architekt Sir Edward Maufe schuf einen streng gegliederten, klaren Backsteinbau – für eine Kathedrale ganz ungewöhnliches Material, das in kontrastreicher Spannung zum neogotischen, weißgekalkten Innenraum steht, dem es allerdings an qualitativ wertvoller Ausstattung fehlt.

Sehr lebendig und äußerst beliebt ist das moderne, wunderschön am Flüß-

Clandon Park

chen Wye gelegene **Yvonne Arnaud Theatre:** 1958 eröffnet, gehört es zu den gelungensten Theaterneubauten des Landes mit zudem noch vielbeachteten Inszenierungen.

Der großzügige Charakter Guildfords rührt sicher auch von der Universität her und den Studentenscharen, die Stadt und Campus bevölkern. Die **University of Surrey** ist eine Neugründung der 60er Jahre, als die Labour Regierung in einem spendablen Anfall von Bildungsbeflissenheit mehrere sogenannte ›New Universities‹ ins Leben rief, um dem Klassendünkel von Oxford und Cambridge entgegenzuwirken.

Zwei berühmte, in England hochgeschätzte und eigenwillige Literaten werden mit Guildford assoziiert: Hier lebte P. G. Wodehouse (1881–1975), einer der größten humoristischen Autoren dieses Jahrhunderts, der in mehreren Romanen die bizarren Exzentriker der *upper class* in Gestalt von Bertie Wooster und seinem nicht minder schrulligen, lebenstüchtigen »gentleman's gentleman« – Diener Jeeves unsterblich machte. Im Haus **The Chestnuts** in der Castle Hill Street verbrachte Lewis Carroll (1832–1898), Mathematikprofessor in Oxford und genialer Schöpfer der ›Alice im Wunderland‹, viele Monate in Gesellschaft seiner Schwestern; hier schrieb er die wunderlichen und für die rigide viktorianische Gesellschaft erstaunlich wertfreien und un-moralischen Wunderland-Episoden. Charles Lutwidge Dodgson – wie Carroll eigentlich hieß – starb hier und wurde auf dem Friedhof ›The Mount‹ begraben.

Clandon Park 2 (S. 346) liegt etwa 5 km östlich von Guildford: ein großzügiges, von stattlichen Parkanlagen umgebenes *countryhouse,* das um 1730 von Giacomo Leoni im palladianischen Stil umgebaut wurde. Das eher unbeholfen wirkende Äußere kontrastiert lebhaft mit dem glanzvollen Innern: Die doppelgeschossige klassizistische Halle bildet den festlichen Auftakt der erlesen ausgestatteten, strahlenden Räume.

Gleich um die Ecke von Clandon Park liegt **Hatchlands** 3 (S. 354), Pilgerziel eines jeden Architektur- und Kunstinteressierten. Bibliothek und Salon des für Admiral Boscawen um 1750 von Thomas Ripley errichteten leuchtend roten Ziegelsteinbaus lassen das Herz höher schlagen: Sie sind die ersten Raumkunstwerke, die der junge Robert Adam nach seiner Rückkehr aus Italien zwischen 1758 und 59 gestaltet hat. Der exquisite ›Adam-Stil‹ ist hier allerdings noch nicht voll ausgeprägt, aber die Charakteristika sind schon sichtbar: zarte, ornamentierte Stuckarbeiten mit Arabesken und Medaillons, Friese, Bandmäander und wunderbare, lichte Farbeffekte, die die Harmonie zwischen vollendeten Raumproportionen und elegantester Detailarbeit betonen.

Polesden Lacey 4 (S. 362), noch ein Stückchen weiter östlich gelegen, sollten Sie sich nicht entgehen lassen: Hier lebte einer der größten Gastgeberinnen des eduardischen Zeitalters, und das mehrfach umgebaute, weich sich in die grünen Hügel schmiegende, golden schimmernde Landhaus scheint immer noch vom Glanz der luxuriösen Festlichkeiten eingehüllt zu sein. Mehrfach umgebaut und um 1910 im Innern vollständig verwandelt, spiegelt Polesden Lacey den sorglos-großzügigen Stil seiner letzten Besitzerin wider, Mrs. Ronnie Greville.

Die bürgerliche Maggie McEwan erbte ein ungeheures Vermögen, und durch ihre Heirat mit dem Sohn des 2. Lord Greville, der mit George Keppel eng befreundet war, der wiederum der Ehemann der Geliebten von Eduard VII. war, fand sich die kleine, vitale und scharfzüngig-kecke Frau im Mittelpunkt der eduardischen Gesellschaft wieder. Ihre Hausparties in Polesden Lacey waren sprichwörtlich. Ein endloser Strom an erlauchten Wochenendgästen weidete sich an den kostbaren Gemälde-, Porzellan- und Silbersammlungen, wanderte durch den herrlichen Garten, bewunderte die exquisiten Möbelstücke und genoß die wahrhaft königliche Küche des Hauses.

Mrs. Grevilles Gästebuch liest sich wie das ›Who is Who‹ der Zeit zwischen den Kriegen. Sie wahrte ihre Position als Vertraute der Hofgesellschaft bis zu ihrem Lebensende, über drei Monarchen hinweg. Georg VI. und die heutige Königinmutter verbrachten ihre Flitterwochen hier, die Königin von Spanien blieb 14 Tage, Mrs. Vanderbuilt, der Aga Khan, der Earl of Balfour, der Vizekönig von Indien, unzählige Politiker, Literaten und Künstler gaben sich hier ein Stelldichein.

Hatchlands, der Salon

Rye und Umgebung

Rye ist eine der schönsten und anmutigsten alten Kleinstädte, die es in Südengland gibt. Es tut Herz und Seele wohl, sich dort für ein paar Tage einzunisten und auf Tagesausflügen die außerordentlich reizvolle und abwechslungsreiche Umgegend zu erkunden, besonders wenn sich die Urlaubsreise auf Kent und East Sussex beschränkt. Rye ist allerdings ein beliebtes Ausflugsziel, und sollten Sie im August nach England reisen, wäre es günstiger, sich in einem der Dörfer und Städtchen im Umland, wie z. B. in Cranbrook oder Tenterden, niederzulassen und nach Rye hineinzufahren.

In der westlichen Umgebung von Rye liegen drei vom Charakter her völlig unterschiedliche Sehenswürdigkeiten dicht beieinander: Batemans, das Haus von Rudyard Kipling, seiner Erinnerung gewidmet; Bodiam Castle, eines der romantischsten Wasserschlösser im Inselreich, und Great Dixter, ein verzaubertes Knusperhaus in einem fröhlichen, bunten Garten, das von dem berühmten Edwin Lutyens umgebaut wurde.

Bateman's – »Our England is a garden«

1 (S. 339) Rudyard Kipling (1865–1936), dessen Erzählungen, Romane und Gedichte aus und über Indien weltberühmt wurden und ihm 1907 den Nobelpreis für Literatur einbrachten, kaufte 1902, als 36jähriger auf der Höhe seines Ruhms, den kleinen Landsitz und zog mit seiner Familie von Rottingdean (s. S. 263) hierher. Von einer Anhöhe aus blickt man auf die sanften Hügel und Laubwellen des Weald: Seine Wahlheimat inspirierte ihn zu den entzückenden Kindergeschichten von »Puck of Pook's Hill« (Puck vom Buchsberg), in denen Kipling das Geschwisterpaar Dan und Una in einem Sommernachtstraum auf eine Reise in die historische und mythische Vergangenheit Englands schickt.

Pook's Hill ist vom Garten aus zu sehen. Das schöne, heimelige Sandsteinhaus, aus dem 17. Jh. stammend, mit einem vorgesetzten Flügel, Eingangsportal und einem sechsteiligen Schornsteinensemble ist komfortabel, massiv und sehr maskulin eingerichtet – niedrige Balkendecken, viel Holzpaneele, glänzende Dielen und Möbelstücke, Kunstgegenstände, Gemälde, Plastiken, die Kiplings Heimat Indien heraufbeschwören. Das Arbeitszimmer ist vollständig erhalten, und ein weiterer Raum ist Kiplings literarischem Schaffen gewidmet.

Bekannt und vielbesucht ist auch der **Garten,** den Kipling zum Teil selbst anlegte, nachdem er umliegendes Land dazugekauft hatte: Man wandert durch die Motivgärten wie durch eine Abfolge von Zimmern; ein Maulbeergarten, ein ›italienisches‹ Parterre mit anschließendem Rosengarten, ein gepflegtes Remisengeviert mit einem für Kent typischen Hopfendarren, dessen Schindeldach in einer kleinen Laterne endet. Berühmt und wunderschön ist das Tunnelspalier aus Birnbäumen – im Frühjahr ein weißblühender, im Herbst ein grün rankender Bogen, von dem die Birnen herabbaumeln.

Eines der bekanntesten Gedichte von Kipling, »The Glory of the Garden«, ist nicht nur eine Hymne auf seine Schöpfung in Batemans, sondern sieht das ganze Inselreich als einen Garten an, der von den Gärtnern liebevoll und emsig gepflegt und gehütet wird ...

Bodiam Castle

2 (S. 341) Von Burwash aus geht es quer durch das ländliche Sussex über schmale, gewundene Straßen bis zum etwa 15 km entfernten Bodiam Castle – eine Wasserburg wie aus dem Märchen: Umringt von den schimmernden Flächen der breiten Grabenanlage und saftig grünen Wiesen, bietet das von runden Ecktürmen eingefaßte mächtige Mauergeviert einen atemberaubenden Anblick. Die Anlage ist von perfekter Harmonie, symmetrisch, ausgewogen, schön – als Wehrburg und Wohnstätte zugleich wurde sie im Auftrag von Richard II. für Sir Edward Dalyngrydge im Jahr 1388 fertiggestellt. Sie war zum Schutz der Furt des Rother gedacht, der im Mittelalter noch schiffbar war und der gefürchteten Invasion der Franzosen den Weg ins Landesinnere gebahnt hätte – Rye und Winchelsea waren von ihnen ja schon geplündert worden. Cromwell ließ die inneren Gebäude vollständig zerstören, und Lord Curzon, der Bodiam Castle um die Jahrhundertwende erwarb, hat die Anlage vor dem Verfall gerettet. Mit seinem Tod im Jahr 1917 ging sie an den National Trust über. Und obwohl nur die Außenmauern vorhanden sind, mit z. T. begehbaren Türmen, ist Bodiam, von Seerosen,

Rye und Umgebung

Wasser und Grün umgeben, eine der romantischsten Sehenswürdigkeiten in Südengland.

Wenn Sie das Burgfieber erfaßt haben sollte: **Herstmonceux** 3 (S. 354), etwa 10 km südlich von Burwash, ist von der Anlage her ähnlich, der Wohncharakter zeigt sich jedoch noch ausgeprägter: Die Verwendung von herrlichem, rötlich schimmerndem Backstein ist an flandrischen Vorbildern orientiert, die Fassadengestaltung ist mit Türmen, Schornsteinen und Zinnenkränzen dramatisch bewegt und verdoppelt sich noch einmal durch die Spiegelung im Wassergraben. Hier war lange Jahre das *Royal Greenwich Observatory* beheimatet. Das königliche Observatorium, ursprünglich hoch über den Hügeln von Greenwich bei London zu Hause, mußte der starken Luftverschmutzung wegen aufs Land ziehen. Heute wird das Anwesen als College genutzt – die herrlichen Gärten und das Multi-Media-Erlebnis des Herstmonceux Science Centre bieten für Kinder und Erwachsene gleichermaßen interessante Abwechslung.

Great Dixter House & Gardens

4 (S. 353) Gleich um die Ecke von Bodiam Castle wartet am Ende des Dorfes Northiam der Wirklichkeit gewordene Traum eines jeden Engländers: ein in friedvoller Stille ruhendes, von bunten Gärten umgebenes Landhaus, das das Motto »my home is my castle« auf bäuerlich-ländliche Weise in Perfektion verdeutlicht. Die Vollkommenheit entsteht durch die gelungene Verbindung völlig unterschiedlicher Einzelteile; Altes wird adaptiert und durch Neues ergänzt. Great Dixter besticht durch seinen Charakter, durch die Schönheit des Alters: wunderbares Fachwerk, bemooste Ziegeldächer, Backstein-Rot, vorgezogene Erkerteile mit Buntglasfenstern, die Einbindung von Stallgebäuden in das Ensemble von Garten und Haus. Und nicht zuletzt fällt die superbe Handwerkskunst auf, mit der die alten Gemäuer aus dem 15. Jh. restauriert und umgebaut wurden.

Im Jahr 1910 beauftragte der neue Besitzer Nathaniel Lloyd den Architekten Edwin Lutyens, dem wir ja schon mehrfach begegnet sind, mit der Umgestaltung von Haus und Garten. Die wunderbare **Great Hall** mit der mächtigen Stichbalkendecke, Fachwerk und doppelgeschossigen Bleiglasfenstern duftet nach Holz, Leder und Blumenschmuck. Im **Solar,** dem lichtdurchfluteten Wohnraum des Obergeschosses, wiederholt sich die Deckenkonstruktion, und die übrigen, zugänglichen Räume sind einfach ihrer behaglichen und heiteren Atmosphäre wegen sehenswert.

Nathaniel Lloyd, ein bekannter Gartenexperte, hat den lebhaften, abwechslungsreichen Bauerngarten angelegt, wobei Üppigkeit und Fülle, Farben und Formen der Bäume, Pflanzen und Blumen durch herrliche beschnittene Hekken gegliedert und zur Ruhe gebracht werden – das schließt keineswegs aus, daß Buchsbaum und Taxus in Form von Pyramiden, gedrehten Kegeln und Vögeln, an alte Traditionen anschließend, wiederum markante Kontraste setzen.

Rye – Small is beautiful

5 (S. 364) Von Northiam folgen wir der A 268, passieren das hübsche Dorf Beck-

Bodiam Castle

Rye, die Mermaid Street

ley und stoßen auf **Rye Foreign:** Das ›ausländische‹ Rye bezeichnet die Ansiedlung der Hugenotten, der verfolgten französischen Protestanten, die nach der Bartholomäusnacht 1572 flohen und als exzellente Weber und Handwerker in England mit Kußhand aufgenommen wurden – innerhalb der Stadtmauern von Rye durften sie allerdings nicht leben. Und da sind wir nun in einem der schönsten Städtchen Englands.

Rye gehörte im Mittelalter den ›Cinque Ports and Two Ancient Towns‹ an, einer Gruppe privilegierter Hafenstädte, die für den Kernbestand der Kriegsflotte der Monarchen zu sorgen hatten. Der ursprünglich fünf Häfen – Hastings, Romney, Hythe, Dover und Sandwich – umfassende Verband, im 11. Jh. ins Leben gerufen, wurde später um Rye und Winchelsea erweitert. Im Jahr 1278 erhielten diese Städte eine ›Royal Charter‹, die Pflichten und Privilegien, u. a. Steuerbefreiung und eigene Gerichtsbarkeit, der Cinque Ports festschrieb. Weit über die Tudorzeit hinaus waren sie für den Bestand, Erhalt und die Ausrüstung der Schiffe verantwortlich. Der Lord Warden war der höchste Würdenträger und oberste Befehlshaber, der auch den Gerichtshöfen der Admiralität vorstand.

Gewaltige Bewegungen des Meeres haben die Küstenlandschaft zwischen Hastings und Dover über die Jahrhunderte hin verändert: Winchelsea wurde von der See verschlungen. Rye und andere Hafenstädte versandeten und sind nun vom Meer abgetrennt, so daß die Rolle der Cinque Ports lange ausgespielt ist. Tradition jedoch, Pomp und Zeremonien, die Würde des Amtes haben sich erhalten. Lord Warden waren u. a. der Duke of Wellington, Winston Churchill, und seit 1979 ist mit Queen Elizabeth the Queen Mother, zum ersten Mal einer Frau diese Ehre zuteil geworden. Die offizielle Residenz des Lord Warden befindet sich in Walmer Castle (s. S. 319f.).

Die gewaltigen Orkane, die gegen Ende des 13. Jh. Stadt und Hafen von Winchelsea von der Landkarte fegten, haben Rye nicht so sehr zugesetzt wie die Überfälle der Franzosen: Sie stürmten und zerstörten die Stadt um 1370. Aus dieser Zeit ist nur das Stadttor **Landgate** erhalten sowie der Festungsturm **Ypres Tower** hoch über der Stadt. Dort ist auch das Museum zur Geschichte der Cinque Ports beheimatet.

Rye wurde wieder erbaut, lebte hauptsächlich vom Heringsfang und der Schmuggelei. Geschichten und Legenden über die Schmugglerbanden sind heute noch lebendig, und unter den Straßen zieht sich ein ausgedehntes Labyrinth an Kellergewölben und Tunnelverbindungen entlang, das für die dunklen Geschäfte notwendig war.

In Rye, einem nahezu rechteckigen Geviert, kann man sich nicht verlaufen, wohl aber die Haxen stauchen: Die Straßen sind katzenkopfgepflastert und flache Schuhe Voraussetzung für ungetrübtes Vergnügen. Unten am **Strand Quay** stehen die markanten schwarzgeteerten Speicherhäuser, und von hier aus brauchen Sie nur noch nach oben zu schlendern: eine Straße schöner, bunter und individueller als die andere. Berühmt sind die schräg gestaffelt und Schulter an Schulter den Hang hinauf- oder hinabführenden Häuser der **Mermaid Street** mit dem bezaubernden aus dem 15. Jh. stammenden Fachwerkbau des ›Mermaid Inn‹ – auch das Haus gegenüber ist sehr schmuck. Viele Nummern- und Hausschilder sind dekorierte Kacheln oder ornamentierte Medaillons. Galerien, kunsthandwerkliche Läden, Antiquitätengeschäfte und Töpfereien sind zahlreich vertreten – ebenso wie Pubs, Inns, Tearooms und Bistros.

In der West Street stoßen wir nahe der Kirche auf **Lamb House,** das der große Schriftsteller und Wahlengländer Henry James von 1898 bis zu seinem Tod im Jahr 1916 bewohnte. Lamb House ist ein eleganter georgianischer Bau mit schönem Garten, in dessen opulenter Behaglichkeit die Romane »Die Gesandten« und »Die goldene Schale« entstanden sind.

Winchelsea

6 Das knapp 2 km entfernte Winchelsea ist völlig anders: Eine baumgesäumte Straße windet sich hangaufwärts, man fährt durch die efeuumrankten Überreste eines uralten Stadttorbogens hinein in eine lichterfüllte, traumgleiche Stille. Von der Geschichte vergessen, von den schönen Vorstellungen seiner eigenen Größe überrollt, liegt das Städtchen auf einem flachen, weiten Hochplateau, eingehüllt in »die Unberührbarkeit vornehmer Zurückhaltung« (Henry James).

Das alte Winchelsea, Mitglied der Cinque Ports, ist im 13. Jh. von der See verschluckt worden, und mit königlicher Billigung sollte eine glanzvolle Neustadt entstehen – groß und mächtig genug, um dem Hafen Londons (!) Konkurrenz zu machen: Daraus wurde nichts, die Verlandung nahm zu, die Bauarbeiten wurden eingestellt. Der Bau der Kirche **St. Thomas,** von gigantischen Ausmaßen, wurde niemals beendet, nur das Schiff mit Seitenkapellen ragt in den Himmel. Die Rasenflächen des Kirchplatzes mit seinen efeuumrankten Ruinen bilden den Mittelpunkt der mit 600 Einwohnern kleinsten Stadt Englands.

Die Planung von New Winchelsea war unerhört modern: schachbrettartig gegliedert, weiträumig offen. Würdige, elegante Häuser aus georgianischer Zeit säumen die schnurgeraden, baumbestandenen, grünen und schweigsamen Straßen – Engländer lieben im Grunde dichtgedrängte, kleine Häuser, die ihrem ausgeprägten Gemeinschaftssinn entsprechen. Hier ist alles diskret, verschwiegen und isoliert, und, noch einmal Henry James, die »abstrakt ausgelegten Alleen und sich kreuzenden Straßen irren blind umher im sommerlichen Abendlicht und verschwinden in Legende und Mysterium«.

Lesefutter: Der Amerikaner James, wohlhabend, kultiviert und weltmännisch, liebte das »kleine, verschachtelte, grüne Land«, seine Kultur, Menschen und Verschrobenheiten sehr. In einer über mehrere Jahre hin entstandenen Essay-Sammlung »English Hours« (»In England, um glücklich zu sein«) plaudert er kenntnisreich, mit tiefer Einsicht und großem Einfühlungsvermögen über landschaftliche Stimmungen, Städte und *countryhouses,* Sommertage in London, über Salisbury, Stonehenge und natürlich auch über die »two little old towns« Rye und Winchelsea.

Romney Marsh

Die Romney-Marschen galten ihren Bewohnern immer als ›fünfter Erdteil‹: fremd, einsam und leer. Die vorgeschobene Landzunge zwischen Rye im Süden und Hythe im Norden ist über Jahrhunderte der See abgezwungen worden, und das 20 000 ha umfassende Flachland liegt unterhalb des Meeresspiegels. Unendlich weit und doch geheimnisvoll breitet es sich aus: tiefe Himmel, Horizont, Flächen und Umrisse, Grau- und Grünschattierungen.

Die Romney–Marschen sind durchzogen von Deichen, Schleusen, Gattern, Kanälen, und Gräben, »von kleinen einsamen Farmen, ziegelrot und grau, kleinen mausfarbenen Kirchen, kleinen Dörfern, die nur für lange Schatten und Sommernachmittage gemacht zu sein scheinen« (Henry James). Neben Landschaften von strenger Naturschönheit und einem Vogelschutzgebiet finden sich hier zwei Atomkraftwerke und militärisches Sperrgebiet. Entlang der Stichstraßen zur Küste stehen Reihe um Reihe sparsamer Holzbungalows, aber auch 14 höchst individuelle, stämmige und wettergegerbte Kirchen warten auf ihre Entdeckung – allesamt normannische und frühmittelalterliche Bauten, die gerade durch Runzeln und Falten, ihre Alterswürde und sparsamen Schönheiten so anrührend sind.

St. Augustine in **Brookland** 7 ist wegen ihrem separaten Glockenturm die bekannteste der Marsch-Kirchen: ein holzverschalter, dreigliedriger Spitzkegel. Die Kirche stammt aus dem 13. Jh., das Schiff ist unregelmäßig, sechs Arkaden auf der einen Seite, sieben auf der anderen, die Pfeiler sind schon gebeugt und schief von der Last, die sie zu tragen haben. Kostbar ist das runde, normannische Taufbecken, geschmückt mit der Abfolge aller Sternzeichen.

St. Thomas Becket in **Fairfield** 8 ist die kleinste und abgelegenste der Kirchen. Von Schafen und Weideland umringt, war sie die meiste Zeit des Jahres über nur mit dem Boot oder per Pferd zu erreichen. Ein tief heruntergezogenes Dach, roter und bläulicher Backstein, kistenförmige Gebetsbänke.

St. Clement in Old Romney, St. George in Ivychurch, St. Mary-in-the-Marsh, St. Nicholas in New Romney, St. Augustine in Snave, die nur zu Fuß erreichbar ist,– sie alle lohnen den Besuch.

Die äußerste, weit ins Meer vorgeschobene **Landspitze Dungeness** kann man nur lieben oder hassen – eine moderate Haltung ist ausgeschlossen –, gehen hier doch brutale Umwelteingriffe und sprödeste Naturlandschaft eine Art Notgemeinschaft ein, die ein suggestive Melancholie ausstrahlendes Niemandsland hervorbringt. Kieselsteinboden, baumlose Weite, karge Vegetation. Zwei Betonkästen der Atomkraftwerke Dungeness A und B, zwei Leuchttürme, Fischerhäuschen entlang der Küstenlinie, die früher *the cabins* hießen und auch so aussehen: das ist Dungeness.

Von hier aus starteten die Lastwagenkolonnen, die alljährlich etwa 200 000 Tonnen Kieselstein für den Bau des Kanaltunnels abtransportierten – die mit jeder Flut abgelegten Steinwälle sind gefährlich und müssen geräumt werden, ansonsten würden sich Werk A und B bald auf einer abgeschlossenen Insel befinden.

Eines der schwarzgeteerten Fischerhäuschen gehörte dem Regisseur Derek Jarman, der mit Filmen wie »Sebastiane«, »Caravaggio« und »Edward II.« Kinogeschichte geschrieben hat. Der Film »The Garden« ist hier gedreht worden. Sein Garten wächst aus dem kargen Boden heraus: Treibhölzer, Wildblumen, Steinkreise, die den ›trockenen‹ Kompositionen japanischer Ästhetik nahekommen.

New Romney 9 ist die ›Hauptstadt der Marschen‹; ihre prachtvolle normannische Kirche aus dem 11. Jh. liest sich wie die Mustervorlage mittelalterlicher Steinmetzkunst, und hier wurden früher die Jahrestreffen der Mitglieder der Cinque Ports abgehalten.

Einer der mächtigsten Dammbauten in Großbritannien, schon von den Römern begonnen, schützt die Küstenlinie zwischen Dymchurch und Hythe, eine endlose graue Mauer aus einbetonierten Kieselsteinen, an der sich der kleine Badebetrieb von **Dymchurch** 10 aufzureiben droht.

Zwischen Hythe, Dymchurch und Romney, mit einer Erweiterung bis nach Dungeness, also dem etwa 20 km langen Küstenbogen folgend, verkehrt eine **Schmalspureisenbahn,** die ganzjährig in Betrieb ist und besonders Kindern großes Vergnügen bereitet.

Auch in den kargen Marschen locken herrliche Gartenanlagen zum Besuch: **Port Lympne** 11 (S. 362) (ausgesprochen: Limm) bezaubert nicht nur durch das alte Herrenhaus mit terrassierten Gärten, sondern gerade für Kinder sind Spaziergänge durch die weitläufigen Freigehege mit Löwen, Tigern, Gorillas, Büffeln etc. ein großes Vergnügen.

Derek Jarmans Garten auf der Landspitze Dungeness

Kent – Der Garten Englands

Die südöstlichste Grafschaft von Great Britain, an drei Seiten vom Meer umschlungen, ist außerordentlich kontrastreich. Auf der einen Seite war und ist sie *gateway to England,* das Einfallstor zum Inselreich: An den Küsten Kents sind die Eroberer gelandet, die Römer, Sachsen, Dänen und Normannen, und diese Küsten galt es seit jeher zu verteidigen, beträgt doch die Entfernung zwischen Dover und dem Kontinent nicht mehr als 33 km. So stoßen wir entlang der Küste auf zahlreiche Zeugnisse und Spuren der Militärarchitektur, der Abwehr und Verteidigung: Festungen, Burgen, Forts, Wehrtürme aus unterschiedlichsten Epochen. Dover Castle ist selbst noch im Zweiten Weltkrieg genutzt worden. Auch im Inland gibt es eine Reihe von herrlichen Burganlagen, die immer auch als Wohnsitz genutzt, romantisch, ja verspielt in ihrer Architektur sind und in prachtvoll üppiger Umgebung ein in der Tat verzaubertes Stückchen Welt darstellen.

Der Verband der Cinque Ports mit den Hafenstädtchen Romney, Hythe, Folkestone, Dover, Sandwich, Rye und Winchelsea war für den Kernbestand der königlichen Kriegsflotten verantwortlich, eine bedeutende, machtvolle Position, die ihnen im Mittelalter große Privilegien verschaffte, ihre Häfen zu bedeutenden Stützpunkten machte. Kent war also militärisch und strategisch gleichsam für die Alte Welt zuständig; die Häfen von Cornwall und Devon bildeten eher das Sprungbrett aller Seefahrer, Abenteurer und Entdecker, die sich die Neuen Welten, die Kolonien, untertan machten.

Zum anderen ist Kent der Garten Englands: fruchtbares Land, Obst- und Weinanbau, Apfel- und Kirschbaumplantagen, die sich kilometerlang aneinanderreihen. Die Hügellandschaft des *Weald* mäandert durch das Binnenland Kents; kontrastreich und reizvoll wechseln Laubwälder, kleine Flußtäler, onduliertes Weideland, Obstplantagen und Hopfenfelder einander ab. Dörfer und Kleinstädte präsentieren sich allerliebst, schmuck und gediegen. Zwischen Maidstone und Royal Tunbridge Wells liegt das Zentrum des Hopfenanbaus, und überall winken die weißen Mützen der Hopfendarren mit ihren spitz zulaufenden Kegeldächern. Die *Oast Houses,* in denen die Hopfenblätter getrocknet wurden, sind größtenteils zu hochkomfortablen Zweitwohnungen umgebaut worden und begehrte Maklerobjekte. In Kent befindet sich ein Ballungsraum der südenglischen *vineyards;* die Weingüter von Penshurst, Biddenden und Lamberhurst, um nur einige zu nennen, sind für Besucher, Verkostungen und Käufer geöffnet. Übrigens sind die südenglischen Weine durchaus interessant: Ca. 450 Weingüter haben sich in den letzten drei Jahrzehnten etabliert, die etwa 3 Mio. Flaschen jährlich produzieren. Und obwohl der durchschnittliche Engländer kaum etwas von den heimischen Gewächsen weiß, geschweige denn sie freudig trinkt, verdienen die Weißweine Aufmerksamkeit: Frisch, leicht und fruchtig, sind sie ungewöhnliche Sommerweine, die es wert wären, viel mehr gekauft und getrunken zu werden.

Auch der heimische Baustil hat seine spezifischen reizvollen Eigenarten: *tile hanging,* schuppenartige, ornamentierte Holz- oder Kachelverkleidung, oder *weatherboarding,* querlaufende Holzlattenverschalung, oftmals pastellfarben oder strahlend weiß gestrichen, in den Häfen und direkt am Wasser mit Pech und Teer wetterfest gemacht.

◁ *Oast Houses bei Horsmonden*

Der nördliche Küstenabschnitt zwischen London und der Landspitze Isle of Thanet hat für uns Reisende nicht viel Aufregendes zu bieten: Entweder ist er stark industrialisiert und im Würgegriff der Metropolenausläufer gefangen oder flaches, graues Marschödland, das erst im äußersten Küstenbogen von den drei beliebten Vergnügungsbetrieben der Seebäder Margate, Broadstairs und Ramsgate und ihren langen Sandstränden abgelöst wird. Die Kalkhügelkette der *North Downs* findet ihren Abschluß in den Weißen Klippen von Dover, und der südliche, flach verlaufende Küstenabschnitt bis hin nach Rye wird durch das grüne Tiefland der Marschen von Romney geprägt (s. S. 295).

Im Mittelalter war Kent noch sehr waldreich. Das kreuzförmige Straßennetz traf in Canterbury zusammen, dem geistigen Zentrum des englischen Christentums. Hier wurde die erste Kathedrale errichtet, sie ist die größte, schönste und als Sitz des Erzbischofs der anglikanischen Kirche auch die bedeutendste des Vereinigten Königreiches.

Ansonsten gab es wenige Straßen, der *Pilgrim's Way* führte von Canterbury nach Winchester, und die Watling Street/Kent Road verband London und die zwei Kathedralstädte Kents, Rochester und Canterbury, miteinander. Erst die Eisenbahn brachte eine dichtere Besiedelung. Daher finden wir hier, nimmt man das einzigartige Knole einmal aus, keine *stately homes,* keine großen *countryhouses* mit riesigen Domänen. Zudem ist Canterbury von der ›Umverteilung‹ durch Heinrich VIII. verschont geblieben, und der kirchliche Landbesitz ist niemals verschenkt, verkauft oder zerstückelt worden.

Heute hat Kent knapp 2 Mio. Einwohner, doppelt so viel wie das doppelt so große Devon. Trotzdem, sieht man vom unmittelbaren Einzugsbereich Greater Londons, den Auswirkungen des starken Fährbetriebs und des Kanaltunnelverkehrs zum Kontinent einmal ab, hat Kent dem Urlauber so viel zu bieten, daß wir im Süden der Küste bis Dover folgen und in einem Nordbogen, mit Abstechern, schließlich auf Canterbury stoßen.

Smallhythe Place in Tenterden

Durch den High Weald bis Canterbury

Churchills Heim Chartwell – ›A day away is a day wasted‹

1 (S. 346) Im Ostzipfel von Kent, zwischen rollenden Tälern, lichten Wäldern und verstreuten Dörfern fahren wir auf gewundenen Waldstraßen bis zum Abzweiger ›Chartwell‹ kurz vor dem schmucken Ort Westerham.

Chartwell war Churchills Landhaus, und hier lebte er mit seiner Familie zwischen 1924 und 1965. Eine seiner Nachkommen verwaltet das Anwesen, das die Engländer in Scharen besuchen: Churchill war der bedeutendste englische Politiker dieses Jahrhunderts – einer, der tatsächlich die Weltgeschichte ganz wesentlich mitgestaltet hat, »the greatest Englishman of our time«.

In Chartwell lebte er sein privates Leben. Hier zogen er und seine Frau »Clemmie« die Kinder groß, hier malte er, legte den Garten an, züchtete Rosen, schrieb zahllose Bücher, brillante historische Werke mit großem Atem, die ihm 1953 den Nobelpreis für Literatur einbrachten. Seine »History of the English

Kent

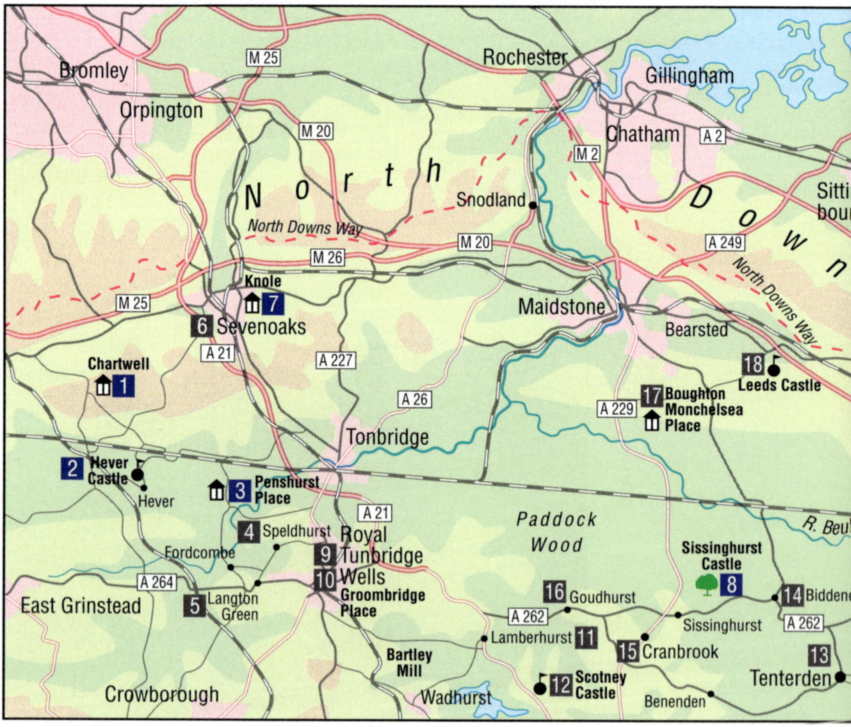

Speaking Peoples« in vier Bänden ist heute noch ein Standardwerk.

Chartwell, ein behäbiges, komfortables und sehr intimes Landhaus mit prachtvollen Parkanlagen, ist von der Persönlichkeit Churchills durchdrungen. Fotos, Bücher, Briefe und Dokumente liegen überall herum. Sein Arbeitszimmer, hoch unter dem Dach, läßt etwas von der außergewöhnlichen Konzentrationsfähigkeit und Willensstärke des Mannes ahnen. Im Gartenhaus findet man den Maler Churchill wieder, und der helle, elegante Speiseraum läßt die unzähligen Aperçus und Redewendungen wildescher Provenienz des wegen seiner oftmals auch ausfallenden Scharfzüngigkeit gefürchteten Gesellschafters wieder aufleben.

Was soll man zum Beispiel von folgendem Schlagabtausch halten: Spät nachts geht Churchill angeheitert mit einem Kollegen durch die Flure des Unterhauses. Sie begegnen einem weiblichen Parlamentsmitglied, Mrs. Soundso, die für ihre strenge, puritanische Gesinnung bekannt ist. Sie unterzieht Churchill einer Musterung und sagt zu ihm: »Mr. Churchill, Sie sind sehr, sehr betrunken.« »Yes, Madam, und Sie sind sehr, sehr häßlich.« Nach kurzem Zögern fügt er hinzu: »Aber ich bin morgen früh wieder nüchtern.«

Lesefutter: Die Flut der englischen Churchill-Biographien ist gewaltig; im Deutschen gibt Sebastian Haffners Bildmonographie einen glänzenden Abriß von Churchills Leben und Wirken.

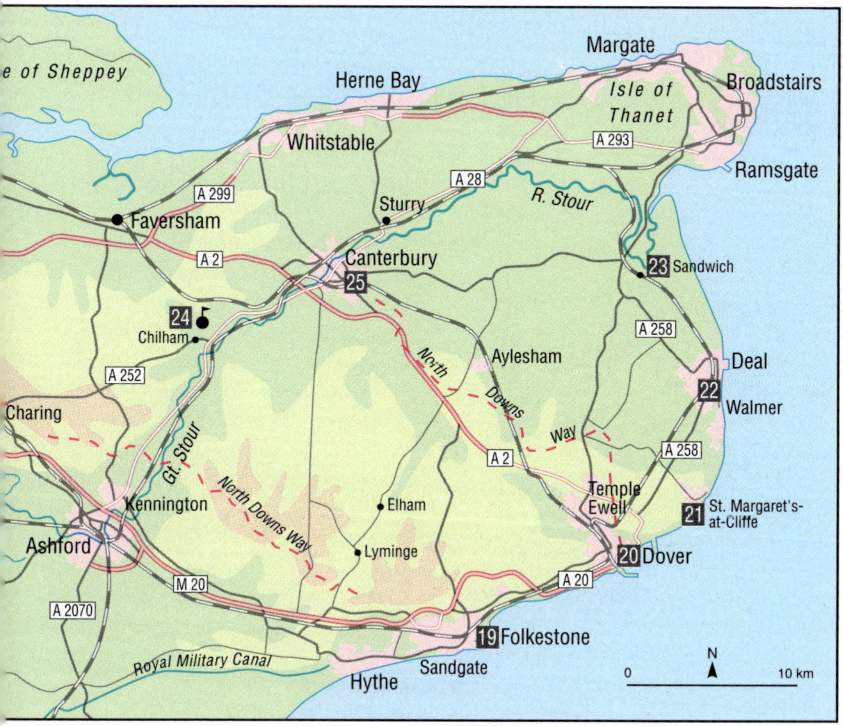

›The greatest Englishman of our time‹ Sir Winston Churchill

Die große Verehrung, die Churchill in England gezollt wird, gilt dem Mahner, der von Anfang an vor den Sturmwolken, die sich über Deutschland zusammenbrauten, gewarnt hat, dem Kämpfer, der Großbritannien durch den Zweiten Weltkrieg geführt hat und als Premierminister der triumphierenden Siegermacht die Neuaufteilung Europas mitbestimmte. Doch das erklärt nur einen Teil seines legendären Ruhmes: Diesem schwierigen, widerständigen, aufbrausenden Mann, dessen Fähigkeiten als Politiker so viele Jahre brachgelegen hatten, war es gelungen, die Engländer als Nation zusammenzuschweißen, hatte das moralische und physische Durchhaltevermögen eines jeden einzelnen anzusprechen vermocht. Dabei war es nicht nur seine charismatische Kraft als Rhetoriker, die das Kolonialreich Großbritannien noch einmal vereint agieren ließ: Für viele Briten der älteren Generation kommen die Kriegsanstrengungen – »the war effort« mit »blood, toil, sweat und tears« –, von einem Geist der Größe, Kraft und Gemeinsamkeit getragen, in der Person Churchills konzentriert zum Ausdruck.

Sir Winston Leonard Spencer Churchill (1874–1965) stammte aus einem Zweig der illustren Familie der Dukes of Marlborough und gehörte damit dem Kreis der Hocharistokratie an. Er wurde in dem goldenen Käfig Blenheim Palace bei Oxford geboren, einem der prachtvollsten Schlösser Großbritanniens, aufgrund der Erbfolgeregelung der Familie jedoch ohne den goldenen Löffel; er besaß weder nennenswerten Landbesitz noch Titel und Vermögen. Er wurde Kavallerieleutnant, Kriegsberichterstatter, nahm am Burenkrieg teil, konnte auf abenteuerliche Weise aus burischer Gefangenschaft fliehen – zum ersten Mal gefeierter Nationalheld.

Ab 1900 war er Mitglied des Unterhauses, 64 Jahre lang. Aus Protest wechselte er zweimal die Parteizugehörigkeit, von den Konservativen zu den Liberalen und zurück. Er war Erster Lord der Admiralität, er war Handelsminister, er war Innenminister, er war Kolonialminister, er war Schatzkanzler.

In den 30er Jahren hatte er sich politisch ins Abseits manövriert. Die Kritik an der seiner Meinung nach zaudernden Außenpolitik Chamberlains schloß ihn für ein Jahrzehnt aus der aktiven Politik aus; grollend und frustiert zog er sich nach Chartwell zurück. Und erst ab 1940, nach dem Beginn des Frankreichfeldzuges, übertrug man ihm, auf Druck der Öffentlichkeit hin, die kombinierten Ämter des Verteidigungs- und Premierministers. Als Krieger und Stratege war er der richtige Mann zur richtigen Zeit, dessen eiserner Durchhaltewille die gesamte Nation im Verbund mit den alliierten Mächten zum erfolgreichen Widerstand gegen Hitler mobilisierte. Unmittelbar nach Kriegsende, Churchill war 71 Jahre alt, mußten er und die

Konservativen eine überwältigende Wahlniederlage hinnehmen – Britain setzte einen Schlußstrich unter die Kriegszeit, wollte nach vorne schauen –, und Churchill mußte abdanken.

Mit Orden und Auszeichnungen überhäuft, lehnte er, selbstsicher, halsstarrig und ungebeugt, die höchste Ehrung, den für ihn kreierten, erblichen Titel eines ›Duke of London‹ ab, um im Unterhaus weiterhin politisch aktiv, für weitere Aufgaben bereit sein zu können. Von 1951–55 hielt er noch einmal das Amt des Premierministers: für den 80jährigen, krank und schwerfällig geworden, eine freiwillig gewählte Last, die sich auch nach außen mitteilte. Sein Tod, zehn Jahre später, ließ die Nation noch einmal aufhorchen und zurückblicken: Mit einem Staatsbegräbnis, einem Trauerzug durch London, einem Gottesdienst und Gedenkstein in Westminster Abbey wurde Sir Winston die letzte Ehre erwiesen. Sein Grab liegt auf dem kleinen Friedhof in Bladon, vor den Toren von Blenheim Palace. Eine wuchtige, ausdrucksvolle Bronzestatue von Oscar Nemon steht auf dem Dorfplatz des bezaubernden Ortes Westerham, seinem heimatlichen Wahlbezirk.

Winston Churchill in seinem Garten in Chartwell, Foto © Philippe Halsman

Eine Handvoll Schloß – Hever Castle und die Astors

2 (S. 354) 10 km südlich von Chartwell, knapp hinter Edenbridge, führt tatsächlich eine Brücke in ein Wirklichkeit gewordenes Eden: Hever Castle ist atemberaubend, anrührend schön – keine makellose Schönheit purer Geschichtsträchtigkeit, sondern eine, die ganz bewußt mit modernster Technik, mit perfekter Handwerkskunst und sehr, sehr viel Geld als Vision eines mittelalterlichen Wohnschlosses kreiert wurde. Die zinnenbekrönte rechteckige Anlage ist von einem Wassergraben eingefaßt; eine Zugbrücke führt zum Eingangsportal. Die Requisiten einer trutzhaften Burg sind alle da, aber Hever Castle strahlt eine wonnige Freundlichkeit aus, eine zufriedene Wärme. Es ist vollendet proportioniert, jedoch klein, feingliedrig, von Efeu und Wisteria überwuchert, blumengeschmückt. Daneben ein Obstgarten und ein romantisches Tudordörfchen, das die Behaglichkeit steigert: eine Handvoll Schloß, aufs Schönste herausgeputzt. Von weitem erkennt man die sprühenden Farben und Formen einer lebhaft und üppig angelegten Gartenlandschaft mit italienischem Parterre, Rosengärten und einem Buchsbaumlabyrinth.

Hever Castle in seiner heutigen Gestalt ist das Geschöpf der Waldorf Astor Familie; die historischen Reminiszenzen, die sich mit Hever Castle verbinden, sind Teil der romantisierten Geschichte der englischen Monarchen: Zwischen den blühenden Obstbäumen wandelnd, hat Heinrich VIII. um Anne Boleyn, die Tochter des Hauses, geworben.

Das massive Torhaus und die Außenmauern gehen auf das 13. Jh. zurück. 200 Jahre später wurde Hever das Heim der Boleyn (oder Bullen) Familie. Sir Thomas Boleyn ließ in dem alten Gemäuer ein neues Tudorwohnhaus errichten.

Hever Castle wurde von William Waldorf Astor zu Beginn dieses Jahrhunderts aus seinem Dornröschenschlaf geweckt. Der neue Besitzer stammte aus einer der reichsten Familien Amerikas, liebte England, wurde englischer Staatsbürger: »America is no longer a fit place for a gentleman to live.« Er kaufte erst einmal Clivenden in Buckinghamshire, heute eines der teuersten Schloßhotels der Welt, im Jahr 1903 erwarb er Hever Castle und das umliegende Land. Das Schloß sollte mit seiner Geschichte in neuem Glanz erstrahlen, gleichzeitig wollte er luxuriös und mit allem technischen Komfort des 20. Jahrhunderts leben und seine Gäste in großem Stil bewirten. Das Schloß selbst war dafür zu klein! – als Lösung schufen er und sein Architekt F. L. Pearson ein neues ›altes‹ Tudordorf direkt daneben. Der Flußlauf des Eden wurde korrigiert, die Landstraße verlegt. Jedes Cottage ist individuell gestaltet; jedes Haus scheint eine andere Geschichte, einen anderen Erbauer gehabt zu haben. Dächer, Fenster, Schornsteine, Ornamente und Materialien sind unterschiedlich, und doch ist das ganze ›Dorf‹ im Innern eine zusammenhängende, strukturierte Einheit mit über 100 Zimmern, Verbindungsfluren, zahllosen Bädern, erlesenen Gästezimmern und weiträumigen Personalbereichen. Über 800 Arbeiter waren drei Jahre lang damit beschäftigt; die Neuanlage der Gärten von Hever Castle, mit künstlichem See und über 500 000 Pflanzen, benötigte die Arbeitskraft weiterer 700 Männer. Heute steht das gesamte Gelände unter Denkmalschutz, und die Wiedererweckung Hever Cast-

Blaubarts zweite Frau
Anne Boleyn

Heinrich VIII. war mit Katharina von Aragon noch verheiratet; aus acht Schwangerschaften ging ein Kind hervor: Mary, die später als ungeliebte katholische Königin fünf Jahre regierte. Heinrich brauchte einen männlichen Erben. Er verliebte sich in die 18jährige Anne Boleyn und tauchte, nicht selten von Leeds Castle herüberreitend, verdächtig oft in Hever Castle auf, zum Leidwesen des Vaters, der auf solche formidablen Besuche nicht eingerichtet war. Wie allseits bekannt, löste Heinrich seine Verbindungen zur päpstlichen Kirche Roms auf seine Weise, machte sich zum Oberhaupt der neuen anglikanischen Staatskirche, ließ sich von Katharina von Aragon scheiden und heiratete seine Anne im Januar 1533. Die tragische Liebesgeschichte der »Anne of thousand days«, des schönen, mutigen Mädchens aus dem Volk, das Königin wurde und nach 1000 Tagen wegen angeblichen Hochverrats von Heinrich VIII. abgeurteilt und im Tower hingerichtet wurde, ist oftmals verfilmt worden, und Hever Castle bildete natürlich den rechten historischen Hintergrund.

Anne hat von jeher die Phantasie der Engländer beschäftigt, nicht zuletzt, weil sie die Mutter von Elisabeth I. war, der Königin, die England das goldene Zeitalter bescherte.

Bittere Fußnote zu einer häßlichen Geschichte: Nachdem die Boleyns gründlich ruiniert waren, überschrieb Heinrich Hever Castle seiner Frau Nummer 4, Anna von Kleve, – als Scheidungsbonbon.

les hat seine eigene Legende geschaffen.

Die Astors ließen die Burg völlig restaurieren, das Äußere wurde detailgetreu rekonstruiert; im Innern schufen die besten Kunsthandwerker des Landes neue Schnitzarbeiten, Wand- und Deckenornamente, neue ›alte‹ Holzpaneele, Türen, Treppen, Steinkamine, Bleiglasfenster. Mr. Astor ließ auf der ganzen Welt nach passenden Kunstgegenständen suchen, um den vorhandenen traditionsreichen Bestand zu ergänzen. Gleichzeitig wurden die Notwendigkeiten eduardischen Komforts eingeschmuggelt: Bäder, elektrisches Licht, versteckte Heizungsanlagen. Und um die gewaltigen Kabelstränge, die Heißwasserboiler, die Wasserrohre und die ungeheure Arbeitsleistung, die ein solches Haus von den Bediensteten forderte, unsichtbar werden zu lassen, wurden ›Dorf‹ und Schloß durch ein weißgekacheltes Keller- und Tunnellabyrinth miteinander verbunden.

Nancy Astor (1879–1964) erhielt zu ihrer Hochzeit von ihrem Schwiegervater das formidable Anwesen Clivenden geschenkt; sie war eine der berühmtesten Gastgeberinnen ihrer Zeit, die erste Frau überhaupt, die als Abgeordnete ins Unterhaus zog, und der sprichwörtliche ›Clivenden Set‹ um Lord und Lady Astor, der Zirkel der Politiker, Diplomaten, Reichen und Berühmten, war gesellschaftlich tonangebend und gab immer neuen Nährstoff für die Society-Blätter.

Besonders die Besitzer der *grand old piles,* der riesigen, zugigen Landhäuser mit großer Geschichte und geringen modernen Annehmlichkeiten, zog es nach Clivenden und Hever Castle – hatten doch die Dollars und die gehobenen, an amerikanischem Standard geschul-

Hever Castle *1 Castle 2 Anne Boleyn's Orchard 3 Topiary 4 Anne Boleyn's Garden 5 Maze 6 Spring Garden 7 Half Moon Pond and Cascade Rockery 8 The Italian Garden 9 The Pompeiian Wall 10 Loggia 11 Piazza 12 The Rose Garden 13 Pergola Walk 14 The Blue Garden 15 Two Sisters' Pool Lawn 16 Golden Stairs 17 Church*

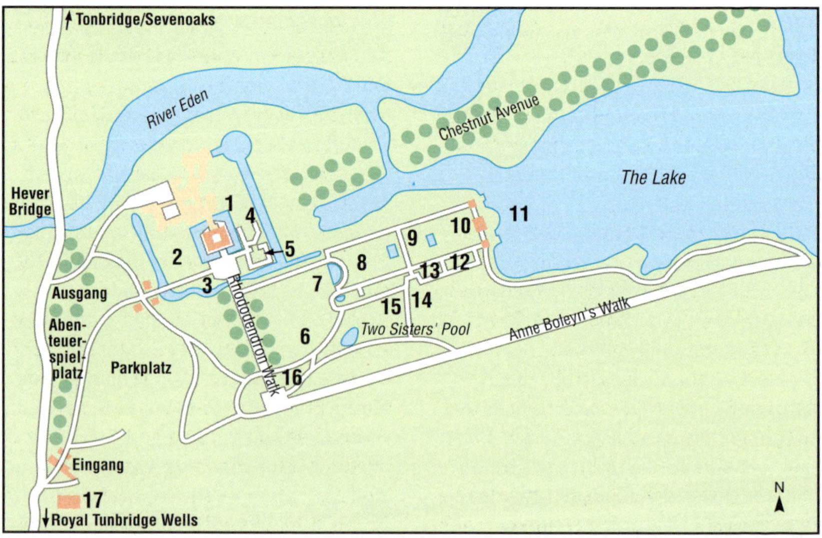

Penshurst Place

ten Lebensansprüche der Astors für »superior plumbing, heat and food« gesorgt . . .

Lesefutter: Ein rasanter, dickleibiger, spannender historischer Roman, von dem ›Hofnarren Will‹ und dem Monarchen in Ich-Form erzählt, breitet das gesamte Lebenspanorama im Tudor-England vor uns aus: Margaret George, »Heinrich VIII. Mein Leben.« Vergessen Sie über der Lektüre allerdings nicht ihre Englandreise!

Von Hever ist es nur ein Katzensprung nach **Penshurst,** einem hübschen, winzigen Dorf, das in den Armen des großartigen Anwesens **Penshurst Place** 3 (S. 361) zu kuscheln scheint.

Als Sir Philip Sidney (1554–86), Dichter, Krieger und glanzvollste Erscheinung am Hofe Elisabeths I., sein Vaterhaus Penshurst mit Liebe und Stolz beschrieb (»firm stateliness, handsome and homely«), war Penshurst schon sehr alt. Es ist eines der schönsten und frühesten Herrenhäuser aus mittelalterlicher Zeit, das ab 1340 ohne Wehranlagen von dem reichen Bankier und Kaufmann Sir John de Poulteney gebaut worden war. Die imposante *great hall* – ihre Stichbalkendecke ist neben Westminster Hall in London die schönste im Land – ist vollständig erhalten, und die um 1550 erfolgten weiteren Umbauten und Ergänzungen um die Staatsgemächer und die *long gallery* haben Penshurst Place zu einem stattlichen und gleichzeitig anheimelnden, verwinkelten, aber prachtvollen Landsitz gemacht, der mit den Gärten und der Landschaft verschmolzen zu sein scheint. Die opulenten, formalen Gartenanlagen gehören zu den schönsten, die in England noch erhalten sind. Ein riesiger Abenteuerspielplatz, ein Farmmuseum und die *Penshurst vineyards,* das Weingut, bieten insgesamt so viel Abwechslung und Vergnügen, daß man für Penshurst durchaus einen ganzen Tag vorsehen könnte.

Von Penshurst mit dem Auto nur Minuten entfernt liegt das winzige, bezaubernde **Speldhurst** 4: Ein wunderschöner, uralter Inn, ›George & Dragon‹, ein paar Häuser und eine Kirche. In **St. Mary the Virgin** stoßen wir auf einige Meisterwerke aus der Morris-Werkstatt (sein Werk haben wir in Standen kennen gelernt, s. S. 278ff.). Die in samtenen, kräftigen Farben schimmernden Fensterreihen stammen von Morris und Burne-Jones. Werden sie von der Sonne erleuchtet, scheinen die Heiligen, die Taufe Christi und die Kreuzigungsszenen in dreidimensionaler Plastizität zu uns zu sprechen.

Das gleiche gilt für die Fenster der **Kirche All Saints,** die neben dem Dorfanger von **Langton Green** 5 steht. Auch hier herrliche Darstellungen der Maria Magdalena, Markus, Lukas u. a. – von Burne-Jones und Morris; Johannes und Matthäus stammen von Ford Madox Brown.

Topographie der Liebe, Teil 2: Vita, Violet, Virginia & Co – Knole und Sissinghurst

Knole

Die geschäftige, freundliche Kleinstadt **Sevenoaks** 6 (S. 365) besteht aus einer langen, gewundenen High Street, hübschen Gassen mit mediterranem Flair, weiten ruhigen Stadtrandgebieten mit baumbestandenen, intimen Häuserreihen der *middle class* – und einem

Knole

Knole, die Great Hall

großen, neuen Bahnhof, der die Pendler tagsüber nach London bringt und gegen 18 Uhr Brigaden an Regenschirmen, Nadelstreifen und Aktentaschen wieder entläßt. Weiter nichts Besonderes, wenn es Knole nicht gäbe. Gegenüber der St. Nicholas Church, neben der traditionsreichen Sevenoaks School markiert ein Torbogen den Eingang zum Wildpark und Haus von Knole.

Knole **7** (S. 365) ist ein Reich für sich, uralt, ernsthaft und heiter zugleich, eines der größten *›houses‹* in Großbritannien, mit bedeutenden kunsthistorischen Sammlungen und kostbarem, sehr seltenem Mobiliar. Schon 1465 gehörte das riesige Anwesen den Erzbischöfen von Canterbury, später ging Knole an Heinrich VIII. über, dann an Elisabeth I., die den Besitz schließlich ihrem Vetter, Sir Thomas Sackville, überließ. Sackville war *Lord Treasurer,* auch unter Jakob I.; ein umtriebiger Mann, der Knole in großem Stil um- und ausbaute, einen kostbaren jakobäischen Palast daraus machte. Im Jahr 1604 wurde er als 1. Earl of Dorset in den Adelsstand erhoben. Seine Nachkommen, die Earls und Dukes of Dorset, die Lords und Barone Sackville lebten über Jahrhunderte in Knole – bis heute. Natürlich bauten sie aus und um, modifizierten und korrigierten. »Eine verschwenderische Rasse, zu liebestoll, zu schwach, zu träge und sehr melancholisch.«

Diese Einschätzung stammt von The Honourable Victoria Mary, kurz Vita genannt, Sackville-West (1892–1962), die als einzige Tochter des 3. Baron Sackville in Knole aufgewachsen ist, mit dem Haus verwachsen war und ihr Leben lang über den Verlust von Knole getrauert hat: Komplizierte, labyrinthische Familienverhältnisse, spanische Tänzerinnen, herumschleichende Verwandte und ein jahrelang dahinsiechender Prozeß hingen irgendwie, und vielleicht auch nicht, damit zusammen, daß Vita ihr geliebtes Knole nicht erben konnte. Ihr blieb nur, eine glänzende Geschichte über »Knole und die Sackvilles« zu schreiben.

»Knole sieht aus wie ein mittelalterliches Dorf, zusammengewürfelt, ohne bewußte Symmetrie«: langgestreckte, alt gewordene Ziegeldächer, Türme, Giebel, Schornsteine wie Korkenzieher, Mauern, Bleiglasfenster, Torbögen, Zinnen, Kurven, Linien, Umrisse und dunkle, samtene Farben – Braun, Ocker und Maronenrot. Das Eingangsportal ist ein bescheidenes hölzernes Tor, völlig unprätentiös, dahinter erstreckt sich eine Abfolge von Innenhöfen, die wie die *quadrangles* in den Colleges von Oxford und Cambridge eine in sich geschlossene kleine Welt bedeuten. In Vitas Roman »Schloß Chevron« wird sie aus der Perspektive des jungen unbekümmerten Sebastian (das Spiegelbild Vitas), der auf eines der Dächer gestiegen ist, beschrieben:

»Weite Flächen rotbrauner Dächer umgaben ihn, in Stein gehauene heraldische Ungeheuer hockten an jeder Giebeldecke. Über dem großen Hofplatz wehte die Fahne rot und blau und schlaff von einem Turm herab. Unten im Garten, auf einem leuchtend grünen Rasenplatz, konnte er die verstreuten Gestalten der Gäste seiner Mutter sehen; einige saßen unter den Bäumen, einige streiften umher; er konnte ihr Lachen und den Aufschlag der Krockethämmer hören.

Rund um den Garten breitete sich der Park aus; ein Rudel Rehe stand im Schatten der Buchen. Tief unten, in einem schmalen, gepflasterten Innenhof, gewahrte er eine Prozession, die aus einer Tür herauskam und ihren Weg quer über den Hof zu einer gegenüberliegenden Tür nahm. Er schmunzelte. Er wußte gut, was diese Prozession bedeutete. Sie bedeutete, daß in einem gegebenen Augenblick während der Mahlzeit des Gesindes der Troß der Hausmädchen sich von den Sitzen in der Gesindehalle erhoben hatte und, die Teller mit Pudding in Händen, sich in den eigenen Wohnraum zurückzog, um dort das Mahl zu vollenden ... So schritt die Prozession einher, als hielten sie die Riten einer alten und hierarchischen Etikette inne.«

Knole strahlt Dauer aus, Stattlichkeit und Tradition. In das Riesengewirr aus Treppen, Höfen, Türen, Raumfluchten, Winkeln und Ecken scheint das Licht nur gedämpft hereinzufallen, und in den *long galleries* und Staatsgemächern, dem überbordend ornamentalen, über und über in Silber ausgeschlagenen *King's bedroom* und der herrlichen, nach Leder und Holz duftenden *Great Hall* scheint die Zeit stehengeblieben zu sein. Die Räume bergen knarrende Holzdielen, verblichene, sehr kostbare Möbelstoffe, blinde Spiegel, Gemäldesammlungen, Kartons von Raffael, unschätzbar wertvolle Tapisserien und Nadelarbeiten.

In einem der Flügel wohnt Lord Sackville – und selbst er weiß nicht genau, wieviel Räume er sein eigen nennen kann. Der Überlieferung nach ist Knole mit einem astrologischen Knochenbau ausgerüstet: Es gibt 7 Innenhöfe, die mit den Wochentagen korrespondieren, 52 Treppen für die Woche eines Jahres und 365 Räume – für jeden Tag des Jahres einen.

1947 wurde Knole dem National Trust überantwortet, und Jahre später schrieb Vita: »It was the only thing to do, and as a potential inheritor I had to sign documents giving Knole away. It nearly broke my heart, putting my signature to what I couldn't help regarding as a be-

Sissinghurst Castle, der Turm (links) und der weiße Garten (rechts)

trayal of all the tradition of my ancestors and the house I loved.«*

Vita war eine hochfahrende, formidable, sehr unabhängige und eigenbrötlerische Frau, Schriftstellerin, Dichterin, sehr englisch: Sie liebte das Land, Hunde, Gärten, robuste Lebensfreuden, *countrylife,* das nicht unbedingt Heizung und Bad miteinschließen mußte. Das aristokratische Gesellschaftsleben ließ sie kalt, wenn es aber sein mußte, war sie – hochgewachsen, langgliedrig und ›rassig‹ (im Englischen würde man sagen *›well bred‹*) – mit unnachahmlicher Finesse von eleganter, ausgreifender Lässigkeit. 1913 heiratete sie den sanftmütigen, wenn nicht gar langweiligen Diplomaten und Schriftsteller Harold Nicolson (1886–1968), hatte zwei Söhne mit ihm, Ben und Nigel, denen sie im Kindesalter eher ratlos gegenüberstand.

Dann wurde es brenzlig: Harold vergnügte sich hin und wieder diskret mit seinesgleichen, und in Vitas Leben brach das Verhängnis in Gestalt ihrer Kindheitsfreundin Violet Keppel ein. Diese junge Dame, deren Mutter die Geliebte König Eduard VII. war, eroberte Vitas Herz im Sturm, heiratete gleichzeitig, um als Gattin mehr Freiheiten zu haben, den armen Denys Trefusis, der während der nächsten drei Jahre, mit Harold im Schlepptau, immer wieder versuchte, das quer durch Europa gondelnde Liebespaar zur Vernunft zu bringen – zu jener Zeit ein unerhörter Skandal, der die Presse entzückte, die Öffentlichkeit schockierte. Die betroffenen Familien trugen es mit edlem Gleichmut, und Harold gewann, keineswegs allein durch seine unerschütterliche Geduld, Vita in persona zurück.

Ihre Liebe hatte er nie verloren, und je länger sie verheiratet waren, desto glücklicher wurde diese höchst individuell geführte Ehe. Beide waren oft und lange getrennt voneinander – »Ich tauge nicht zur Vorführgattin eines Diplomaten« –, und ein endloser Briefwechsel ging zwischen Persien, Paris, Berlin und Sissinghurst hin und her.

Nach dem Tod seiner Eltern stellte Nigel Nicolson deren Briefe und die geheimen Tagebücher Vitas in Buchform zusammen: Das »Portrait einer Ehe« vermochte selbst noch 1973 das friedfertige englische Lesepublikum wachzu-

* »Es gab keine andere Möglichkeit, und als potentielle Erbin mußte ich Dokumente unterzeichnen, mit denen ich Knole wegschenkte. Es brach mir beinahe das Herz, meine Unterschrift unter etwas zu setzen, in dem ich nichts erblicken konnte, als einen Verrat an meinen Vorfahren und an dem Haus, das ich liebte.«

rütteln. Im Jahr 1990 machte die BBC aus dem Stoff eine nicht minder Aufsehen erregende Fernsehserie, deren explizite Liebesszenen zwischen den ›*girls*‹ nun wiederum den wackeren, inzwischen 73jährigen Sohn verstörten. »Ich fühlte mich wie ein Voyeur.«

Sissinghurst Castle

8 (S. 366) Gedreht wurde in Sissinghurst Castle, dem langjährigen Familiendomizil der Nicolsons, das Vita mit entschlossener Zuversicht als verfallenes Anwesen 1930 gekauft hatte. Es liegt etwa 30 km südöstlich von Knole und ist inzwischen eines der meistbesuchten *countryhouses* in Kent.

Sissinghurst war eine weitere, diesmal gemeinsame *love story:* Aus einer Brennessel-Wüste und mehreren Ruinen schufen Vita und Harold einen der schönsten Gärten Englands, und die separat liegenden Wohngebäude, die exakt den Bedürfnissen der Familie entsprachen, strahlen einen ungeheuren Charme aus, dem sich kein Besucher entziehen kann.

Nichts hat sich verändert. Ein weitgezogener Gebäudeflügel mit spitzgiebeligem Eingangsportal aus altersmürbem Ziegelstein bildet den Auftakt; in dem ehemaligen Stall, einem langen, schmalen, niedrigen Raum mit tief heruntergezogenen Balken, dessen anheimelndes Zwielicht von schrägen Sonnenstrahlen erhellt wird, ist die Bibliothek beheimatet. Perserteppiche, Sitzgruppen, viele Photos und Gemälde. Hinter dem hoch aufragenden dreigeschossigen Turmbau mit seinen spitzen Helmen öffnet sich der Zehn-Zimmer-Garten in seiner Pracht.

Harold und Vita reizte es, »aus dem Nichts einen Garten, vielleicht sogar einen weltberühmten Garten zu schaffen«. Über jeden Schritt hat Vita Tagebuch geführt, und der Garten mit seiner ungewöhnlichen Architektur ist heute zu voller Schönheit gereift. Die Ausgewogenheit ist beeindruckend: die Abstufung der Wuchshöhen der Sträucher, Büsche, Stauden, die Harmonie der Farbzusammenstellung. Gemäß den Jahreszeiten blühen immer einige der ›Zimmer‹: der Weiße Garten, der Rosengarten, der Cottage-Garten mit gelben und orangefarbenen Blüten. Eibensäulen, niedrige Ziegelmauern und Buchsbaumhecken schirmen die Gärten voneinander ab, so daß hinter jedem schmalen Durchgang eine neue Überraschung wartet. Vita war eine leidenschaftliche, sehr kenntnisreiche Gärtnerin, die 15 Jahre lang die wöchentliche Gartenkolumne im »Observer« schrieb und die Leser mit ihren Vorschlägen begeisterte.

In Sissinghurst wurde gegärtnert und geschrieben: Harold Nicolson, 1953 geadelt, hat zahllose Biographien, Essays, politische und historische Studien veröffentlicht. Vita heimste mit ihren Romanen »Schloß Chevron«, »Erloschenes Feuer« und dem langen Gedichtzyklus »The Land« ihre größten Erfolge ein. Ihr Leben als Schriftstellerin spiegelt sich in ihrem Arbeitszimmer hoch oben im Turm wider. Ein wunderbar altertümlicher, vollgestopfter, sehr intimer Raum, den Vita gerade eben erst verlassen zu haben scheint. Auf dem Schreibtisch steht ein Photo von Virginia Woolf, die sie 1923 kennenlernte. Mit ihr verband sie eine kurze Liebschaft und eine lange Freundschaft. Auch von hier aus wurde das luftige Netz aus Briefen, Notizen und Tagebüchern gesponnen, das Monk's House und Charleston Farmhouse (s. S. 269ff.) einhüllte. Vita mochte den radikalen Avantgardismus der Bloomsbury Group nicht – ihr Lebensstil und literarischer Geschmack waren zu traditionsgebunden. Vor Virginias Genie allerdings hatte sie höchsten Respekt, und Virginia wiederum bewunderte Vita und machte ihr das schönste Geschenk: In dem zauberhaften Roman »Orlando« wechselt die Hauptperson mehrfach die Geschlechterrolle und springt weitausgreifend und tändelnd über mehrere Jahrhunderte hinweg. Eine historische Phantasmagorie, die gleichzeitig die Biographie ihrer kraftvollen und eigenwilligen Freundin in sich birgt.

High Weald – Im Herzen von Kent

Im Herzen von Kent, umgeben von Obstplantagen, Hopfenfeldern und saftigem Weideland, zwischen den sanften Schwüngen der Felder, Wiesen und Täler der fruchtbaren Landschaft, liegt der **Weald,** ein ehemals dichter Waldgürtel. Aus den Lichtungen, die in den Wald geschlagen wurden, entwickelten sich die Ortschaften und Dörfer, die uns heute so entzücken. Dorfkirche, Teich, Anger, eine High Street mit alten, gepflegten Häuserzeilen, Pubs, Teestuben, Antiquitätengeschäften – die malerischen, ruhevollen und gepflegten Weiler und Städtchen haben ihren Charme bewahren können. – Vielleicht ist ›bewahren‹ nicht ganz der rechte Ausdruck: Kent ist eine reiche Grafschaft, und für Besucher und Urlauber sind ja gerade die Ortschaften, die Traditionsreichtum mit modernem, unauffälligem Komfort verbinden, von besonderem Reiz.

Die zahlreichen Endungen der Namen auf ›den‹ (Lichtung), wie Biddenden, Tenterden, und ›hurst‹ (Wald), wie Lamberhurst und Goudhurst, erinnern an den früheren Waldreichtum. Kent wurde von Eisenhütten regiert, und die Schmelzöfen wurden mit Holzkohle befeuert. Im Mittelalter wandelte sich der Weald zu einem Zentrum der Woll- und Tuchindustrie – viele der stattlichen Dorfkirchen sind damals mit dem ›neuen‹ Geld gebaut worden. Tonerde und Holz lieferten die Materialien für den charakteristischen regionalen Baustil: schönes Ziegelwerk, *tiles,* und Holzverschalung.

Helle, lichte Wälder sind immer noch Teil der Landschaft; hinter jeder Ecke bieten sich neue, überraschende Ausblicke auf weite Täler, Felder, Wiesen und mäandernde Flußläufe, und die spitzen, weißen Helme der Hopfendarren sind zum Wahrzeichen Kents geworden. Wenn die Apfel-, Birn- und Kirschbäume in Blüte stehen, nesteln die Dörfer wie hingetupft zwischen weißen und roséfarbenen Blütenteppichen.

Noch in den 50er Jahren wurde Kent im Herbst von einer lärmenden, fröhlichen Invasion heimgesucht: Die Londoner aus dem geplagten Eastend kamen mit Opas, Tanten, Kindern, Hunden, Kanarienvögeln, Bettzeug und Kochtöpfen, um bei der Hopfenernte zu helfen. Sie kampierten in Zeltlagern und Scheunen, clanweise trafen sie sich jedes Jahr wieder: für sie ein knochenharter ›Urlaub‹, der ein wenig Geld einbrachte. George Orwell hat in den 30er Jahren die Stimmung beim »Hop-Picking« in Kent eingefangen. Und da sich nicht nur die Eastenders, sondern auch Tausende von Roma zum *hop picking* einstellten, abends bei den Lagerfeuern Geschichten erzählt, gesungen und getanzt wurde, ist eine reiche Folklore entstanden, die jährlich am ersten Septemberwochenende in Faversham und anderswo bei den *Hop Festivals* wiederbelebt wird. Im Oktober folgen gleich darauf die *Wine Festivals* in den Weingütern.

Um in diese so reizvolle Landschaft eintauchen zu können, bietet sich eine gemächliche Tagestour mit dem Auto an; eine Rundfahrt, die Sie beliebig unterbrechen können, um noch ein *country-house* zu besuchen, sich einen Weingarten anzusehen oder in einer der Teestuben, Pubs und Inns den sanften, satten Charme der Umgebung zu genießen.

Royal Tunbridge Wells, an der östlichen Grenze Kents, ist unser Ausgangspunkt. Von dort streifen wir etwa 100 km durch die Landschaft, bis nach Tenterden und zurück. Die nächste Etappe führt uns dann nach Norden, quer durch die Obstgärten bis nach Leeds Castle. Von dort geht es bis zum Endpunkt unserer Reise, nach Canterbury.

Royal Tunbridge Wells 9 (S. 363) – nur auf Landkarten findet sich noch das königliche Präfix, ansonsten heißt es schlicht ›Tunbridge Wells‹ – ist nicht Hauptstadt Kents, das ist Maidstone, sondern war als Kurort, *Spa,* lange der gesellschaftliche und kulturelle Mittelpunkt. Die heilenden Quellen machen nun nichts mehr her, aber die Stadt selbst ist sehenswert. Eine glückliche Verbindung von alt und neu, spielt Tunbridge auf der einen Seite gern mit den Zeugnissen seiner Vergangenheit; auf der anderen Seite macht sich auch hier noch der *stockbroker belt* bemerkbar: ein gewaltiger Bahnhof mitten in der Stadt und ruhige, weitläufig angelegte *residential areas,* in denen die wohlhabenden Bewohner einen für sie befriedigenden Kompromiß zwischen Land und Stadt eingegangen sind.

Nachdem zu Beginn des 17. Jh. Heilquellen entdeckt worden waren, entwickelte sich erst ab 1735 der große Boom als Modebad, als der bewährte Zeremonienmeister von Bath, Beau Nash (s. S. 61f.), begann, sich um geordnete Verhältnisse zu kümmern. Zentrum des gesunden Vergnügens war eine 200 m lange Ladenallee, die **Pantiles.** Der Name rührt von der Pflasterung aus Ziegelsteinen her, und heute bezeichnen die Pantiles das gesamte Altstadtareal. Die auf zwei Ebenen angelegten wunderschönen Häuserzeilen mit schattigen Wandelgängen, zierlichen Säulenarkaden, höchst individueller Fassadengestaltung stammen hauptsächlich aus dem 18., auch 19. Jh. Bistros, Cafés und zahllose kleine Geschäfte tragen zu dem schon mediterranen Marktplatz-Ambiente bei. Eindrucksvoll in ihrer georgianischen Zurückhaltung ist die elegante **Corn Exchange.** Der weiße, dreigeschossige Bau mit Säulenportikus wurde 1802 als Theater eingeweiht, 40 Jahre später zog die Getreidebörse hier ein. Gleich daneben steht das ehemalige **Royal Victoria Hotel** mit dem Wappen des Duke und der Duchess of Kent, den Eltern der späteren Königin Viktoria, die hier oftmals zu Gast waren.

Die kleine Gasse **Pink Alley,** zwischen Fishmarket und Bath Square, ist eine Fundgrube für Antiquitätensammler, und spaziert man vorbei am **Bath House,** parallel zur London Road in nördliche Richtung durch schmale, lebhafte Gassen, stößt man auf eine der zahlreichen Park- und Gartenanlagen.

Eine Tageswanderung von Tunbridge aus könnte nach **Groombridge Place** 10 (S. 353) führen: Peter Greenaway drehte seinen Film »Der Kontrakt des Zeichners« in Groombridge Place – das verwunschene Haus, von einem Wassergraben umgeben, ist zwar nicht zu besichtigen, aber so phantasieanregend, daß schon Sir Arthur Conan Doyle seinen Sherlock Holmes-Roman »The Valley of Fear« hier angesiedelt hat. Die wunderschönen, ummauerten Gartenanlagen mit herumstolzierenden Pfauen und vereinzelten Kunstobjekten bieten reichlich Augenschmaus. Ein kleines, aber feines Ausflugsvergnügen.

Groombridge Place

Durch den High Weald

Eine gemütliche Tagesrundfahrt führt von Tunbridge aus die A267, dann die B2169 entlang, an der Bartley Mill vorbei, einer ehemaligen Hopfenfarm, auf der heute Getreide biodynamisch an-

Scotney Castle

gebaut und in der Mühle direkt verarbeitet wird. Nach einigen Kilometern liegen linker Hand die Ruinen von **Bayham Abbey,** einem Prämonstratenser-Kloster aus dem 13. Jh.

Lamberhurst 11 ist ein reizender Ort mit gewundenen, auf- und absteigenden Straßen, weiß gestrichenen Cottages, Teestuben, kleinen Geschäften und einer gelassenen Atmosphäre. Die gleichnamigen Weingärten sind ein beliebtes Ausflugsziel. Viele Engländer sind ja Gartenbesitzer, und als solche versuchen sie sich gern am Brauen von Fruchtweinen, die vor dem *sunday lunch* – der geheiligten Familienmahlzeit – für glänzende Stimmung sorgen.

Nur einen Katzensprung entfernt liegt **Scotney Castle** 12 (S. 365) bzw. Scotney Castle I und II. Inmitten der bezaubernden Gartenanlagen blickt das neogotische *castle,* zwischen 1837 und 41 von Anthony Salvin erbaut, hinunter auf die romantische alte Burg. Umgeben von einem Wassergraben, von herrlichen Baumgruppen, blühenden Sträuchern und Obstgärten, scheint der kreisrunde Turm aus dem 13. Jh., klein und kompakt, wie aus dem Märchen zu stammen. An den verwunschenen Turm schließen sich noch zwei Inselchen an, eines mit Bootshaus, das andere mit einer Skulptur von Henry Moore. Edmund Hussey ließ beim Bau seines Schlosses auch gleich noch das Gemäuer der alten Burg den Stilprinzipien des ›Pittoresken‹ gemäß umbauen und abtragen. Die Gesamtkomposition der Gartenanlagen orientierte sich an den Vorbildern des 18. Jh. und schloß als krönende Vista das alte Schloß mit ein: Mittelachse und Zentrum eines begehbaren Landschaftsgemäldes.

Über **Hawkhurst,** einem früher berüchtigten Schmugglernest, geht es weiter nach **Benenden.** In dem riesigen, roten Ziegelsteinbau im *Mock-Tudor-*Stil ist seit 1923 die berühmte Public School für Mädchen beheimatet, deren Uniform auch Princess Anne getragen hat.

Über **Tenterden** 13 und **Biddenden** 14 (s. S. 341) läßt sich nur soviel sagen: Diese beiden anmutigen kleinen Städtchen verkörpern den kentischen, traditionellen *way of life.* Die jeweilige High Street mit dichtgedrängten Häuserzeilen, alten Pubs, bunten Geschäften, den tonnenförmigen Erkern zwischen weiß- und pastellfarbenen Fassaden mit *weatherbording* und *tilehanging,* der Kirche an einem Ende, sollte man in Muße entlangbummeln.

Den Wegweisern nach Sissinghurst (s. S. 309f.) sollten Sie unbedingt folgen, wenn Sie nicht schon von Knole aus eilends dorthin gefahren sind; ansonsten legen wir den nächsten Stop in **Cranbrook** 15 ein. Diese kleine, L-förmig angelegte Marktstadt mit 6000 Einwohnern, früher einmal die ›Kapitale des Weald‹ und heute friedlich vor sich hindösend, ist ihrer Schönheit wegen tausendfach photographiert worden. Ihr Wahrzeichen ist die schneeweiße Windmühle aus dem 19. Jh., die noch hin und wieder in Betrieb ist. Bemerkenswert auch die Dorfkirche St. Dunstan, die aus dem 15. und 16. Jh. stammt und nahezu vollständig erhalten ist.

Auf der A 262 geht es weiter durch alte, knorrige Wälder, Hopfengärten und Obstplantagen bis nach **Goudhurst** 16. Die Hauptstraße, an einem Ende vom Dorfteich begrenzt, mit Fachwerkbauten oder holzverkleideten und bunt geschmückten Häusern, steigt eine Anhöhe hinauf. Oben wacht die Dorfkirche St. Mary über das romantische Ensemble. In 120 m Höhe über dem Meeresspiegel blickt man von hier aus an schönen, klaren Tagen weit ins Land hinein.

Hinter Goudhurst nehmen wir die A 21 nach Tunbridge Wells zurück. Oder Sie machen sich gleich in nördlicher Richtung auf den Weg nach Leeds Castle.

Auf dem Weg liegt **Boughton Monchelsea Place** 17 (S. 341), ein elisabethanisches Anwesen in herrlichem, hügeligem Wildpark. Wilhelm der Eroberer schenkte das Land seinem Gefolgsmann Montchensy. Das rechteckige, mächtige Gebäude mit einer Reihe von Spitzgiebeln, einer Zinnenbalustrade und vorgesetztem Eingangsportal wurde 1575 fertiggestellt. Die Innenräume sind mehrfach umgestaltet worden; im 18. Jh. hat man die *great hall* mit gotisierenden Säulen und Gewölben dem modischen Geschmack der Zeit angepaßt. Ein familiäres, in seiner Gesamtheit sehr ›englisches‹, privat geführtes Haus, das mit der Umgebung verwachsen ist und sich als Ziel eines »day out for the family« bestens eignet: Es gibt ein Kostümmuseum, eine Oldtimersammlung und natürlich auch den obligatorischen *tea room.*

Leeds Castle 18 (S. 356) ist atemberaubend schön, vielen gilt es als die schönste Burg Englands. Auf zwei Inseln und vom natürlichen Wassergraben des

Leeds Castle

Flusses Len umgeben, auf dem Enten und schwarze Schwäne entlanggleiten, ruht es majestätisch in weiten grünen Wiesenmulden mit alten Kastanien, Eichen und Buchen. In dem 200 ha großen Landschaftsgarten, von Capability Brown angelegt, wechseln Seen, Wasserfälle, Blumengärten und Vogelgehege ab.

Die Burg war schon im Mittelalter königliche Residenz und Lieblingsort von Eleonora von Kastilien, Gemahlin von Eduard I., und Katharina von Valois, der Witwe Heinrichs V. Das Torhaus ist das einzige Zeugnis, das aus dem 13. Jh. erhalten ist. Heinrich VIII. ließ die Burg zu einer luxuriösen Residenz ausbauen. Die Gloriette auf der nördlichen Insel stammt aus dieser Zeit, ebenso der Maiden's Tower zwischen Hauptgebäude und Eingangstor. Heinrich VIII. hielt sich hier oft mit Katharina von Aragon auf, bzw. hier ließ er sie allein, um nach Hever Castle (s. S. 300) zu eilen, wo er Anne Boleyn in seine Fäden der Macht und Gelüste einsponn.

Das Hauptgebäude, dem Stil der Gloriette nachempfunden, stammt vom Beginn des 19 Jh. Die englischen und französischen Möbel, die Gemälde und Gobelins passen sich perfekt dem mittelalterlichen Rahmen an: der gewaltigen Bankethalle Heinrichs VIII. und der Raumabfolge, die dem Stil des 15. Jh. nachempfunden ist.

Vielleicht ist Ihnen Leeds Castle nach der beschaulichen Weald-Reise zu durchorganisiert und geschäftigt: Als Konferenz- und Tagungszentrum, als Ziel ganzer Busladungen amerikanischer und japanischer Touristen, als Veranstaltungsort von mittelalterlichen Banketten, Sommerfesten, Konzerten und mit seinem Golfplatz bietet Leeds nur in den Parkanlagen ein stilles Plätzchen – aber wenn Sie es endlich gefunden haben: welch grandioser Anblick hinüber zum Schloß!

Gateway to England – Zwischen Folkestone und Dover

Der Küstenabschnitt zwischen Folkestone und Sandwich ist ein irritierendes Zwitterwesen: zum einen industrialisierter Verkehrsknotenpunkt zwischen Kontinent und Großbritannien, zum anderen, zwischen St. Margaret und Sandwich, holländisch anmutende, stille und rückwärtsgewandte Küstenidylle.

Folkestone und Dover als geschäftige Fährhäfen dominieren die Atmosphäre: *very busy* und natürlich auf den regen Fährschiffbetrieb eingestellt, der jährlich Hunderttausende von Passagieren, Autos und Lastwagen ausspuckt oder ansaugt. Der Bau des Kanaltunnels führte zu gewaltigen Erdbewegungen und veränderte die gesamte Infrastruktur der Küstenregion, so daß die kleinen historischen Städte schwer darum zu kämpfen haben, zwischen den abgetragenen Erdmassen weiteratmen zu können.

Folkestone 19 (S. 351) hat sich erst mit der Ankunft der Eisenbahn zu einem beliebten viktorianischen Seebad gemausert. Der alte Stadtkern liegt westlich des Fährhafens, und besonders stolz ist die Stadt auf das elegante Wohnbaugebiet *The Leas,* von Decimus Burton Mitte des 19. Jh. angelegt. Die

Dover Castle

squares und die Reihenhäuser gehen über in eine hoch am Klippenrand gelegene Gartenanlage mit leuchtender Blumenpracht und gepflegten Rasenflächen; weit unten liegt dann die Strandpromenade. Etwas außerhalb von Folkestone, in der Cheriton High Street, liegt das Eurotunnel Exhibition Centre. Mit reichhaltigem Anschauungsmaterial, Modellanlagen der Terminals, der europäischen Verkehrsplanung, wird hier die technische Seite des Projektes anhand von Videoshows und einem Tunnelsegment anschaulich dargestellt.

Dover 20 (S. 349) läßt sich durch drei Stichworte kennzeichnen, die die Vergangenheit, Gegenwart, auch Zukunft der Stadt charakterisieren: die Weißen Klippen, die machtvolle, hoch über der Stadt thronende Burganlage und der Fährhafen.

Die vielbesungenen **White Cliffs of Dover,** die steil aufragenden schneeweißen Kreidefelsen, die Stadt und Hafen in ihrer Mitte beschützend einfassen, sind seit jeher Symbol des Inselreiches, seiner Isolation und stolzen Unabhängigkeit gewesen. Von der Seeseite her waren sie für Generationen von Engländern das erste, sichtbare Zeichen der Ankunft, der Heimat. Über dem östlichen Kliff winkt die Burg. Die westliche Felsformation, das Shakespeare-Cliff, ist nicht nur Schauplatz des vierten Aktes von »King Lear«, sondern beschwört eines der berühmtesten und meist geliebten Shakespeare-Zitate herauf, das jedem Engländer geläufig ist und aus Richard II. stammt: »This precious stone set in the silver sea.«

»Dies Kleinod, in die Silbersee gefaßt«, wurde schon im Steinzeitalter an dieser Stelle durch Wallanlagen befestigt, von Sachsen und Römern ausgebaut, bis schließlich der Kern der Burganlage, so wie wir sie heute kennen, von Heinrich II. um 1180 errichtet wurde. **Dover Castle** ist neben dem Tower of London die größte und besterhaltene mittelalterliche Burganlage nicht nur des Inselreiches, sondern auch Europas.

Der Constable von Dover Castle ist immer auch der Lord Warden der Cinque Ports (s. S. 26) gewesen und hatte damit militärisch und strategisch bedeutsame Schlüsselpositionen inne. An Dover Castle mit seinen doppelten Ringmauern, einer im 19. Jh. schaurig-schön restaurierten sächsischen Kirche, den Resten eines römischen Wehrturms, den Befestigungsanlagen aus napoleonischer Zeit lassen sich die Jahresringe der britischen Geschichte ablesen, und mehrere anregend dargebotene Sammlungen und Ausstellungen führen durch die Epoche der Militärhistorie.

Besonders interessant sind die seit dem 13. Jh. existierenden **Tunnellabyrinthe:** Sie wurden während der napoleonischen Kriege erweitert und sind während des Zweiten Weltkriegs reaktiviert worden. Ein geheimes Kommandozentrum unter Admiral Ramsay hat von hier aus die Evakuierung der alliierten, 300 000 Mann starken Truppenverbände aus Dünkirchen gesteuert. Von einem Felsenbalkon aus hat Churchill die Luftangriffe der Deutschen Bomberpiloten verfolgt. Neben den Kommandozentralen in Whitehall, London, hatte Dover Castle eine wichtige Rolle in der ›Schlacht um England‹, der *Battle of Britain,* gespielt. Die ungeheuren Anstrengungen, die England während des Zweiten Weltkrieges auf sich nahm und die ihm ökonomisch tatsächlich ja das Rückgrat brachen, werden hier, wie auch im D-Day Museum in Portsmouth (s. S. 232ff.), noch einmal lebendig. Bis 1985 fielen die Anlagen noch unter den Geheimhaltungspakt des Kriegs-, bzw. Verteidigungsministeriums. Erst seit kurzem ist das Tunnelsystem, *Hellfire Corner,* der Öffentlichkeit zugänglich gemacht worden. Film- und Wochenschaumaterial, Photos und Landkarten illustrieren die beklemmende und heroische Zeit, die als ›Britain in her darkest hour‹ von keinem Engländer je vergessen wurde.

Die **Stadt** selbst wird vom Fährhafen bestimmt, und da Dover im Zweiten Weltkrieg stark zerstört wurde, ist nurmehr das bescheidene Museum des **Roman Painted House** in der Market Street zu nennen: Bei Straßenbauarbeiten stieß man in den 70er Jahren auf die Überreste eines römischen Hauses, das um 200 n. Chr. als Gästevilla für Offiziere der römischen Flotte gebaut worden war. Fünf Räume sind noch erhalten, besonders schön sind die vielfältigen Malereien in den farbigen Wandpaneelen.

Nicht weit davon entfernt steht an der Ecke zur Priory Road die **St. Edmund's Chapel.** Nur 9 m lang und etwa 3,50 m breit ist dieses Mini-Gotteshaus, das 1253 dem heiligen Edmund von Canterbury geweiht wurde. In den 60er Jahren restauriert, ist es die kleinste Kirche Englands, in der Gottesdienste abgehalten werden.

Wenn Sie in Kent bleiben und keine Gelegenheit haben, die grandiosen Fels- und Klippenformationen in Dorset oder

Cornwall zu sehen, dann sollten Sie sich eine kurze Wanderung entlang des Klippenvorlandes bei Dover mit weiten Ausblicken über das Meer nicht entgehen lassen. Eine herrliche Strecke führt zu dem etwa 5 km nördlich gelegenen, stillen und anmutigen Ort **St. Margaret's-at-Cliffe** 21 oberhalb der gleichnamigen Bucht. Bemerkenswert ist die schöne, reich ornamentierte normannische Dorfkirche St. Mary. Eines der Fenster erinnert an die Fährschiff-Katastrophe von 1988, bei der auch drei Seemänner aus St. Margaret's den Tod fanden. Dargestellt ist die ›Herald of Free Enterprise‹, die von den Klippen aus den ausgestreckten Armen Christi entgegenfährt.

Wollen Sie in oder um Dover übernachten, bietet das kleine, aber feine Countryhouse-Hotel ›Wallett's Court‹, umgeben von einem bunten Bauerngarten, ein rustikal-elegantes Refugium mit bester Küche. Es liegt, von Dover kommend, kurz vor dem Ortseingang von St. Margaret's (✆ 03 04 - 85 24 24).

Unbedingt ansehen sollten Sie sich die etwa 10 km nördlich gelegenen traditionsreichen Orte **Walmer/Deal** 22 (S. 370) und **Sandwich** 23 (S. 365). Diese einst wichtigen, großen Hafenstädte, als Mitglieder der Cinque Ports von nationaler Bedeutung, sind gleichsam in die Geschichte zurückgefallen und verbringen nun ihren Lebensabend in beschaulicher, friedfertiger Melancholie. Walmer und Deal gehen ineinander über: breiter, flacher Kieselstrand mit aufgebockten kleinen Booten; unmittelbar an die Straße grenzend, eine bunte Häuserzeile und zwei wirklich einzigartige Festungsbauten. Auf diesem flachen Steinstrand ist Julius Cäsar gelandet.

Walmer Castle und **Deal Castle** wurden zusammen mit der nur noch in Ruinen vorhandenen Burg von Sandown als Teil der küstenweiten Befestigungsanlagen für Heinrich VIII. gebaut. Der hatte ja, nach seiner Loslösung vom päpstlichen Rom, die großen römisch-katholischen Mächte vom Kontinent, Frankreich und Spanien, zu fürchten und eine gemeinsame Invasion unter dem Banner des Papstes: Knapp 50 Jahre später tauchte die Armada vor den Küsten Englands auf. Um seine Reichsautonomie zu wahren, steckte er ein Großteil des Geldes, das er durch den Verkauf der klösterlichen Besitzungen zusammengerafft hatte, in den Ausbau der Flotte und die Verteidigung der Küste.

Das Netzwerk der 20 Verteidigungsanlagen entlang der Küste reichte von Cornwall bis Kent; Walmer und Deal sind die ungewöhnlichsten Bauten und vollständig erhalten. Beide waren völlig neuartige Glanzleistungen der Militärarchitektur, auf Artilleriebeschuß und Geschützverteidigung hin konzipiert. Ihr Grundriß ist gleichartig: Beiden liegt das ausgeklügelte Spiel mit der Kreisform zugrunde, mit einem Doppelring halbmondförmiger Bastionen, die den Zentralturm umgeben.

Die abgerundeten, glatten Flächen sollten dem Kanonenhagel Widerstand leisten; gleichzeitig zeichnen sie in ihrem Ausbau den Blütenkranz der Tudorrose nach. Stromlinienförmig, kompakt und doch zierlich präsentiert sich dieses jungfräuliche Geschwisterpaar dem heutigen Besucher.

Walmer Castle ist schon zu Beginn des 18. Jh. zur Residenz, zum Wohnpalast der Lord Warden aus- und umgestaltet worden. Aus den Wallgräben und Erdwällen wurden romantische, friedliche Gartenanlagen, und die Innenräume können zwar ihre ursprüngliche Funktion nicht verleugnen, sind jedoch äußerst behagliche, erlesene Wohnräume, die von der erlauchten Schar der Lords Warden nur selten benutzt wurden. Wellington (1769–1852) hat ihnen seinen persönlichen Stempel aufgedrückt; der eiserne Duke ist hier auf seinem schmalen Feldbett gestorben. Eine Ausstellung, zahlreiche Gemälde und Memorabilia erinnern an ihn und die Besuche von Queen Victoria.

Auch **Deal Castle** ist friedfertig, hat seine formidablen Eigenschaften als moderne Artilleriebastion niemals unter Beweis stellen müssen. Beide Anlagen hätten sich auch gegenseitig verteidigen können – sie liegen in Sichtweite. Vom Charakter her ist Deal jedoch nüchterner, von stählernem Glanz umgeben. Aber selbst die größte der Festungsbauten Heinrichs VIII. besticht durch ihre perfekte Harmonie, die gelungene Kombination von Funktion und Schönheit. Auch in Deal finden wir wieder die Form der Tudorrose, hier aber voll ausgereift, mit doppeltem, sechsblättrigem Blütenkranz, der das Rund des Zentralturms umschließt. In den Untergeschossen der halbkreisförmigen Segmente, die an sich schon sehenswert sind, wird uns die Geschichte der Küstenverteidigung in anschaulichen Ausstellungen nahegebracht.

Am Nordende der Promenade von Deal sind am flachen Kieselstrand noch die Überreste von **Sandown Castle** zu sehen.

Die drei nagelneuen Festungsanlagen zwischen Walmer und Deal sollten das breite Band offener, hafenähnlicher Seefläche schützen, den größten Ankerplatz der Flotte im Südosten Englands, der zwischen den Küstenstädten und den gefährlichen und berüchtigten Goodwin Sands lag – eine Sandbank mit tückischer Strömung und saugenden Wirbeln; das Grab tausender Schiffe und Seeleute. Noch heute ragen die Masten eines amerikanischen Cargofrachters aus dem Meer, der hier 1946 aufgelaufen ist.

Sandwich 23 (S. 365), ein Ort mit machtvoller Vergangenheit, hat sich ins Binnenland zurückgezogen: Der Hafen verlandete. Heute schmiegt sich das Städtchen in die romantische Schleife des Flusses Stour und bietet ein Bild brueghelscher, bunter Anmut in flacher Pastorallandschaft. Sandwich ist von allen Cinque Ports der bescheidenste und anrührendste Ort ehemaliger Größe. Am Stour zieht sich eine baumbestandene, blumengeschmückte kleine Allee entlang, in unmittelbarer Nachbarschaft stehen schöne alte Bauten, eine Zugbrücke und das eindrucksvolle, im Schachbrettmuster gehaltene Barbican-Torhaus aus dem 16. Jh. Bis 1975 wurde hier noch Brückenzoll gefordert.

Sandwich, mit 4000 Einwohnern, hat seinen mittelalterlichen Charakter bewahren können. Die Wallanlagen, *butts,* aus dem 14. Jh. umgeben die kopfsteingepflasterten Gassen mit ihrem schönen Sammelsurium unterschiedlichster Wohnhäuser aus mehreren Jahrhunderten. Die Guildhall aus elisabethanischer Zeit ist sehenswert, ebenso Weaver's House mit vorkragendem Obergeschoß, in dem die flämischen und hugenottischen Weber ihrer Handwerkskunst nachgingen. In der weiten Dünenlandschaft, die Sandwich mit dem Meer verbindet, sind drei berühmte Golfplätze versteckt. Hier werden internationale Turniere ausgetragen. Ein langer Küstenstreifen wird von einer gebührenpflichtigen Stichstraße erschlossen. Sie führt zur Sandwich Bay, einem isolierten Refugium, wo die teuren Ferienvillen der Golfer liegen.

Richtig Reisen *Tip*

Fürstlich übernachten: Zu Gast im Manorhouse

Wenn Sie sich herrschaftlich verwöhnen lassen wollen: Auf der Strecke zwischen Tunbridge Wells und Canterbury liegt bei Boughton Lees nahe **Ashford** (S. 339) das prachtvolle Anwesen **Eastwell Manor** (S. 339): Nach einen Fahrt über knirschende Kieswege durch den weiten, menschenleeren Eastwell Park, sieht man erst im letzten Moment das Dächer- und Zinnengewirr vom *Manorhouse,* das heute ein hochelegantes Hotel ist – mit ausgezeichneter Küche, viel Antiquitäten, Laura Ashley-Suiten, einer grandiosen eichengetäfelten Halle und einem Billardraum, dessen Tisch die Ausmaße eines mittleren Sportplatzes besitzt.

Eastwell Manor

Canterbury und Umgebung

Chilham 24 (S. 346), knapp 10 km südlich von Canterbury, ist ein zauberhaft stiller, lieblicher Ort, der noch einmal die Charakteristika des englischen Landlebens in sich vereint: ein kleiner Marktplatz, von einem anmutigen Sammelsurium blumengeschmückter, winkliger Häuser der unterschiedlichsten Stilepochen umfangen. Auf jede Ecke des *squares* läuft eine Straße zu, die von bunten, Schulter an Schulter sich schmiegenden Cottages gesäumt ist. An der einen Seite des Platzes wacht die Dorfkirche; über die Rasenflächen des Friedhofs neigen sich alte Bäume. Gegenüber dann, auf der Stirnseite, führt das hochherrschaftliche Portal in den Landschaftspark von **Chilham Castle** – ein kleineres, malerisch gelegenes Anwesen mit Burgruine, Herrenhaus, frei herumstolzierenden Pfauen, italienischen Terrassengärten, natürlich einem *teashop* und herrlichem Ausblick auf die fernen Weiden, Wiesen, Täler und Felder, die unmerklich mit der Gartenlandschaft verschmelzen.

Und auf dem Parkplatz, auf der anderen Seite des Schlosses, stehen die Autos mit weit geöffneten Türen: Ihre Besitzer, Tee trinkend und Zeitung lesend, blinzeln in die Sonne und blicken freundlich und zufrieden auf die Herrlichkeiten, die immer anderen gehören.

Canterbury – Rom der Anglikaner

25 (S. 345) In Canterbury steht die älteste christliche Kirche des Inselreichs, Canterbury ist die Wiege des englischen Christentums; ihre Kathedrale als erzbischöfliche Diözese war seit jeher der spirituelle Mittelpunkt Großbritanniens. Und seit Heinrich VIII. mit dem Papst und der römisch-katholischen Kirche in Rom brach, sich selbst als *defender of the faith* zum Oberhaupt der Staatskirche ernannte, ist der Erzbischof von Canterbury der Primas der anglikanischen Kirche. Er allein hat das Recht und die Pflicht, die Monarchen zu krönen und sie damit in ihrem Herrschaftsanspruch zu legitimieren. Seine Kathedrale ist die Mutterkirche von weltweit 70 Mio. anglikanischen Gläubigen. Die Geschichte der Kathedrale, neben der Westminster Abbey in London das schönste sakrale Bauwerk in Großbritannien, spiegelt die großen, bedeutsamen Wendepunkte in der Geschichte der englischen Königshäuser wider. Sie war Zeuge des feigen Mordes an ihrem Erzbischof Thomas Becket; sie hat den Bußgang eines Monarchen erlebt, Könige und Heilige sind hier begraben, und Hunderttausende von Pilgern haben die Stufen zum Heiligtum mürbe werden lassen. 1986 unterzeichneten dort Margaret Thatcher und François Mitterrand den Vertrag zum Bau des Kanaltunnels.

Canterbury selbst hat sein mittelalterliches Gewand, festlich herausgeputzt, nie abgelegt, und obwohl die Stadt im Zweiten Weltkrieg schwere Bombenschäden hinzunehmen hatte, sind Stimmung und Atmosphäre von ihrer Geschichte, ihren Traditionen und Überlieferungen bestimmt. Doch ist die Zeit hier keineswegs stehengeblieben: Die Stadt ist jung, modern, aufgeschlossen, und neben den Touristenströmen sind es die *shopper* aus der ländlichen Umgebung und die Studenten der University of Kent, die Canterbury so lebendig machen.

Canterbury, die Kathedrale

Der Weg zur Kathedrale – Baumeister und Pilger

Der erste normannische Erzbischof Langfranc errichtete um 1170 einen großen Dom, der im Laufe der folgenden Jahrhunderte der Kathedrale, wie wir sie vor uns sehen, weichen mußte.

Ihre Entstehungsgeschichte gliedert sich im wesentlichen in drei große Bauphasen mit zwei bedeutenden Ergänzungen. Der erste Bauabschnitt fällt in den Beginn des 12. Jh.: Unter Langfrancs Nachfolger, dem später heiliggesprochenen Erzbischof Anselm, entstanden die einzigartig schöne normannische Krypta, der Chor und die östlichen Querschiffe. Der Chor brannte aus und wurde von dem Franzosen Guillaume de Sens ab 1175 neugestaltet. Für die zweite große Bauphase war William the Englishman verantwortlich, der, den französischen Bauplänen folgend, den Chor um die *Trinity Chapel* und die herrliche Apsis, die sogenannte Corona oder Beckets Krone, erweiterte. Zu jener Zeit war Becket schon heiliggesprochen, Heinrich II. hatte seinen Bußgang angetreten und Canterbury war eine bedeutende Wallfahrtsstätte geworden. Also mußte der wundertätige Schrein – über 100 Wunder wurden allein in den ersten zwei Jahren gezählt – die ihm gebührende, kostbar gestaltete Umgebung erhalten.

Über 200 Jahre lang tat sich dann nichts. Der Ostteil der Kathedrale erstrahlte in prächtigstem *Early English Style,* die Querschiffe und das Langschiff stammten noch von Langfranc. Der Schrein des Heiligen Thomas war in dieser Zeit eines der wichtigsten Pilgerziele Nordeuropas, und der Strom der Pilger ist erst mit seiner Zerstörung im Jahr 1538 abgerissen. Die Pilgerscharen, die sich in London, auf der Südseite der Themse im ›Tabard Inn‹ trafen, um im Schutz der Gemeinschaft nach Canterbury aufzubrechen, bildeten eine bunt zusammengewürfelte Schar: Ritter, Priester, Handwerker, Edelleute, Knechte, Männer und Frauen aus den unterschiedlichsten Lebensbereichen. Geoffrey Chaucer (1340–1400), ein weitgereister Mann und königlicher Zollinspektor, schaute ihnen zu: Um sich die Zeit zu vertrei-

ben, erzählten sie einander ihre Lebensgeschichten. Erzählend stellen sich die Charaktere selbst vor: derb, dreist, komisch, gestelzt, hochtrabend, unangenehm oder frömmelnd. Mit seinen »Canterbury Tales« hat Chaucer ein pralles Lebenspanorama des Mittelalters entworfen, und sein Werk nimmt neben dem Shakespeares den höchsten Rang innerhalb der englischen Kultur- und Literaturgeschichte ein.

Diese Pilger also drängelten durch das alte Kirchenschiff, um vor dem strahlenden Schrein des Heiligen Thomas beten zu können.

Erzbischof Sudbury schließlich machte der Zwittergestalt der Kathedrale ein Ende: In seinem Auftrag errichtete Henry Yevele zwischen 1391 und 1405 das Hauptschiff und die zwei mit dem Chor abschließenden Querschiffe im *Perpendicular Style.* Der königliche Steinmetz Yevele, der auch die Westminster Hall und das Langhaus der Westminster Abbey in London schuf, gilt als der größte englische Baumeister in der ›Zeit der Kathedralen‹. Diese dritte Bauphase markierte die abschließende Fertigstellung des Baukörpers. Der wundervoll zartgliedrig ornamentierte Vierungsturm im *Perpendicular Style*, die Krönung der Kathedrale und Bindeglied, das West- und Ostteile kunstvoll miteinander verschmilzt, entstand 100 Jahre später, zwischen 1493 und 1505.

500 Jahre etwa hatte es gebraucht, bis die Kathedrale in ihrer vollen Schönheit und Pracht erblüht war; 33 Lebensjahre wurden ihr vergönnt, bis ihre Schätze von Heinrich VIII. geplündert oder zerstört wurden. Für ihn verkörperte die Person Thomas Becket den Widerstand gegen den Absolutheitsanspruch der Monarchie. Er ließ den über und über mit Gold und Edelsteinen geschmückten Schrein zerstören, die Juwelen wurden nach London geschafft, die Gebeine des Heiligen in alle Winde verstreut.

Der erste, von Heinrich VIII. als Primas der anglikanischen Kirche eingesetzte Erzbischof, Cranmer, führte 1549 das »Book of Common Prayer« ein, das bis heute seine religiöse Bedeutung nicht verloren hat. Im Bewußtsein der Briten, die zwar noch lange in katholisches und anglikanisches Lager gespalten waren, blutige Aufstände und kriegerische Auseinandersetzungen führten, ist über die Jahrhunderte hinweg in ihrer Fähigkeit zum Kompromiß beides miteinander verschmolzen: Die anglikanische Kirche hat seit langem ihre Heiligen, und Thomas Becket ist auch für die englischen Katholiken einer der großen Märtyrer geworden.

Vignetten aus den Canterbury Tales (Ellesmere–Manuskript): the Nun (rechts), the Nun's Priest (links)

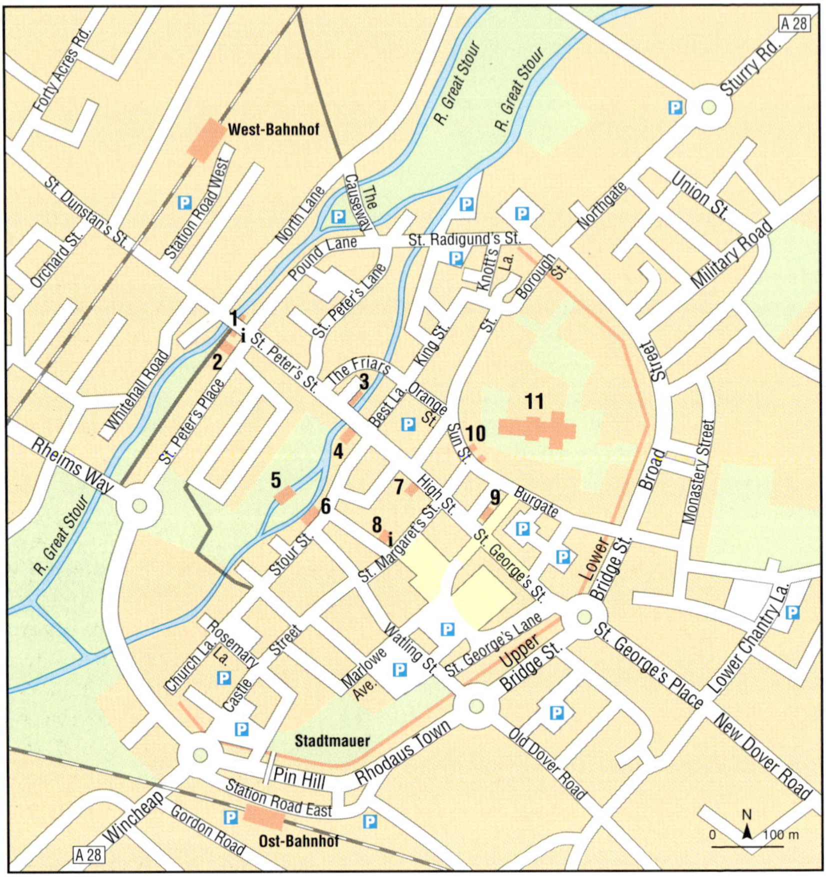

Canterbury *1 Westgate 2 Guildhall 3 The Weaver's Houses 4 Eastbridge Hospital 5 Klosterruine der Black Friars 6 Canterbury Heritage 7 Queen Elizabeth's Guest Chamber 8 Pilgrim's Way Centre 9 Römisches Stadthaus 10 Christ Church Gate/Buttermarket 11 Kathedrale*

Canterbury ist eine römische Stadtgründung, und die älteste Kirche der Insel geht auf römisch-christliche Ursprünge zurück. Der Überlieferung nach soll in der kleinen stämmigen **St. Martin's Kirche,** vor der westlichen Stadtmauer gelegen und herrliche Ausblicke auf Canterbury bietend, König Ethelbert von Kent als erster christlicher König vom heiligen Augustinus im Jahre 597 getauft worden sein. Kent war damit zum Christentum bekehrt und Augustinus wurde in der vom König errichteten Kathedrale der erste Erzbischof von Canterbury. Von der Abtei, die Augustinus gründete, und die bis ins 11. Jh. hinein Zentrum Canterburys und Ziel aller Pilger war, sind nur noch die Grundmauern erhalten, das **Torhaus** des **St. Augustin's College** stammt noch aus dem 12. Jh., alle anderen Gebäude sind Ergänzungen im neogotischen Stil.

Die Geschichte der Neuzeit in England beginnt mit der normannischen Eroberung, auch hier: Die Stadtmauern wurden angelegt. Sie sind zum Teil noch begehbar und umgeben die Altstadt mit einem nahezu perfekten Ring. Die lange Schneise der Hauptstraße teilt Canterbury von Osten nach Westen, der Flußlauf des Stour bildet gleichsam die Nord-Südachse, und innerhalb dieses Fadenkreuzes, eingebettet in das Rund der Stadtmauern, nimmt die Domfreiheit nahezu ein Viertel ein. Bevor wir die Kathedrale besichtigen, macht uns ein erster Rundgang mit der Vielfalt der schönen Bauten vertraut, die alle mit der Kathedrale, ihrer früher bedeutenden weltlichen Macht und geistigen Dominanz, verbunden sind.

Rundgang

Es gibt viel zu sehen, und es lohnt sich, mindestens eine Nacht in Canterbury zu verbringen. Vor den Stadtmauern liegen zahlreiche Langzeitparkplätze, und davon sollten Sie auch Gebrauch machen: Der Kernbereich der Stadt ist überschaubar, die Stadtmitte ist dem Fußgänger überlassen, und das verbleibende Straßennetz ist ein labyrinthisches Einbahnsystem, das der fremde Autofahrer lieber unberührt läßt. Wenn Sie es den mittelalterlichen Pilgern gleichtun wollen, dann betreten Sie Canterbury doch durch das imposante Westgate. Von hier aus begleitet Sie der Anblick der Kathedrale auf unserem Rundgang.

Das **Westgate,** um 1380 vom königlichen Baumeister Yevele errichtet, bevor er der Kathedrale ein neues Längsschiff schenkte, ist mit seinen zwei kraftvollen Rundtürmen, mit Zugbrücke und Fallgatter eines der besterhaltenen Stadttore Englands. Es diente lange als Gefängnis und beherbergt heute ein Museum.

An der **Guildhall** vorbei, die aus der Kirche Holy Cross entstanden ist, wandern wir die lange High Street entlang, die hier **St. Peter's Street** heißt. Sehr romantisch neben der Eastbridge gelegen, überblicken die Weberhäuser aus dem 14. Jahrhundert den Stour. In diesen **Weaver's Houses,** spitzgiebeligen Fachwerkbauten, fanden die flämischen und französischen Hugenotten eine neue Heimat. Da sie hervorragende Handwerker und ihre Webkunst sehr begehrt war, nahm man sie gern auf. In den vorkragenden, lichtdurchfluteten Obergeschossen stehen noch die alten Webstühle.

Da nicht nur die Klöster, sondern auch die Stadt für die nie abreißenden Fluten der Pilger zu sorgen hatte,– schließlich neben der Tuchherstellung die Haupterwerbsquelle – stoßen wir überall auf Hospize, Armenhäuser *(almshouses)* und Stiftsgebäude, in denen die Pilger Unterkunft fanden.

Direkt gegenüber den Weberhäusern steht zum Beispiel das **Eastbridge Hospital,** dessen Gründung auf das Jahr 1070 zurückgeht; es war mit dem 100 Jahre jüngeren **Hospital of St. Thomas** verbunden. Hier übernachteten die Pilger und erhielten ihre Mahlzeiten. Nach der Reformation wurde ein Armenhaus daraus. Die schönen Gebäude mit der Master's Lodge, Kapellen, Gewölben und Refektorium sind zu besichtigen.

Den reizenden Gärten entlang des Stour folgend, an den **Klosterruinen der Grey Friars,** der Franziskaner, vorbei, stoßen wir auf das **Canterbury Heritage Museum** im mittelalterlichen

Poor Priest Hospital. Das hoch aufragende Gebäude mit der großen blauen Uhr über dem Eingangsportal ist exzellent restauriert. Das hervorragend gestaltete Museum führt uns durch die Geschichte der Stadt. Es zeigt u. a. den berühmten Silberlöffelschatz aus der Römerzeit, Pilgerabzeichen aus dem Mittelalter und die erste Dampfmaschine von Stephenson (1830). Ein Besuch lohnt sich: Sie sehen die Stadt mit ihren malerischen historischen Gebäuden in größeren Zusammenhängen.

Wieder in der High Street, vorbei an dem schönen elisabethanischen Fachwerkbau, in dem Elisabeth I. einmal genächtigt hat **(Queen Elizabeth's Guest Chamber),** bietet das **Pilgrim's Way Centre** in der St. Margaret's Street prächtig-buntes, historisches Spektakel: Hier wird die Pilgerfahrt von London nach Canterbury lebendig, in audiovisuellen Vorführungen nehmen wir an Chaucers lebensprallen Erzählungen teil, mit denen sich die Pilger gegenseitig unterhielten. In der Butchery Lane liegt ein unterirdisches Museum mit den Überresten eines **römischen Stadthauses,** das besonders schöne Mosaike aufzuweisen hat.

Dann stoßen wir auf die Straße Burgate, deren Hauptanziehungskraft und Mittelpunkt der zauberhafte, intime **Buttermarket** bildet – ein Gewirr aus anmutigen Fachwerkbauten, zusammengewürfelten Bürgerhäusern aus allen Epochen, einem Marktkreuz in der Mitte und dem prachtvollen, üppig ornamentierten **Christ Church Gate.** Der Haupteingang zur Domfreiheit wurde von Heinrich VII. begonnen, in festlichem Erinnern an die Hochzeit seines Sohnes Prinz Artur mit der spanischen Königstochter Katharina von Aragon. Artur starb als 16jähriger, Heinrich VII. hatte nach dem Tod seines Sohnes das Interesse an dem Bauwerk verloren, und erst sein zweitgeborener Sohn ließ als Heinrich VIII. das Portal fertigstellen und vermählte sich selbst mit der Witwe.

Lassen Sie den Anblick der **Kathedrale** auf sich wirken, schauen Sie sich in dem geschützten Refugium ein wenig um; die Nebengebäude, der Kreuzgang, die Bibliothek, die weitläufigen Gebäude der **King's School,** das Kapitelhaus, alles in saftiges Rasengrün eingebettet, bilden eine Welt für sich, die auf die Kathedrale als den Höhepunkt so recht einstimmt.

Die Kathedrale

Betritt man die Kathedrale aus grauem Caen-Stein, öffnet sich der Blick durch das lange, raffiniert schlichte Schiff im *Perpendicular Style* mit seinen schlanken, hoch aufschießenden Pfeilern bis zur steinernen Chorschranke, die aus dem 14. Jh. stammt und mit zahlreichen Königsstatuen ornamentiert ist.

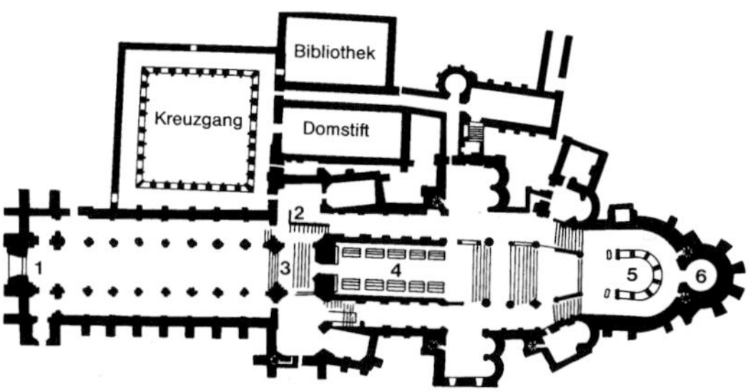

Canterbury Cathedral
1 Westportal
2 Martydrom
3 Bell Harry Tower
4 Chor
5 Trinity Chapel
6 Corona

Der Mord im Dom

Der Mord an Thomas Becket war eine Ungeheuerlichkeit, die die gesamte Christenheit zutiefst erschütterte – der Erzbischof wurde in seiner eigenen Kathedrale, dem geheiligten Ort Gottes, hinterrücks erstochen! Becket, der von Jugend an mit König Heinrich II. befreundet war, sein Vertrauter, sein Kanzler, hatte das ihm angebotene Amt des Erzbischofs nur zögernd angenommen. Wußte er doch, daß der Konflikt zwischen Kirche und Staat, zwischen den autokratischen Machtansprüchen des Königs und der Eigengesetzlichkeit der römisch-katholischen Kirche zu einem Bruch mit dem König führen mußte. Becket, dessen Gewissensentscheidung eindeutig für die Kirche sprach, machte sich damit zum Feind Heinrichs II., und vier Höflinge, die dessen Zornesausbruch gegen den Erzbischof für bare Münze nahmen, machten sich auf, um den Primas zu ermorden. Er starb am 29. Dezember 1170. Becket wurde zum Märtyrer, er wurde 1174 heiliggesprochen, der Papst verhängte den Kirchenbann gegen Heinrich II. – und damit gegen sein ganzes Land. Der König mußte Abbitte tun. Nach der Heiligsprechung Beckets trat Heinrich seinen Bußgang an und empfing vor dem Hochaltar die öffentlichen Geißelschläge.

Becket-Fenster im Umgang der Trinity Chapel (um 1220)

In der Vierung blickt man hinauf in das wunderbar zart ausgestaltete Fächergewölbe des **Bell Harry Tower,** dessen Name auf die Glocke im Turm zurückgeht. Links davon, im nördlichen Vierungsbereich, liegt das **Martyrdom:** An dieser Stelle wurde Becket am 29. Dezember 1170 ermordet. Vor der Gedenkplatte knieten auch Papst und Erzbischof im Jahr 1982 nieder, als Geste der Aussöhnung der beiden Kirchen, die so lange verfeindet waren.

An der Vierung steigen die **Pilgrim's Steps**, am Hochaltar vorbei, zur *Trinity Chapel*, der Dreifaltigkeitskapelle hinauf. Hinter dem Hochaltar steht **Augustinus' Thron**, ein weißer Marmorsitz, auf dem die Erzbischöfe von Canterbury als Primas von »all England« inthronisiert wurden und werden. Besonders schön und kostbar sind die Fenster des Chors: Sie stammen aus dem 12. Jh. und werden die ›Bibel der Armen‹ genannt. Sie illustrieren Szenen des Alten Testaments und gehören zu den großen Schätzen europäischer Glasmalerei.

In der **Trinity Chapel**, in dem wunderbar gegliederten Halbrund, das in der Corona seinen Abschluß findet, stand der Schrein von Becket. Zur Linken die Votivkapelle Heinrichs IV. mit herrlichem Fächergewölbe. Er und seine Königin Katharina von Navarra sind die einzigen Monarchen, die in der Kathedrale begraben sind; ihr prachtvolles Grabmal auf der Nordseite der Dreifaltigkeitskapelle stammt von 1437. In den blau schimmernden Fenstern in der **Corona** – kostbare Arbeiten, die um 1200 entstanden sind – werden die Wunder bildhaft geschildert, die dem Becket-Schrein zugeschrieben werden.

Auf der Südseite, im Umgang der Trinity Chapel, stoßen wir auf das Grabdenkmal einer der legendären Personen der englischen Historie. Unter einem Baldachin ruht der **Sarkophag des Schwarzen Prinzen**. Die bronzene Gestalt des Prinzen zeigt ihn in voller Rüstung; er war einer der letzten Ritter der europäischen Geschichte, gefürchtet im Westen Frankreichs, »the flower of English chivalry«. Dreißig Jahre lang zog er für seinen Vater, Eduard III., im Hundertjährigen Krieg gegen Frankreich zu Felde, er starb 1376.

Die **Krypta** ist ein wahres Wunderwerk, Sie sollten ihr unbedingt einen Besuch abstatten: Die niedrigen, kräftigen Gewölbe in normannischem Stil werden von einem Wald aus Säulen getragen, deren Kapitelle und Schäfte über und über mit Mustern, Ornamenten, Blattmotiven, köstlichen kleinen Fabelwesen und fröhlich-derbem Mannsvolk geschmückt sind; orientalische und byzantinische Stileinflüsse verbinden sich hier zu einzigartiger Individualität. Diese Krypta gehört zu den schönsten, lebendigsten Zeugnissen des reichen normannischen Erbes in Großbritannien.

Wollen Sie die Gesamtheit der Kathedrale auf sich wirken und sich von ihrem festlichen, mystischen Glanz einhüllen lassen, sollten Sie eine Abendandacht mit Chorgesang besuchen: Der ›Evensong‹ ist in jeder Kathedrale Englands fester Bestandteil des Gemeinschaftslebens. Die Choristen, Knaben der Domschule und altgediente Sänger, jung und alt in schwarzen wehenden Roben, ziehen als Prozession in die Kirche ein, und der fremdartige Chorgesang der reinen Stimmen steigt hoch bis in den Himmel der Kathedrale.

Wenn die letzte Messe beendet ist, die letzten Kerzen verloschen, schließt der *verger* zu, in den Wohnzimmern und Studierstuben der Domfreiheit gehen die Lichter an, Stille senkt sich herab, und das Christ Church Gate wird abgeschlossen – um Punkt 21 Uhr.

Lesefutter: Natürlich »Canterbury-Tales«, die in mehreren Übersetzungen im Deutschen vorliegen. Und dann vielleicht T. S. Eliots »Mord im Dom« oder Jean Anouilhs »Becket oder die Ehre Gottes«.

Canterbury Cathedral, Fächergewölbe in der Vierung (Bell Harry Tower)

Verzeichnis kunstgeschichtlicher und gärtnerischer Begriffe (Glossar)

Allegorie Anschaulich-sinnbildliche, figürliche Darstellung eines abstrakten Begriffs (z. B. Liebe, Gerechtigkeit)
Apsis In der christlichen Baukunst überwiegend der östliche Abschluß einer Kirche
Arkade Bogenstellung über Säulen oder Pfeilern

Balustrade Ein aus kleinen, gedrungenen Stützen (Balustern) gebildetes Geländer an Treppen, Balkonen oder als Dachabschluß
Bündelpfeiler Pfeiler, der rundherum mit Dreiviertelsäulen verschiedenen Durchmessers besetzt ist, die in die Rippen des Gewölbes oder des Bogens überleiten

Cathedral close Aus dem Mittelalter stammender Bezirk rund um die Kathedrale, der meistens eine weite Rasenfläche umfaßte, dem Kirchenrecht unterstand und dessen Anlage und Architektur typisch für englische Kathedralstädte ist
Chinoiserie Europäische Nachbildung ostasiatischer Kunstwerke
Chor Hochaltarraum einer Kirche, einige Stufen höher liegend als der Gemeinderaum, architektonisch besonders ausgestaltet und oftmals durch einen Lettner, durch Gitter oder Schranken vom Mittelschiff getrennt
Circus Kreis von Häusern mit einheitlicher Fassadengestaltung
Coppice Wäldchen
Crescent Halbmondförmige Häuserreihe mit einheitlicher Fassadengestaltung

Decorated Style (ca. 1300–1400) typisch englische Ausprägung der Hochgotik mit fließender, wogender konvex-konkaver Linienführung (Ogee-line) und üppiger Ornamentik
Drawing room Salon

Early English Style (ca. 1190–1300) erste Phase der englischen Gotik mit strengen, schmalen Formen und Betonung der Vertikalen (Lanzettenfenster)
Eklektizismus Übernahme von Stilmitteln vergangener Epochen oder alter Meister

Fächergewölbe Gewölbe, dessen Rippen fächerförmig einem Zentrum ›entwachsen‹
Fensterrose In der gotischen Baukunst kreisrundes, durch Maßwerk unterteiltes Fenster
Fiale Architektonisches Zierelement der Gotik: spitz zulaufendes Ziertürmchen auf Strebepfeilern

Gewölbeformen **Tonnengewölbe:** Gewölbe mit halbkreisförmigem Querschnitt (einfachste Form des G.); bei der Durchdringung zweier gleich hoher Tonnengewölbe entsteht ein **Kreuzgewölbe**; bilden sich an den Schnittpunkten der Gewölbeflächen eines Kreuzgewölbes Grate, handelt es sich um ein **Kreuzgratgewölbe**; verläuft entlang der Grate eine tragende Skelettkonstruktion, spricht man von einem **Kreuzrippengewölbe**
Glade Lichtung
Guildhall Rathaus

Hallenkirche Kirche, deren Schiffe ganz oder fast gleich hoch sind
Helm kegel-, zelt- oder pyramidenförmiges Dach eines Turmes

Kapitelhaus Architektonisch abgetrennter Bezirk in einer Kathedrale, der den Versammlungen der Geistlichkeit vorbehalten ist

Kapitell Oberer Abschluß von Säule, Pfeiler oder Pilaster mit ornamentaler, figürlicher oder pflanzlicher Dekoration

Kassettendecke Flache oder gewölbte, mit eingetieften runden oder ekkigen Feldern gegliederte Raumdecke; die Kassetten sind manchmal vergoldet, aus Reliefs oder pflanzlichen Ornamenten gestaltet

Keep normannischer, eckiger Zentralturm einer Burg mit winzigen Fensterschlitzen und ohne sichtbaren Eingang. Zufluchtsort bei Belagerungen, gleichzeitig Wohnturm

Kreuzgang Überdachter Umgang um den Innenhof eines Klosters oder einer Kathedrale, bei der Kathedrale oft angefügter Bauteil

Krypta Unterirdisch gelegener Raum unter dem Ostabschluß einer Kirche zur Aufbewahrung von Reliquien, Grabstätte von Heiligen und Märtyrern. Später auch Grablege für geistliche und mitunter weltliche Würdenträger

Langhaus (Längsschiff) Langgestreckter Gebäudeteil einer Kirche zwischen Fassade und Chor

Lettner Trennwand mit einem oder mehreren Durchgängen zwischen Chor und Mittelschiff einer Kirche – zur Scheidung von Priestern und Laien

Long gallery Im elisabethanischen Zeitalter entstandener langer Saal im Obergeschoß eines *countryhouse*, der die gesamte Hausbreite einnimmt und dem Sport und der Unterhaltung bei schlechtem Wetter diente

Maßwerk Geometrisches Bauornament der Gotik, zunächst nur zur Unterteilung von großen Fenstern, später auch zur dekorativen Gliederung von Wandflächen, Giebeln usw.

Netzgewölbe Die Rippen eines Gewölbes bilden ein über die Joche hinausgreifendes, zusammenhängendes Netz

Oktogon, oktogonal Achteck, achteckig

Perpendicular Style (bis Ende des 15. Jh.) Höhepunkt und Endphase der Gotik mit filigranen Deckengewölben, klaren und schlichten Umrissen, die aus der absoluten Beherrschung und Reduzierung alles vorhergegangenen entwikkelt worden waren

Pilaster Der Wand oder einem anderen Bauglied vorgelegter vertikaler Mauerstreifen mit Basis und Kapitell

Polygonal Mehreckig

Portikus Von Säulen getragene und meist von einem Dreiecksgiebel überfangene Vorhalle, die der Hauptfront eines Gebäudes vorgelagert ist

Querhaus, Querschiff Zwischen Langhaus und Chor eingeschobener Querbau, durch den ein Kirchengrundriß Kreuzform erhält

Rippe Tragende Konstruktionsteile bei Gewölben, die das Gerüst für die nicht-tragenden Gewölbekappen bilden

Rosette Im gotischen Kirchenbau kreisrundes, mit Maßwerk gefülltes Fenster

Schlußstein Oberster, als letzter eingesetzter Stein eines Bogens oder eines Kreuzrippengewölbes; oft mit Ornamenten geschmückt

Square Stadtplatz mit einheitlicher Bebauung um eine Grünanlage

Strebebogen Bogen, der die Verbindung zwischen dem Strebepfeiler und der zu stützenden Mauer herstellt und über den der Gewölbeschub in diesen Pfeiler geleitet wird

Strebepfeiler Quer zur Längsflucht eines Gebäudes stehender Pfeiler; dient der Verstärkung hoher Mauern und der Ableitung von Schubkräften

Tapisserie (franz.) Wandteppich

Terrace Reihung von Einzelhäusern mit einheitlicher Fassadengestaltung

Terrakotta 1. Gebrannte Tonerde. 2. Gefäß oder Plastik aus diesem Material

Triforium Laufgang in der Kirchenwand zwischen Arkaden oder Emporen und der Fensterzone

Trompe l'œil (französisch: Augentäuschung) Vortäuschung realer Gegenstände oder Landschaftsausblicke mit malerischen Mitteln

Tympanon Bogenfeld über einem Portal, meist mit plastischem Schmuck

Vierung Ort der Durchdringung von Lang- und Querhaus einer Kirche

Vierungsturm Turm über der Vierung

Walled Garden Ummauerter Garten

Serviceteil

Serviceteil

So nutzen Sie den Serviceteil richtig

▼ Das erste Kapitel, **Adressen und Tips von Ort zu Ort**, listet die im Reiseteil beschriebenen Orte in alphabetischer Reihenfplge auf. Zu jedem Ort finden Sie hier Empfehlungen für Unterkünfte und Restaurants sowie Hinweise zu Verkehrsverbindungen, zu den Öffnungszeiten von Museen und anderen Sehenswürdigkeiten, zu Festen, Unterhaltungsangeboten ect. Piktogramme helfen Ihnen bei der raschen Orientierung.

▼ Die Reiseinformationen von A-Z bieten von A wie ›Anreise‹ bis Z wie ›Zolbestimmungen‹ eine Fülle an nützlichen Hinweisen – Antworten auf Fragen, die sich vor und während der Reise stellen.

Inhalt

Adressen und Tips von Ort zu Ort

A la Ronde, NT
bei Exmouth, Devon

Öffnungszeiten: April–Okt. tägl. (außer Fr, Sa) 11–17 Uhr

Abbotsbury
Dorset

Unterkunft: Ilchester Arms (Hotel), Market Street, 60 £, ✆ 0 13 05-87 12 43; reizendes, familiäres Haus mitten im schönen Dorf

Sehenswert: Abbotsbury Swannery März–Okt. 9.30–16.30 Uhr; Subtropical Gardens, März–Sept. 10–18 Uhr

Alfriston
bei Seaford, East Sussex

Sehenswert: Alfriston Clergy House, NT, April–Okt. tägl. 10.30–17 Uhr

Veranstaltungen: 1. Septemberwoche: English Wine Festival

Antony House & Woodland Garden
bei Plymouth, Devon

Öffnungszeiten: Haus, April–Okt. Di, Mi, Do 14–18 Uhr, Juni, Juli, August auch So, feiertags, Mo 14–18 Uhr, Gärten, März–Okt. Mo–Sa 11–17.30 Uhr; So 14.30–17.30 Uhr

Arlington Court, NT
bei Barnstaple, Devon

Öffnungszeiten: Park, tägl. 10 – Sonnenuntergang; Haus, April–Okt. tägl. (außer Sa) 11–18 Uhr

Arundel
West Sussex

Information: 61 High Street, ✆ 0 19 03-88 22 68

Sehenswert: Arundel Castle, April–Okt. tägl. (außer Sa) 12–17 Uhr
Umgebung: Petworth House, Parham House, Storrington

Abkürzungen: NT, National Trust, s. S. 22 und 382; EH, English Heritage, s. S. 382

Hotels: Die Preisangaben der Übernachtungen in Pfund Sterling beziehen sich auf die Nutzung eines Doppelzimmers mit Dusche oder Bad durch zwei Personen. In den meisten Hotels der Mittelklasse gibt es neben den Zimmern mit ›private facilities‹ auch noch Räume, die nur ein Waschbecken mit ›H & C‹ haben, also ›warmem und kaltem‹ Wasser; deren Preise liegen unter den hier angegebenen. In solchem Fall sind Sie aber meistens besser mit B & B untergebracht!

Veranstaltungen: August–Anfang September: Arundel Festival, Volksfest mit Musik und Tanz

Ashford

Kent

Information: 18 Churchyard, ✆ 0 15 80-76 35 72

Unterkunft: Eastwell Manor, Eastwell Park, Boughton Lees, ab 140 £, ✆ 0 12 33-63 57 51 oder 96 62 81; altes, nobles Countryhouse mit großem italienischem Garten inmitten eines Wildparks gelegen – erstklassig
New Flying Horse Inn, Upper Bridge Street, Wye, 40–50 £, ✆ 0 12 33-81 22 97; alte Postkutschenstation aus dem 17. Jh., attraktiver Garten

Sehenswert: sind zahlreiche schöne Orte in der Umgebung: Smarden, Chilham, Biddenden, Tenterden, Sissinghurst

Avebury

Wiltshire

Sehenswert: Avebury Museum (Alexander Keiller Museum), EH, April–Sept., tägl. 10–18 Uhr; Okt.–März tägl. 10–16 Uhr

Veranstaltungen: Um die Sommersonnenwende feiert Avebury ein: Druiden-Festival

Barnstaple

Devon

Information: Library, Tuly Street, ✆ 0 12 71-38 85 83

Unterkunft: Umgebung: Halmpstone Manor (Hotel, Restaurant), Bishop's Tawton, 80 £, ✆ 83 03 21; schön und ruhig gelegenes kleines Haus mit Garten und Park

Restaurant: Lynwood House, Bishop's Tawton Road, ✆ 4 36 95; Regionalküche mit französischem Flair, auch B&B

Aktivitäten: Der ›Tarka Trail‹, ein 120 km langer Rundwanderweg durch das Exmoor, beginnt und endet in Barnstaple.

Barrington Court, NT

bei Ilminster, Somerset

Öffnungszeiten: Park, April–Okt. tägl. (außer Fr) 11–17.30 Uhr, Haus: April–Okt. nur Mi 11–17.30 Uhr

Bateman's, NT

bei Burwash, East Sussex

Öffnungszeiten: Haus und Garten, April–Okt. tägl. (außer Do und Fr) 11–17.30 Uhr

Bath

Avon

Information: The Colonnades, 11 Bath Street, ✆ 0 12 25-6 28 31

Zugverbindungen: siehe Plan S. 390, telefonische Fahrplanauskunft 08 91–9 10 91

Unterkunft: Royal Crescent Hotel, 16 Royal Crescent, ✆ 31 90 90; Hotel der Luxuskategorie mit exellentem

Restaurant als Teil des schönsten Bauensembles des 18. Jh.
Homewood Park, Hinton Charterhouse, 90–130 £, ✆ 72 37 31; herrlich gelegenes Countryhouse-Hotel mit Park und Tennisplatz
Queensberry Hotel, Russell Street, 60–90 £, ✆ 44 79 28; hübsch möblierte, persönlich geführte Stadtpension
Holly Lodge (B&B), 8 Upper Oldfield Park, 50 £, ✆ 42 40 42; gemütliche viktorianische Stadtpension mit Garten und schönem Blick auf Bath
Somerset House, 35 Bathwick Hill, 50–70 £, ✆ 46 64 51; fürsorglicher Service in renommierter Pension, strenges Rauchverbot

Restaurants: Hole in the Wall, 16 George Street, ✆ 42 52 42; sehr gute britische ›nouvelle cuisine‹ in elegantem Ambiente
Moon & Sixpence, 6A Braos Street, ✆ 46 09 62; gemütlich, informell, gute, französisch inspirierte Bistro-Küche
Clos du Roy, 1 Seven Dials, Saw Close, ✆ 44 44 50; Chic, urban, interessante französische Küche

Sehenswert: *Roman Baths Museum*, März–Okt. tägl. 9–18 Uhr; Aug. tägl. 8–22 Uhr; Nov.–Febr. tägl. 9–17 Uhr
Pump Room, tägl. 10–18 Uhr
Royal Crescent, Number 1, März–Okt. Di–So 11–17; Nov.–Dez. Di–So 11–16 Uhr
Assembly Rooms – Museum of Costumes, tägl. 10–17 Uhr
The Huntington Centre, Mo–Fr 10.30–16 Uhr
Museum of English Naive Art, Ostern–Dez. tägl. 10.30–17 Uhr, So 14–18 Uhr
Holburne Museum and Crafts Study Centre, April–Okt. Mo–Sa 11–17 Uhr, So 14.30–18 Uhr, Nov.–März Mo 11–17 Uhr
National Centre of Photography, The Octagon, Milsom Street, tägl. 9.30–17.30 Uhr; Stammsitz der Royal Photographic Society, der ältesten Gesellschaft für Photographie in der Welt. Von den ersten Photos bis zu neuen, themenbezogenen Ausstellungen – sehr sehenswert!
Bath Postal Museum, Broad Street, Mo–Sa 11–17 Uhr, So 14–17 Uhr; Geschichte des Postwesens, der Postkutsche als Transportmittel (die erste Briefmarke der Welt wurde von hier abgeschickt), sehr schön für Kinder!
Victoria Art Gallery, Bridge Street, Mo–Sa 10–16 Uhr; städtische Kunstsammlungen: alte Meister und britische Malerei vom 18–20. Jh., Vedutenmalerei von Bath, Glas, Porzellan, Töpferei
Museum of East Asian Art, 12 Bennett Street; April–Okt. tägl. 10–17 Uhr, Nov.–März Mo–Sa 10–17 Uhr, So 12–17 Uhr
Umgebung: American Museum in Britain, Claverton Manor, 5 km südöstl. von Bath; März–Okt. Garten tägl. (außer Mo) 14–17 Uhr, Haus tägl. (außer Mo) 14–17, So 11–17 Uhr; großzügige Villa in herrlichen Gärten: 200 Jahre der amerikanischen Geschichte und Wohnkultur werden hier anhand von liebevoll gestalteten Raumabfolgen vergegenwärtigt
s. a. Bowood House, Lacock, Castle Combe, Dyrham Park

Veranstaltungen: Mai: Bath International Festival of Music and Arts

Battle

East Sussex

Sehenswert: Battle Abbey and Battlefield, EH, April–Sept. tägl. 10–18 Uhr; Okt.–März tägl. 10–16 Uhr

Veranstaltungen: 2. oder 3. Maiwoche: Festival of Arts, Konzerte, Theater, Ausstellungen

Beaulieu
Hampshire

Öffnungszeiten: Ostern–Sept. tägl. 10–18 Uhr; Okt.–Ostern tägl. 10–17 Uhr Umgebung: s. a. Buckler's Hard

Unterkunft: Montagu Arms (Hotel), Palace Lane, 90 £, ✆ 0 15 90-61 23 24; wunderschönes altes Haus, romantisch und komfortabel

Biddenden
Kent

Restaurants: West House, High Street, ✆ 0 15 80-29 13 41; überdurchschnittlich gute italienische Küche Claris' Tearooms, High Street, ✆ 29 10 25; sehr gute Kuchen und Gebäcksorten

Bideford
Devon

Information: Victoria Park, The Quay, ✆ 0 12 37-47 76 76

Unterkunft: Yeoldon (Hotel), Durrant Lane, Northam, Bideford, 50–65 £, ✆ 47 44 00; großzügige viktorianische Villa, hoch gelegen in eigenem Park

Aktivitäten: Wandern: Tarka Trail, Information ✆ 0 18 05-12 33 55, Torrington

Bigbury-on-Sea
Devon

Unterkunft: Burgh Island Hotel, Bigbury-on-Sea, ✆ 0 15 48-81 05 14; für besondere Anlässe, reines Art Deco, mit Dinner Dance

Bignor Roman Villa
Bignor, West Sussex

Öffnungszeiten: März–Okt. tägl. (außer Mo) 10–18 Uhr

Bodiam Castle, NT
Robertsbridge, East Sussex

Öffnungszeiten: 18. Febr.–Okt. tägl. 10–18 Uhr; Nov.–2. Jan. Di–Sa 10 Uhr bis Sonnenuntergang

Bodmin
Cornwall

Information: Shire House, Mount Folly Square, ✆ 0 12 08-7 66 16

Borde Hill Gardens
bei Haywards Heath, West Sussex

Öffnungszeiten: 18. März – 1. Okt. tägl. 10–18 Uhr

Botallack
bei St. Just, Cornwall

Restaurant: The Count House Restaurant, ✆ 0 17 36-78 85 88; einsam und romantisch gelegen, sehr gute britisch-französische Küche

Boughton Monchelsea Place
bei Maidstone, Kent

Öffnungszeiten: Karfreitag – Okt. So, feiertags 14–18 Uhr; Juni, Juli, August auch Mi 14–18 Uhr

Unterkunft: Tanyard (Hotel und Restaurant), Wierton Hill, 60–80 £, ✆ 0 16 22-74 47 05; ruhig gelegenes, komfortables Haus mit großen Obstgärten

Bournemouth

Dorset

Information: Westover Road, ✆ 0 12 02-78 97 89

Zugverbindungen: telefonische Auskunft ✆ 0 12 02-29 24 74

Unterkunft: Anglo Swiss (Hotel), Gervis Road, East Cliff, 60 £, ✆ 55 47 94; elegantes, traditionelles Haus mit eigenem Garten hoch auf dem East Cliff
Durley Hall (Hotel), Durley Chine Road, 60–80 £, ✆ 50 01 00; großes viktorianisches Haus, sehr gut geführt, Dinner Dance, Swimming-pools, innen und außen
Marsham Court (Hotel), Russel Cotes Road, 60–80 £, ✆ 55 21 11; gute Lage, schönes Haus, interessante Küche, Swimming-pool

Restaurants: Salathai (Thai), Christchurch Road, ✆ 42 07 72; moderne thailändische Küche
Noble House (chinesisch), 3–5 Lansdowne Road, ✆ 29 12 77; sehr gut
Sophisticats, 43 Charminster Road, ✆ 29 10 19; kleines, unauffälliges Restaurant mit internationaler Küche, köstliche Käse-Soufflés!

Sehenswert: Russel-Cotes Art Gallery and Museum, East Cliff, Di–So 10–17 Uhr
Casa Magna Shelley Museum, Boscombe Manor, Beechwood Avenue, Boscombe, Juni–Sept. Mo–Sa 10–17 Uhr; sonst: Do, Fr, Sa 10–17 Uhr
Umgebung: Wimborne Minster, Kingston Lacy

Veranstaltungen: 2. Junihälfte: Flower Festival – ganz Bournemouth im Blütenrausch
1. Augustwoche: Bournemouth Regatta, internationale Segelregatta

Bovington Camp

Dorset

Sehenswert: Bovington Camp mit dem ältesten Panzermuseum der Welt, tägl. 10–17 Uhr

Bowood House

bei Calne, Wiltshire

Öffnungszeiten: April–Okt. tägl. 11–18 Uhr

Bradford-on-Avon

Wiltshire

Information: The Library, Bridge Street, ✆ 0 12 25-86 57 97

Unterkunft: Woolley Grange, Woolley Green, 90–160 £, ✆ 86 47 05; traumhaftes Countryhouse, Park, Swimming-pool, Tennisplätze
Leigh Park, Leigh Road West, 75 £, ✆ 86 48 85; georgianisches Landhaus in großem Park, Weinanbau
Burghope Manor, Winsley, 65–70 £, ✆ 72 35 57; kuscheliges kleines historisches Countryhouse

Pub: Cross Guns, Avoncliff; prima Essen, entspannte Atmosphäre, gute Weine

Sehenswert: Umgebung: Ilford Manor, Great Chalfield Manor

Brighton

East Sussex

Information: 10 Bartholomew Square, ✆ 0 12 73-2 37 55

Zugverbindungen: telefonische Fahrplanauskunft: ✆ 0 12 73-20 67 55

Unterkunft: Adelaide (Hotel), 51 Regency Square, 65 £, ✆ 20 52 86; herrliches Regency Stadthaus am zentralen, gepflegten Regency Square
Twenty One (Hotel), 21 Charlotte Street, 50–70 £, ✆ 68 64 50; mitten im Zentrum, gleich bei der Strandpromenade, mit Laura Ashley-Dekor in Hochform
Topps (Hotel und Restaurant), 17 Regency Square, 50–70 £, ✆ 72 93 34; großzügige Zimmer, sehr komfortabel

Restaurants: Langan's Bistro, 1 Paston Place, ✆ 6 06 93 31; Ableger des sehr schicken Restaurants gleichen Namens in London, lässig, raffinierte französisch inspirierte Küche, gute Weine
Le Grandgousier, 15 Western Street, ✆ 77 20 05; durchtrieben einfach scheinende große Menüs!
Black Chapati (indisch), 12 Circus Parade, New England Road, ✆ 69 90 11; unkonventionelle, indische Küche
New Dynasty (chinesisch), 33 Preston Street, ✆ 20 27 08, sehr guter Chinese

Sehenswert: The Royal Pavilion, tägl. 10–17 Uhr; Juni–Sept. tägl. 10–18 Uhr
Brighton Museum and Art Gallery, tägl. außer Mi 10–17 Uhr, So 14–17 Uhr
The Grange, Rottingdean, Mo, Do, Sa 10–17 Uhr, Di, Fr 10–13, 14–17 Uhr, So 14–17 Uhr

Veranstaltungen: 1.–3. Maiwoche: Festival der Künste

Bristol

Avon

Information: St. Nicholas Church, St. Nicholas Street, ✆ 0 12 72-26 07 67

Zugverbindungen: telefonische Fahrplanauskunft: ✆ 01 17-9 29 42 55

Unterkunft: Henbury Lodge (Hotel), Station Road, Henbury, 50–80 £, ✆ 9 50 26 15; elegante Stadtresidenz mit schönem Garten
Seeley's (Hotel), 17–27 St. Paul's Road, Clifton, 50–80 £, ✆ 9 73 85 44; 6 als Hotel zusammengefaßte »terraced houses« mit Garten und Terrasse
Downlands Guest House, 33 Henleaze Gardens, Henleaze, 50 £, ✆ 9 62 16 39; komfortable Pension im Nordwesten Bristols in der Nähe der M4, M5

Restaurants: Harvey's, 12 Denmark Street, ✆ 9 27 50 34; berühmtes Nobelrestaurant mit exellenter französischer Küche
Marwicks, 43 Corn Street, ✆ 9 26 26 58; im alten City-Center, mediterrane, phantasievolle Gerichte
Lettonie, 9 Druid Hill, Stoke Bishop, ✆ 9 68 64 56; renommierte, innovativ-klassische Küche mit einem Schuß Osteuropa
The Glass Boat, Welsh Black, nahe Bristol Bridge, ✆ 9 29 07 04; spektakuläres, gläsernes Restaurant-Schiff
China Palace (chinesisch), 18A Baldwin Street, ✆ 9 26 27 19 oder 9 29 03 82; große

Räume, elegante, urbane Atmosphäre und sehr gute chinesische Küche

Sehenswert: Arnolfini Arts Centre, Narrow Quay, tägl. geöffnet; Kunst- und Erlebniszentrum mit Galerie und Bistro
Maritime Heritage Centre, Wapping Wharf, Gas Ferry Road, tägl. 10–18 Uhr
S. S. Great Britain, Great Western Dock, tägl. 10–18 Uhr
Bristol Industrial Museum, Prince's Wharf, tägl. (außer Do, Fr) 10–13, 14–17 Uhr; Schiffs-, Handels- und Industriemuseum
City Museum and Art Gallery, Queen's Road, tägl. 10–17 Uhr; hervorragend ausgestattetes Allgemein-Museum
Harvey's Wine Museum, Denmark Street, Mo–Fr 10–13, 14–17 Uhr, Sa, So 14–17 Uhr

Veranstaltungen: am letzten Juli-Wochenende: Bristol Harbour Regatta
3. und 4. Juliwoche: World Wine Fair, Weinfestival für Fachleute und Weinfans

Brixham
Devon

Information: Market House, The Quay, ✆ 0 18 03-85 28 61

Broadlands
bei Romsey, Hampshire

Öffnungszeiten: April–Sept. tägl. 10–17.30 Uhr

Brownsea Island, NT
Poole Harbour, Dorset

Öffnungszeiten: April–Okt. 10–20 Uhr

Brympton D'Evercy
bei Yeovil, Somerset

Öffnungszeiten: Mai–Sept. tägl. (außer Do, Fr) 14–18 Uhr

Buckfast Abbey, NT
Buckfastleigh, Devon

Öffnungszeiten: Buckfast Abbey, tägl. 5.30–21 Uhr

Buckland Abbey, NT
bei Yelverton, Devon

Öffnungszeiten: April–Okt. tägl. (außer Do) 10.30–17.30 Uhr; Nov.–März Mi, Sa, So 14–17 Uhr

Buckler's Hard
bei Beaulieu, Hampshire

Unterkunft: Master Builder's House (Hotel), 70 £, ✆ 0 15 90-61 62 53; idyllisch gelegen, rustikal und gemütlich

Sehenswert: Buckler's Hard Maritime Museum, tägl. 10–18 Uhr; Mai–Sept. tägl. 10–19 Uhr

Camelford
Cornwall

Information: The Clease, ✆ 0 18 40 2 19 54

Sehenswert: Museum of Historic Cycling in der Old Station: So–Do 10–17 Uhr. Ein privat geführtes, historisches Museum, das über die Geschichte und Entwicklung des Rades Auskunft gibt und mit 150 Drahteseln – das umfangreichste auf der Insel ist

Canterbury

Kent

Information: St. Margaret's Street, ✆ 0 12 27-76 65 67

Zugverbindungen: siehe Plan S. 390, telefonische Auskunft 0891-91 09 10

Unterkunft: Falstaff (Hotel), St. Dunstan's Street, 70 £, ✆ 46 21 38; verwinkeltes Fachwerkhaus mit Butzenscheiben und niedrigen Decken, ehemalige Poststation aus dem 16. Jh.,
Ersham Lodge (Hotel), 12 New Dover Road, 50 £, ✆ 46 31 74; moderne Zimmer in großbürgerlichem Wohnhaus, 5 Min. von der Kathedrale entfernt
Oriel Lodge (Guesthouse), 3 Queens Avenue, 40 £, ✆ 46 28 45; ruhiges Privathaus in zentrumsnahem Wohnbezirk, gutes Preis-Leistungsverhältnis
Umgebung: White Horse Inn, Boughton bei Faversham, 50 £, ✆ 0 12 27-75 13 43; mit dem Wagen 10 Min. von Canterbury, sehr englischer alter Inn mit Kamin und viel knarrender Eiche
Duke of Cumberland Inn, The Street, Barham, 50 £, ✆ 83 13 96; mitten im reizvollen, wunderschön gelegenen Barham, ein traditioneller, beliebter Inn

Restaurant: Sully's, im County Hotel, High Street, ✆ 76 62 66; französische und mediterrane Küche von hohem Standard

Sehenswert: Canterbury Heritage Museum, Mo–Sa 10.30–16, So 14–17 Uhr
Pilgrim's Way Centre, tägl. 9.30–17 Uhr

Veranstaltungen: Juli, August: Canterbury Mystery Plays, Mysterienspiele
Oktober: Canterbury Festival mit internationalen Kunstausstellungen und Konzerten

Castle Combe

Wiltshire

Unterkunft: Manor House Hotel, 120–150 £, ✆ 0 12 49-78 22 06; traumhafte Lage, elegantes freundliches Haus

Castle Drogo, NT

bei Chagford, Devon

Öffnungszeiten: Park und Haus April–Okt. tägl. 11–17.30 Uhr, (Haus Fr geschlossen)

Chagford

Devon

Unterkunft: Great Tree (Hotel), Sandy Park, 70–90 £, ✆ 0 16 47-43 24 91; äußerst erholsam, mitten in einem riesigen und schönem Park- und Waldgelände, ehemalige Jagdanlage, Kaminfeuer und romantischem Dinner bei Kerzenlicht
Three Crowns Inn, High Street, 50–60 £, ✆ 43 34 44; reetgedecktes altes Steinhaus mitten im Städtchen
s. a. Gidley Park Hotel

Charleston Farmhouse

bei Firle, East Sussex

Öffnungszeiten: April–Okt. Mi–So, feiertags 14–17.30 Uhr

Chartwell, NT
bei Westerham, Kent

Öffnungszeiten: April–Okt. Tägl. (außer Mo und Fr) 11–17.30; März–Nov. nur Haus Mi, Sa, So 11–16.30 Uhr

Chatham Historic Dockyard, s. a. Rochester

Cheddar Gorge
Somerset

Öffnungszeiten: Ostern–Sept. tägl. 10–17.30 Uhr, Okt.–Ostern tägl. 10.30–16.30 Uhr

Chichester
West Sussex

Information: 29a South Street, ✆ 0 12 43-77 58 88

Unterkunft: Ship (Hotel und Restaurant), North Street, 60–70 £, ✆ 78 20 28; großes, freundliches Hotel mit vielbesuchtem Restaurant, Treffpunkt der Honoratioren

Crouchers Bottom (Pension), Birdham Road, Apuldram, 50–70 £, ✆ 78 49 95; stilvolles Bauernhaus mit schönen Zimmern und einladender Gastlichkeit

Restaurants: Comme Ça, 67 Broyle Road, ✆ 78 87 24; rustikale Küche der französischen Provinzen, gut

Droveway, 30a Southgate, ✆ 52 88 32; anglo-französische Küche, Fischspezialitäten

Sehenswert: Pallant House, North Pallant, ganzjährig Di–Sa 10–17 Uhr

Fishbourne Roman Palace, März–Nov. 10–17 Uhr

Veranstaltungen: Mai–Sept.: bedeutende Theaterfestspiele mit aufregenden Inszenierungen

Chilham
Kent

Unterkunft: Woolpack Inn, High Street, 40–70 £, ✆ 0 12 27-73 02 08; direkt am Dorfplatz, sehr nett und gemütlich

Sehenswert: Chilham Castle; von Ostern–Mitte Okt. tägl. ab 11 Uhr

Chysauster Ancient Village, EH
bei Penzance, Cornwall

Öffnungszeiten: April–Sept. tägl. 10–18 Uhr; Okt. tägl. 10–16 Uhr

Clandon Park, NT
bei Guildford, Surrey

Öffnungszeiten: April–Okt. tägl. (außer Do, Fr) 13.30–17 Uhr

Clapton Court Gardens
Crewkerne, Dorset

Öffnungszeiten: März–Okt. Mo–Fr 10.30–17 Uhr, So 14–17 Uhr

Cloud's Hill
bei Wareham, Dorset

Öffnungszeiten: April–Okt. Mi–Fr, So und Bankholiday Mo 14–17 Uhr

Clovelly
Devon

Unterkunft: Red Lion Hotel, Harbour, 60 £, ✆ 0 12 37-43 12 37; Wenn abends der Eingang zum Dorf geschlossen ist, sind nur noch die Einheimischen und eine Handvoll Gäste im denkmalgeschützten Fischerdorf. Das Hotel direkt am Wasser, sehr gute Fischküche

Coleridge Cottage
siehe Nether Stowey

Coleton Fishacre Garden, NT
bei Kingswear, Devon

Öffnungszeiten: März So 14–17 Uhr; April–Okt. tägl. (außer Di und Sa) 11–18 Uhr

Combe Sydenham Hall & Park
Monksilver bei Taunton, Somerset

Öffnungszeiten: April–Okt. tägl. (außer Sa) 10–17 Uhr, Haus Mo–Fr 13.30–16 Uhr (feiertags geschlossen)

Compton Acres Gardens
Poole, Dorset

Öffnungszeiten: tägl. 10.30–18 Uhr

Corfe Castle, NT
bei Wareham, Dorset

Öffnungszeiten: März–Okt. tägl. 10–17.30 Uhr; Okt.–März 10–15.30

Unterkunft: Mortons House (Hotel und Restaurant), East Street, ✆ 0 19 29-48 09 88; elisabethanisches Manor House, sehr gepflegt, mit schönem Garten

Corsham
bei Chippenham, Wiltshire

Sehenswert: Corsham Court, Jan.–Nov. tägl. (außer Mo und Fr) 14–16.30 Uhr; Ostern–Sept. tägl. (außer Mo) 14–18 Uhr

Cotehele House, NT
bei Saltash, Cornwall

Öffnungszeiten: 11–17.30 Uhr, Haus Fr geschlossen

Cranbrook
Kent

Information: Vestry Hall, Stone Street, ✆ 0 15 80-7 12 38

Cuckfield
West Sussex

Unterkunft: Ockenden Manor, Ockenden Lane, ✆ 0 14 44-41 61 11; zum Verwöhnen: ein äußerst luxuriöses Countryhouse-Hotel, inmitten grüner Natur, mit einer sehr empfehlenswerten Küche

Dartington
Devon

Sehenswert: Dartington Hall, Gärten täglich geöffnet;

High Cross House, Mai–15. Nov. Di–Fr 10.30–16.30 Uhr, Sa, So 14–16 Uhr
Cider Press Centre, Mo–Sa 9.30–17.30 Uhr

Veranstaltungen: Summer Schools
Ende August–1. Septemberwoche: Literaturfestival Way with Words, eine Woche lang von morgens bis abends Lesungen, Vorträge, Diskussionen in herrlicher Umgebung und ungezwungener Atmosphäre, sehr gut besucht!

Dartmoor

Devon

Information: Karten, Broschüren, Übernachtungshinweise, Routenvorschläge der National Park Authority sind ab Ende März bis Anfang November Mo–Sa (So nur im Juli, August) in folgenden Orten zu erhalten:
Tavistock, Town Hall, Bedford Square, ✆ 0 18 22-61 29 38
Okehampton, White Hart Hotel, ✆ 0 18 37-5 30 20
Steps Bridge, Car Park, ✆ 0 16 47-5 20 18
Bovey Tracey, auch im Winter geöffnet: Heytor Road, ✆ 0 16 26-83 20 93
New Bridge, Riverside Car Park, ✆ 01 36 43-3 03
Postbridge Visitor Centre, ✆ 0 18 22-8 82 72
Princetown, Dutchy Hotel, ✆ 0 18 22 89-4 14

Sehenswert: Castle Drogo, Drewsteignton, Chagford, Lustleigh, Gidley, Haytor

Aktivitäten: Wandern auf dem Two Moors Way, Auskünfte, Karten und Route über Devon Tourism, Devon County Council, County Hall, Exeter EX2 4QQ, ✆ 0 13 92-38 20 00.
Es gibt auch einen speziellen Wanderführer, in dem Übernachtungsmöglichkeiten aufgeführt werden. The Two Moors Way Official Guide von Jr. Turner, Exeter

Dartmouth

Devon

Information: Engine House, Mayor's Avenue, ✆ 0 18 03-83 42 24

Unterkunft: Stoke Lodge (Hotel), Cinders Lane, Stoke Fleming, 80 £, ✆ 0 18 03-77 05 23; sehr erholsames Haus in schöner Lage, mit Gärten, Swimmingpool innen und außen und Tennisplatzanlage

Restaurants: The Carved Angel Restaurant, South Embankment, ✆ 0 18 03-83 24 65; hoch gerühmte neobritische Küche mit französischer Grundlage
Billy Budd's (Restaurant), 7 Foss Street, ✆ 83 48 42; freundliche Bistroküche mit gutem Fisch
The Exchange (Restaurant), 5 Higher Street, ✆ 83 20 22; Brasserie auf zwei Stockwerken mit interessanten, ausgefallenen Gerichten aus aller Herren Länder, da der Chef rund um den Erdball tätig war.

Deal

Kent

Sehenswert: Deal Castle, EH, April–Sept. tägl. 10–18 Uhr; Okt.–März Di–So 10–16 Uhr

Veranstaltungen: 1. Augusthälfte: Deal Summer Music Festival – von allem etwas: Klassik, Folklore, Rock und Pop

Doddiscombsleigh
Devon

Unterkunft: The Nobody Inn, 35–60 £, ✆ 0 16 47-5 23 94; beträchtliche Umwege wert: strohgedecktes Pubrestaurant mit Zimmern; altmodische Bedächtigkeit, sehr gute Käse- und Weine!

Dorchester
Dorset

Information: 1 Acland Road, ✆ 0 13 05-26 79 92

Sehenswert: Dorset Country Museum, Mo–Sa 10–17 Uhr
Dinosaur Museum, tägl. 9.30–17.30 Uhr
Umgebung s. a. Hardy's Cottage, Milton Abbey

Dover
Kent

Information: Townhall Street, ✆ 0 13 04-20 51 08

Zugverbindungen: telefonische Auskunft ✆ 0891–91 09 10

Unterkunft: Wallett's Court (Hotel), St. Margaret-at-Cliffe, ✆ 0 13 04-85 24 24; süßes, stilvolles kleines Hotel mit Garten, hübsche Zimmer, sehr gute Küche – wunderbar für die ersten oder letzten Nächte in Südengland (Dover Fährhafen ist nur 10 Auto-Minuten entfernt)

Sehenswert: Dover Castle, EH, April–Sept. tägl. 10–18 Uhr; Okt.–März tägl. 10–16 Uhr
Roman Painted House, April–Okt. Di–So 10–17 Uhr

Drewsteignton
Devon

Unterkunft: Hunts Tor House (B & B und Restaurant), ✆ 0 16 47-28 12 28; im verträumten winzigen Dorf, einfallsreiche englische Küche mit besten lokalen Produkten und einem feststehendem Menü – unbedingt vorab buchen! Leider gibt es nur 8 Plätze: sind die Zimmer belegt, ist das ganze Restaurant schon ausgebucht.

Dunster
Somerset

Unterkunft: Exmoor House, West Street, 50–60 £, ✆ 0 16 43-82 12 68; angenehmes Hotel mit Garten
Elliscombe Manor, Elliscombe, 90 £, ✆ 0 16 43-68 85; schönes Countryhouse – Hotel zum Urlaub machen

Sehenswert: Dunster Castle, NT, April–Okt. tägl. (außer Do und Fr) 11–17 Uhr, Gärten: Febr.–Dez. 11–17 Uhr

Dyrham Park, NT
Avon

Öffnungszeiten: tägl. 12–17.30 Uhr, Haus April–Sept. tägl. (außer Do und Fr) 12–17.30 Uhr

Eastbourne
East Sussex

Information: 3 Cornfield Road, ✆ 0 13 23-41 14 00

Zugverbindungen: telefonische Auskunft ✆ 0891–91 09 10

Unterkunft: Lansdowne (Hotel), King Edwards Parade, 70–90 £, ✆ 72 51 74; Riviera-Stil: weißer Palast, elegant und weitläufig, an der Promenade
Cumberland (Hotel), Grand Parade, 45–60 £, ✆ 73 03 42, Riviera-Stil
Hydro (Hotel), Mount Road, 50–80 £, ✆ 72 06 43; komfortables Haus in gepflegtem Garten

Restaurants: Mirabelle im Grand Hotel, King Edwards Parade, ✆ 41 07 71; moderne Varianten der klassischen französischen Küche – hervorragend
Downland (Hotel und Restaurant), 37 Lewes Road, ✆ 73 26 89; ekklektische, interessante Mischung aus britischer und mediterraner Küche – sehr beliebt

Veranstaltungen: Juni: Internationales Damentennis

Sehenswert: Umgebung: Herstmonceux, Battle, Bateman's, Pevensey Castle

Edenbridge

Kent

Restaurant: Honours Mill, 37 High Street, ✆ 0 17 32-86 67 57; in dem kleinen Restaurant wird ehrgeizig gekocht: englisch-französische nouvelle cuisine und geliebte britische Traditionskost

.

Sehenswert: Umgebung: Hever Castle

Exeter

Devon

Information: Civic Centre, Paris Street, ✆ 0 13 92-26 57 00

Unterkunft: Rougemont Thistle (Hotel), Queen Street, 70–90 £; großes Stadthotel mit Komfort
St. Olaves Court Hotel, Mary Arches Street, 60–90 £, ✆ 21 77 36; stattliches Haus in ummauertem Garten, ganz nah der Kathedrale – gutes, beliebtes Restaurant mit experimentierfreudigem Küchenchef
Lord Haldon (Hotel), Dunchideock, 60 £, ✆ 83 24 83; 10 Minuten von der Innenstadt entfernt, nahe Dartmoor, schöne Umgebung, erholsam und ein guter Ausgangspunkt für Wanderer
Umgebung: Barton Cross (Hotel und Restaurant), Stoke Canon, Barton Cross, ✆ 84 12 45; ideal zur Erkundung der Umgebung, Landhaus Hotel in sehr schöner Lage
Combe House (Hotel und Restaurant), Gittisham, bei Honiton, 80–140 £, ✆ 0 14 04-4 27 56; wundervolles Countryhouse aus elisabethanischer Zeit, Park, Angelmöglichkeiten

Restaurants: Lamb's, 15 Lower North Street, ✆ 5 42 69; auf zwei Stockwerken frische, moderne Gerichte, mit besonders sorgfältig zubereitetem Fisch und Gemüse
Buckerell Lodge, Topsham Road, ✆ 5 24 51; Hotel-Restaurant mit sorgfältiger anglo-französischer Küche

Sehenswert: Exeter Marine Museum, The Haven, ✆ 5 49 82, tägl. 10–17 Uhr; Juli, Aug. 10–18 Uhr
Umgebung: Knightshayes Court, Killerton House, Doddiscombsleigh

Veranstaltungen: 3. Maiwoche: Devon County Show – die gesamte Landbevölkerung amüsiert sich hier und treibt Geschäfte: Preisverleihungen für Tierzucht, Auktionen, Reitturniere usw.

Exmoor
Somerset/Devon

Unterkunft: Heddon's Gate Hotel, Heddon's Mouth, Parracombe, 80 £ inkl. Dinner, ✆ 01 59 83-3 13; beliebtes, daher oftmals von Reisegruppen frequentiertes Land-Hotel mit Pub, Kaffeegarten. Abends jedoch sagen sich hier die Füchse gute Nacht.
Woody Bay Hotel, Woody Bay, Parracombe, 60 £, ✆ 01 59 83-2 64; zwischen dschungelartigen Wäldern und hohen Klippen gelegenes schönes Hotel
The Old Rectory, Martinhoe, Parracombe, 60–80 £, ✆ 01 59 83-3 68; stilvolles Hotel, sehr ruhig und schön gelegen, gute Küche

Sehenswert: Exmoor Bird Gardens, Bratton Fleming, Devon, April–Okt. tägl. 10–18 Uhr; Nov.–März tägl. 10–16 Uhr

Aktivitäten: Der ›Tarka Trail‹, ein 120 km langer Rundwanderweg, zieht sich von Barnstaple aus durch das Exmoor. Informationen über: Tarka Trail Project, Eric Palmer Community Centre, Barley Grove, Torrington, Devon, ✆ 0 18 05-2 33 55

Falmouth
Cornwall

Information: Killigrew Street, ✆ 0 13 26-31 23 00

Unterkunft: Gyllyngvase Manor (Hotel), Melvill Road, 70–90 £, ✆ 31 29 78; mit Blick auf die Bucht von Falmouth läßt es sich in den Gartenanlagen und in den komfortablen Zimmern herrlich leben.
Meudon (Hotel), Carwinian Road, Mawnan Smith, 120 £, ✆ 25 05 41; Luxushotel in z. T. 300 Jahre alten Gemäuern, herrlicher Park, Privatstrand
Cotswolds House, 49 Melvill Road, 45 £, ✆ 31 20 77; umgebautes viktorianisches Privathaus, das liebevoll gepflegt ist und mit netten, adretten Zimmern aufwarten kann

Sehenswert: Pendennis Castle, EH, April–Sept. tägl. 10–18 Uhr; Okt.–März Di–So 10–16 Uhr
Umgebung: St. Mawes Castle

Firle Place
Firle, East Sussex

Öffnungszeiten: Mai–Sept. So, Mi, Do, feiertags 14–17 Uhr

Folkestone
Kent

Information: Harbour Street, ✆ 0 13 03-25 85 94

Zugverbindungen: telefonische Auskunft ✆ 0891–910910

Sehenswert: Eurotunnel Exhibition Centre, Folkestone im Sommer Di–So 10–18 Uhr; im Winter 10–17 Uhr

Veranstaltungen: 3. oder 4. Juniwoche: Internationales Folk–Festival

Forde Abbey and Gardens
bei Chard, Dorset

Öffnungszeiten: Gärten tägl. 10–16.30 Uhr, Haus April–Okt. So, Mi und feiertags 13–16.30 Uhr

Fowey
Cornwall

Information: Post Office, Custom House Hill, ✆ 0 17 26-83 36 16

Unterkunft: Old Ferry Inn, Bodinnick bei Fowey, 50 £, ✆ 0 17 26-87 02 37; direkt am malerischen kleinen Hafen gelegen, umgeben von Seeluft und Fischerbooten, reizendes Haus mit guter Küche

Restaurant: Food for Thought, 4 Town Quay, ✆ 83 22 21; gutes Restaurant mit köstlichem, sehr frischem Fisch

Geevor Tin Mines
St. Just

Öffnungszeiten: Ostern bis Oktober So–Fr 10–17 Uhr.

Gidleigh
bei Chagford, Devon

Unterkunft: Gidleigh Park Hotel, ✆ 0 16 47-43 23 67; eines der schönsten und luxuriösesten Country House Hotels im Inselreich, internationales Renommée, hervoragende Küche, alles vom Besten und Schönsten in intimer Atmosphäre

Glastonbury
Somerset

Information: The Tribunal, 9 High Street, ✆ 0 14 58-83 29 54

B&B und Restaurant: Number Three, 3 Magdalene Street, 50–80 £, ✆ 83 21 29; kleines Restaurant mit Übernachtungsmöglichkeiten; ökologisch bewußte Küche, der Umgebung entsprechend

Veranstaltungen: zur und nach der Sommersonnenwende: Glastonbury Festival – New wave, Rock, Folklore, Esoterik – Tausende von Leuten!

Glendurgan Garden, NT
bei Falmouth, Cornwall

Öffnungszeiten. März–Okt. Di–Sa 10.30–17.30 Uhr, auch Mo, wenn Feiertag

Glyndebourne Festival Opera
bei Ringmer, East Sussex

Veranstaltungen: 3. Mai- bis 3. Septemberwoche – ein unbedingtes Muß: große, hervorragende Oper inmitten von Gärten, Weiden und Wiesen; Nobel-Picknicks in Abendroben; ✆ 0 12 73-81 38 13

Goodwood House
bei Chichester, West Sussex

Öffnungszeiten: Ostern–Sept. So, Mo 14–17 Uhr; im Aug. auch Di, Mi, Do 14–17 Uhr (wegen privater Veranstaltungen hin und wieder geschlossen)

Unterkunft: Goodwood Park Hotel, Country Club, ✆ 0 12 43-77 55 37; Golf- und Sportclub der High Society, ebenso teuer, wie exquisit, der bei genügend Platz auch Hotelgäste aufnimmt.

Veranstaltungen: letzte Juliwoche: Glorious Goodwood Pferderennen – einer der Höhepunkte der englischen Sportwelt und gesellschaftliches Ereignis

Great Chalfield Manor, NT

Melksham, Wiltshire

Öffnungszeiten: April–Okt. Di–Do 12–17 Uhr (nur mit Führung)

Great Dixter House

Northiam

Öffnungszeiten: April–15. Okt. Di–So, freitags 14–17 Uhr; August Garten So ab 11 Uhr

Groombridge Place

Groombridge, Kent

Öffnungszeiten: April–Dez. tägl. 10–18 Uhr; Jan.–März tägl. 10–15 Uhr

Guildford

Surey

Information: 72 High Street, ✆ 0 14 83-44 40 07

Unterkunft: The Manor at Newlands (Hotel und Restaurant), Newlands Corner, 60 £, ✆ 22 26 24; außerhalb gelegenes gepflegtes Haus mit Garten
Carlton (Hotel), 36 London Road, 45–60 £, ✆ 57 51 58; angenehmes, freundliches, zentrales Hotel

Restaurants: Café de Paris, 35 Castle Street, ✆ 3 48 96; Bistro-Restaurant mit moderner französischer Küche
Rumwong (Thai), 16 London Road, ✆ 3 60 92; überdurchschnittlich gute Thai-Küche

Sehenswert: Umgebung: Polesden Lacy, Clandon, Hatchlands

Hardy's Cottage, NT

Higher Bockhampton, Dorset

Öffnungszeiten: Hardy's Cottage, NT, April–Okt. tägl. (außer Do) 11–18 Uhr

Hartland

Devon

Unterkunft: Hartland Quay Hotel, 40 £, ✆ 01 23 74-4 12 18; in »splendid isolation«, zwischen den zerklüfteten Klippen ein wackeres Hotel, in Melancholie gealtert und sturmerprobt

Sehenswert: Hartland Quay Museum, Osterwoche, dann Pfingsten–Sept. tägl. 11–17 Uhr

Hastings

East Sussex

Information: 4 Robertson Terrace, ✆ 0 14 24-71 88 88
Fishmarket, The Stade, ✆ 0 14 24-48 00 24

Zugverbindungen: telefonische Auskunft ✆ 08 91–91 09 10

Unterkunft: Beauport Park (Hotel), Battle Road, 70–80 £, ✆ 85 12 22; elegantes, großes Haus in stattlichen Gärten mit Pool und Tennisplatz

Cinque Ports Hotel Perequito, Bohemia Road, Summerfields, 60–90 £, ✆ 43 92 22; modernes, gut geführtes Hotel mit internationalem Standard

Restaurant: Rösers, 64 Eversfield Place, ✆ 71 22 18; berühmte Oase der Haute Cuisine französisch-mediterraner Tradition in hübschem, altmodischem Ambiente

Sehenswert: Shipwreck Heritage Centre, Rock-a-Nore Street, Ostern–Sept. tägl. (außer Mo) 10–13, 14–17 Uhr

Hatchlands, NT

bei Guildford, Surrey

Öffnungszeiten: Hatchlands, NT, April–Okt, Di–Do, So und feiertags 14–18 Uhr

Haytor

Devon

Unterkunft: Rock Inn, ✆ 66 13 05; freundliches, beliebtes Haus mit Garten in winzigem Dorf

Heale Gardens

Woodford, Wiltshire

Sehenswert: Heale Gardens, ganzjährig, tägl. 10–17 Uhr

Herstmonceux

Hailsham, East Sussex

Restaurant: Sundial, ✆ 0 13 23-83 22 17; gute klassisch-französische Landküche in bezaubernden Cottage

Sehenswert: Herstmonceux Castle Gardens and Science Centre, Ostern–Sept. tägl. 10–18 Uhr

Hestercombe House & Gardens

bei Taunton, Somerset

Öffnungszeiten: tägl. Mo–Fr 9–17 Uhr, Mai–Sept. auch Sa, So 14–17 Uhr

Hever Castle

bei Edenbridge, Kent

Öffnungszeiten: März–5. Nov. tägl. 11–17 Uhr

Highclere Castle

Hampshire

Öffnungszeiten: 1. Juli–30. Sept., tägl. (außer Mo, Di) Gärten 12–18 Uhr, Haus 13–18 Uhr

Ilford Manor

bei Bradford-on-Avon, Wilshire

Öffnungszeiten: Mai–Sept. tägl. (außer Mo, Fr) 14–17 Uhr, April–Okt. nur So 14–17 Uhr

Isles of Scilly

Cornwall

Information: St. Mary's: Porthcressa Bank, ✆ 0 17 20-2 25 36

Unterkunft: St. Mary's: Tregarthen's Hotel, Hugh Town, 80–100 £ inkl. Dinner, ✆ 42 25 40; ein gut

geführtes Haus mit atemberaubender Aussicht über Hafen und Inseln
Tresco: Island Hotel, 100–130 £ inkl. Dinner, ✆ 42 28 83; New Inn, New Grimbsby, ✆ 42 28 44; traumhafte Lage mit subtropischen Gärten, hoher Standard – zum Verwöhnen
St. Martin's: St. Martin's Hotel, 120 £ inkl. Dinner, ✆ 42 20 92; neue Anlage mit Anlegepier und herrlicher Aussicht, Gärten direkt am Wasser, elegant und gastfreundlich

Sehenswert: Tresco: Tresco Abbey Gardens, ganzjährig tägl. 10–16 Uhr

Isle of Wight
Hampshire

Information: Cowes: The Arcade, Fountain Quay, ✆ 0 19 83-29 19 14
Ryde: Western Esplanade, ✆ 0 19 83-56 29 05
Yarmouth: The Quay, ✆ 0 19 83-76 00 15

Unterkunft: Blenheim House (Hotel), Gate Lane, Freshwater Bay, 40–50 £, ✆ 75 36 31; angenehme Pension
Shanklin Manor House (Hotel), Church Road, Shanklin, 60–80 £, ✆ 8 62 77; stattliches großes Haus mit vielen Freizeitangeboten in großen Gärten
Melbourne Ardenlee (Hotel), Queens Road, Shanklin, 45–70 £, ✆ 86 22 83; schönes Familienhotel in zentraler Lage
Royal (Hotel), Belgrave Road, Ventor, 70 £, ✆ 85 21 86; gutes, viktorianisches Haus von herrlichen Gärten umgeben, Blick auf die Küste

Sehenswert: Osborne House, EH, East Cowes, April–Sept. tägl. 10–18 Uhr; Okt.: 10–17 Uhr

Veranstaltungen: 1. Augustwoche: Cowes Week – berühmte Segelregatten mit bis zu 1000 Seglern

Kent's Cavern
bei Torquay

Öffnungszeiten: Tropfsteinhöhlen, tägl. 10–18 Uhr

Killerton House & Park, NT
bei Exeter, Devon

Öffnungszeiten: April–Okt. tägl. 10.30–Sonnenuntergang, Haus tägl. (außer Di) 11–17 Uhr

Kingston Lacy, NT
bei Wimborne Minster, Dorset

Öffnungszeiten: April–Okt. tägl (außer Do, Fr) 11.30–18 Uhr

Knightshayes Court, NT
bei Tiverton, Devon

Öffnungszeiten: April–Okt. tägl. 11–18 Uhr, Haus 13.30–17 Uhr

Knole, NT
siehe Sevenoaks

Lacock
Wiltshire

Unterkunft: Sign of the Angel, 6 Church Street, ✆ 0 12 49-73 02 30; romantisches altes Haus im National Trust-Dorf

Sehenswert: Lacock Abbey, NT, April–Okt. tägl. (außer Di) 12–17.30 Uhr, Haus 13–17 Uhr
Fox Talbot Gallery of Photography: März–Nov. tägl. 11–17.30 Uhr

Lanhydrock House, NT

bei Bodmin, Cornwall

Öffnungszeiten: April–Okt. tägl. 11–17.30 Uhr (Haus Mo geschlossen); Nov.–März nur die Gärten bis Einbruch der Dunkelheit geöffnet

Veranstaltungen: Juli, August: Freilichttheater

Leeds Castle

bei Maidstone, Kent

Öffnungszeiten: März–Okt. tägl. 10–17 Uhr; Nov.–Febr. tägl. 10–13 Uhr

Leonardslee Gardens

bei Hersham, West Sussex

Öffnungszeiten: April–Okt. tägl. 10–18 Uhr; Mai tägl. 10–20 Uhr

Lewes

East Sussex

Information: 187 High Street, ✆ 0 12 73-48 34 48

Sehenswert: Umgebung: das Opernhaus von Glyndebourne, die Bloomsbury-Landsitze Charleston Farmhouse in Lewes und Monk's House in Rodmell, Firle Place, Alfriston Clergy House

Longleat House

bei Warminster, Wiltshire

Öffnungszeiten: Haus und Gärten tägl. (außer 25. 12.) 10–16 Uhr; Ostern–Sept. 10–18 Uhr
Safari-Park und Attraktionen März–Nov. 10–18 Uhr

Looe

Cornwall

Information: Guildhall, Fore Street, ✆ 0 15 03-26 20 72

Unterkunft: Talland Bay Hotel, Talland Bay, 60–100 £, ✆ 7 26 67; reizvolles, abseits gelegenes Landhotel mit Palmengarten, Swimming-pool, liebreizenden Zimmern (viel Blumiges mit Rüschen) und guter Küche – ideal zum Erholen, Bucht und Küste in direkter Nähe

Sehenswert: Umgebung: das Hafenstädtchen Polperro

Lyme Regis

Dorset

Information: Guildhall, Church Street, ✆ 0 12 97-44 21 38

Lynton/Lynmouth

Devon

Information: Lynton Town Hall, Lee Road, ✆ 0 15 98-5 22 25

Unterkunft: Lynton: Cough's Nest (Hotel), North Walk, ✆ 75 22 72; anheimelndes, großzügiges Haus mit toller Sicht über die Bucht. Nur für Nichtraucher! Lynmouth: Rising Sun Inn, Th. Harbour,

Mars Hill, 70–80 £, ✆ 75 34 80; früher ein Schmugglertreff, mit Blick auf den Hafen
The Heaterhville, Tors Park, 50 £, ✆ 52327; von Bäumen gesäumtes viktorianisches Haus mit Blick auf Lyn River

Restaurants: Lynton: Hewitts, Lynton, The Hoe, North Walk, ✆ 5 23 93; gemütliches Hotel mit aufgepäppelter englischer Küche.

Maidstone

Kent

Information: Gate House, Old Palace Gardens, Mill Street, ✆ 0 16 22-6 73 81

Unterkunft: Tudor Park Hotel, Golf & Country Club, Ashford Road, Bearstead, 75–100 £, ✆ 73 43 34; Sporthotel: mit großem Schwimmbad, Fitnessräumen, Garten, Terrasse und Golfplatz

Restaurants: Souffle, The Green, ✆ 73 70 65; französische nouvelle cuisine mit ländlich-lokalem Flair – interessant!
Umgebung: Ringlestone Inn, in Harrietsham , ✆ 01622-859900; zwischen heckengesäumten Landstraßen und kleinen Dörfern ein lebhafter, beliebter Pub mit Garten und sehr gutem Essen, englische Weine jeder Art

Sehenswert: Umgebung: Leeds Castle, Rochester, Chatham, Boughton Monchelsea Place

Mapperton Gardens

Beaminster, Dorset

Öffnungszeiten: März–Okt. tägl. 14–18 Uhr

Marlborough

Wiltshire

Information: Car Park George Lane, ✆ 0 16 72-51 39 89

Unterkunft: Ivy House Hotel, High Street, 50–90 £, ✆ 51 53 38; schönes altes Haus mitten in der High Street – dort wohnen die Eltern der College-Sprößlinge beim Wochenendbesuch, mit Garten
Vines (B&B), High Street, 40 £, ✆ 51 65 83
Umgebung: The Portway Hotel, Frome, 60 £, ✆ 0 13 73-6 35 08; ländlich, angenehm, wunderschöne Gegend

Midhurst

West Sussex

Information: Bepton Road, ✆ 0 17 30-81 22 51

Unterkunft: Spread Eagle (Hotel), South Street, 80–140 £, ✆ 81 69 11; Spitzenklasse: elisabethanisches, verwinkeltes Haus mit zahllosen Anbauten, romantisch, edel und mit bester Küche
Angel (Hotel), North Street, 60–70 £, ✆ 81 24 21; idyllische Lage an ruhigem Platz, gepflegt, gute Küche
Mida, Wool Lane, ✆ 81 32 84; viel Edelkitsch in Halbdunkel, altmodischer, sehr guter Service, ausgezeichnete, traditionelle englische Küche – »rich, classic and sophisticated«
Maxine's, Red Lion Street, ✆ 81 32 84; flotte französische Küche in lässiger Atmosphäre

Sehenswert: Cowdray Castle Museum: April–Sept. tägl. (außer Mi, Do) 13–18 Uhr
Umgebung: Petworth, West Dean, Uppark, Weald and Downland Open Air Museum

Veranstaltungen: Juli: Polo-Turniere als gesellschaftliches Ereignis

Milton Abbas

Dorset

Unterkunft: The Fox Inn, Ansty bei Milton Abbas, 45 £, ✆ 0 12 58-88 03 28; beliebter Inn mit viel Charme und altväterlichem Dekor in winzigem Dorf

Sehenswert: Milton Abbey, Haus und Gärten Mitte Juli–Ende Aug. tägl. 10–18 Uhr, Abteikirche ganzjährig geöffnet

Minack Theatre

bei Porthcurno, Penzance, Cornwall

Veranstaltungen: Mai–Sept., grandioses Freilichttheater am Meer, ✆ 0 17 36-81 01 81

Minehead

Somerset

Information: 17 Friday Street, ✆ 0 16 43-70 26 24

Unterkunft: Beaconwood Hotel, Church Road, 50–60 £, ✆ 70 20 32; attraktives Hotel mit herrlichem Garten und Panorama-Sicht auf Exmoor und die See

Marston Lodge, St. Michael's Road, North Hill, 50 £, ✆ 70 25 10; überzeugendes kleineres Hotel, Garten, wunderbare Aussicht

Periton Park Hotel, Middle Combe bei Minehead, 100 £, ✆ 0 16 43-70 68 85; stilvoll, edel, in wunderschöner Lage

Veranstaltungen: 2. und 3. Juliwoche: Minehead and Exmoor Festival: überall Girlanden, Lampions, Kinderfeste, Tanz und musikalische Darbietungen

Minterne Gardens

bei Cerne Abbas, Dorset

Öffnungszeiten: April–Okt. tägl. 10–17 Uhr

Monk's House, NT

Rodmell, East Sussex

Öffnungszeiten: April–Okt. Mi, Sa 14–17.30 Uhr

Montacute

bei Yeovil, Somerset

Sehenswert: Montacute House, NT, April–Okt. tägl. (außer Di) 11.30–17.30 Uhr

Unterkunft: Kings Arms (Hotel), Bishopston, ✆ 0 19 35-82 25 13; Chic und Flair in allerschönstem alten Gemäuer, gute Küche

Restaurant: Milk House, The Borough Square, ✆ 82 38 23; auch der Senf ist hier hausgemacht – reizendes, kleines Restaurant, phantasievolle, anglofranzösische Küche aus besten regionalen Produkten

Mottisfont Abbey Garden, NT

Mottisfont, Hampshire

Öffnungszeiten: April–Okt. tägl. (außer Do und Fr) 12–18 Uhr

Mount Edgecumbe House & Country Park

Torpoint, Cornwall

Öffnungszeiten: April–Okt. Mi–So, Mo wenn Feiertag 11–17.30 Uhr, Park ganzjährig tägl.

Mousehole

Cornwall

Unterkunft: Lobster Pot (Hotel und Restaurant), South Cliff, 60–80 £, ✆ 0 17 36-73 12 51; Restaurant-Loggia über dem Hafen, frischeste Fischküche – hier hat Dylan Thomas gern und sehr, sehr viel getrunken. Anheimelndes, elegantes Hotel

Muchelney Abbey, EH

Somerset

Öffnungszeiten: April–Sept. tägl. 10–18 Uhr

Mullion

Cornwall

Unterkunft: Pollurian Hotel, Helston, 120 £, ✆ 0 13 26-24 04 21; großes luxuriöses Ferien- und Familienhotel in herrlicher Lage
Mullion Cove Hotel, 50–70 £, ✆ 0 13 26-24 03 28; sehr schön

Nether Stowey

bei Bridgewater, Somerset

Sehenswert: Coleridge Cottage, NT, April–Sept. Di–Do, So 14–17 Uhr

New Forest

Hampshire

Information: Lyndhurst: ✆ 0 17 03-28 22 69
Lymington: St. Thomas Street, ✆ 0 15 90-67 24 22
Fordingbridge: Salisbury Street, ✆ 0 14 25-65 45 60

Unterkunft: High Corner Inn, Linwood, ✆ 0 14 25-47 39 73; großes, komfortables Hotel mit Ranch-Atmosphäre, Pub-Restaurant, Garten; nach zwei Schritten ist man im Wald bei den Wildpferden.
Carey's Manor (Hotel), Brockenhurst, Lyndhurst Road, 90 £, ✆ 0 15 90-2 35 51; für die gutbetuchten Weekend-Besucher, große Gärten, elegante Zimmer und Fitnessangebot
Struan Hotel, Ringwood, Horton Road, Ashley Heath, 50 £, ✆ 0 14 25-47 35 53; angenehmes, kleines Hotel
Gordelton Mill (Hotel), Hordle Lymington, Silver Street, 70–100 £, ✆ 0 15 90-68 22 19; am Fluß gelegen, teils alte Mühle, hervorragende provençalische Küche
Woodfalls Inn, Woodfalls bei Fordingbridge, The Ridge, 70 £, ✆ 0 17 25-51 32 22; idyllisch gelegen, kuschelig

Restaurant: Le Poussin, Lymington, Brookley Road, ✆ 0 15 90-2 30 63; Wild und Fisch aus der Umgebung: sehr gute, anglo-französische Küche

Sehenswert: New Milton, Beaulieu, Buckler's Hard

New Milton

Hampshire

Unterkunft: Chewton Glen (Hotel de luxe), ab 180 £, ✆ 0 14 25-

27 53 41; eines der besten Countryhouse-Hotels im Land mit Golf- und Tennisplatz, Fitnesscenter, Gärten, Swimming-pool und inspirierter, klassisch-französisch orientierter Küche

Newquay

Cornwall

Information: Municipal Offices, Marcus Hill, ✆ 0 16 37-87 13 45

Unterkunft: Trebarwith (Hotel), Trebarwith Crescent, 50–90 £, ✆ 87 22 88; mit großartiger Lage an den Klippen und trotzdem leichtem Zugang zum Strand, subtropische Gärten, Restaurant mit Seeblick
Priory Lodge (Hotel), 30 Mount Wise, 50–60 £, ✆ 87 41 11; familiäres kleines Hotel mit Blick auf die Küste, von hier aus sind Stadt und Strand bequem zu erreichen
Wheal Treasure Guest House, 72 Edgcumbe Avenue, 50–70 £, ✆ 87 41 36; kleines elegantes Hotel in ruhiger, aber zentraler Lage

Northiam

East Sussex

Sehenswert: Greater Dixter House, April–15. Okt. Di–So, feiertags 14–17 Uhr; Juli, August Garten So ab 11 Uhr

Nymans' Garden, NT

bei Haywards Heath, West Sussex

Öffnungszeiten: März–Okt. tägl. (außer Mo, Di) Mi–Fr 1 1–18 Uhr, Sa, So 11–17 Uhr, auch Mo wenn Feiertag

Old Sarum

bei Salisbury, Wiltshire

Öffnungszeiten: April–Sept. tägl. 10–18 Uhr; Okt.–März Di–So 10–16 Uhr

Overbeck Garden

bei Salcombe, Devon

Öffnungszeiten: Garten tägl. 10–18 Uhr; Museum April–Okt. tägl. (außer Sa) 11–17.30 Uhr

Padstow

Cornwall

Unterkunft: Treglos (Hotel), Constantine Bay, 80 £, ✆ 52 07 27; schönes Feriendomizil in guter Lage mit allen Annehmlichkeiten, die sich ein Urlauber wünschen kann

Restaurants: The Seafood Restaurant, Riverside, ✆ 0 18 41-53 24 85; das wohl beste und berühmteste Fischrestaurant im Süden: Rick Steins Küche ist elegant und lässig zugleich, mit regionalem, frischestem Fisch, anglo-französischer Inspiration und mediterranen Anklängen. Zusätzlich komfortable Zimmer
St. Petroc's (Bistro-Restaurant), 4 New Street, ✆ 53 27 00; hierbei handelt es sich um einen kleinen Ableger vom Seafood Restaurant mit kleineren, modernen Gerichten

Paignton

Devon

Information: The Esplanade, ✆ 0 18 03-55 83 83

Parham House
Pulborough, West Sussex

Öffnungszeiten: Ostern–Okt. So, feiertags, Mi, Do Gärten: 13–18, Haus 14–18 Uhr

Parnham House
bei Beaminster, Dorset

Öffnungszeiten: April–Okt. Mi, So und feiertags 10–17 Uhr

Pendeen
bei St. Just Cornwall

Sehenswert: Greevor Tin Mines, Ostern–Okt. So–Fr 10–17 Uhr

Pendennis Castle
siehe Falmouth

Penshurst
Kent

Sehenswert: Penshurst Place, April–Okt. tägl. 11–17.30 Uhr

Tea rooms: Fir Tree House, ✆ 0 18 92-87 03 82; ›Best Tea rooms in Britain‹-Preisträger 1995

Veranstaltungen: 2. Maihälfte: Game & Country Fair, ländliche Leistungsshow mit Jahrmarkt-Atmosphäre

Penzance
Cornwall

Information: Station Road, ✆ 0 17 36-6 22 07

Zugverbindungen: telefonische Auskunft ✆ 0891-910910

Unterkunft: The Abbey (Hotel), Abbey Street, 60–90 £, ✆ 6 69 06; reizendes kleines Stadthotel, gepflegt und komfortabel
Mount Prospect (Hotel), Britons Hill, 60–80 £, ✆ 6 31 17; solide, großräumig, mit altmodischem Charme und herrlichem Garten

Restaurant: Harris's, 46 New Street, ✆ 6 44 08; guter Fisch, gute Pasta, ohne viel Schnick-Schnack

Sehenswert: Trinity House National Lighthouse Centre, Ostern–Okt. tägl. 11–17 Uhr
Umgebung: St. Micheals's Mount, Minack Theatre, Mousehole

Petworth House, NT
West Sussex

Öffnungszeiten: April–Okt. tägl. (außer Mo, Fr) 13–17.30 Uhr, Wildpark ganzjährig tägl. 8 Uhr -Sonnenuntergang

Pevensey
bei Hastings, East Sussex

Sehenswert: Pevensey Castle, EH, April–Sept. tägl. 10–18 Uhr; Okt.–März Mi–So 10–16 Uhr

Plymouth
Devon

Information: Civic Centre, Royal Parade, ✆ 0 17 52-6 48 49; 12 The Barbican, ✆ 0 17 52-22 38 06

Zugverbindungen: telefonische Fahrplanauskunft ✆ 01752-221300

Unterkunft: Strathmore House (Hotel), Elliot Street, The Hoe, 60 £, ✆ 66 21 01; ordentliches Stadthotel in einer Reihe von Terraces direkt am Hoe Park
Invicta (Hotel), 11 Osborne Place, Lockyer Street, The Hoe, 50 £, ✆ 66 49 97; ebenfalls direkt am Bowling Green gelegen, findet man ein elegantes, kleineres Haus, das einst Sir Francis Drake gehörte

Restaurants: Chez Nous, 13 Frankfort Gate, ✆ 26 67 93; frische, lokale Produkte, flexible Karte, klein und gemütlich
Umgebung: Borrington Hall (Hotel), Colebrook, Plympton, 60–80 £, ✆ 0 17 52-34 44 55; Countryhouse Hotel in schönem altem Manor House mit Gärten und Sportanlagen

Sehenswert: Plymouth Dome, The Hoe, tägl. 9–17 Uhr
Umgebung: Saltram House, Anthony House, Mount Egdecumbe, Buckland Abbey, Burgh Island, Bigbury-on-sea

Poldark Mine

Wrendon bei Helston, Cornwall

Öffnungszeiten: April–Okt. tägl. 10–18 Uhr

Polesden Lacy

bei Dorking, Surrey

Öffnungszeiten: Sa, So 13.30–16.30 Uhr; April–Okt. Mi–So 13.30–17 Uhr; März–Nov. Sa, So 13.30–16.30 Uhr

Polperro

Cornwall

Restaurant: Kitchen, Fish Na Bridge, The Coombes, ✆ 0 15 03-7 27 80; im Fischerort ein nettes kleines Restaurant mit leichter Küche

Pool Cornish Engines

bei Redruth, Cornwall

Öffnungszeiten: April–Okt. tägl. 11–18 Uhr

Poole

Dorset

Information: Poole Harbour, The Quay, ✆ 0 12 02-67 33 22

Zugverbindungen: telefonische Auskunft ✆ 08 91–91 09 10

Sehenswert: Poole Pottery, Poole Harbour, Mo–Sa 9–17 Uhr
Umgebung: Brownsea Island, Compton Acres, Upton Country Park

Porlock Weir

Somerset

Unterkunft: Ancor and Ship Inn, 80–130 £ inkl. Dinner, ✆ 0 16 43-86 26 36; schöne Hafenlage; zwei alte Inns, die gutes Essen und nette Räume bieten.

Port Lympne Wild Animal Park, House and Gardens

Hythe, Kent

Öffnungszeiten: täglich 10–17 Uhr

Portsmouth
Hampshire

Information: The Hard, ✆ 0 17 05-82 67 22
102 Commercial Road, ✆ 0 17 05-83 83 82
Clarence Esplanade, Southsea, ✆ 0 17 05-83 24 64
Continental Ferryport, ✆ 0 17 05-83 86 35

Zugverbindungen: telefonische Auskunft ✆ 08 91–91 09 10

Unterkunft: Will man weniger Stadt, sondern mehr Ferien- und Badeort-Stimmung mit Seeluft und Strandpromenade, empfiehlt sich Southsea zur Übernachtung:
Sandringham (Hotel), Osborne Road, Clarence Parade, 40–50 £, ✆ 82 69 69; neu ausgestattetes Haus direkt an der Promenade
Seacrest (Hotel), 11 South Parade, 50–70 £, ✆ 73 31 92; angenehmes, kleineres Haus, familiäre Atmosphäre
Saville (Hotel), 38–39 Clarence Parade, 40–50 £, ✆ 82 24 91; direkt dem D-Day Museum gegenüber, in schöner Lage, gut geführt

Restaurant: Bistro Montparnasse, 103 Palmerston Road, Southsea, ✆ 81 67 54; smartes, autentisches Bistro mit Blick auf den Fährhafen, täglich wechselnde Menüs

Sehenswert: Charles Dickens Birthplace, 393 Commercial Road, tägl. 10.30–17.30 Uhr
Royal Marines Museum, Southsea, Ostern–Aug. 9.30–17 Uhr; Sept.–Mai tägl. 10–16.30 Uhr
D-Day Museum, Clarence Esplanade, Southsea, tägl. 10–17.30 Uhr
Southsea Castle, Clarence Esplanade, Southsea, tägl. 10.30–17 Uhr; März–Okt. tägl. 10–16 Uhr
Historic Dockyard (The Royal Naval Museum, Portsmouth Historic Ships), The Hard, tägl. 10.00–16.30 Uhr

Veranstaltungen: Bankholiday-Wochenende im August: Navy Days – die Royal Navy feiert sich und mit der Bevölkerung. Viele Regatten, Schiffsbesichtigungen, Tage der offenen Tür, Musikzüge

Rochester
Kent

Information: Eastgate, High Street, ✆ 0 16 34-84 36 66

Sehenswert: Rochester Castle, EH, April–Sept. tägl. 10–16 Uhr
Umgebung: Chatham Historic Dockyard, April–Okt. tägl. 10–17 Uhr; Nov., Feb., März Mi, Sa, So 10–16 Uhr

Veranstaltungen: letzte Maiwoche: Dickens Festival, Umzüge in historischen Kostümen, Lesungen

Royal Tunbridge Wells
Kent

Information: The Pantiles, ✆ 0 18 92-51 56 75

Unterkunft: Perequito Hotel, 84 Mount Ephraim, 60–90 £, ✆ 54 29 11; großzügig angelegtes, modern ausgestattetes Haus hoch über der Stadt
Royal Wells Inn, Mount Ephraim, 60–80 £, ✆ 51 11 88; schönes, privat geführtes Haus mit Brasserie und Wintergarten
Mount Edgcumbe Hotel, The Common, 60 £, ✆ 52 68 23; mitten in der Stadt und doch versteckt zwischen Bäumen und

Wiesen gelegen: kleines, niedliches Haus, gerade modernisiert
Old Parsonage (Hotel), Church Lane, Frant, 50–60 £, ✆ 75 07 73; in winzigem, hübschen Dorf 2 Meilen außerhalb von Royal Tunbridge Wells, schönes altes Vikariatsgebäude mit altmodischem, luxuriösem Charme

Restaurants: Cheevers, 56 High Street, ✆ 54 55 24; frische, lokale Produkte, intessant gewürzte, moderne, leichte Gerichte, sehr beliebt
Chi (chinesisch), 26 London Road, ✆ 51 38 88; weißes, kühles Interieur, sehr gute Küche
Sankey's Seefood, 39 Mount Ephraim, ✆ 51 14 22; gemütliches Restaurant mit einem Touch Bohème, interessante Karte, sehr gute Qualität

Sehenswert: Umgebung: Penshurst, Groombridge Place, Hever Castle, Knole, Chartwell, Scotney Castle, Leeds Castle, Region High Weald

Rye
East Sussex

Information: Heritage Centre, Strand Quay, ✆ 0 17 97-22 66 96

Unterkunft: Mermaid Inn, Mermaid Street, 70 £, ✆ 22 30 65; weithin bekanntes, wunderschönes altes Haus inmitten von Kopfsteinpflaster und Blumentöpfen, einer der ältesten Inns im Land
Old Vicarage, 15 East Street, 100 £, ✆ 22 21 19; bezauberndes Haus in winzigem, blumenüberwachsenem Square
Jeakes House (Hotel), Mermaid Street, 70 £, ✆ 22 28 28; Gebäude von 1689, komfortabel, feminin, in schöner Lage

Restaurant: Landgate Bistro, 5–6 Landgate, ✆ 22 28 26; schlichte Räume, sehr guter Fisch, frische regionale Produkte mit leichter Hand individuell zusammengestellt, ausführliche Weinkarte

Sehenswert: Lamb House, NT, April–Okt. Mi, Sa 14–18 Uhr
Umgebung: Winchelsea, Great Dixter, Bodiam Castle, Bateman's, Romney Marsh, Port Lympne Gardens

Salcombe
Devon

Information: Council Hall, Market Street, ✆ 0 15 48-84 39 27/84 27 36

Unterkunft: Soar Mill Cove (Hotel), 100–120 £, ✆ 56 15 66; umgeben von der herrlichen National Trust geschützten Küste inmitten gepflegter Gärten ein kleines Hotel mit viel Flair und Komfort
Umgebung: Tides Reach (Hotel), South Sands, 60–80 £, ✆ 84 34 66; in einer Sandstrand-Bucht gelegenes, modernes und elegantes Haus mit schönen Gärten
Sunny Cliff (Hotel), Cliff Road, 55–80 £, ✆ 84 22 07; Familienhotel mit traumhafter Aussicht, Swimming-pool und eigenem Landungssteg

Sehenswert: Umgebung: Overbeck's Garden

Salisbury
Wiltshire

Information: Fish Row, ✆ 0 17 22-33 49 56

Zugverbindungen: telefonische Auskunft ✆ 08 91–91 09 10

Unterkunft: Rose & Crown, Harnham Road, 70–80 £, ✆ 32 79 08; am Ufer des Avon gelegen, in Rosengarten gebetteter Inn aus dem 13. Jh.
Grasmere House, 70 Harnham Road, 65–75 £, ✆ 33 83 88; großzügiges Haus mit luxuriös ausgestatteten Zimmern und einem Wintergarten-Restaurant mit schöner Aussicht
Scotland Lodge Hotel, Winterborne Stoke, 60 £, ✆ 0 19 80-62 09 43
The Queens Head Inn, Broad Chalke, 45 £, ✆ 78 03 44; vier Räume in dem traditionellen Inn mit viel Charme und Flair

Pub: Haunch of Venison, Minster Street; vielbesuchter, alter Pub mit gutem Essen

Sehenswert: Salisbury and South Wiltshire Museum, The Close, Mo–Sa 10–17 Uhr, Juli, Aug. auch So 14–17 Uhr
Mompesson House, NT, Cathedral Close, April–Okt. tägl. (außer Do und Fr) 12–17.30 Uhr
Umgebung: Old Sarum

Saltram House

bei Plymouth, Devon

Öffnungszeiten: April–Okt. So–Do Haus 12.30–17.30 Uhr, Garten 10.30–17.30 Uhr

Sandwich

Kent

Information: Guildhall, Cattle Market, ✆ 0 13 04-61 35 65

Unterkunft: Bell Hotel, The Quay, 90 £, ✆ 61 35 55; schönes stattliches Haus direkt am Wasser

Scotney Castle, NT

bei Lamberhurst, Kent

Öffnungszeiten: April–Nov. Mi–Fr 11–18 Uhr, Sa, So, feiertags 14–18 Uhr

Sevenoaks

Kent

Information: Bukhurst Lane, ✆ 0 17 32-45 03 05

Unterkunft: Royal Oak (Hotel und Restaurant), Upper High Street, 70 £, ✆ 45 11 09; prachtvoll ausgestattete Räume in einer Kutschstation aus dem 17. Jh.
Sevenoaks Park (Hotel), Seal Hollow Road, 40–50 £, ✆ 45 42 45; ein Haus im Tudorstil inmitten großzügiger, prachtvoller Gartenanlagen

Sehenswert: Knole, NT, April–Okt. Mi, Fr–So, Mo wenn Feiertag 11–17 Uhr

Shaftesbury

Dorset

Information: Bell Street, ✆ 0 17 47-5 35 14

Unterkunft: The Coppleridge Inn, Elmhill, Motcombe, 60 £, ✆ 5 19 80; in bevorzugter, ruhiger Lage, mit Park, Garten und Tennisplatz

Restaurant: La Fleur de Lys, 25 Salisbury Street, ✆ 85 37 17; geboten wird ein hoher Standard der französischen und modernen englischen Küche

Sheffield Park Garden, NT
Uckfield, East Sussex

Öffnungszeiten: März Sa, So 11–16 Uhr; April–Nov. Di–Sa 11 Uhr – Sonnenuntergang; So, feiertags 14 Uhr – Sonnenuntergang; Okt., Nov. So 13 Uhr – Sonnenuntergang

Sherborne
Dorset

Sehenswert: Sherborne Castle, ab Ostern–Sept. Do, Sa, So, feiertags 12.30–17 Uhr
Sherborne Old Castle, EH, April–Sept. tägl. 10–18 Uhr; Okt.–März Mi–So 10–16 Uhr

Information: 3 Tolton Court, Digby Road, ✆ 0 19 35-81 53 41

Restaurant: Pheasants, 24 Greenhill, ✆ 81 52 52; phantasievolle, moderne anglo-französische Küche auf hohem Niveau

Sissinghurst
Kent

Sehenswert: Sissinghurst Castle Garden, NT, April–Okt. Di–Fr 13–18.30 Uhr, Sa, So 10–18.30 Uhr

Restaurant: Rankins, The Street, ✆ 0 15 80-71 39 64; mehrere Menüs zur Wahl, frische lokale Produkte, große Sorgfalt bei englischer Nouvelle Cuisine

Southampton
Hampshire

Information: Above Bar, ✆ 0 17 03-22 11 06

Zugverbindungen: telefonische Fahrplanauskunft ✆ 017 03-229393

Sehenswert: Tudor House Museum, St. Michael's Square, Di–Fr 10–17 Uhr, Sa 10–16 Uhr, So 14–17 Uhr
Southampton Maritime Museum, Wool House, Bugle Street, Di–Fr 10–17 Uhr, Sa 10–16 Uhr, So 14–17 Uhr

St. Agnes
bei Truro, Cornwall

Sehenswert: Wheal Coates Engine House, Ruine – Zutritt jederzeit

St. Austell Project Eden
Cornwall

Sehenswert: Wheal Martyn China Clay Museum, April–Okt. tägl. 10–18 Uhr
Charleston Shipwreck & Heritage Centre, März–No. tägl. 10–17 Uhr

St. Ives
Cornwall

Information: Guildhall, Street-an-Pol, ✆ 0 17 36-79 62 97

Unterkunft: Porthminster (Hotel), The Terrace, 80–100 £, ✆ 79 52 21; riesiges viktorianisches Ferienhotel hoch auf den Klippen mit Freizeit- und Sportcenter, Terrassen und eigenen Gärten – typisch altmodischer ›seaside‹-Bau!
Dean Court (Hotel), Treloyan Avenue, 50–65 £, ✆ 79 60 23;kleines, ordentliches Hotel mit Blick auf den Hafen
Umgebung: Boskerris Hotel, Boskerris Road, Carbis Bay, 60 £, ✆ 0 17 36-79 52 95; in schöner Lage mit Garten und Pool

Restaurant: Pig'n'Fish, Norway Lane, ✆ 79 42 04; Fisch und nochmals Fisch, nahe der Tate Gallery

Sehenswert: Tate Gallery, Porthmeor Beach, April–Okt. Mo–Sa 11–19 Uhr, Di, Do 11–21 Uhr, So 11–17 Uhr; Nov.–März: Di 11–21 Uhr, Mi–Sa 11–17 Uhr, So 13–17 Uhr
Barbara Hepworth Museum, April–Okt. tägl. 11–17 Uhr; Nov.–März Di–Sa 11–17 Uhr, So 13–17 Uhr
St. Ives Society of Artists, Old Mariner's Church, Norway Square, März–Nov. Mo–Sa 10–16.30 Uhr

St. Mawes

bei Falmouth, Cornwall

Sehenswert: St. Mawes Castle, EH, April–Sept. tägl. 10–18 Uhr; Okt.–März Di–So 10–16 Uhr

St. Michael's Mount, NT

Marazion bei Penzance, Cornwall

Öffnungszeiten: April–Okt. Mo–Fr 10.30–17.30 Uhr; Nov.–März Führungen je nach Gezeiten und Wetterlage

Standen, NT

East Grinstead, West Sussex

Öffnungszeiten: April–Okt. Mi–So, Mo wenn Feiertag 12.30–18 Uhr

Stonehenge

bei Amesbury, Wiltshire

Öffnungszeiten: April–Sept. tägl. 9.30–18 Uhr; Okt.–März tägl. 9.30–16 Uhr

Storrington

West Sussex

Unterkunft: Little Thakeham (Hotel), Merrywood Lane, Thakeham, ab 100 £, ✆ 0 19 03-74 44 16; traumhaft: ein ehemals privates Landhaus von Lutyens mit Gärten, das von Gertude Jekyll angelegt wurde. Luxuriöses, intimes Hotel, wie man es schöner kaum finden kann.

Restaurants: Manley's, Manley's Hill, ✆ 74 23 31; große Haute-Cuisine mit moderner Note, mit Michelin-Stern
Old Forge, 6a Church Street, ✆ 74 34 02; gemütliches kleines Restaurant mit phantasievoller, sorgfältiger Küche

Stourhead

bei Stourton, Wiltshire

Sehenswert: Stourhead, Garten tägl. 9–19 Uhr oder Sonnenuntergang, Haus April–Okt. tägl. (außer Do und Fr) 12–17.30 Uhr

Unterkunft: Spread Eagle Inn, Stourton, 50–70 £, ✆ 0 17 47-84 05 87; ein alter, kultivierter Inn in bevorzugter Lage – direkt am Eingang zum Stourhead Park als Teil des Ensembles
Umgebung: Old Ship Inn, Mere, 80–95 £, ✆ 0 17 47-86 02 58; gepflegtes altes Haus mit sehr gutem Restaurant

Stratfield Saye House

bei Reading, Hampshire

Öffnungszeiten: Haus und Park 1. Mai–30. Sept. tägl. (außer Fr) 11.30–16 Uhr

Taunton
Somerset

Information: The Library, Corporation Street, ✆ 0 18 23-27 47 85

Unterkunft: Castle Hotel, Castle Green, ✆ 0 18 23-7 26 71; eines der Top-Häuser in Großbritannien, romantisch und luxuriös, vielfach ausgezeichnete Küche. Lohnt so manchen Umweg!
Umgebung: Langley House (Hotel), Langley Marsh, Wiveliscombe, 60–75 £, ✆ 0 19 84-2 33 18; schönes, schlichtes Haus mit großem Garten und Terrasse, sehr gute moderne Küche

Sehenswert: Umgebung: Hestercombe House & Garden, Combe Sydenham Hall, Coleridge Cottage

Tavistock
Devon

Unterkunft: The Horn of Plenty, Gulworthy; ab 80 £, ✆ 0 18 22–83 25 28 kleines familiäres Countryhouse-Hotel, in traumhaft schöner Umgebung (Bodmin Moor, Tamar Valley) mit mehrfach ausgezeichneter, exzellenter Küche. Zum Verwöhnen!

Tenterden
Kent

Information: Town Hall, High Street, ✆ 0 15 80-76 35 72

Tintagel
Cornwall

Unterkunft: Bossiney House (Hotel), Bossiney, Tintagel, 45 £, ✆ 0 18 40-77 02 40; ordentliches Hotel mit großen Gärten und herrlichem Ausblick über die Klippen und die Bucht

Sehenswert: Tintagel Castle, EH, April–Sept. tägl. 10–18 Uhr; Okt.–März tägl. 10–16 Uhr
Tintagel Old Post Office, NT, April–Okt. tägl. 11–17.30 Uhr

Tintinhull House & Garden
bei Yeovil, Somerset

Öffnungszeiten: April–Sept. tägl. (außer Mo und Di) und feiertags 12–18 Uhr

Torquay
Devon

Information: Vaughan Parade, ✆ 0 18 03-29 74 28

Unterkunft: Lincombe Hall (Hotel), Meadfoot Road, 50–70 £, ✆ 21 33 61; strahlend weiße Pracht in blühenden Gärten in zentraler Lage
Fairmount House (Hotel), Herbert Road, Chelston, 50–60 £, ✆ 60 54 46; kleines, freundliches Familienhotel nahe Cockington Country Park
Haldon Priars (Hotel), Meadfoot Sea Road, 55–80 £, ✆ 21 33 65; ruhig, sonnig gelegen, schöne viktorianische Villa mit Garten nahe Meadfoot Strand
Umgebung: Oreston Manor (Hotel und Restaurant), Rockhouse Lane, ✆ 32 80 98; georgianisches Landhaus-Hotel mit hervorragendem, anglo-französischem Restaurant

Restaurant: Table, Babbacombe Road, ✆ 32 42 92; kleines, hübsches Restaurant mit kreativer moderner Küche

Sehenswert: Umgebung: Kent's Cavern, Cockington Country Park

Trebah Garden

bei Mawnan Smith, Cornwall

Öffnungszeiten: ganzjährig tägl. 10.30–17 Uhr

Trelissick Garden, NT

bei Truro, Cornwall

Sehenswert: Trelissick, NT, Garten März–Okt. Mo–Sa 10.30–17.30, So 12.30–17.30 Uhr

Trerice House, NT

bei Newquay, Cornwall

Öffnungszeiten: Garten April–Okt., tägl. (außer Di) 11–17.30 Uhr

Trewithen Garden

bei Truro, Cornwall

Öffnungszeiten: März–Sept., Mo–Sa 10–16.30 Uhr; April, Mai auch So

Truro

Cornwall

Information: Municipal Buildings, Boscaven Street, ✆ 0 18 72-7 45 55

Restaurant: Pennypots Restaurant, Blackwater bei Truro, ✆ 0 12 09-82 03 47; kleines intimes Cottage-Restaurant mit Michelin-Auszeichnung

Tunbridge Wells

s. Royal Tunbridge Wells

Uckfield

East Sussex

Unterkunft: Buxted Park, Buckstead, 90–180 £, ✆ 0 18 25-73 27 11; schönes Countryhouse Hotel.
Horsted Place (Countryhouse Hotel und Restaurant), Little Horsted, ab 150 £, ✆ 75 05 81; großartiges Countryhouse, viktorianische Gotik, Gärten, Park, Tennisplätze, exellente Küche – für ganz besondere Anlässe

Uppark, NT

bei Petersfield, Sussex

Öffnungszeiten: Juni–Okt. So–Do 12–17.30 Uhr

Upton Country Park

bei Poole, Dorset

Öffnungszeiten: tägl. 10 Uhr - Sonnenuntergang

The Vyne, NT

bei Basingstoke, Hampshire

Öffnungszeiten: 25. März–30. Sept. tägl. (außer Mo und Fr) Haus 13.30–17.30 Uhr, Garten 12.30–17.30 Uhr; Mo geöffnet wenn Feiertag

Wakehurst Place Gdns., NT

bei Haywards Heath, West Sussex

Öffnungszeiten: ganzj., tägl. 10–17 Uhr; April–Sept. tägl. 10–19 Uhr

Walmer Castle

Kent

Öffnungszeiten: April–Sept. tägl. 10–18 Uhr; Okt.–Dez., März Di–So 10–16 Uhr, Jan. und Feb. geschlossen

Weald & Downland Open Air Museum

bei Chichester, West Sussex

Öffnungszeiten: März–Okt. tägl. 11–17 Uhr; Nov.–Feb. Mi, Sa, So 11–16 Uhr

Wells

Somerset

Information: Town Hall, Market Place, ✆ 0 17 49-67 25 52

Unterkunft: Swan (Hotel), Sadler Street, 90 £, ✆ 67 88 77; altes Haus im Zentrum, komfortabel
Tor Guest House, 20 Tor Street, 55–65 £, ✆ 67 23 22; Haus aus dem 17. Jh., Garten

Sehenswert: Umgebung: Cheddar Gorge

West Dean Gardens

bei Chichester, West Sussex

Öffnungszeiten: April–Okt. tägl. 11–17 Uhr

Weymouth

Dorset

Information: The Kings's Statue, Esplanade, ✆ 0 13 05-76 52 21/ 76 52 23

Zugverbindungen: telefonische Auskunft ✆ 08 91-91 09 10

Unterkunft: Hotel Rex, 29 The Esplanade, 65–90 £; elegantes georgianisches Haus direkt an der Promenade
Prince Regent, 139 Esplanade, 75 £, ✆ 77 13 13; etwas verblichene viktorianische Pracht – das Hotel, das auf jedem Strandfoto zu sehen ist. In der schönen Brunswick Terracer reiht sich ein Guesthouse ans andere.
Tip: In der reizenden Brunswick Terrace reiht sich ein Guesthouse ans andere, direkt am Strand!

Restaurant: Perry's, Harbourside, 4 Trinity Road, ✆ 78 57 99; malerisch gelegenes, schönes Restaurant am Hafen, elegante, moderne Küche

Sehenswert: Umgebung: Abbotsbury, Dorchester, Chesil Beach, Portland

Wilton House

bei Salisbury, Wiltshire

Öffnungszeiten: April–Okt. tägl. 11–16 Uhr

Wimborne Minster

Dorset

Information: 29 High Street, ✆ 0 12 02-88 61 16

Unterkunft: Beachleas (Hotel und Restaurant), 60 £, ✆ 84 16 84; schöne georgianische Villa mit Wintergarten und ummauerten Garten, sehr gute Küche aus hervorragenden Produkten der Region

Restaurant: Les Bouviers, Oakley Hill, Merley, ✆ 88 95 55; im hübschen Cottage qualitätvolle französische Küche

Sehenswert: Umgebung: Kingston Lacy

Veranstaltungen: The Market, Fr 7–14.30 Uhr, Sa (Flohmarkt) 9–13 Uhr, So 10–16 Uhr

Winchester

Hampshire

Information: Guildhall, The Broadway, ✆ 0 19 62-84 05 00/84 81 80

Unterkunft: Lainston House (Hotel), Sparsholt, ab 120 £, ✆ 86 35 88; elegantes Landhaus mit großem, gepflegten Park, herrlichem Blick und Gourmet Küche

The Wykeham Arms Inn, Kingsgate Street, 70 £, ✆ 85 38 34; gemütlicher alter Inn mitten in der Stadt mit überdurchschnittlichem Pub-Essen

Restaurants: Old Chesil Rectory, Chesil Stret, ✆ 85 15 55; stilvolles Restaurant in schönem Haus, anregende, moderne Küche, besonders guten Fisch

Hunters, 5 Jewry Street, ✆ 86 00 06; beliebtes Restaurant mit moderner englischer Küche – köstliche Desserts

Sehenswert: Hospital of St. Cross, Sommer tägl. (außer So) 9.30–12.30 Uhr, 14–17 Uhr; Winter 10.30–12.30 Uhr, 14–15.30 Uhr

The Great Hall, März–Okt. tägl. 10–17 Uhr; Nov.–Feb. Mo–Fr 10–17 Uhr, Sa, So 10–16 Uhr

Reiseinformationen von A–Z

Anreise

... mit dem Auto

Die Zahl der Fährverbindungen zwischen dem Kontinent und Englands Südküste ist groß. Die kürzesten Verbindungen existieren zwischen Calais und Boulogne und Dover, Folkestone und Ramsgate (1–1½ Std.). Dover ist der größte Fährhafen Europas, und er ist auch das Ziel der schnellen Luftkissenboote, der Hovercrafts (40 Min.), die von Calais und Boulogne über das Wasser brausen. Von Dunkerque (Dünkirchen) verkehren Fähren nach Ramsgate, von Ostende nach Dover, von Zeebrügge nach Dover (zwischen 2½ und 3½ Std.). Von Vlissingen geht's nach Sheerness, von Hook van Holland nach Harwich (8 Std.), und eine richtige kleine Seereise ist die Überfahrt von Hamburg nach Harwich (20 Std.).

Von Le Havre, Caen und Cherbourg in Frankreich kommt man günstig nach Portsmouth und Southampton, und wollen Sie gleich im Westcountry ihre Urlaubsfahrt beginnen, bietet sich die Verbindung zwischen Roscoff und Plymouth an (6 Std.).

Für die Monate Juli und August ist es ratsam, die Überfahrt zu buchen. Jedes Reisebüro hilft Ihnen dabei. Die zwei größten Fährbetriebe haben auch deutsche Niederlassungen:

Sealink Stena Line
Hildebrandtstraße 4
40215 Düsseldorf
und
P & O European Ferries
Graf-Adolf-Straße 41
40210 Düsseldorf

in der Schweiz:
P & O European Ferries
Bahnhofstraße 42
CH-86 Dübendorf

... durch den Tunnel

Le Shuttle, die 53 Kilometer lange Kanaltunnelverbindung zwischen Calais und Folkestone (35 Minuten Reisezeit), ist nun nach langem Hin und Her für den Fernlastverkehr, für PKW und Zugreisende in Betrieb. Die Autozüge verkehren zwischen Calais und Folkestone, der französisch-britische Hochgeschwindigkeitszug ›Eurostar‹ verbindet Brüssel oder Paris mit London und umgekehrt. Auf der britischen Seite wird er jedoch bis London (Bahnhof Waterloo) nur die normale Reisegeschwindigkeit zurücklegen können, da der Bau der speziellen Trassen in heillosem Durcheinander und bis auf weiteres völlig lahmgelegt ist. Blumenpflücken während der Fahrt durch das beschauliche Kent ist möglich! Die Tunnelzüge, *Le Shuttle*, auf die die Fahrzeuge verladen werden, verkehren 24 Stunden am Tag. Buchungen aus Deutschland sind über die Bundesbahn immer noch nicht möglich, sondern nur über DER-Reisebüros.

... mit der Bahn

Die Hauptverbindung besteht zwischen Ostende und Dover oder Hoek van Holland nach Harwich. Im zentralistischen Staat führen alle Wege erst einmal nach London (Victoria Station), und Sie sollten sich gut überlegen, ob Sie bis nach London wollen, um von dort wieder nach Südengland zu fahren oder ob Sie in Dover oder Harwich aus- und umsteigen. (Über das Bahnreisen in England s. S. 393) Um die Urlaubs-Sondertarife und Sparangebote von British Rail (BR) in Anspruch nehmen zu können, müssen Sie schon von daheim aus tätig werden: Über die Möglichkeiten der Britrail- und South East-Pässe geben neben den Reisebüros die deutschen Zweigstellen von BR Auskunft:

British Rail International
Düsseldorfer Straße 15–17
60329 Frankfurt
✆ 0 69-23 23 81

in der Schweiz:
Centralbahnplatz 9
CH-4002 Basel
✆ 0 61-2 71 51 50

... mit dem Bus

Auskünfte und Buchungen für regelmäßig verkehrende Fernbuslinien zwischen Deutschland und Großbritannien erteilt:

Winkelmann-Reisen
Schulstraße 2
29308 Winsen/Aller
✆ 051 43-80 28

... mit dem Flugzeug

Fliegt man mit Linienflügen, auch mit Spar- und Urlaubsangeboten, nach London, landet man meist in Heathrow; von dort gibt es Anschlüsse nach Plymouth oder Newquay. Charterflüge fliegen hauptsächlich Gatwick an – dieser Flughafen liegt schon in Südengland. Daher bietet British Airways auch Flüge von Frankfurt/M. nach Gatwick an (3 × tägl.); von Düsseldorf fliegt die deutsche British Airways 2 × tägl. ebenfalls nach Gatwick.

Alkohol

In jedem Ort findet sich ein *Off-Licence*-Geschäft: Dort wird Alkohol verkauft. Die Öffnungszeiten entsprechen in etwa denen der Pubs. In großen Supermärkten ist die Off-Licence integriert. Über die Fußangeln sonstiger Regulierungen s. S. 377.

Apotheken

Die *chemist's* sind entweder wie bei uns separat geführte Läden, oder sie sind Teil der Drogerien. Die größte Drogeriekette in Großbritannien, ›Boots‹, ist in jedem Kleinstädtchen präsent. Vom Arzt ausgestellte Rezepte heißen *prescriptions.*

Ärztliche Versorgung

Die Leistungen des englischen, staatlichen Gesundheitswesens ›National Health Service (NHS)‹ sind frei; sie stehen auch deutschen Kassenmitgliedern zur Verfügung. Anfallende Kosten werden bei Vorlage der Belege von den deutschen Krankenkassen zurückerstattet. Bei privaten Krankenversicherungen sollten Sie vorher Rücksprache nehmen.

Arztpraxis – *surgery*
Praktischer Arzt – *GP (general practitioner)*
Zahnarzt – *dentist (dental surgery)*
Rezept – *Prescription*

Auskünfte

Daheim

Die **Britische Zentrale für Fremdenverkehr**
Taunusstraße 52–60
60329 Frankfurt
✆ 0 69-2 38 07 11

ist der für den deutschen Sprachraum zuständige Ableger der British Tourist Authority, kurz BTA. Der Service ist hervorragend: Sie erhalten Auskünfte, Prospektmaterial, Routenvorschläge, Broschüren über alle Regionen, sämtliche Sportarten, Sprachschulen, Hotels, Hotelgruppen, Campingferien, Radtouren.

In der Schweiz:
Limmatquai 78
CH-8001 Zürich
✆ 01-2 61 42 77

In Österreich nur telefonische Anfragen bei:
Britain Information
✆ 02 22-9 11 69 18

In London

Kommen Sie in London an, wird's ein bißchen knifflig – bei einer Achtmillionen-Metropole, in der alle wesentlichen Flugzeug-, Bahn-, Bus- und Autobahnstrecken Großbritanniens zusammenlaufen, auch nicht anders zu erwarten. Sie sollten Ihre Reise soweit geplant haben, daß Sie wissen, wie Sie aus diesem Spinnennetz wieder herausfinden können.

Nehmen Sie den Fährweg mit der Bahn, landen Sie mit dem *boat train* in Victoria Station: Dort befindet sich ein großes Informationszentrum, das auch Unterkünfte bucht. Die angeschlossene Buchhandlung hat sich auf Landkarten und Reiseführer spezialisiert.

Tourist Information Centre
Victoria Station Forecourt
tägl. 9–20.30 Uhr

Das Britische Reisezentrum erteilt Auskünfte über ganz Großbritannien, bucht Bahn- und Busreisen und Unterkunft und wechselt Geld.

British Travel Centre
12 Regent Street, London W1
werkt.: 9–18 Uhr, Sa, So 10–16 Uhr
(keine telefonischen Auskünfte)

In Südengland

Der britische Fremdenverkehrsverband (British Tourist Authority, BTA) ist ausgezeichnet organisiert. Die zwölf Grafschaften Südenglands sind in mehreren Dachverbänden zusammengefaßt, die zahlreiche und sehr gute Veröffentlichungen anbieten und die regionalen Informationszentren betreuen.

Ihre geographischen Zustandsbereiche überschneiden sich in den Grenzgebieten, so daß die muntere Konkurrenzhaltung durchaus zur Geschäftsbelebung beiträgt, (kein Publikumsverkehr).

South East England Tourist Board
zuständig für Kent, Surrey, Sussex
1 Warwick Park, Tunbridge Wells TN2 5TA, Kent
✆ 0 18 92-54 07 66

Southern Tourist Board
zuständig für Hampshire, East Dorset, Isle of Wight, South Wiltshire
40 Chamberlayne Road, Eastleigh
S05 5JH, Hampshire
✆ 0 17 03-62 00 06

West Country Tourist Board
zuständig für Cornwall, Devon, West Dorset, Somerset, Avon, Wiltshire und die Isles of Scilly
60 St. Daud's Hill, Exeter 1QS, Devon
✆ 0 13 92-7 63 51

In den zahllosen regionalen Fremdenverkehrsämtern liegt eine Flut an Informationsmaterial aus; Auskünfte werden gern erteilt. Dort können Sie auch Unterkünfte buchen lassen; gegen einen geringen Aufpreis kann sogar eine Vorbestellung für die kommende Nacht am anderen Ort arrangiert werden.

Diplomatische Vertretungen

Deutsche Botschaft
21–23 Belgrave Square, London SW1
✆ 01 71-2 35 50 33

Konsulat
Bowling Green House, 1 Orchard Place, Southampton
✆ 0 17 03-22 36 71

Österreichische Botschaft
18 Belgrave Mews West, London SW1
✆ 01 71-2 35 37 31

Schweizer Botschaft
16–18 Montagu Place, London W1
✆ 01 71-7 23 07 01

Einkaufen – Shopping

Feste Ladenschlußgesetze gibt es in England nicht. Die meisten Geschäfte haben von 9–18 Uhr geöffnet; in Dörfern schließt der einzige Laden, der *general store,* gern über Mittag, und in Kleinstädten gibt es meistens einen *early closing day,* einen Tag, an dem die Geschäfte schon mittags schließen. Das wird aber durch den *market day* wieder ausgeglichen. In den Badeorten und in touristischen Hochburgen sind die Geschäfte oft auch bis nach 21 Uhr geöffnet. Die vielen kleinen *cornershops,* mit Zeitungen, Kartoffelchips und Milch, schließen erst spät am Abend, wie auch die *Off-Licences* (s. S. •••)

Einreisebestimmungen

Reisende aus Deutschland, Österreich und der Schweiz brauchen nur einen Personalausweis; Kinder unter 16 Jahren einen Kinderausweis. Wollen Sie länger als drei Monate bleiben, wird der Reisepaß verlangt, und zum Autofahren brauchen Sie natürlich Ihren Führerschein, den Kraftfahrzeugschein und die grüne Versicherungskarte.

Ihr süßes **Haustier,** egal ob Katze, Hund oder Hamster, darf nicht mit. In Großbritannien ist die Tollwut unbekannt, und alle Tiere, die eingeführt werden, müssen sich einer langen Quarantäne unterziehen.

Elektrizität

Deutsche Stecker passen nicht in englische Dreipol-Steckdosen, und nur für Rasierapparate gibt es in England die für uns ›richtigen‹ Steckdosen, meist neben dem Spiegel am Waschbecken. Aber der Fön würde in der eben genannten Steckdose nicht funktionieren, weil es in jeder engli-

Sicherung – *fuse*
Stecker – *plug*
Steckdose – *socket*
der bewußte Zwischenstecker – *shaving point*
Glühbirne – *bulb*

schen Steckdose eine kleine Sicherung, *fuse*, gibt, die in unserem Fall nur auf die geringe Amperezahl der Rasierapparate ausgerichtet ist. Kaufen Sie sich in England einen beweglichen Zwischenstecker mit einer *fuse* von mindestens 5 Ampere – damit können Sie dann jede beliebige Steckdose benutzen.

Brennt Ihre Nachtischlampe nicht? Kommt der Wasserkessel nicht zum Kochen? Spüren Sie der Schnur hinterher bis zur Steckdose. Sie hat im Sockel einen Kippschalter, der angestellt sein muß, wenn der Strom in die Steckdose gelangen soll. Diese Sicherheitsmaßnahme steht in auffälligem Gegensatz zu den oft abenteuerlichen Elektro-Arrangements: blanke Leitungen, wackelnde Stecker und trübe Funzeln, die immer an der falschen Stelle hängen!

Essen und Trinken

Die englische Küche ist ebenso übel beleumundet wie das Wetter im United Kingdom, und dieser Ruf läßt sich, bei grimmiger Grundeinstellung, durchaus auch hin und wieder in der Praxis bestätigen. Allgemein jedoch läßt es sich in England gut essen und trinken – man muß nur wissen, wo wann und was zu erwarten ist. Hier einige Hinweise.

Frühstück

Im Hotel, in der Pension und selbstverständlich auch bei ›B & B‹ wird Ihnen ein *English breakfast* angeboten – ein englisches Frühstück, das Sie durchaus bis in den Nachmittag hinein zu sättigen in der Lage ist. Es ist ein richtiges kleines Menü, beginnend mit der Wahl zwischen Fruchtsaft oder *cereals*, Müsli, verschiedene Sorten Cornflakes mit Milch. Das vorher bestellte ›gekochte Frühstück‹ besteht dann aus Spiegeleiern mit Schinken und dicken kleinen Würstchen oder gegrillten Tomaten oder Rühreiern oder pochierten Eiern. Und danach folgt ein Gang mit Toast und Marmelade. Dazu sollten Sie Tee trinken: mit Milch, die zweite Kanne mit heißem Wasser dient der Auffrischung des durchgezogenen Tees. Der morgendliche Kaffee ist nur in den besten Hotels erträglich.

cereals – Cornflakes, Müsli
fried eggs – Spiegeleier
bacon – Speck
sausage – seltsames Würstchen
scrambled eggs – Rühreier
boiled eggs – gekochte Eier

Wenn Sie nicht nach Ihren Frühstückswünschen gefragt werden, heißt das, daß Sie Spiegeleier bekommen.

Das ›*continental breakfast*‹ besteht nur aus gekochtem Ei, Toast und Kaffee/Tee.

Das ist inzwischen auch das übliche Frühstück der Engländer zu Hause; nur noch sonntags oder im Hotel wird der heimischen Tradition gefrönt.

Der Pub

Wollen Sie mittags eine Pause einlegen und eine Kleinigkeit, *savouries*, essen, eignet sich der Pub ganz vorzüglich. Diese schönste aller britischen Institutionen bietet meistens, wie auch der Inn, eine Auswahl an kalten und warmen Gerichten, die mittags in der Regel gut sind. Entweder es gibt eine Essenstheke oder die wechselnden Gerichte sind auf einer Wandtafel verzeichnet.

Im Pub müssen Sie an der Theke bestellen und dort das Essen meistens sofort bezahlen. Dann wanken Sie mit übervollen

Gläsern und heißen Tellern zum Tisch und balancieren alles gekonnt auf den Knien aus.

Ploughman's und *Fisherman's Lunch* sind sehr beliebt: ein ordentliches Stück Käse oder Räucherfisch mit Pickles und frischem Baguette. Überall werden auch *salads* angeboten: zum Beispiel *ham* (gekochter Schinken) oder *beef salads:* Der Salat dabei ist nicht angemacht, und nur auf besonderen Wunsch gibt es ein Dressing dazu. *Currys* kennen Sie ja: indisch zubereitete Hühner-, Rind- oder Schweinefleischgerichte mit Reis. Ja, und dann die *pies:* Unter der knusprigen heißen Teighaube sind verschiedene Ragouts versteckt, die Sie alle einmal probieren sollten: *Steak & Kidney Pie,* eine Art Rindfleisch- und Nierengoulasch in einer Teighülle verborgen. *Shephard's Pie* ist Hackfleischauflauf mit überbackenem Kartoffelpüree. Nicht zu verwechseln mit der kalten *Pork Pie,* die man nicht zu kennen braucht.

Dann gibt es noch verschiedene Gemüseaufläufe mit Käse überbacken und die unentbehrlichen *Sausages & Mash* – Würstchen mit Kartoffelbrei. Viele Pubs bieten wirklich einfallsreiche und sehr gute Küche zum Lunch – hier aufgeführt ist nur, was in jedem Pub umgangssprachlich als *pub grub* auf alle Fälle und fast immer zu bekommen ist.

Die Getränke – Beverages

Unser kontinentales Bier heißt *lager;* das englische Bier hat weniger Schaum und wird randvoll geschenkt. Gezapftes Bier nennt sich *draught.* Pubs, die an keine Brauerei gebunden sind, tragen die Bezeichnung *free house,* und dort wird man mit einer Riesenauswahl an Biersorten, *ales, bitters* und *light & bitters* überrascht. Im Pub geht man immer davon aus, daß der *publician,* der Wirt, in persona hinter der Theke steht; und selbst wenn das eindeutig nicht der Fall ist, gibt man an der Theke niemals Trinkgeld. Was noch? In den letzten Jahren ist der offene Wein in Pubs sehr viel besser geworden, so daß Sie einem ›glass of dry white‹ oder *red* durchaus trauen können. Oder probieren Sie die zahlreichen *cider*-Sorten aus: leicht alkoholhaltiger Apfelmost, der sehr erfrischend ist und auch nicht ganz ohne sinnesbetörende Wirkung bleibt. Und neuerdings schaut Sie auch niemand mehr entgeistert an, sollten Sie im Pub nach einer Tasse Kaffee verlangen!

Obwohl die Reglementierung der Öffnungszeiten seit 1989 gelockert ist, halten es doch die meisten Wirte mit den alten Traditionen: Geöffnet ist von 11–14 oder 14.30 Uhr, dann wieder von 17–23 Uhr.

Abends ändert der Pub ein wenig seinen Charakter: Meistens ist dann der separate Restaurant-Teil geöffnet, oder es sind einige Tische zum Essen hergerichtet, die nicht unmittelbar im Schankraum-Gewühl stehen. Vielleicht finden Sie Pubs, die die traditionelle Unterteilung der Gasträume noch nicht aufgegeben haben: Der *saloon* war der ›gemeine‹ Schankraum, die *lounge* oder *lounge bar* war für gehobenere Ansprüche da und immer ein wenig teurer – hier wurden auch die Damen hergeführt!

Der Pub ist eine wunderbare Institution, er ist das verlängerte Wohnzimmer aller Engländer. Jung und alt aus sämtlichen sozialen Schichten treffen hier aufeinander, und jeder hat seinen Lieblings-Pub. ›Pub-crawling‹, von Kneipe zu Kneipe ziehen, ist auch in England nicht unbekannt.

Noch eines: Wenn Sie mit Engländern zusammen in den Pub gehen oder dort mit Leuten ins Gespräch kommen, spielt sich folgendes Ritual ab: Einer oder derjenige, der sich als Gastgeber fühlt, bezahlt die erste Runde für alle. *Cheers!* Und dann sind Sie natürlich auch einmal für alle dran: ›It's my turn now.‹ Und so geht's weiter, bis dann der Wirt die letzte Bestellung mit einem ›last orders please‹ ankündigt. Danach stolpert dann die ganze Gesellschaft zusammen aus dem Pub. Alleingänge beim Bestellen sind gleichsam ›schlechte Schule‹ und verraten den Fremdling. Ausgezeichnete, jährlich erscheinende Führer durch die Pub-Landschaft sind Egon Ronay's ›Best Pubs in Great Britain‹ und Alistair Aird's »Good Pub Guide«.

Tea Rooms

Die zahllosen *tea rooms* haben an vielbesuchten Orten meistens auch über Mittag auf, ansonsten öffnen sie ihre Pforten, wenn der Pub sich zur Nachmittagsruhe begibt. Und auch hier regiert oftmals noch ein altertümlicher Charme: Kuchen und Gebäck auf mehrgeschossigen Drehscheiben, viel Rüschen, Blumenstoffe und das Flair eines privaten Wohnzimmers. Unsere Kalorienbomben, die Torten mit Schlagsahne oder Creme, heißen in England *gateaux,* und somit wissen Sie ja auch sofort, was ein *Black Forest Gateau* ist!

Ganz köstlich und immer frisch sind die sogenannten *cream teas:* ein Gedeck mit Tee oder Kaffee und noch warmen, süßen *scones,* die unseren Rosinenbrötchen ähnlich sind. Dazu gereicht wird *clotted cream* (daher der Name), eine dicke, fast butterige Sahne und (meist hausgemachte) Marmelade *(jam)*. Je nach Grafschaft, in der Sie sich gerade befinden, heißt diese süße Verführung *Cornish* oder *Devon*, weiter östlich einfach nur *cream tea*.

Wer's ganz genau wissen will: Die für jede Grafschaft separat erschienenen »Teapot Trail«-Führer sind über den Buchhandel erhältlich oder über:
Trail Publishing, Leyburn Business Park, Harmby Road, Leyburn, North Yorkshire, DL8 5QA, ✆/Fax: 0 19 69-62 44 94

Dinner

Der Restaurantbesuch ist inzwischen überall in England zu einer teuren Angelegenheit geworden, und weil das so ist, sei hier Vorsicht am Platze. Ich habe folgende Erfahrungen gemacht, die vielleicht eine Art Leitfaden darstellen können:

In Pubs und Inns ißt man ordentlich bis gut und bewegt sich noch in der unteren bis mittleren Preiskategorie. Im Hotel oder in Ihrem Privatquartier können Sie meistens erfahren, welche Pubs gutes Essen haben. Dann gibt es in jedem größeren Ort ein kleines Restaurant, das gute häusliche, auch französisch inspirierte Küche anbietet und meistens an seinen handgeschriebenen Speisekarten zu erkennen ist. Auch dort werden Sie gut essen können. Die Varianten der Fish & Chips Buden, die sich bis zur Imbißstube emporarbeiten, sollten Sie mindestens einmal ausprobieren, ebenfalls die Inder und Chinesen, die sich in jedem Ort niedergelassen haben. Die Restaurantketten wie ›Angus Steak House‹ sowie zahlreiche einfallslose Varianten von MacDonalds haben sich inzwischen auch überall breitgemacht.

Oft stellen sich die *Wine Bars* oder Bistros als kleine Glücksbringer heraus, die interessante Gerichte zu vernünftigen Preisen anbieten. An der Küste gibt es zahlreiche, sehr gute Fischrestaurants, die man sich nicht entgehen lassen sollte, und mindestens einmal müssen Sie auch einen tra-

Speisekarte – *menu*
Vorspeise – *starter*
Hauptgang – *main course*
Dessert – *sweet, dessert, pudding*

ditionellen *sunday lunch* mit *roastbeef* und *Yorkshire pudding* probieren: Dicke Bratenscheiben mit zwei oder drei Gemüsen, gerösteten Kartoffeln und den luftigen, windbeutelartigen Teigbällchen, die ›Yorkshire Pudding‹ genannt werden.

Die Engländer essen gern *roasts,* Braten oder auch Lammkoteletts *(lamb chops),* die dann mit *mintsauce* und, wenn gut zubereitet, mit bissigem, frischem, wenn sorglos verarbeitet, mit wäßrigem, völlig zerkochtem Gemüse der Saison gereicht werden.

Die Desserts sind köstlich und sehr kalorienhaltig: Torten, Varianten der französischen Tartes mit Früchten, *apple crumble,* Apfelkompott mit heißen Butterstreuseln, zahlreiche Obst-Pies aus Mürbeteig und nach alter Art im Wasserbad gekochte *puddings.* Und wenn Sie Glück haben, wird Ihnen, bestellen Sie *cheese and bisquits,* ein alter Stilton serviert, zu dem ein guter Rotwein hervorragend paßt.

Völlig aus der Zeit gefallen scheinen die vereinzelten, zum Teil guten Restaurants, die keine Alkohollizenz besitzen – dorthin können sie ihre eigene Weinflasche selbst mitbringen. Die sehr gute Küche hat ihren Preis, und deshalb können sich die meisten von uns einen solchen Genuß nicht jeden Abend oder nur ausnahmsweise gönnen. Exzellente Küche geht oft mit besonders schönen und gepflegten Countryhouse-Hotels einher. Eine Auswahl an Restaurants und Hotels finden Sie bei den jeweiligen Orten (Adressen und Tips von Orz zu Ort).

Sehr empfehlenswert sind jährlich erscheinende Hotel- und Restaurantführer wie der immer verläßliche »Michelin«, der AA Führer »Best Restaurants in Britain« sowie der »Good Food Guide« von Jim Ainsworth.

Noch ein Wort zum Alkohol: Viele der einfachen ›Restaurants‹, unter die ja auch in England alle Varianten der Imbißstuben fallen (›Sally's Restaurant – delicious homecooked meals‹ bedeutet nicht immer köstliche Hausmannskost, sondern durchaus auch *baked beans* und Tee), haben keine Alkohol-Lizenz oder dürfen nur zusammen mit einer Mahlzeit Alkohol ausschenken!

Feiertage, Festivals und Veranstaltungen

Feiertage

Neujahr *(New Year's Day)*
Karfreitag *(Good Friday)*
Ostersonntag, Ostermontag *(Easter)*
1. Mai *(May Day* oder *Labour Day)*
Pfingstsonntag, Pfingstmontag *(Wit)*
1. und 2. Weihnachtsfeiertag *(Christmas Day, Boxing Day)*
Zusätzlich gibt es die ›Bank Holiday‹-Tage, allgemeine Feiertage, die die Gewerkschaften einmal erkämpft haben: Spring Bank Holiday, der letzte Montag im Mai, und Summer Bank Holiday, der letzte Montag im August. An diesen langen Wochenenden ist tatsächlich die ganze Nation unterwegs.

Festivals und Veranstaltungen

Die regionalen *fairs* und *county shows* oder *country shows* sind traditionelle Feste mit Messecharakter und Jahrmarktsrummel; Landwirtschafts-Ausstellungen mit unzähligen Attraktionen, Pferden, Schafen, Marktbuden, Musikkapellen, merkwürdigsten Wettbewerben, an denen sich alle beteiligen können, Vorführungen für Hausfrauen und Farmer. Die gesamte ländliche Bevölkerung der Umgebung pilgert hin, und das Ganze ist äußerst vergnüglich. Immer sehr sehenswert!

Festivals oder *shows* sind jahrmarktähnliche örtliche Straßenfeste, an denen die ganze Gemeinde beteiligt ist. Die Straßen und Häuser sind festlich geschmückt, und wenn man Glück hat, gibt's abends ein Tanzvergnügen. Festivals in größeren Orten und Städten meinen immer auch eine Reihe von besonderen kulturellen Veranstaltungen. Besonders schön sind die überall stattfindenden *flower festivals* – ebenfalls viel harmloser, hübscher Rummel und die Zurschaustellung und der Verkauf von Blumen und Pflanzen. Oftmals ist damit ein lokaler Wettbewerb des schönsten (Vor)gartens verbunden.

In Großbritannien sind die sozialen Bindungen stark, und *charity,* Wohltätigkeit, wird groß geschrieben. In jedem Dorf, in jeder Stadt gibt es immer wieder unterschiedliche Wohltätigkeitsbasare – mit Trödelverkäufen, Kuchen, Tee und Gartenbesuchen *(bazar, jumble sale).* Die Pfarrei spielt dabei eine wesentliche Rolle; an der Küste sind auch die Lebensrettungsgesellschaften mit dem lokalen *life boat* von großer Bedeutung, und bei den speziellen Festtagen, immer mit wohltätigen Zwekken verbunden, wirken jung und alt mit.

Die folgende Aufstellung nennt nur die bekannten, größeren Festivals und kulturellen Ereignisse. Die genauen Termine wechseln von Jahr zu Jahr. Gezielte Informationen bekommen Sie bei den jeweiligen Tourist Offices oder Veranstaltern.

Februar
Auch in England wird Karneval, *carnival,* gefeiert, jedoch sehr viel weniger aufwendig. Kleine Umzüge und Veranstaltungen finden in fast allen Gemeinden und Orten statt. *Shrove Tuesday* (Fastendienstag) ist der Höhepunkt.

April
English Riviera Festival of Food and Wine, Torquay, Devon.
Internationaler Menuhin-Violin Wettbewerb, Folkestone, Kent.

Mai
Theaterfestspiele in Chichester, West Sussex (bis Sept.)
Folklore Festival, Winchester, Hampshire
Crab Fair, Ventnor, Isle of Wight (Bank Holiday Wochenende)
Festival der Künste, Brighton, East Sussex (1.–3. Woche)
Festival der Künste, Battle, East Sussex (2. oder 3. Woche)
D-Day Militärfahrzeug-Rennen, Portsmouth, Hampshire (Bank Holiday)
Surrey Country Show, Guildford, Surrey (Bank Holiday)
Dickens Festival (mit historischen Kostüm-Umzügen) Rochester, Kent (letzte Woche)
Bath Contemporary Arts Fair (Ausstellungen und Messe zur Gegenwartskunst)
Opernfestspiele Glyndebourne, East Sussex (bis Sept.)
Devon County Show, Exeter (3. Woche)
Exeter Festival, Exeter, Devon
Bath International Festival of Music & the Arts, Avon
Minack Theatre Festival, Porthcurno, Cornwall (bis Sept.)
Furry Dance (historische Kostümumzüge mit Tanz), Helston, Cornwall (8. Mai)

Juni
Isle of Wight-Festival (Mitte Juni–Anf. Juli)
Internationales Folklore Festival, Folkestone, Kent (3. oder 4. Woche)
Stour Music Festival, Boughton, Aluph, Kent (2. Hälfte)
Game & Country Fair, Penshurst, Kent (2. Hälfte)
Round the Island Yacht Race, Cowes, Isle of Wight (berühmte Segelregatta mit bis zu 1000 Booten) (Ende d. M.)
Glastonbury Abbey Pilgrimage, Glastonbury, Somerset (2. Woche)
In Glastonbury und Avebury finden sich in

der 2. Junihälfte die Anhänger der Alternativ-Kulturen zu zahllosen spirituell nährenden Veranstaltungen wieder – Höhepunkt ist natürlich Summer Solstice – die Sommersonnenwende am 21. Juni, mit Druiden-Zeremonien nicht nur am Glastonbury Tor oder in Avebury (Stonehenge ist dann schwer bewacht).
Marlborough Festival, Marlborough, Wiltshire (2. Woche)
Sidmouth Arts Festival, Sidmouth, Devon (2. und 3. Woche)
Powerboat Grand Prix (Schnellbootrennen), Bristol City Docks, Avon
International Trawler Race (Schiffskutterrennen), Brixham, Devon (4. Woche)
Bournemouth Flower Festival, Bournemouth, Dorset (2. Hälfte)
Sevenoaks Summer Festival
Dickens Festival (mit historischen Kostümen) in Broadstairs, Kent
Internationales Damentennis in Eastbourne, East Sussex

Juli
Kent County Show, Maidstone, Kent (Mitte d. M.)
Royal Agricultural Show, Cowes, Isle of Wight (3. Woche)
Glorious Goodwood Pferderennen, Goodwood, West Sussex (letzte Woche)
Brighton Antique Fair (Antiquitätenmesse), Brighton, East Sussex (Ende d. M.)
Minehead & Exmoor Festival, Minehead, Somerset (2. und 3. Woche)
World Wine Fair, Bristol, Avon (3. und 4. Woche)
Portland Navy Days, HM Naval Base, Portland, Cornwall (4. Woche)
Bristol Harbour Regatta, Bristol, Avon
Dawlish Regatta, Dawlish, Devon (letzte Woche)
Summer Festival of Music & Drama, St. Endellion, Cornwall (Juli bis August)
Freilichttheater Lanhydrock, Cornwall (bis August)
Canterbury Mystery Plays (Mysterienspiele), Canterbury, Kent (bis August)
Polo-Spiele in Midhurst und Egham, West Sussex

August
Deal Summer Music Festival, Deal, Kent (1. Hälfte)
Broadstairs Folk Week, Broadstairs, Kent (2. Woche)
Cowes Week (Segelregatten und High Class Social Life), Isle of Wight (1. od. 2. Woche)
Navy Days, Portsmouth, Hampshire (Bank Holiday Wochenende)
Arundel Festival, Arundel, West Sussex (bis Sept.)
International Folk Festival, Sidmouth, Devon (1. Hälfte)
Bournemouth Regatta, Bournemouth, Dorset (1. Woche)
Navy Days, HM Naval Base, Plymouth, Devon (Bank Holiday Wochenende)

September
English Wine Festival, Alfriston, East Sussex (1. Woche)
Hop Festival, Faversham, Kent (1. Samstag)
International Boat Show, Southampton, Hampshire (Mitte d. M.)
Widecombe Fair, Widecombe-in-the-Moor, Devon (1. oder 2. Woche)
Salisbury Festival, Salisbury, Wiltshire (2. und 3. Woche)

Oktober
Canterbury Festival, Canterbury, Kent (bis Ende d. M.)
Internationales Damentennis in Brighton, East Sussex

November
5. November Guy Fawkes Day: Überall werden Feuerwerke abgebrannt. Guy Fawkes war einer der Verschwörer, die König

Jakob I. und sein Parlament in die Luft jagen wollten, aber rechtzeitig entdeckt wurden. Jahrmarktsatmosphäre mit großen Feuern, in denen Strohpuppen verbrannt werden.
Oldtimerrennen von London nach Brighton (1. Sonntag)

Gärten und Parks

Wer der Gartenleidenschaft verfallen will, kann die Reise auch ausschließlich auf die Gärten hin organisieren. Gartenführer wie »The Gardener's Guide to Britain« (Patrick Taylor, Pavilion Books) oder »The National Trust Gardens Handbook« sind dabei behilflich. In den nach Grafschaften eingeteilten Broschüren vom »National Gardens Scheme«, »Gardens of Kent« etc., die man in den lokalen Tourismusbüros erhält, sind auch die jährlichen Öffnungszeiten der Privatgärten verzeichnet.

Spezielle Gartenreisen organisieren:

Garten Reisen Baur GmbH
Höge 2, 88693 Deggenhausertal
✆ 0 75 55-92 06 11/12, Fax 0 75 55-92 06 22

ELK Tours
Pestalozzistraße 42
80469 München
✆ 0 89-2 60 48 89, Fax 0 89-2 60 57 69

Gentle Journeys (auch Tagesreisen von London aus)
The Old Imperial Laundry
71 Warriner Gardens
London SW11 4XW
✆ 01 71-7 20 48 91, Fax 01 71-7 20 02 50

Geld und Banken

Das englische Pfund Sterling hat 100 Pence; im Umgangssprachlichen sagt man statt *›pence‹* nur *›p‹*, (gesprochen *›pii‹*). Die Münzen sind ein Sammelsurium unterschiedlichster Formen, Farben und Größen. Am besten, Sie entwickeln ein Erkennungssystem. Die Souveränität der einstigen Weltmacht zugrundelegend, ist nirgendwo der Landesname zu sehen, sondern nur das Portrait der Queen!

Banken: Öffnungszeiten: werktags von 9.30 bis 15.30 Uhr. Die vier größten Banken in England, Barclay's, Midland, National Westminster (Nat West) und Lloyd's haben in jedem Ort Filialen, die sogenannte ›High Street Branch‹. Euroschecks und Bargeld werden überall umgetauscht, und auch die Scheckkarte Ihrer Bank wird von den Wandautomaten angenommen. Erkundigen Sie sich zu Hause, mit welcher der englischen Banken die Ihrige ein Geschäftsabkommen getroffen hat: Es kann sein, daß Ihre Scheckkarte an den Automaten einer bestimmten englischen Bank nicht angenommen wird.

Great British Heritage-Paß

English Heritage (EH), die staatliche Behörde für Denkmalpflege, und National Trust (NT), ein privater Denkmalpflegeverein, geben zusammen den Great British Heritage-Paß heraus. Mit dem Paß bekommt man Zutritt zu allen Anlagen dieser beiden Organisationen sowie zu denen einiger kleinerer Denkmalpflegevereine, ohne eine weitere Eintrittsgebühr zu entrichten. Der Paß kostet für 1 Monat 115 DM, für 15 Tage 80 DM und für 7 Tage 55 DM. Je mehr Häuser, Burgen oder Gärten man besichtigt, desto eher lohnt sich der Kauf – schon beim Besuch von 10 Schlössern à 6 £ Eintritt hat man den Preis für das Monatsticket wieder reingeholt. Außerdem ist man meist schneller ›drinnen‹, als wenn man um Tickets anstehen müßte. Zu erwerben ist der Paß bei

GB Touristik Partner GmbH
Krögerstr. 4
60313 Frankfurt/a. M.
✆ 0 69-29 51 85

Darüber hinaus besteht noch die Möglichkeit einer Jahresmitgliedschaft entweder beim National Trust oder bei English Heritage (Jahresbeitrag Erwachsene 17,50 £). Nachteil einer solchen Mitgliedschaft ist allerdings, daß man damit nur die Objekte der jeweiligen Organisation ›kostenlos‹ besichtigen kann.

Karten

Die Auswahl an Kartenmaterial ist riesig; die größte kartographische Gesellschaft gibt die ›Ordonance Survey-Karten‹ heraus, in denen ganz Großbritannien bis zum letzten Heuhaufen aufgerastert ist. Die Kartenwerke der OS gibt es in mehreren Maßstäben. Für den Autofahrer eignen sich die ›Route-Master Series‹, hervorragend für Wanderer sind die ›OS Landranger Series‹ oder ›Pathfinder Series‹. Alle Firmen bieten ›Tourist Maps‹ oder ›Outdoor Leisure Maps‹ an, die besonders die Sehenswürdigkeiten hervorheben.
Wollen Sie nicht mehrere Landkarten benutzen, sei die ›Holiday Map Kent to Cornwall‹ von AZ empfohlen, die man nur einmal umzublättern braucht, um das gesamte, langgestreckte Areal von Südengland auf einen Blick vor sich zu haben. Wollen Sie die Grafschaften deutlich voneinander abgegrenzt erkennen, bietet sich die ›Penguin Map of the British Isles‹ an.

Kinder

Die Briten sind sehr kinderfreundlich – sie haben auch pro Familie mehr als wir. ›A day out for all the family‹ oder ›Family entertainment‹ – diese Hinweise finden sich bei zahllosen Sehenswürdigkeiten und ›Attraktionen‹. In vielen Landhäusern gibt es herrliche Abenteuer-Spielplätze; kleine und zum Teil riesige Vergnügungsparks sorgen vor allem an der Küste für den Spaß der Kinder. In Museen, den National Trust Besitzungen, selbst in Kathedralen gibt es buntes Anschauungsmaterial, das extra für Kinder geschrieben ist; *brass rubbing,* das Durchpausen von schönen alten Messinggrabplatten lockt nicht nur Kinder in die Kathedralen; an den Stränden finden sich überall Kinder-Animateure, und die zahlreichen *fun-fairs,* mit vielen Jahrmarktbuden, Jongleuren, Mini-Eisenbahnen, historischen Tableaus mit sprechenden Puppen und viel elektronischem Zauberzeug, sind für Kinder das reinste Entzücken. Selbst Orte und Themen, die eigentlich für Kinder eher langweilig wären, z. B. das Naturspektakel von Land's End, die historische Bedeutung von Plymouth, die traditionsreiche Geschichte von Tunbridge Wells, werden in Multimediashows äußerst plastisch, unterhaltsam und lehrreich zugleich lebendig gemacht.

Der einzige Wermutstropfen wird buchstäblich in den Pubs (s. S. •••) serviert: Kinder dürfen, auch in Begleitung Erwachsener, nur dann einen Pub betreten, wenn es einen Garten, einen ›family room‹ oder einen ausgewachsenen Restaurant-Teil gibt. Und da machen die Wirte auch keine Zugeständnisse.

Maße und Gewichte

Die wichtigsten englischen Maßeinheiten und ihre deutschen Entsprechungen sind:
1 inch (in) – 2,54 cm
1 foot (ft) – 30,48 cm
1 yard (yd) – 91,4 cm
1 mile (mi) – 1,61 km
1 acre (ac) – 4046,8 qm

1 pint (pt) – 0,57 l
1 gallon (gl) – 4,55 l
1 ounce (oz) – 28,35 g
1 pound (lb) – 453,6 g
1 stone (st) – 6,35 kg

Landbesitz wird immer in *acres* gemessen. Damit Sie sich vorstellen können, wie unverschämt viel Lord Soundso besitzt, hier einige circa-Angaben, die das Umrechnen erleichtern:

1 acre – 4.047 m^2 – weniger als $^1/_2$ ha
10 acres – 40 470 m^2 – 4,05 ha
100 acres – 400 000 m^2 – 40 ha
1000 acres – 4 km^2 – 400 ha
10 000 acres – 40 km^2 – 4000 ha

Die Maßeinheit des *acres* lag schon dem ›Doomesday Book‹, dem Reichsgrundbuch aus dem 11. Jh. zugrunde: 1 *acre* ist die Ackerfläche, die ein Mann an einem Tag pflügen kann.

Öffnungszeiten von Sehenswürdigkeiten

Die Kathedralen und Kirchen in Südengland sind generell tagsüber geöffnet. In den größeren und kleineren Kathedralen finden meistens auch kostenlose Führungen um 11 Uhr statt. In jedem Gotteshaus werden Sie eine freundliche Aufforderung zum Spenden bemerken: Die anglikanische Kirche zieht keine Kirchensteuern ein, und jede Gemeinde muß sich um den Unterhalt ihrer Kirche selbst bemühen.

Die Öffnungszeiten der Museen sind unterschiedlich: In Kleinstädten schließen die Museen meist über Mittag: morgens ist kaum ein Museum vor 10 Uhr geöffnet. Auch die Sonntagsregelungen differieren: In der Hochsaison haben Museen in touristischen Gebieten auch sonntags morgens geöffnet, ansonsten sind in England die Museen am Sonntag erst ab 14 Uhr für das Publikum geöffnet.

Die Landhäuser und Gärten, privat oder vom National Trust (s. S.22, 382) unterhalten, halten es sehr individualistisch, und wenn Sie sich bestimmte Häuser und Gärten ansehen wollen, müssen Sie Ihre Reiseroute dementsprechend planen. Oftmals liegen drei herrliche *countryhouses* dicht nebeneinander – aber alle haben z. B. nur von 14–17.30 Uhr geöffnet, eines davon nicht am Donnerstag, das andere nicht am Mittwoch! Da ist generalstabsmäßige Vorbereitung nötig, sonst gibt es Enttäuschungen.

Planen Sie eine Reise, die stark kunst- und kulturhistorisch ausgerichtet ist, also viele Burgen, Schlösser und vor allen Dingen Landhäuser einschließen soll, dann ist es ratsam, sich den jährlich erscheinenden Katalog (im Zeitschriftenformat) »Historic Houses, Castles & Gardens« zu kaufen, der in England im Buchhandel und an größeren Zeitungskiosken erhältlich ist: Aufgelistet sind über 1300 historische Sehenswürdigkeiten in Großbritannien und Irland, mit Öffnungszeiten, Eintrittspreisen und stichwortartigen Kurzinformationen.

Gegen Ende September reduzieren sich die Öffnungszeiten drastisch, und ab Oktober setzt überall der Winterschlaf ein, d. h. es besteht kaum mehr die Möglichkeit, mehrere Häuser, Museen und Sehenswürdigkeiten nacheinander anzusehen.

Die Eintrittspreise von ca. 2–10 £ sind, nun, angemessen, wenn man bedenkt, daß sowohl der National Trust als auch die im Privatbesitz befindlichen Landhäuser und Gärten zum Erhalt ihrer *›property‹* in der Tat darauf angewiesen sind.

Post und Telefon

Post *(Royal Mail)* und Telefon sind in Großbritannien getrennte Institutionen.

Die Postämter *(Post Office)* sind gewöhnlich werktags von 9 bis 17.30 Uhr geöffnet. In kleinen Dörfern befindet sich der Postschalter meistens im einzigen Laden, der über Mittag ein Päuschen einlegt. Die Briefmarken, *stamps*, tragen genau wie die Münzen nur das Portrait der Queen als Erkennungszeichen – keine Landesangabe.

Die staatliche Telefongesellschaft ›British Telecom‹ hat schon viele der alten, roten Telefonhäuser gegen schlichtgraue Boxen ausgetauscht.

Bei einigen alten Telefonen geht's noch folgendermaßen: Hörer abnehmen, wählen, meldet sich der Teilnehmer, blitzschnell die Münze (10 p) einwerfen, dann reden. Bei schnellen Pieptönen müssen Sie Münzen ›nachfeuern‹.

Die modernen Apparate funktionieren wie unsere. Telefonkarten *(phonecards)* sind weit verbreitet; man erhält sie in Drogerien, Postämtern und an Zeitungskiosken.

Vorwahl Deutschland: 0 10 49
Vorwahl Österreich: 0 10 43
Vorwahl Schweiz: 0 10 41
Vorwahl London: 01 71 (Londoner Innenraum) oder 01 81 (Großraum London)
Notruf: 9 99

Wenn Sie mal nicht weiter wissen: Wählen Sie unentgeltlich die Nummer 1 00. Dann meldet sich der *operator*, ›das Fräulein vom Amt‹, das Ihnen gewiß helfen kann.
Im übrigen können Sie sich in jeder Telefonzelle zurückrufen lassen.

Radfahren

Nur für Fortgeschrittene: Im Westen, in Cornwall und Devon, ist die Landschaft sehr bergig; die Straßen sind schmal, und die hohen Hecken behindern die Sicht. Ganz schön gefährlich! In den örtlichen Tourist Offices der mittleren und östlichen Grafschaften finden Sie Broschüren und ausgearbeitete Tourenvorschläge. Insgesamt ist das Fahrradfahren nicht so beliebt wie hier, und es gibt dementsprechend weniger vorbereitete Strecken.

Nützliche Informationen für Radfahrer mit Streckenvorschlägen:
Cyclist Touring Club
Cotterell House
69, Meadrow, Godalming
Surrey GU7 3HS

Reisezeit und Wetter

Wenn Sie es einrichten können, sollten Sie den Juli und August vermeiden: Bis einschließlich der ersten Septemberwoche sind dann in Großbritannien Schulferien, und da viele Engländer im Lande bleiben, freiwillig oder notgedrungen, herrscht überall und besonders an der *seaside* reger Andrang.

Mai und Juni sind herrliche Reisemonate: Die Gärten stehen in üppigster Blüte, die Rasen sind knackig grün, und das Wetter ist meistens besser als es unsere Vorurteile vermuten lassen. Der September ist auch sehr angenehm, meist ist es noch spätsommerlich warm, und Sie können in Hemdsärmeln draußen vor den Pubs sitzen. Gegen Ende des Monats wird es in den Küstenregionen allerdings abends schon recht kühl. In großen Hotels herrscht gähnende Leere, Pensionswirtinnen haben keine Lust mehr, und auch die Öffnungszeiten der Sehenswürdigkeiten künden die Vorbereitung auf den Winterschlaf an.

Das arme, milde Golfstromklima bereitet im gesamten Küstenbereich und im geschützten Inland schon frühe Freuden: Im März und April stehen die Gärten in blendender Farbpracht.

Routenvorschläge

Eine meines Erachtens gelungene Mischung aus Landschaft, Natur, Kunst und Kultur, aus weltberühmten und wenig bekannten Sehenswürdigkeiten finden Sie nachfolgend stichworthaltig zusammengestellt. Die Vorschläge eignen sich für etwa 1, 2 oder 3 Wochen intensiven Sightseeings, und sollten Sie Ruhephasen einlegen wollen, müssen Sie Abstriche machen und eine weitere Selektion vornehmen.

Alle Stichworte sind über das Register im Text leicht aufzufinden.

I) Für sieben bis zehn Urlaubstage mit Ausgangs-/Endpunkt London oder Dover und kleinem Radius:
Der Osten Südenglands: Canterbury, Chilham, Rye (ein bißchen Romney Marsh und High Weald), Winchelsea, Eastbourne, Beachy Head, Brighton, Charleston Farmhouse, Nymans' Garden, Sheffield Park, Standen, Chartwell, Hever Castle, Penshurst Place, Knole und Sissinghurst.

II) Für mindestens zwei Urlaubswochen mit mehr architektonischen Höhepunkten und größerem Radius:
Der Mittelbereich Südenglands: Avebury, Bath, Lacock, Wells, Montacute House, Sherborne Castle, Weymouth, Longleat, Stourhead, Wilton House, Salisbury, Stonehenge, Broadlands, Beaulieu, Portsmouth, Midhurst, Petworth House, Parham House und im Idealfall noch eine Auswahl aus Teil I dazu …

III) Bei drei Urlaubswochen oder mehr sind Sie endlich in der Lage, den gesamten Süden Großbritanniens für sich zu entdecken. Zum Osten und dem Mittelbereich kommt der Westen hinzu: Exmoor, Clovelly, Hartland, Tintagel, St. Ives, St. Michael's Mount, Minack Theatre, Trebah und Glendurgan Garden, St. Just in Roseland, Cotehele House, Falmouth und Pendennis Castle, Polperro, Dartmoor, Castle Drogo, Dartington Hall, Exeter, Knightshayes Court, A la Ronde, Parnham House, Chesil Beach, Abbotsbury.

Und noch einmal zum vielgeschmähten ›britischen‹ Wetter: Während der letzten drei Jahre zum Beispiel habe ich zwischen Ende August und Ende September insgesamt nur zwei Regentage erlebt, die Rasen und Weiden waren ausgedörrt und braun! Mitte Mai konnte man schon die krebsroten Engländer bedauern, die sich am Strand einen ordentlichen Sonnenbrand geholt hatten. An der Küste ist es bis Mittag oft bedeckt; dunkle Wolken brauen sich zusammen, und einen Schirm sollte man schon mitnehmen – aber meistens braucht man ihn nicht.

Sport

In Südengland ist (fast) alles möglich: Angeln, Reiten, Schwimmen, Segeln, Tauchen, Surfen, Tennis, Wasserski und natürlich Golf spielen. Auch hier bietet das Britische Fremdenverkehrsamt ein breites Angebot an speziellen Informationsbroschüren wie z. B. »Riding Holidays«, »Goldfing Holidays« usw.

Sprachkurse

Informationen über das breite Angebot an Sprachkursen unterschiedlichster Art erteilen die Britische Zentrale für Fremdenverkehr (s. S. 374) (Erbitten Sie die Broschüre »Britain: Learning English«) und das British Council, das englische Äquivalent unserer Goethe-Institute. Beide stellen bestes Informationsmaterial zur Verfügung, in dem Sie alle relevanten Adressen mit jeweiligen Kategorien und Gütesiegeln finden.

British Council
Hahnenstraße 6, 50667 Köln
Hardenbergstraße 20, 10623 Berlin
Rosenheimer Straße 116B,
81669 München
Rothenbaumchaussee 34,
20148 Hamburg
Schenkenstraße 4, 1010 Wien

Strände

The beach meint in England vieles, nicht immer jedoch einen weißen, feinen, sauberen Sandstrand. *Pebble beaches* sind Kieselsteinstrände, und in zahlreichen Badeorten herrschen sie vor, was aber niemanden vom Badeleben abhält. Selbst dann nicht, wenn die Steine schon Findlingsgröße erreicht haben. Besonders in Cornwall gibt es viele versteckte *coves,* Buchten, die schöne Sandstrände haben, oft aber nur über wild verwachsene Klippenpfade zu erreichen sind. Ebbe und Flut treiben ein Versteckspiel: Viele Buchten und Strände sind bei Flut verschwunden, und bei Ebbe ist die Wassergrenze ganz weit hinten … Auf den meisten Landkarten sind die sicheren, bewachten Badestrände gelb markiert; hier gibt es Bademeister, und Flaggen kennzeichnen die sicheren Bereiche. Bei roten Flaggen niemals Baden! Das Strandleben selbst ist bunt, freundlich und bescheiden: keine Strandburgen, keine Gebietsabgrenzungen, sondern Liegestühle, Handtücher und kleine Erfrischungsbuden.

Die bekanntesten weißen (!) und weiten Badestrände liegen in und um Ilfracombe, Bude, Newquay, St. Ives, Torquay, Weymouth, Bournemouth, Eastbourne und Ramsgate.

Unterkunft

Hotels und B & B

Als Ferienland bietet Südengland natürlich ein breit gefächertes Angebot an Übernachtungsmöglichkeiten. Vom 5-Sterne-Hotel direkt an der Strandpromenade über zauberhafte Landhaus-Hotels in gepflegten Parkanlagen, kleinen Familienhotels bis hin zu der am weitesten verbreiteten Übernachtungsform in England, dem *Bed & Breakfast* in Privathaushalten, Pensionen, den *Guest Houses* oder *Inns.* In ländlichen Gegenden wird die Privatunterkunft, oft überraschend komfortabel, als *Farmhouse Accommodation* angeboten, und das *dinner* im Haus ist selbstverständlich.

B & B: In sämtlichen Urlaubsregionen stoßen Sie ständig auf die Schilder am Straßenrand, die eine Privatunterkunft anzeigen. Und das Schild ›*Vacancies*‹ kündigt freie Betten an! Sicherer und vielleicht auch bequemer ist die Nachfrage in jedem Tourist Information Centre, das bei der Suche nach B & B oder Hotels behilflich ist und Buchungen vornimmt. In den Informationsbüros kann man auch gegen eine geringe Bearbeitungsgebühr eine Unterkunft für die folgende Nacht an einem anderen Ort buchen (*Book a bed ahead*). In den Privatunterkünften können Sie oftmals auch eine Abendmahlzeit erhalten: die wird als *e/m* oder *evening meal* bezeichnet. *Private facilities* oder *en suite* meint Ausstattung mit Toilette und Dusche.

Sind die Touristeninformationen schon geschlossen, findet sich besonders in ländlichen Gegenden meistens ein Aushang neben der Tür: Dort werden die Privatadressen aufgelistet, die man anrufen kann.

Viele Zimmer verfügen über zwei getrennte Betten *(twin beds* oder *twin room),* nicht ein gemeinsames Doppelbett *(double room).* Und bei Engländern sind die *twin beds* tatsächlich beliebter!

Üblich sind auch die *tea & coffee making facilities,* d. h. Sie finden in Ihrem Zimmer alles vor, damit Sie sich selbst einen Tee oder Kaffee machen können. Besonders schön, wenn Sie morgens zunächst noch die Zeitung erhalten!

Hotels: Wollen Sie vor Antritt der Reise schon gern wissen, wie und wo Sie Ihr Haupt betten können, gibt es bei der Britischen Zentrale für Fremdenverkehr unterschiedliche Broschüren, die Sie kostenlos anfordern können. Ein nützlicher und schöner Führer ist der deutschsprachige Titel »Hotels für Kenner und Liebhaber – Großbritannien und Irland«, der jedes Jahr neu bearbeitet wird. Die dort aufgeführten kleinen, privat geführten Hotels, *countryhouses* und Pensionen zeichnen sich alle durch einen hohen Standard aus und eine besonders angenehme, private Atmosphäre. Sind Sie auf der anderen Seite des Kanals angekommen, bieten sich zwei unterschiedliche Hotelführer an, die jeweils eigene Qualitätskriterien entwickelt haben, die für den Verbraucher aber vergleichbar sind: der »Michelin«, und der »AA Hotels & Restaurants in Britain«. Letzterer erscheint jährlich neu und wird von dem größten britischn Automobilclub mitgetragen, dem AA. Die verschiedenen Hotelkategorien werden mit einem Sterne-System markiert, von ein bis zu fünf Sternen in schwarz und rot. Bei dem Führer »Inspected Hotels« vom Automobilclub RAC sind es keine Sterne, sondern Kronen, die die Qualität markieren, ebenfalls in der Skala eins bis fünf.

Wenn Sie auf Reisen das eigene Bad oder zumindest eine Dusche im Zimmer gewohnt sind, wird es in England sofort wesentlich teurer – sehr viele der Zimmerangebote sind noch nicht darauf eingestellt. In den oben genannten Hotelführern beginnt diese Kategorie bei drei Sternen oder Kronen. Überhaupt kann man in Hotels und Guesthouses so manch Interessantes erleben: abenteuerliche Elektro-Installationen, fünf verschiedene Teppichböden und Papp-Wände, ganz abgesehen von den unendlich variablen Formen, mit Heißwasser und Duschen *nicht* befriedigend zurechtzukommen. Aber lassen Sie sich nicht abschrecken – schließlich sind Sie im Urlaub und in einem fremden Land, wo eben nicht alles so sein muß wie zu Hause.

Die exklusiven Landhaushotels oder ländlichen Luxushotels haben sich in verschiedenen Gruppen zusammengeschlossen, z. B. den ›Pride of Britain‹-Hotels, ›Prestige-Hotels‹, der ›Relais & Chateau‹ Gruppe. Sehr interessant sind auch die stattlichen Privathäuser, die sich als ›Wolsey Lodges‹ zusammengeschlossen haben. Das Besondere: In historisch bedeutsamen und besonders traditionsreichen Häusern werden Sie von den Eigentümern wie Privatgäste aufgenommen, und das kann auch heißen, daß Sie an einer großen gemeinsamen Tafel das Dinner einnehmen. Alle Broschüren sind in den Tourist Information Centres erhältlich.

Auch der National Trust bietet ausgewählte Hotels und Inns an, die in Broschüren zusammengefaßt sind und beim Trust (s. S. 22) angefordert oder beim Besuch eines Trust-Besitzes mitgenommen werden können.

Zu den Preisen: Auch beim B & B variieren die Preise: unter 20 Pfund pro Person werden Sie im Juli und August nichts finden, inzwischen sind je nach Qualität

Preise zwischen 20 und 30 Pfund durchaus üblich. In den Hotels der normalen Mittelklasse zahlen Sie zwischen 45 und 70 Pfund für ein Doppelzimmer, also zwei Personen. . Darin ist üblicherweise das englische Frühstück und die Mehrwertsteuer enthalten.

In den entzückenden *Countryhouse*-Hotels, die meisten auch für ihre hervorragende Küche bekannt sind, wird's dann noch teurer: Ab 70 Pfund pro Person geht's stetig aufwärts.

Achten Sie bitte darauf, ob die angegebenen Preise für ein Zimmer oder für eine Person gelten: Die Preisunterschiede sind bei ähnlichen Leistungen durchaus so groß, daß man in dem Punkt nachfragen sollte, und auch die Verzeichnisse und Broschüren sind oft vage gehalten.

Ferienhäuser- und Wohnungen

Die britische Zentrale für Fremdenverkehr bietet Broschüren an, in denen *holiday homes* (Ferienhäuser) aufgeführt sind. Abgesehen von Einzelhäusern gibt es natürlich Wohnungen, die *holiday flats,* und das ganze wird auch oft unter der Bezeichnung *selfcatering accommodation* geführt.

Wenn Sie etwas Besonderes wollen: Der National Trust bietet Ferienhäuser, schöne alte Cottages in naturgeschützter Umgebung, an (Adresse s. S. 22), und der Landmark Trust, eine gemeinnützige Gesellschaft, die alte Häuser, Mühlen, Pfarreien und Cottages aufgekauft und restauriert hat, vermietet diese als Ferienhäuser.

Landmark Trust: Shottisbrooke, Maidenhead, Berkshire
Ferienhaus-Agenturen:
West Country
Classic Cottages: Leslie House, Lady Street, Helston, Cornwall
England für Runaways – Ausgewälte Ferienhäuser: Ludwigstraße 70, 63067 Offenbach
South East
Fairhaven Holiday Cottages: 123 Watling Street, Gillingham, Kent ME7 2YY
Freedom Holiday Homes: Weaversden Cottage, Frittenden, Cranbrook, Kent TN 17 2EP

Jugendherbergen

Youth Hostels sind in England sehr beliebt, da auch Erwachsene dort übernachten können. Der Besitz eines Jugendherbergsausweises ist Voraussetzung. Die Youth Hostels müssen vorbestellt werden. Die Britische Zentrale für Fremdenverkehr (s. S. 374) verschickt eine Liste aller Jugendherbergen, die Sie auch direkt anfordern können bei der **Youth Hostel Association**, 8 St. Stephen's Hill, St. Albans, Hertfordshire.

Camping

Campingplätze sind in großer Zahl vorhanden, und man sollte die teils sehr schönen Plätze nicht mit den trostlosen *caravan sites* verwechseln, die oftmals auch als Hauptwohnsitz herhalten müssen. Planen Sie einen Camping- oder Wohnwagenurlaub im Juli oder August, müssen Sie unbedingt vorher buchen. Die Automobilclubs, Camping- und Caravanclubs, auch die Britische Fremdenverkehrszentrale bieten die entsprechenden Führer jährlich neu an. In den Naturschutzgebieten und in den Mooren, im Dartmoor und Exmoor, gibt es gute Campingplätze, die von den Forstbehöden verwaltet werden. Auskünfte:
Forestry Commission, 231 Corstorphine Road, Edinburgh 12.

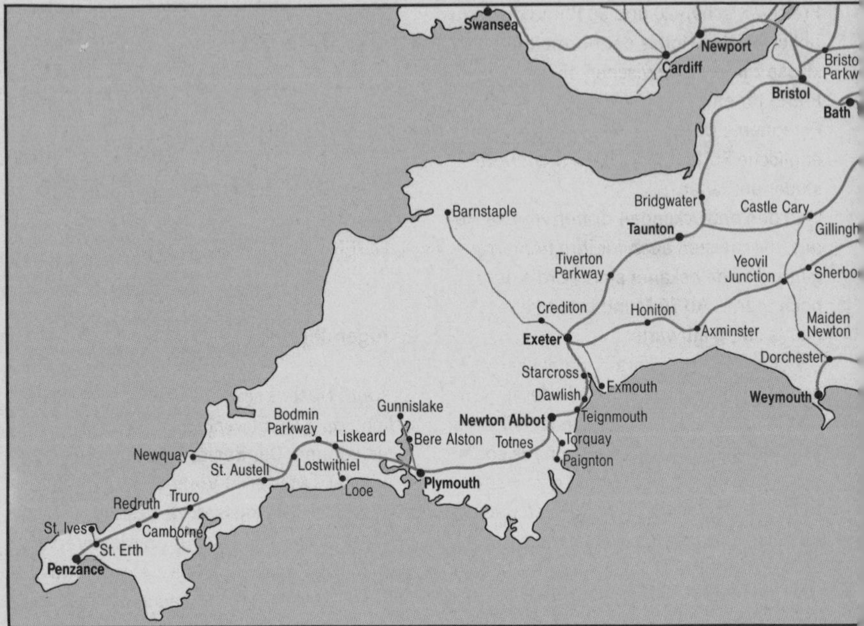

Das Bahnnetz in Südengland

Von der Britischen Zentrale für Fremdenverkehr erhalten Sie die Broschüre »Camping & Caravan Parks in Britain«, oder Sie wenden sich direkt an:

Camping & Caravanning Club Greenfields House, Westwood Way, Coventry CV3 8JH

Verkehrsmittel

Auto

In Großbritannien herrscht Linksverkehr. Mieten Sie einen Leihwagen, fällt die Umstellung nicht so schwer, da sich das Steuer auf der rechten Seite befindet. Mit dem eigenen Wagen können Probleme auftreten: Sie sehen schlechter, das Überholen ist unangenehm, und Sie werden – besonders bei der Auffahrt auf freie Straßen – dazu tendieren, rechts zu fahren.

Tips für Leihwagen: Die großen Leihwagenfirmen, die über ein internationales Vertriebsnetz verfügen, sind beim Preisvergleich immer günstiger, wenn Sie Ihre Buchung in Deutschland vornehmen – die jeweiligen Länderzentralen wirtschaften selbständig und passen sich dem Preisniveau des Landes an.

Im Straßenverkehr

Das Autobahnnetz ist lange nicht so dichtmaschig wie bei uns, daher sind die wenigen Autobahnen stark befahren. Ihre Kennzeichnung ist ein ›M‹ *(für motorway)* auf blauem Grund. Unseren Bundesstraßen entspricht in Großbritannien die Straßenkategorie ›A‹. Diese Straßen sind

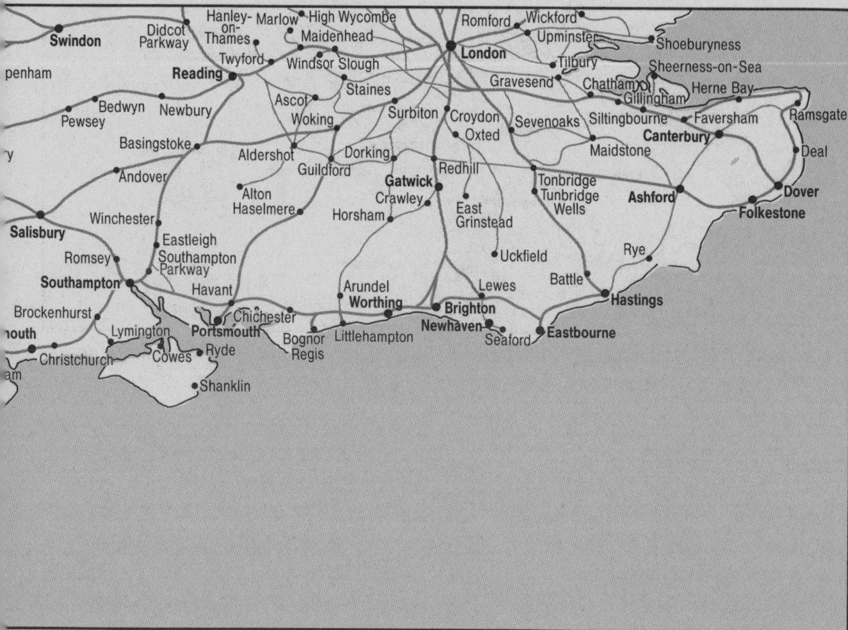

oftmals doppelspurig angelegt und heißen dann *dual carriageway*. Landstraßen sind auf Verkehrsschildern und Straßenkarten mit einem ›B‹ markiert.

Je weiter nach Westen Sie kommen, desto verschlungener, steiler und enger werden die Straßen. Sehr viele von ihnen sind nur einspurig. Flurbegradigungen hat es kaum gegeben, oftmals mäandern die Straßen meilenweit durch Baumtunnel, oder die vielgeliebten natürlichen Hecken bilden eine beidseitige, lange Schlucht. Viele Sträßchen enden als Sackgasse mitten in der Landschaft; die Autobahn, mit grandiosen Einfädelsystemen, gibt nach 3 km auf oder ist über lange Strecken unterbrochen, und auch die Tankstellen machen sich rar. Aber schließlich sind wir in England, wo alles sehr viel gemächlicher zugeht, dem Prinzip Chaos noch eine Chance gegeben wird und auch der Schmetterling ein Recht auf seine angestammte Hecke hat.

Verkehrsregeln: Die Meile ist das Maß der Dinge. Geschwindigkeiten und Entfernungen werden in Meilen gemessen: 1 Meile = 1,609 Kilometer. Die Höchstgeschwindigkeiten betragen auf *motorways* und *dual carriageways* 70 mph *(miles per hour)* = 112 km; auf Landstraßen 60 mph = 95 km; in geschlossenen Ortschaften und Städten 30 mph = 48 km.

In Großbritannien liebt man den Kreisverkehr anstelle von Ampelkreuzungen. Der *roundabout* funktioniert prächtig: Immer rechts vor links, d. h. im Kreis selbst hat man Vorfahrt. Bei großen Kreuzungsanlagen gibt es auch die Variation mehrerer *roundabouts*, die direkt hintereinander gekoppelt sind, und besonders rührend sind die Exemplare, die ohne er-

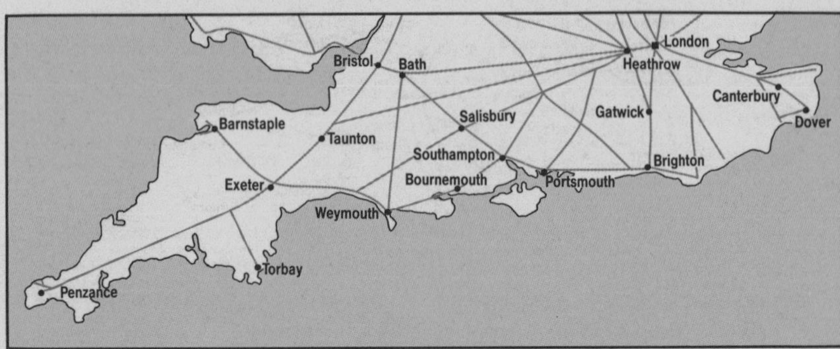

Das National Express-Busnetz in Südengland; hinzu kommen die Regionalverbindungen

sichtliche Straßenkreuzung mitten in die leere Landschaft gesetzt wurden. Bei der Ausschilderung sind die Fernverbindungen auf grünem Schild als erste angegeben, dann erst folgen die lokalen Richtungsweiser auf weißem Schild.

Parken: In den meisten kleineren und mittelgroßen Ortschaften und Städten gibt es ausreichend Parkplätze am Rand des Kernbereiches; im Automaten kauft man ein Ticket und heftet es an die Windschutzscheibe. Ein Halteverbot wird durch eine doppelte gelbe Linie am Bordstein markiert, Parkverbot durch eine einfache. Das Parkverbot bezieht sich meistens auf die Zeit zwischen 8 und 18 Uhr. Weiße Zickzacklinien am Straßenrand bedeuten strenges Park- und Halteverbot, verbunden mit Überholverbot! Sie markieren auch immer den Zebrastreifen für Fußgänger. Und der hat absolut immer Vorrang. ›We are polite over here‹.

Tanken: Die Maßeinheit für Benzin *(petrol)* wird in der noch bis 1993 gültigen Einheit der *gallons* (1 Gallon = ca. 4,5 Liter), oft auch zusätzlich in Litern angezeigt. Es gibt das einfache Zweistern ** Benzin (90 Oktan), das Dreistern *** (94 Oktan) und das ›Super‹-Benzin mit 4 Sternchen (97 Oktan). Bleifreies Benzin heißt *unleaded petrol,* Diesel heißt auch in England Diesel.

Automobilclubs: Die englischen Automobilclubs AA (Automobile Association) und RAC (Royal Automobile Club) haben mit dem ADAC und AVD Hilfsvereinbarungen auf Gegenseitigkeit abgeschlossen – in Notfällen reicht meist schon die Plakette an der Windschutzscheibe, um versorgt zu werden; einen von den Automobilclubs ausgestellten Auslandsschutzbrief sollten Sie trotzdem mitführen. Die Fahrzeuge der Pannenhilfe tauchen überall auf, und auf den Autobahnen finden Sie auch Telefonnotrufsäulen.

Hilfe! Bei jedem Unfall müssen Sie die Polizei benachrichtigen, landesweit und überall: ✆ 9 99.

Der **Breakdown Service AA:** ✆ 08 00-88 77 66, vom RAC: ✆ 08 00-82 82 82.

Der AA veröffentlicht umfangreiches Karten- und Informationsmaterial; hat zahlreiche Niederlassungen, arbeitet auch Reiserouten aus, bietet Hotelgutscheine an, die man variabel einlösen kann.

Automobile Association
Fanum House, Basingstoke, Hampshire RG 21 2EA

Royal Automobile Club
89 Pall Mall, London SW1

Bahn

Wollen Sie mit der Bahn reisen, lohnt es sich, einen Britrail-Paß zu kaufen. Für 700 DM kann man damit das gesamte englische Schienennetz einen Monat lang benutzen. Der Paß wird auch für 4, 8, 15 oder 22 Tage ausgestellt. Der South-East-Pass, ebenfalls kostengünstig, ermöglicht flexible Fahrten im Südosten bis hin nach Exeter und Weymouth; auch bei Senioren- und Jugendpässen sind die Preisnachlässe erheblich. Sie müssen den Paß allerdings schon zu Hause erwerben, bei:

British Rail International
Düsseldorfer Str. 156–17
60329 Frankfurt/a. M.
✆ 0 69-23 23 81, Fax 0 69-23 60 00

in der Schweiz:
Centralbahnplatz 9
CH-4002 Basel
✆ 00 41 61-2 71 51 50.

Kinder unter 5 Jahren fahren kostenlos; den halben Preis zahlen Kinder bis einschließlich 15 Jahren. Darüber hinaus gibt es zahlreiche Vergünstigungen bei BR, die für Tagesfahrten, Wochenenden und Urlaubsregionen gelten. Auskünfte in den Bahnhöfen und Tourist Information Büros. Die Bahn eignet sich am besten für längere Strecken; grundsätzlich sind Bahnfahrten teurer als Überlandbusse, und oftmals liegen die Bahnhöfe aufgrund der Stadt- und Verkehrsentwicklung nicht direkt im Zentrum.

Bus

Fern- oder Überlandbusse sind in Großbritannien überaus beliebt, preiswert, und ihr Streckennetz ist riesig. Die komfortabel ausgestatteten weißen Überlandbusse des National Express fahren fast jede Stadt an, im Sommer werden sämtliche Badeorte an der Küste, oft mehrmals am Tag, angefahren. Regionale Verbindungen mit dem Bus kommen hinzu. Besondes angenehm, weil die Busstationen immer im Zentrum liegen; in den Badeorten wird man meistens direkt an der Promenade abgesetzt. Die Fahrkarten für den National Express kann man auch im voraus buchen; sie sind in den Busbahnhöfen oder lokalen, extra benannten Verkaufsbüros erhältlich. Für ausgedehnte Busreisen empfiehlt sich die Brit-Express Card, die aber vor Reiseantritt (in den Reisebüros) gekauft werden muß.

National Express (Hauptbüro)
4 Vicarage Road, Edgbaston
Birmingham B 15 3ES

Übrigens: Lokale Verkehrsnetzbusse heißen *bus,* Fern- oder Überlandbusse *coach,* also auch *coach station.*

Gepäck: Sind Sie in Südengland mit öffentlichen Verkehrsmitteln unterwegs, gibt es eine Schwierigkeit: Die meisten Bahnhöfe und Busbahnhöfe haben keine Schließfächer oder Gepäckaufbewahrungen mehr. Das ist lästig, wenn Sie Ihr Gepäck für ein paar Stunden los sein wollen. Tendenz: »we are terribly sorry, but ...«

Wandern

Die Engländer wandern gern und viel – das Wetter ist nicht so wichtig, aber kräftiges Schuhwerk, regenfeste Kleidung, Karte und Kompass im Gepäck, Rucksack auf dem Rücken. Es gibt wunderbare Wandergebiete, z. B. die South Downs in Kent und Sussex, die Quantock Hills, die Mendips und besonders die Hochmoore: Exmoor, Bodmin Moor und Dartmoor.

Der ›Two Moors Way‹ zieht sich vom südlichen Dartmoor bis zum nördlichen Exmoor. Nahezu die gesamte Küste läßt sich auf herrlichen Wanderwegen umrunden. Die einzelnen Teilstrecken sind nach geographischen Abschnitten benannt: Der ›Somerset & North Devon Coast Path‹ fängt bei Minehead an, geht in den ›Cornwall North Coast Path‹ über und führt bis nach Penzance. Dort beginnt der ›Cornwall South Coast Path‹, der hinter Plymouth in den ›Devon South Coast Path‹ übergeht, vom gleichnamigen Wanderweg in Dorset abgelöst wird und in Poole endet.

Die Südostküste ist durch einzelne, kleinere Wanderstrecken und die ehemaligen Pilgerrouten und Kurzstrecken im Weald gekennzeichnet. Über alle Strecken gibt es reichlich Informationsmaterial, das Sie in den Informationsbüros oder lokalen Buchhandlungen finden. Besonders der ›Coast Path‹ ist durch mehrere Wanderführer dokumentiert. Viele Landstriche und Küstenabschnitte stehen unter Naturschutz und/oder werden vom National Trust gepflegt. Hinweisschilder machen dies immer deutlich.

Als Faustregel gelten folgende Hinweise: *public footpaths* sind ausschließlich Wanderern und Spaziergängern vorbehalten; *bridleways* sind meistens alte Pilger- oder Handelswege und können auch zu Pferd oder mit dem Fahrrad benutzt werden. Da Landbesitz als geheiligtes Privateigentum angesehen wird, werden Sie oft auf eingezäuntes Gebiet stoßen, Schilder wie *Private Road* und *No Trespassing* verbieten Ihnen den Zugang.

Für gezielte Auskünfte und Routenvorschläge zum Wandern:

Rambler's Association
1–5 Wandsworth Road
London SW8 2XX

Die Britische Fremdenverkehrszentrale hält Infomaterial zum Thema ›Walking‹ bereit, und auch der National Trust gibt eine Broschüre heraus über ›Country Walks‹ in den NT-Gebieten.

Individuell organisiert – mit Routenplänen, Übernachtungen und separat transportiertem Gepäck – wird jede mehrtägige Wanderung ohne Begleitung auch schon für eine Person nach eigenen Wünschen und generellen Vorgaben von:

Footlines
114 c Waddon New Road
Croydon, CRO 4JE
✆ 01 81-6 86 04 43

Mit Kleingruppen und ortskundigem Führer werden in Cornwall mehrtägige Wanderungen angeboten

Adventureline
North Trefula Farm
Redruth, TR16 5ET, Cornwall
✆ 0 12 09-82 08 47

Zeit

In Großbritannien gilt die GMT, *Greenwich Mean Time,* die unserer mitteleuropäischen Zeitrechnung MEZ um eine Stunde hinterherhinkt. Im Umgangssprachlichen wird bei Zeitangaben nicht durchgängig gezählt. In Großbritannien sagt man nicht 18 Uhr etc., sondern markieren Tag- und Nachtwende. Alles zwischen Mitternacht und 12 Uhr wird mit *a. m.* markiert (ante meridiem), alles zwischen Mittag und Mitternacht mit *p.m.* (post meridiem). So meint beispielsweise 11 a. m. 11 Uhr morgens, 11 p. m. 23 Uhr.

Zeitungen

»The Times«, »Financial Times«, »The Guardian« und »Independent« gelten als die großen überregionalen Tagesblätter; am Sonntag gibt's die fetten Sonntagszeitungen, die alle mit bunten Magazinen lokken: »Sunday Times«, »Observer«, »Sunday Telegraph« etc. Die »Sun« ist das meistverkaufte Tagesblatt im Inselreich und führt die Regenbogenpresse, an – sonntags heißt sie »News of the World«.

Abbildungsnachweis

Archiv für Kunst und Geschichte, Berlin S. 28, 33 links, rechts
Michael Bengel, Köln S. 7, 51 mitte, 140, 176, 206, 222, 249, 270, 301 rechts, 315
Bildarchiv Preußischer Kulturbesitz, Berlin S. 45, 227
The British Library, London S. 324, 325 (Vignetten aus den Canterbury Tales, Ellesmere Manuskript)
The Charleston Trust, Lewes S. 267
City of Bristol S. 74
Gesche-M. Cordes, Hamburg S. 47, 61, 114, 173, 196(
Aus »Derek Jarman's Garden, with photographs by Howard Sooley, Thomas & Hudson, London 1995), 312
Eastwell Manor, Kent S. 321
Philippe Halsmann/Magnum/Focus S. 299
David Lyons, Loughrigg, Cumbria Titel, Umschlagklappe hinten, Umschlagrückseite, S. 2 mitte, 3 mitte, 4 oben, 5 mitte, 8, 16, 18, 19, 24, 47, 51 unten,52, 59, 64, 69, 70, 87, 89, 95, 106, 108, 115, 117, 120, 122, 123, 124, 127, 129, 132, 135, 137, 141, 147, 149, 150, 155, 158, 160, 164, 178, 191, 194, 195, 203, 204, 208, 230, 231, 242, 245, 246,256 unten, 276, 288, 292, 295, 303, 308, 309,
Florian Monheim, Düsseldorf S. 3 oben, 5 oben, 6 mitte, oben, 9, 31 oben, unten, 34, 35, 40, 50, 76, 83, 84, 93, 98, 102, 105, 107, 130, 145, 170, 180, 219, 229, 239, 256 rechts, 260, 313, 316, 322, 329, 331
Kai-Ulrich Müller S. 63
The National Portrait Gallery, London S. 217
The National Trust Photographic Library, London, S. 2 oben (Nick Meers), 4 mitte (R. Pink), 11 (Nick Meers), 55 (James Mortimer), 200, 266 (Eric Crichton), 274(Nick Meers), 282 (Erik Pelham), 283 (Bill Batten), 286 (Alasdir Ogilvie), 304, 306 (Andreas von Einsiedel)
Ingrid Nowel, Stuttgart S. 15, 51 oben, 71, 144, 152, 168, 174, 188, 198, 212, 215, 235, 253, 264, 277, 291 Parham House, Beaminster, Dorset S. 214 links, rechts, 254
Sabine Schaffmeister, Köln S. 78, 99, 183, 201, 234
Tate Gallery, London S. 100
Tate Gallery, St. Ives S. 143
Ullstein Bilderdienst, Berlin S. 49
Wilton House, Salisbury S. 96 (In der Sammlung des Earl of Pembroke in Wilton House)

Bibliographie

Anouilh, Jean: Becket oder die Ehre Gottes. Aus dem Englischen von Franz Geiger, München 1960

Austen, Jane: Mansfield Park. Aus dem Englischen von Trude Fein, Zürich 1968

dies.: Die Abtei von Northanger. Aus dem Englischen von Monika und Christian Grawe, Stuttgart 1981

dies.: Überredung. Aus dem Englischen von Ursula und Christian Grawe, Stuttgart 1983

Bazin, Germain: DuMont's Geschichte der Gartenbaukunst. Köln 1990

Beckford, William: Vathek. Eine orientalische Erzählung. Aus dem Englischen von Wolfram Benda. München 1988

Bell, Quentin: Virginia Woolf. Eine Biographie. Aus dem Englischen von Farnberg, Frankfurt/Main 1977

Bohrer, Karl Heinz: Ein bißchen Lust am Untergang. Englische Ansichten. Frankfurt/Main 1982

Buttlar, Adrian von: Der Landschaftsgarten. Köln 1989

Chaucer, Geoffrey: Die Canterbury-Erzählungen. Aus dem Englischen von Detlev Droese, Zürich 1971

Christie, Agatha: Das Böse unter der Sonne. Aus dem Englischen von Ursula Gail, Bern, München 1989

Derek Jarman's Garden. With Photographs by Howard Scoley, London 1995

Doyle, Arthur Conan: Die Hunde von Baskerville. Aus dem Englischen von Gisbert Haefs, Zürich 1889

Du Maurier, Daphne: Cornwall Saga. Aus dem Englischen von N. O. Scarpi, Zürich 1984

dies.: Die Bucht des Franzosen. Aus dem Englischen von Siegfried Lang, Bern/München 1984

dies.: Gasthaus Jamaica. Aus dem Englischen von Siegfried Lang, München 1981

dies.: Rebecca. Aus dem Engischen von Karin von Schab, Bern/Münche n 1981

Eliot, T(homas) S(terne): Mord im Dom. Aus dem Englischen von Gerda Brenning, Hollfeld 1989

Follet, Ken: Die Säulen der Erde. Aus dem Englischen von Gabriele Cowad, Till Lohmeyer, Christel Rost, Bergisch-Gladbach 1990

Fowles, John: Die Geliebte des französischen Leutnants. Aus dem Englischen von Reinhard Federmann, Berlin 1982

Garnett, Angelica: Freundliche Täuschungen. Eine Kindheit in Bloomsbury. Aus dem Englischen von Kyra Stromberg, Berlin 1990

Gelfert, Hans-Dietrich: Typisch englisch. Wie die Briten wurden was sie sind. München 1995

George, Margaret: Heinrich VIII. Mein Leben. Mit Anmerkungen des Hofnarren Will Somers. Aus dem Englischen von Rainer Schmidt, München 1990

Girouard, Mark: Das feine Leben auf dem Lande – Architektur, Kultur und Geschichte der englischen Oberschicht. Aus dem Englischen von Wolfgang Rhiel, Frankfurt/M. 1989

Glendinning, Victoria: Vita Sackville-West. Eine Biographie. Aus dem Englischen von Hans Schütz, Frankfurt/M. 1990

Graham, Winston: Der weite Weg nach Arwenack. Aus dem Englischen von Herbert Schlüter, München 1991

ders.: Poldark, London 1987

Greene, Graham: Am Abgrund des Lebens. Aus dem Englischen von Magda H. Larsen, Wien 1973

Haffner, Sebastian: Churchill. Reinbek 1967

Hamilton, Ronald: Now I remember. All the English History you'll ever need. London 1983

Hardy, Thomas: Der Bürgermeister von Casterbridge. Aus dem Englischen von Eva-Maria König, Stuttgart 1985

ders.: Clyms Heimkehr. Aus dem Engli-

schen von Dietlinde Giloi, Stuttgart 1989
ders.: Im Dunkeln. Aus dem Englischen von Eva Schumann, Nördlingen 1988
ders.: Meistererzählungen. Aus dem Englischen von Rainer Zerbst, Zürich 1989
Hildesheimer, Wolfgang: Zeiten in Cornwall, Frankfurt/M. 1971
Holland, Cecelia: Säulen des Himmels. Aus dem Englischen von Karin Kersten, München 1987
HRH The Prince of Wales: Die Zukunft unserer Städte. Aus dem Englischen von Matthias Wolf, München 1990
Ishiguro, Kazuo: Was vom Tage übrigblieb. Aus dem Englischen von Hermann Stiehl, Reinbeck 1990
James Henry: English Hours, Oxford 1992. Deutsch: In England um glücklich zu sein, München 1988 – vergriffen
Kesten, Hermann: König Philipp II. Berlin 1982
Kingsley, Charles: Westward Ho! London 1989
Klein, Jürgen: Virginia Woolf. Genie-Tragik-Emanzipation. München 1984
Kipling, Rudyard: Puck vom Buchsberg. Aus dem Englischen von Ernst Hardt, in: Gesammelte Werke, Bd. 3, Hrsg. v. Johannes Gottwald, München 1978
Kirsch, Hans Christian: William Morris – Ein Mann gegen die Zeit. Köln 1983
Lawrence, T(homas) E(dward): Die sieben Säulen der Weisheit. Aus dem Englischen von Dagobert von Mikusch, München 1988
ders.: Unter dem Prägestock. Aus dem Englischen von Hans Krannhals, München 1990
Lees-Milne, James: William Beckford, London 1976
Macaulay, David: Sie bauten eine Kathedrale. Aus dem Englischen von Monika Schoeller, München 1980
Mattingly, Garrett: Die Armada. Aus dem Englischen von Curt Meyer-Clason, München 1988
Miller, Norbert: Strawberry Hill. Horace Walpole und die Ästhetik der schönen Unregelmäßigkeit. München 1986
Mitford, Nancy: Englische Liebschaften. Aus dem Englischen von Rainhard Kaiser, Nördlingen 1988
Morris, William: Wie wir leben und wie wir leben könnten. Vier Essays. Aus dem Englischen von Hans Christian Kirsch, Köln 1992
Nicolson, Nigel: Portrait einer Ehe. Aus dem Englischen von Ingrid von Rosenberg, Berlin 1990
Nowel, Ingrid (Hrsg.): Am Tag, als E. M. Forster starb und andere Erzählungen. Englisches Lesebuch. München 1990
Ohff, Heinz: Gebrauchsanweisung für England. München 1988
Pevsner Nikolaus: Das Englische in der englischen Kunst. Aus dem Englischen von Heidi Conrad, München 1974
Pückler-Muskau, Herrman Fürst von: Briefe eines Verstorbenen. Hrsg. v. Heinz Ohff, Berlin 1986
Rutherfurd, Edward: Sarum. Aus dem Englischen von Susanne u. Claudia Felkaw, München 1988
Sackville-West, Vita: Erloschenes Feuer. Aus dem Englischen von Hans Wagenseil, Berlin 1980
dies.: Aus meinem Garten, Berlin 1986
dies.: Schloß Chevron. Aus dem Englischen von Käthe Rosenberg u. Hans Wagenseil, Frankfurt/M. 1985
Schäfke, Werner: Englische Kathedralen. Köln 1983
Smith, Michael: Glyndebourne Picnics, Harpenden, Herts., 1991
Stein, Rick: A Taste of the Sea. BBC Books, London 1995
Twain, Mark: Ein Yankee aus Connecticut an König Artus' Hof. Aus dem Englischen von Lore Krüger, München 1967
Waugh, Evelyn: Wiedersehen mit Brideshead. Aus dem Englischen von Franz Ferry, Düsseldorf 1983

White, T. S.: Der König auf Camelot. Aus dem Englischen von Robert Rocholl u. H. C. Artmann, 2 Bd., Stuttgart 1988
Wodehouse, P. G.: Vollmond über Blandings Castle. Aus dem Englischen von Harald Raykowski, München 1983
ders.: Das eben nicht, Jeeves! Aus dem Englischen von Harald Raykowski. München 1991
Woolf, Virginia: Orlando. Aus dem Englischen von Brigitte Walitzek, Frankfurt/M. 1990
Zimmer Bradley, Marion: Die Nebel von Avalon. Aus dem Englischen von Manfred Ohl und Herbert Sartorius, Frankfurt/M. 1983

Register

Personen

Orte und Sachen

Umschlagvorderseite: Gold Hill in Shaftesbury
Umschlagklappe hinten: Klippen bei Beachy Head
Umschlagrückseite: Der Pier in Eastbourne

Über die Autorin: Ingrid Nowel studierte Anglistik, Germanistik und Geschichte und lebte mehrere Jahre in London. England wurde ihr zur zweiten Heimat. Bei DuMont erschien von ihr der Kunstreiseführer »London«; der Band »Giovanni Belzoni: Entdeckungsreisen in Ägypten 1815–1819« wurde von ihr herausgegeben.

Und noch einmal: für Christian

Für ihre freundliche Unterstützung sei besonders der British Airways, der Lufthansa, der Deutschlandzentrale Europcar gedankt. Für fachkundige und generöse Hilfe danke ich auch Claudia Ritsert, Manuela Müller-Windisch, Meike Schmidt von der Britischen Fremdenverkehrszentrale in Frankfurt, Val Austin von der British Tourist Authority, Monika Uhe-Woldt und Karen Mc-Kenzie vom Kent County Council sowie den Mitarbeitern des National Trust und den regionalen Tourist Boards.

Ich danke all meinen Freunden und Bekannten, die diesseits und jenseits des Kanals bei der Entstehung dieses Buches durch Gastfreundschaft, Tat und Rat mitgeholfen haben: Katrin Prince, Philip Gelling, Francisco de Franchesco, Michael Folkard, Kay Chaloner, Roger Cole, Christiane und Heinz Ohff, Judith Staines, Brain Glover.

Und am meisten ihm, dem dieses Buch gewidmet ist.

Die Deutsche Bibliothek – CIP-Einheitsaufnahme
Südengland / von Ingrid Nowel. - Köln : DuMont, 1995
(Richtig Reisen)
ISBN 3-7701-3597-0
NE: Nowel, Ingrid

Satz: Rasch, Bramsche
Druck: Rasch, Bramsche
Buchbinderische Verarbeitung: Bramscher Buchbinder Betriebe

Printed in Germany ISBN 35970